Peter Schay

Innovationen in der Drogenhilfe

Peter Schay

Innovationen in der Drogenhilfe

Beispiele alternativer
Finanzierungsmöglichkeiten und
inhaltlicher Weiterentwicklung

VS VERLAG FÜR SOZIALWISSENSCHAFTEN

Bibliografische Information Der Deutschen Bibliothek
Die Deutsche Bibliothek verzeichnet diese Publikation in der Deutschen Nationalbibliografie;
detaillierte bibliografische Daten sind im Internet über <http://dnb.ddb.de> abrufbar.

1. Auflage April 2006

Alle Rechte vorbehalten
© VS Verlag für Sozialwissenschaften | GWV Fachverlage GmbH, Wiesbaden 2006

Lektorat: Stefanie Laux

Der VS Verlag für Sozialwissenschaften ist ein Unternehmen von Springer Science+Business Media.
www.vs-verlag.de

Umschlaggestaltung: KünkelLopka Medienentwicklung, Heidelberg
Satz: «Bausatz» – Franz Böhm, Siegen
Druck und buchbinderische Verarbeitung: Krips b.v., Meppel
Gedruckt auf säurefreiem und chlorfrei gebleichtem Papier
Printed in the Netherlands

ISBN-10 3-531-14539-8
ISBN-13 978-3-531-14539-6

Inhalt

Dieses Buch widme ich meiner Frau Ingrid, die mir der wichtigste und kritischste Berater in meiner Arbeit ist, und mir mit ihrer Zuneigung und ihrem Verständnis immer zur Seite steht.

Danksagungen

Kadesch gGmbH bietet in seinen Einrichtungen im Rahmen der sozialen und medizinischen Rehabilitation ein ausdifferenziertes aufeinander abgestimmtes Hilfesystem mit kompetenten Mitarbeiterinnen und Mitarbeitern, die den Menschen als Ansprechpartner und Begleiter zur Verfügung stehen. *Kadesch gGmbH* stellt für die Menschen einen Ort der Sicherheit und Geborgenheit, sowie eine Zufluchts- und Anlaufstätte dar.

Die sich ständig wandelnden sozialpolitischen Rahmenbedingungen, die die Integrationsmöglichkeiten der Klientel dramatisch beeinflussen und verschlechtern, stellen für die Mitarbeiter und Mitarbeiterinnen dabei immer wieder eine Herausforderung dar, die im Betreuungsrahmen der Einrichtungen berücksichtigt werden, um den Klientinnen und Klienten die notwendige Unterstützung und adäquate Hilfestellungen vermitteln zu können.

Damit *Kadesch gGmbH* diesen beständig zunehmenden Anforderungen an die Inhalte sozialer und medizinischer Rehabilitation und den Bedürfnissen der Klientel unter den veränderten Rahmenbedingungen effektiv gerecht werden kann, werden die Angebote im Therapieverbund Herne kontinuierlich differenziert und spezialisiert, wobei der beruflichen und sozialen Integration der Klientinnen und Klienten höchster Stellenwert eingeräumt wird.

Die *Arbeitsgemeinschaft Drogenarbeit und Drogenpolitik in NRW e.V. (AG Dropo)* – ein Zusammenschluß nordrhein-westfälischer Praktiker aus den verschiedenen Arbeitsfeldern der Drogenhilfe – widmet sich seit 1990 in kritischem Diskurs der Entwicklung von Arbeitsansätzen zu den veränderten Rahmenbedingungen und (Weiter-) Entwicklungen in der Drogenhilfepraxis und hat dabei immer wieder Positionen und Einschätzungen vertreten, die im Widerspruch zu den veröffentlichten Vorgaben der Vertreter von Politik, Leistungsträgern und freier Wohlfahrtspflege standen. Zu nennen sind hier insbesondere das Grundsatzprogramm (1997), Thesen zur psychosozialen Betreuung substituierter Drogenabhängiger (2003), zur Finanzierung der Drogenhilfe (2003), zur Kooperation von Drogenhilfe und Justiz (2004) sowie die inhaltliche Positionierung zu Hilfen und Präventionsmaßnahmen bei drogenkonsumierenden Jugendlichen (2004).

Die *AG Dropo* hat sich in ihrer Arbeit immer erfolgreich bemüht, ihre Eigenständigkeit und Unabhängigkeit zu bewahren, ein Sprachrohr der Praxis zu sein und sich nicht den Einflüssen von Politik, Leistungsträgern und freier Wohlfahrtspflege unterzuordnen.

Ich wünsche der *AG Dropo* auch in Zukunft, daß sie ihrer Haltung treu bleiben kann und sich der zunehmenden Beeinflussung sog. Entscheidungsträger und den Forderungen nach inhaltlicher Stromlinienförmigkeit nicht nachgeben wird.

Meinen Kolleginnen und Kollegen sowie meinen Mitgesellschaftern (*Frank Sichau* (MdL) und *Horst-Günter Seibt*) der Kadesch gGmbH und den Mitgliedern des Vorstandes der AG Dropo (*Norbert Bläsing, Gerd Engler, Peter Helgers, Wilfried Görgen, Heinz-Willi Lahme, Ulrich Merle, Ulla Püthe, Norbert Schäfer, Klaudia Schneider-Schell* und *Nadja Wirth*) gilt mein besonderer Dank für die vielen äußerst fruchtbaren Anregungen und Diskussionen, deren Ergebnisse wesentlich zum Gelingen dieses Buches beigetragen haben.

Vorwort

Die Drogenhilfe hat sich seit den 60er Jahren zu einem Leistungssystem entwik-kelt, dessen Leistungssegmente zwischen dem sozialen und medizinischen Hilfe-system anzusiedeln sind. In den 70er Jahren hat sich in der Praxis die psychosozia-le Behandlung und Begleitung eines Drogenkonsumverhaltens herausgebildet, wobei die Praktiker psychiatrisch-rehabilitativen Behandlungsansätzen eher kri-tisch bis ablehnend gegenüberstanden. Bis weit in die 80er Jahre war das Absti-nenzparadigma und die Leidensdrucktheorie zielführend und der Ausstieg aus der Sucht wurde als der alleinige „Königsweg" proklamiert.

Bestimmt wurden Theorie und Praxis der Drogenhilfe insbesondere von Dipl. So-zialarbeitern/-pädagogen; die Einbindung anderer Fachbereiche (z.b. Dipl. Psy-chologen, Fachärzte für Psychiatrie und Psychotherapie) wurde weitgehend ver-nachlässigt.

In den 90er Jahren war die Diskussion zunehmend von der Komplexität und Viel-schichtigkeit des Krankheitsbildes Sucht beeinflußt und es hat sich bei der *Betreu-ung und Behandlung* Drogenabhängiger neben der klassischen Abstinenztherapie eine von verschiedenen Professionen getragene differenzierte Drogenhilfe entwik-kelt, d.h. die Hilfesysteme haben ihre Leistungsangebote „spezialisiert" und diffe-renziert und die Leistungsträger eine breitere Angebotspalette ermöglicht (z.B. Ambulante medizinische Rehabilitation, ganztägig ambulante/tagesklinische An-sätze).
  Realität ist jedoch weiterhin, daß die Strukturen der Hilfeinstitutionen den Er-fordernissen der Klientel nicht gerecht werden (können).

Da uns die Neuro- und Biowissenschaften (vgl. *Hüther, Rüther* 2003) heute Ent-stehungsursachen und Auswirkungen des Suchtmittelkonsums deutlich zeigen, muß es insbesondere bei jugendlichen Drogenkonsumenten im Sinne einer Schadens-minimierung um die Vermittlung von risikoarmen Gebrauchstechniken gehen, um schwerwiegende gesundheitliche Schäden zu vermeiden.

Durch Behandlungsformen wie eine substitutionsgestütze Rehabilitationsmaßnahme ist der Drogenkonsum nicht unbedingt unmittelbar zu unterbinden; die vielfältigen Begleit- und Folgeerkrankungen sind aber reduzierbar und behandelbar.

Von daher ist zu überlegen, wie die Mitarbeiter in der Drogenhilfe sich weiterbilden können und wie durch Multiprofessionalität eine ganzheitliche Behandlung zu gewährleisten ist. Um hier nicht mißverstanden zu werden, nicht alle Drogenabhängigen bedürfen des Einsatzes einer speziellen Behandlungsmethode, weder einer psychotherapeutischen noch einer pharmakologischen (vgl. *Uchtenhagen* 1999). Aber: Heute sind in Behandlungsprogrammen häufiger als früher Drogenabhängige anzutreffen, die schwere Persönlichkeitsstörungen oder gar Psychosen aufzuweisen haben, bevor sie anfingen, Drogen zu konsumieren – und das muß für die Drogenhilfe Handlungsmaxime sein.

Das Ziel der Betreuung und Behandlung ist, dem Drogenabhängigen menschenwürdige gesundheitliche und soziale Lebensbedingungen zu ermöglichen und – soweit möglich – eine berufliche wie auch eine soziale (Re-) Integration zu erreichen. Unverändert müssen jedoch häufig als Folge des ständig zunehmenden Finanzierungsdrucks durch die jeweiligen Leistungsträger, zu begrüßende Betreuungs- und Behandlungsansätze reglementiert werden, was in der Praxis die Erreichung der formulierten Ziele erschwert oder diese unmöglich macht. Folge: Kein Arbeitsfeld wird von Politik und Leistungsträgern so kritisch betrachtet und immer wieder hinterfragt wie die Drogenhilfe.

Dabei ist ausdrücklich festzustellen, daß auch eine ausschließlich medizinische Behandlung nicht ausreicht, um aus der Sucht auszusteigen. So macht z.B. die Ärztekammer Westfalen-Lippe immer wieder deutlich, daß es bei der Betreuung und Behandlung Drogenabhäniger (hier: Substitutionsbehandlung) keine Alternative zur Zusammenarbeit in einem multiprofessionellen Team gebe. „Die Substitutionstherapie mit Methadon folgt dem Grundgedanken der Partnerschaftlichkeit unter allen professionell Beteiligten. Es lohnt sich deshalb, Arbeitsformen zu installieren, die diese Zusammenarbeit weiter verdichten" (*Flenker* 1997).

Natürlich muß bei der inhaltlichen Ausgestaltung der Arbeit immer auch auf eine Ausgewogenheit der Professionen geachtet werden, um die Professionalität aller Mitarbeiter höchst effektiv für die Patienten und Klienten nutzen zu können.
Ausgeweitete Substitutionsprogramme, die Einrichtung von Konsumräumen oder Drogen-Therapeutischen-Ambulanzen (DTA) wie auch Projekte zur Originalstoffvergabe sind Beispiele dafür, wie ungeheure finanzielle Ressourcen ver-

braucht, eine Normalisierung der Lebens- und Konsumbedingungen drogengebrauchender Menschen durch einseitige inhaltliche Akzentuierungen jedoch verhindert wird. In den in NRW aufgebauten DTA'en kann es nach „medizinischer Indikation" eine „einzelfallbezogene" Konsummöglichkeit für „schwerstabhängige Drogenkranke" geben, wobei das Gesamtkonzept der DTA'en unter ärztliche Verantwortung gestellt ist (*Landesregierung NRW, Projektbeschreibung* 1998). Dieses Projekt macht deutlich, welche Gefahren sich hinter einer immer stärkeren Medizinalisierung der Drogenhilfe verbergen (können). Das Konzept entfernt sich weit von einer Normalisierung und gibt drogengebrauchenden Menschen erst dann die Möglichkeit, straffrei zu konsumieren, wenn sie den Status der „Schwerstabhängigkeit" erreicht haben.

Ein weiteres Beispiel: Beim Modell der staatlich kontrollierten Originalstoffvergabe soll, wie zuvor bei der Methadon-Substitutionsbehandlung, genauestens selektiert werden. Sogenannte „Schwerstabhängige" mit finalen Krankheitszuständen, die die unterste Stufe der „Suchtkarriere" erreicht haben, gleichzeitig die Erfolglosigkeit anderer Behandlungsmethoden nachweisen können, haben die Möglichkeit bei gleichzeitiger verpflichtender psychosozialer Begleitung an dem o.g. Modellversuch teilzunehmen. *Schmidt-Semisch* (1994) spricht hier vom „staatlich registriertem und kontrolliertem Kranken". Durch die für alle anderen drogengebrauchenden Menschen weiterhin fortbestehende Verbotspolitik werden demnach immer wieder neue „hoffnungslose Fälle" geschaffen. Erst wenn sie „schwerstabhängig" geworden sind, kommen sie möglicherweise in den „Genuß" einer Originalstoffvergabe. Ähnliches kennen wir bereits aus der Substituitonspraxis. Fazit: An der grundlegenden Situation von Drogengebrauchern ändert sich nichts.

Das Gesundheitsversorgungssystem hat sich also insgesamt nur unzulänglich auf die Betroffenengruppe der Drogenabhängigen eingestellt. Umfassende Behandlungskonzepte fehlen auch heute noch weitgehend.

Angesichts der heterogenen Bedürfnisse und Voraussetzungen der Menschen mit Drogenproblemen ist eine ganzheitliche und differentielle Angebotsstruktur notwendig, die akzeptierende und drogenfreie Programme aufeinander abstimmt. Hier sind die unterschiedlichen Ansätze der Drogenhilfe weiter zu entwickeln und stützende psychosoziale Versorgungs-/Leistungssysteme i.S. eines Netzwerkes zu fördern, um den psychosozialen Lebens- und Konsumbedingungen der unterschiedlichen Zielgruppen zu entsprechen.

Die Behandlungsansätze in den (teil-) stationären Entwöhnungseinrichtungen sind nur für einen spezifischen Teil der Drogenpopulation geeignet und gehen vielfach an dem Bedarf vorbei. Die Erfolge in diesen „traditionellen" Rehabilitations-programmen liegen – nicht zuletzt aufgrund der Einengungen durch die konzeptio-nellen Vorgaben der Leistungsträger – hinsichtlich der kurzfristigen und mittelfri-stigen Drogenfreiheit und psychosozialen Stabilität immer noch in einem beschei-denen Rahmen. Bei der Schwierigkeit der therapeutischen Aufgabe, die es ja nicht nur mit einer klinischen Störung sondern in der Regel auch mit zumindest „prekä-ren Lebenslagen" zu tun hat, stellt sich die Aufgabe lebenslage- und netztwerkori-entierter Betreuung/Therapie.

Auch heute hat die Drogenhilfe für einen großen Teil drogenabhängiger Men-schen noch keine Betreuungs- und Behandlungsmethoden entwickelt, die diesen Erfordernissen gerecht werden und ihnen ein drogenfreies Leben ermöglichen oder zumindest ein Leben ohne soziale Verelendung, Kriminalität und die schweren physischen und psychischen Folge- oder Begleiteffekte des Drogenkonsums.

Die Arbeitsansätze in den Einrichtungen der Drogenhilfe orientieren sich nur eingeschränkt am Bedarf der Patienten und Klienten. Besonders deutlich wird dies an der „Vernachlässigung" der Zielgruppe der konsumierenden Kinder und Ju-gendlichen und deren Bezugspersonen.

Im Vordergrund steht unverändert, die Arbeit an den Vorgaben in Verbindung mit den Förderprogrammen der Leistungsträger auszurichten, um so den Bestand der Einrichtungen zu sichern.

Fundierte Kenntnisse über die Zusammenhänge von Drogenfreiheit und dem In-halt und Umfang von Betreuungs-/Behandlungsprogrammen, die nur durch Longi-tudinalforschung zu erreichen sind, liegen Leistungsträgern wie Praktikern nicht vor. Welche Bedeutung z.B. Fachkliniken, insbesondere der Mehrfachaufenthalt in ihnen bei mehreren Rückfallphasen in der Langzeitperspektive haben, ist bis-lang nicht ausreichend dokumentiert. Wahrscheinlich werden positive Wirkungen – selbst bei Rückfälligen „verschenkt" durch fehlende Kontinuitäten in den Be-handlungsabläufen und vor allem der Adaption/Nachsorge. Die Rolle von Bera-tungsstellen und Hilfeagenturen bei der Anschlußbehandlung muß dabei als zen-tral gesehen werden.

Auch wenn die Einrichtungen ihre Angebotsstruktur in den 90er Jahren weiterent-wickelt und ausgebaut haben, muß unverändert davon ausgegangen werden, daß hier noch erhebliche Potentiale liegen.

Das Faktum der Nichterreichbarkeit und einer fehlenden systematischen Lang-zeitbegleitung von konsumierenden und/oder abhängigen Menschen, die erreicht werden könnten, wiegt schwer und führt zu Problemclustern, auf die andere, neue

Antworten gefunden werden müssen, als die der praktizierten und vielfach unverändert „traditionellen" Betreuungs-/Behandlungswege, ohne daß diese deshalb in ihrem Wert und ihrer Bedeutung für die für sie geeigneten Zielgruppen geringgeschätzt werden dürften.

„Innovationen der Drogenhilfe" zeigt Möglichkeiten auf, wie eine an den Lebensverhältnisse und Bedarfen von konsumierenden und abhängigen Menschen ausgerichtetes Hilfe- und Leistungssystem der Drogenhilfe auf der Basis fachlicher Notwendigkeiten und wissenschaftlicher Erkenntnisse gestaltet werden kann. „Innovationen der Drogenhilfe" will auch zu einer kritischen und – soweit nötig – kontroversen Reflexion und Diskussion einladen.

Literatur

Flenker, Dr. I.: Zusammenarbeit von Drogenhilfe und Ärzteschaft aus Sicht der Ärzteschaft. in: 10 Jahre Methadon-Substitution in NRW/Tagesdokumentation, Düsseldorf 1997

Gestalt und Integration; Integrative Suchttherapie und Supervision, Sonderausgabe der Zeitschrift für ganzheitliche und kreative Therapie (Deutsche Gesellschaft für Integrative Therapie, Gestalttherapie und Kreativitätsförderung e.V.), Düsseldorf 1994

Hüther, G., Rüther, E.: Die nutzungsabhängige Reorganisation neuronaler Verschaltungsmuster im Verlauf psychotherapeutischer und pharmakologischer Behandlungen. in: Schipek (2003), S. 224-234

JKD e.V./Kadesch gGmbH; Jahresberichte 1984 - 2004

Khantzian, E.J.: The Self-Medication Hypothesis of Addictive Disorders, in: Gastpar, Heinz, Poehlke, Raschke: Substitutionstherapie bei Drogenabhängigen, Berlin/Heidelberg 1998

Landesregierung NRW: Landesprogramm gegen die Sucht des Landes NRW; Düsseldorf 1998

Landesregierung NRW: Positionspapier zur Einrichtung von Drogentherapeutischen Ambulanzen 2/98, Düsseldorf 1998

Michels, I.: Medizinalisierung: Die Einbeziehung der Ärzte und ihre Dominanz? in: Stöver, H. (Hrsg.), Akzeptierende Drogenarbeit, Freiburg 1999

Petzold, H.G./Schay, P./Ebert, W.; Integrative Suchttherapie, Wiesbaden 2004

Petzold, H.G./Schay, P./Scheiblich, W.; Integrative Suchtarbeit, Wiesbaden 2005

Schall, U., Bender, S., Lodemann, E., Lutz, K.-H., Rösinger, C., Gastpar, M.: Drogen- und Medikamentenmißbrauch im Verlauf einer ambulanten, substitutionsgestützten Behandlung von Opiatabhängigen mit Levo-Methadon. in: Sucht, Nr. 5/1994, Geesthacht 1994

Schay, P.; Zur Situation der Abhängigen von illegalen Drogen, Alkohol und Medikamenten, Landschaftsverband Westfalen-Lippe, 1986

Schay, P.; Zur ethischen Dimension der psychosozialen Vernetzung am Beispiel der PSAG Herne, S. Roderer Verlag 1997

Schay, P.; Suchtbehandlung im Verbundsystem der Suchtkrankenhilfe – NotWendigkeit zur Effizienz rehabilitativer Behandlung und Betreuung !? –, Fachverband Sucht e. V., 1998

Schneider, W.; Niedrigschwellige Angebote und akzeptanzorientierte Drogenarbeit, Vortragsmanuskript zum Internationalen Suchtkongreß 'Der Stellenwert der Suchtkrankheit im Gesundheitssystem', 27.05.-01.06.1996 in Baden bei Wien

Schneider, W.: Quo Vadis Drogenhilfe? 1. Medizinalisierung-Standardisierung: Konsequenzen für drogengebrauchende Mitbürger. in: Neue Praxis, 2/98, Neuwied 1998

Uchtenhagen, A.: Therapeutische Intervention bei Drogenabhängigkeit aus psychiatrisch-psychotherapeutischer Sicht. in: Michels, I.: Medizinalisierung: Die Einbeziehung der Ärzte und ihre Dominanz? in: Stöver, H. (Hrsg.), Akzeptierende Drogenarbeit, Freiburg 1999

In: Peter Schay (2006)
Innovationen in der
Drogenhilfe, Wiesbaden

Peter Schay

Leitlinien der Drogenhilfe

Leitlinien der Drogenhilfe dienen als Grundlage und Orientierung bei der Entwicklung von Positionen und Einschätzungen zu veränderten Rahmenbedingungen und (Weiter-) Entwicklungen in der Drogenhilfepraxis.

Da die *Themen der Drogenhilfe* und die *Lebensverhältnisse von konsumierenden und abhängigen Menschen* in den vergangenen 10 Jahren einem gravierenden Veränderungsprozeß ausgesetzt waren, aber auch – insbesondere auf regionaler und Länderebene – die *Handlungsspielräume der Drogenhilfe* durch modifiziertere Rahmenbedingungen und neue Betreuungs-/Behandlungsansätze erweitert werden konnten, sowie die *Fragen der Finanzierung* der Drogenhilfe einen bestimmenden Charakter für die Möglichkeiten inhaltlicher Arbeit eingenommen haben, müssen die *Aussagen zu diesen zentralen Themen* überarbeitet werden:

(1) Als übergreifende Handlungsperspektive und Zielsetzung soll sich Drogenhilfe sowohl mit Blick auf die Lebenssituation von Drogenkonsumenten als auch hinsichtlich der Versorgungspraxis am *Normalisierungsprinzip* orientieren.

(2) Eng verknüpft hiermit ist eine *Entkriminalisierung* der Konsumenten und für die Entwicklung umsetzbarer Szenarien zur Legalisierung gegenwärtig noch illegaler Drogen notwendig.

(3) *Planung und Steuerung* der Versorgung von Drogenabhängigen müssen unter Einbeziehung von allen Beteiligten auf eine rationale Grundlage gestellt und vor vordergründigen drogen- und ordnungspolitischen Entscheidungen geschützt werden.

(4) Auf die *Finanzierungsgrundlagen* und die *Betreuungs-/Behandlungsansätze* wird hier nicht eingegangen, da diese in „Finanzierung und Umstrukturierung der Drogenhilfe" (vgl. *Schay* dieses Buch) differenziert aufgezeigt werden.

1. Das Normalisierungsprinzip in der Drogenhilfe

Die Drogenhilfe hat sich zunehmend auf die Behandlung/Beratung/Betreuung von Konsumenten illegaler Drogen (vor allem Heroin) spezialisiert und das Hilfesystem entsprechend der sich entwickelnden Bedarfe dieser Personengruppe als Spezialsystem ausgebaut.

Mit der Entwicklung neuer Konsummuster – vor allem unter jungendlichen Konsumenten – geht eine Binnendifferenzierung der Angebote einher und es werden die Lücken des Hilfesystems deutlich: Zielgruppen (z.b. konsumierende Kinder und Jugendliche) fühlen sich von den bestehenden Angeboten nicht angesprochen und werden aus dem Versorgungssystem für legalisierte und illegalisierte Drogen ausgegrenzt.

Trotz gegebener Ansätze fehlt es mit Blick auf die sich weiter differenzierenden Zielgruppen aber auch an klar definierten Kooperationsformen der verschiedenen Hilfesysteme (z.b. Drogenhilfe/Jugendhilfe), personellen Kapazitäten, Standards und Evaluation/Forschung.

Angesichts der gravierenden Herausforderungen aufgrund sich ständig verändernder (und verschärfender) gesellschaftlicher Rahmenbedingungen – hier sei nur auf die Reglementierungen für Drogenabhängige im SGB II hingewiesen – müssen von der Drogenhilfe veränderte Arbeitsansätze konzipiert, und neue Formen der Hilfeangebote entwickelt werden.

Auch müssen sich – in Abkehr von traditionellen Auf-/Einteilungen in Beratung, Betreuung, Behandlung wie auch Primär-, Sekundär- und Tertiärprävention – Hilfemaßnahmen herauskristallisieren, die zielgruppen- und anlaßbezogen ausgerichtet sind und damit sowohl Fragen des Zugangs als auch der angezeigten Interventionen angemessener beschreiben können.

Grundsätzlicher geht es also nicht nur darum, daß die Drogenhilfe für „neue Zielgruppen" pragmatisch neue Arbeitsansätze und Angebote entwickelt, sondern insgesamt aufgefordert ist, ihr Selbstverständnis neu zu definieren. Dabei müssen Fragen nach Zielen und Zielgruppen ebenso beantwortet werden, wie Fragen der Arbeitsansätze, Methoden und Finanzierung. Die veränderten Rahmenbedingungen (bspw. die inhaltlichen Vorgaben der Leistungsträger und die immer begrenzteren finanziellen Ressourcen) verschärfen die darin liegenden Anforderungen an Träger, Einrichtungen und Mitarbeiter.

Die in dem hier behandelten Zusammenhang zu formulierenden Grundfragen lauten: Ist die Drogenhilfe (erneut) in der Lage, den Kontakt zu den unterschiedlichen Zielgruppen zu finden? Ist die Drogenhilfe fähig, ihre Arbeit im Versorgungsverbund mit den verschiedenen Hilfesystemen zu differenzieren und (weiter-) zuentwickeln?

Um nun das *Normalisierungsprinzips* im Umgang mit Drogenkonsumenten/-abhängigen auch zur Normalität in den Hilfeangeboten werden zu lassen, müssen insbesondere

- die *Lebensbedingungen und (Über-) Lebenschancen von Drogenkonsumenten/-abhängigen* sowie deren „Teilhabe" am gesellschaftlichen Leben und
- die *Hilfeangebote (und deren Inhalte und Organisation) für die unterschiedlichen Zielgruppen*

im Fokus der Arbeitsansätze der Drogenhilfe stehen.

Die grundsätzliche Ausrichtung *aller* Hilfeangebote am *Normalisierungsprinzip* beinhaltet ausdrücklich eine *Orientierung der Drogenhilfe an den allgemeinen Menschen- und Bürgerrechten wie auch an festzulegenden fachlichen Standards* und zielt darauf ab, die soziale *Ausgrenzung, Stigmatisierung und Sonderbehandlung* von Drogenkonsumenten/-abhängigen zu mindern bzw. aufzuheben und ihnen eine legale Existenz in Würde zu sichern.

Die *Lebensbedingungen* von Drogenkonsumenten/-abhängigen sind unter dem Blickwinkel des *Normalisierungsprinzips* eng verknüpft mit der Forderung nach *Entkriminalisierung und Legalisierung* (s. Punkt 2).

Die *„Normalisierung" in den Betreuungs-/Behandlungsansätzen (Hilfe- und Leistungsangeboten) von Drogenabhängigen* beinhaltet

- den drogenabhängigen Menschen und seinen *individuellen Hilfebedarf* („personenzentriert") und nicht Betreuungs-/Behandlungskonzepte („institutionszentriert") in den Fokus *aller* professioneller Hilfe zu stellen,
- die zentralen Bedürfnisse bzw. Bedarfe nach Sicherung eines *stützenden sozialen Netzwerkes, um den psychosozialen Lebens- und Konsumbedingungen der unterschiedlichen Zielgruppen* zu entsprechen, d.h. die *Gewährleistung der sozialen Lebensbedingungen* wie *Wohnen, Arbeit, Tagesgestaltung (Kontakt) und Betreuung* im Rahmen des *Casemanagements* in der Hilfeplanung und -umsetzung zu berücksichtigen, um „suchtmittelübergreifend", personen- und problembezogen die angemessenen Hilfemaßnahmen innerhalb und außerhalb des Drogenhilfesystems zu entwickeln.
  Die relevanten Hilfeangebote (wie Schuldnerberatung, berufliche Integrationsmaßnahmen, Psychotherapie) sind entsprechend der zeitlich hierarchischen Abfolge der Hilfeplanung einzusetzen und zu organisieren.

- eine *wohnort- und lebensfeldnahe Betreuung/Behandlung*, die auf (Re-) Integration ausgerichtet ist und auf den *Ressourcen und Stärken* des Einzelnen sowie seines sozialen Umfelds basiert, zu realisieren.
- *Möglichkeiten der Selbsthilfe* zu fördern und *Betroffenenwissen und -kompetenzen* im Rahmen der professionellen Hilfen ausreichend zu berücksichtigen.
- die Erbringung der Hilfeangebote *im Rahmen der „regionalen Versorgungsangebote/-strukturen"* (z.B. medizinische und psychotherapeutische Versorgung, soziale Hilfen) zu gewährleisten, soweit deren Qualifizierung in der Betreuung/Behandlung von Drogenkonsumenten/-abhängigen gegeben ist. Dies erfordert eine differenzierte Kenntnis der unterschiedlichen Angebote des psychosozialen Hilfesystems und die *Vernetzung/Kooperation* mit den verschiedenen Einrichtungen bzw. Anbietern.
- *Rahmenbedingungen, Betreuungs- und Behandlungsstandards* sowie Normen und Regeln von ambulanten und stationären Angeboten für Drogenkonsumenten/-abhängige zu überprüfen und mit den Voraussetzungen und Standards anderer Versorgungsbereiche (z.B. medizinische und psychotherapeutische Versorgung) abzugleichen.

Dies umfaßt aber auch die grundsätzliche Anerkennung der vorherrschenden Lebenswelten von Drogenkonsumenten/-abhängigen und deren Realitäten wie „Illegalität und Kriminalisierung". Neben fachlichen Überlegungen haben diese Realitäten wesentlich zur Entstehung sog. „Spezialeinrichtungen" beigetragen.

Solange fachliche Konzepte die „Sonderbehandlung und Ausgrenzung" und den gesellschaftlichen Umgang mit Drogenkonsumenten/-abhängigen legitimieren, ist die Notwendigkeit gegeben, dieser Spezialisierung der Hilfeangebote entgegenzuwirken, da hierüber keine den Bedürfnissen und Bedarfen der unterschiedlichen Zielgruppen adäquaten Betreuungs-/Behandlungskonzepte geschaffen und die Möglichkeiten einer qualitativen Verbesserung der Hilfe- und Leistungsangebote der Drogenhilfe nicht effektiv genutzt werden.

Dieses Selbstverständnis fordert von der Drogenhilfe auch, *die Auseinandersetzung mit Drogenkonsumenten/-abhängigen zu suchen und ihre Angebote den Lebenslagen der jeweiligen Zielgruppe – soweit möglich – anzupassen;* und die zumindest in Teilbereichen gegebene „Überversorgung" der Klientel im Drogenhilfesystem abzulehnen.

2. Entkriminalisierung und Legalisierung

Wir sprechen von **Suchtkrankenbehandlung** und nicht von der Behandlung von nicht erwünschtem oder abweichendem Verhalten wie z.B. dem **Drogengebrauch**. „Sucht ... beeinträchtigt die freie Entfaltung einer Persönlichkeit und zerstört die sozialen Bindungen und die sozialen Chancen eines Individuums" (*Wanke* 1985). „Drogenabhängigkeit ist eine komplexe somatische, psychische und soziale Erkrankung, die die Persönlichkeit des Drogenabhängigen und sein soziales Netzwerk ... beschädigt und – wenn sie lange genug wirkt – zerstört" (*Petzold* 1988).

Natürlich gibt es Menschen – wie viele sei dahingestellt –, die illegalisierte Drogen gebrauchen und die dieses nicht unbedingt süchtig tun (viele sorgfältig wissenschaftlich abgesicherte Studien belegen dies, z.B. *Weber/Schneider* 1993). Menschen, die trotz Drogengebrauch mündige und zur Selbstverantwortung fähige Mitbürger sind.

Wir stimmen mit *Wolfgang Schneider* überein, wenn er sagt, „Drogengebraucher sind weder per se behandlungsbedürftig noch generell krank" (*Schneider* 1997). Aber, die behandlungsbedürftigen und kranken Suchtkranken gibt es auch, was mit der Illegalisierung bestimmter Drogen in Zusammenhang steht, aber auch mit der Pharmakologie einer Droge zu tun hat. So wie es alkoholkonsumierende Menschen und abhängigkeitskranke Alkoholiker gibt, so gibt es eben auch drogenkonsumierende Menschen und Drogenabhängige.

> „Die auf Verbote und Repressionen aufbauende Drogenpolitik ist gescheitert. ... Der kompromißlose Kampf gegen Drogen ist nicht zu gewinnen und richtet ... in unserer Gesellschaft große Schäden an, ohne daß dauerhafte Erfolge sichtbar würden. ... Das Modell einer kontrollierten Freigabe von psychoaktiven Substanzen ist langfristig der einzig realistische Weg zu einer Gesellschaft, die sich nicht von Drogen terrorisieren läßt. Nur mit einer Drogenpolitik, die sich von der Illusion einer drogenfreien Gesellschaft verabschiedet, läßt sich eine Lösung des Drogenproblems erreichen." (*Amendt* 2003)

Die mit dem Betäubungsmittelgesetz (BtMG) manifestierte Illegalisierung bestimmter Drogen hat die Arbeitsansätze in der Drogenhilfe (zwangsläufig) verschoben, in dem der Drogenkonsum einen Straftatbestand darstellt und damit veränderte Paradigmen in den Hilfeangeboten zu bestimmenden Handlungskonzepten wurden.

Unverändert muß es jedoch um *eine Entkriminalisierung von Drogenkonsumenten und -abhängigen* gehen, da deren Lebensbedingungen (oft) von den somatischen und psychischen (Folge-) Erkrankungen und einem Bündel von sozialen Problemlagen gekennzeichnet sind, deren Ursachen auch in der Illegalität selbst begründet sind.

Natürlich ist es zu begrüßen, daß in den letzen Jahren insbesondere die Hilfe- und Leistungsangebote für Drogenkonsumenten-/abhängige erweitert und weiterentwickelt werden konnten und (erste) Schritte unternommen wurden, auf die strafrechtliche Verfolgung zu verzichten.

Dabei müssen wir aber resümieren, daß z.b. die Originalstoffvergabe als Behandlungsform für chronisch Suchtkranke von den Leistungsträgern schlicht abgelehnt wird, bei den politischen Entscheidungsträgern zumindest auf grundsätzliche Bedenken stößt und aus fachlicher Sicht zu konstatieren ist, daß Erprobungsmaßnahmen wie die Drogentherapeutischen Ambulanzen (DTA) vor allem kostenextensiv, bürokratisch und somit in ihrer praktischen Relevanz zumindest fragwürdig sind.

Hier ist die Drogenhilfe gefordert, auf der Basis der neuen Wissensstände der Neuro- und Biowissenschaften (vgl. *Hüther, Rüther* 2003) und der aus (klinischer) Erfahrung gewonnenen Wissensstände der (therapeutischen) Praxis, was in der Behandlung Drogenabhängiger wirkt (vgl. *Grawe, Donati* und *Bernauer* 1994; *Sonntag, Künzel* 2000), *(modellhaft) Konzepte* zu entwickeln, die die Behandlung des Drogenabhängigen im Fokus haben, dem notwendigen Schutz der Gesellschaft und der notwendigen Schadensminimierung für die betroffenen Menschen (was Entkriminalisierung und Legalisierung voraussetzt) gerecht werden.

Dabei sind *alle* Bemühungen einer schrittweisen *Humanisierung der Lebens- und Konsumbedingungen von Drogenkonsumenten und -abhängigen* zu unterstützen. Hierzu zählen bspw.

– der bedarfsgerechte Ausbau *aller* Hilfeangebote (z.B. Hilfen und Präventionsmaßnahmen bei drogenkonsumierenden Kindern und Jugendlichen; auf den Bedarf der jeweiligen Zielgruppe ausgerichtete Betreuungs- und Behandlungsmaßnahmen).

– Orginalstoffvergabe als „normale" Substitutionsbehandlung für langjährig Drogenabhängige in der Verantwortung des Arztes.

– Kooperationsformen von Drogenhilfe und Justiz, die gewährleisten, daß in den JVA'en die Substitutionsbehandlung zu einem selbstverständlichen Regelangebot wird und hygienische Möglichkeiten des Konsums geschaffen werden.

– Abbau des „Bürokratismus" zur Legitimation und Inanspruchnahme der Hilfe- und Leistungsangebote (z.B. Betreutes Wohnen; Konsumräume, wobei Rechtssicherheit für die dort tätigen Mitarbeiter unabdingbar ist).

Für die Konsumenten (vor allem Kinder und Jugendliche) sog. *weicher Drogen* müssen im Rahmen der Sekundärprävention gezielt Angebote geschaffen werden, um zum frühestmöglichen Zeitpunkt intervenieren zu können, die Entwicklung einer manifesten Abhängigkeit zu verhindern und bereits bestehende Beeinträchtigungen zu beheben, so daß auf praktischer Ebene eine Basis für Handlungsalternativen zum Konsum im Lebensalltag (wieder) geschaffen werden kann. Es geht also um die Unterstützung bei der Entwicklungsaufgabe mit Drogen und anderen Konsummitteln selbstverantwortlich und kontrolliert umgehen zu lernen (Förderung von Risikobewußtsein und Selbstwahrnehmung).

Neben diesen, die Lebensbedingungen und -lagen von Drogenkonsumenten und -abhängigen betreffenden Aspekte von Illegalität und Kriminalisierung sehen wir aber auch deren *Auswirkungen auf die Drogenhilfe* selber. Das Hilfesystem für Drogenkonsumenten/-abhängige ist durch die Vorgaben des BtMG abhängig von dem rechtlichen Status seiner Klienten. Das Rechtskonstrukt von „Therapie statt Strafe" ist für Betroffene und Helfer untrennbar miteinander verwoben. Durch die hiermit bedingten wirtschaftlichen Kausalitäten der Einrichtungen der Drogenhilfe haben sich Verflechtungen manifestiert, die (häufig) die Trennschärfe zwischen den unterschiedlichen Interessenlagen von Drogenhilfe und Justiz vermissen lassen.

„Der Vernetzung von ... Hilfen ... kommt eine zunehmende Bedeutung zu. Die Notwendigkeit einer verstärkten Kooperation ... ist zwingend" (*Landesprogramm gegen die Sucht des Landes NRW* 1998) – leitet sich jedoch nicht immer aus fachlichen Kriterien ab, sondern aus der Tatsache, daß

– als Folge einer repressiven Drogenpolitik in den JVA'en 30 % der männlichen Inhaftierten und 50 % der weiblichen Inhaftierten als *drogen*abhängig definiert werden, d.h. von 18.000 Inhaftierten in den JVA'en in NRW 8.000; („*Im Vollzug in NRW gibt es gut 30 % Suchtkranke ... , die ... – außer U-Haft - rechtskräftig verurteilt worden sind, weil sie auch straffällig geworden sind. Bei einem „ Umschlag" von Faktor 2 im Jahr kommt so eine erkleckliche Zahl von Suchtkranken im Vollzug zusammen"* (*F. Sichau MdL* auf der Fachtagung „Drogenhilfe und Justiz" der AG Dropo 1999).
– die Drogenhilfe aus dieser Situation wirtschaftlichen Profit zieht, d.h. die Drogenhilfe die Entkriminalisierung der Drogenabhängigen nur noch als politisches Schlagwort benutzt und um ihrer selbst Willen verkauft hat.

Eine Vernetzung und Kooperation von Drogenhilfe und Justiz, die dem Hilfesystem klare und fachlich eindeutig zu definierende Strukturen erhält, wird zu einer Erweiterung des Angebotes für Drogenabhängige führen und zusätzliche und flexiblere Hilfemaßnahmen ermöglichen (z.b. Einrichtungen, deren Auftrag nicht in der medizinischen Rehabilitation festgeschrieben ist, sondern die sich (ausschließlich) auf pädagogische Hilfemaßnahmen „spezialisieren", mit dem Ziel, in ihrer Kindheit und Jugend „fehlgeleiteten" Menschen, die Entwicklung von Werten, Normen und Identität zu ermöglichen = störungsübergreifende Behandlung).

Wir sind uns bewußt, daß Kooperationsformen von Drogenhilfe und Justiz notwendig, weiter auszubauen und zu differenzieren sind. Aber: (1) Die Interessen des einzelnen Klienten müssen immer im Vordergrund der Handlungsleitlinien der Drogenhilfe stehen. (2) Die fachliche Verantwortung *(Diagnose, Indikationsstellung und Therapie)* für die Hilfeangebote liegt bei den Mitarbeitern der Drogenhilfe, d.h. direkte und indirekte Eingriffe der Justiz in die Drogenhilfe müssen grundsätzlich abgelehnt werden, um die Arbeit in den Einrichtungen und die mit den Klienten abgestimmten Maßnahmen *vor justiziellen Fremdeinflüssen zu schützen.* (3) Das Austarieren gegensätzlicher Anforderungen gehört zur täglichen Praxis der Drogenhilfe.

Die Drogenhilfe ist als Repräsentant ihrer Klientel verpflichtet, über eine entlastende Eindeutigkeit ihrer Rolle, durch ihre Fachlichkeit und Kompetenz sowie ihre Monopolstellung öffentlich deutlich zu machen, daß zumindest langfristig in der politischen Diskussion und Auseinandersetzung über/um die Entkriminalisierung der Drogenkonsumenten/-Abhängigen wieder Inhalte zu berücksichtigen sind, die die Drogenhilfe in den 80er Jahren noch die ihren genannt hat.

3. Planung und Steuerung

In der Praxis der Drogenhilfe stehen wir vor der Aufgabe, die Situation unserer Klientel in ihrer Komplexität zu erfassen und trotz des (häufig) fatalen (Zeit-) Drucks, in unserem Handeln Verquickungen zu vermeiden.

D.h. einerseits in der theoretischen Auseinandersetzung immer wieder um begriffliche und konzeptionelle Klärung sowie Weiterentwicklung bemüht zu sein, und andererseits bei der Arbeit mit unserer Klientel realitätsbezogen und flexibel zu bleiben.

Planung, Aufbau und Steuerung von Hilfeangeboten für Drogenkonsumenten/-abhängigen muß sich (1) an den *tatsächlichen (Hilfe-) Bedarfen,* (2) *sozial- und drogenpolitischen Überlegungen* und nicht zuletzt (3) *ordnungspolitischen Überlegungen* orientieren.

Dieses Konglomerat unterschiedlicher Einflüsse erschwert planmäßige, an einem fachlichen Gesamtkonzept orientierte Leitlinien des Drogenhilfesystems. Sind auf der Ebene einzelner Leistungserbringer (z.B. Empfehlungsvereinbarung „Abhängigkeitserkrankungen" der Spitzenverbände Rentenversicherungsträger und Krankenkassen vom 04.05.2001) noch einheitliche konzeptionelle Vorgaben gegeben, so wird eine sinnvolle Gesamtplanung auf kommunaler Ebene aufgrund fehlender einheitlicher Rahmenbedingungen i.d.r. unmöglich und ist auf Länder-/Bundesebene praktisch nicht mehr erkennbar.

Hier ist ausdrücklich festzustellen, daß die Drogenhilfe von dieser Entwicklung *immer* profitiert, *alle* „projektbezogenen" Finanzierungsmodalitäten, seien sie fachlich auch noch so unsinnig, stets ausgenutzt und sich so an ein „immer mehr" gewöhnt hat.

Diese ausschließlich auf bestehende Finanzierungsmöglichkeiten ausgerichtete „Fachlichkeit" findet stets ihre Legitimation in der von den Praktikern immer wieder geforderten Notwendigkeit der Differenzierung, des Ausbaus und der Absicherung des Hilfesystems.

Will die Drogenhilfe zukünftig den Leistungsträgern und den politisch Verantwortlichen gegenüber ihre Handlungskompetenz darstellen, wird sie die Aufgabe übernehmen müssen, die *Elemente einer fachlich begründeten, rationalen Planung und Steuerung der Hilfen zu entwickeln*, d.h. die klientenbezogenen Hilfen ausschließlich bedarfsgerecht zu gestalten und die Abstimmung ihrer verschiedenen Angebote quantitativ und qualitativ zu verbessern.

Dies wird zu einer unabdingbaren Voraussetzung für zukünftige Handlungs- und Gestaltungsräume in Anbetracht der zunehmenden Finanzierungsprobleme der öffentlichen Hand und der Sozialleistungsträger (vgl. *Schay* dieses Buch).

Diese Entwicklungen (er)fordern insbesondere innerhalb eines *regionalen Therapieverbundes* von den politisch Verantwortlichen, den Leistungsträgern und den Leistungserbringer gezielte und koordinierte gemeinsame Hilfeplanung, um die Arbeit der Drogenhilfe sowie die Vernetzung der Hilfen auf eine *verbindliche (vertraglich) abgesicherte Basis zu stellen*.

Voraussetzung hierfür sind (unverändert) auf regionaler *und* auf Länder-/Bundesebene die *Schaffung geeigneter Planungs- und Steuerungsgremien*, in die Leistungsträger, Leistungserbringer und Praktiker ebenso maßgeblich einzubinden sind, wie die Betroffenen selber als Leistungsempfänger.

Auf kommunaler Ebene tragen die Kommunen eine besondere Verantwortung, da sie verpflichtet sind, die basale Daseinsfürsorge auch für drogenabhängige Menschen durch Planung und Finanzierung entsprechender Angebote zu gewährleisten (vgl. *Schay* dieses Buch). Die regionale *Drogenhilfeplanung, als Teil der Suchthilfeplanung, muß von daher federführend durch die Kommunen* erfolgen. Ausgehend von den übergeordnet festgelegten Eckdaten und gesetzlichen Erfordernissen sind dabei, (1) fachliche Standards und Leitlinien, (2) Bedarfsanalysen zur Situation vor Ort, (3) Erfahrungen, Einschätzungen und Planungsideen von Praktikern der Drogenhilfe und (4) die Wünsche und Vorstellungen der Betroffenen einzubeziehen.

Grundsätzlich ist auf Länder- und auf Bundesebene die Verantwortung der politischen Entscheidungsträger gegeben, Leitlinien zu erarbeiten, eine übergeordnete Planung vorzunehmen, regionale Planung und Steuerung anzuregen, Planungsdaten zur Verfügung zu stellen, Fachwissen zu bündeln, Forschung zu fördern und zu einem sach- und konsensorientierten Interessenausgleich der Beteiligten beizutragen.

Auch hier gelten als Grundprinzipien insbesondere: (1) Die Festschreibung fachlicher Standards und Leitlinien, (2) durch Evaluationsstudien abgesicherte Bedarfsanalysen, (3) verbindlich festgeschriebene Einbeziehung der Erfahrungen, Einschätzungen und Planungsideen von Praktikern der Drogenhilfe.

Die Drogenhilfe selber ist gefordert ihre Hilfe- und Leistungsangebote für alle Beteiligten transparent und überprüfbar darzustellen, indem sie in geeigneter Weise ihre *Arbeit dokumentiert und damit die Voraussetzungen schafft, die für eine sach- und fachgerechte Planung und Steuerung unabdingbar sind.*

Eine solche Dokumentation muß zwingend qualitative Aussagen zu Charakteristika der Klientel, zu den erbrachten Hilfen und Leistungen sowie zum Ergebnis der Interventionen und Maßnahmen enthalten.

Durch eine fachgerechte Dokumentation und durch die verbindliche Einbeziehung in von der Länder-/Bundesebene und den Leistungsträgern verbindlich zu finanzierende praxisnahe Forschung leistet Drogenhilfe einen wesentlichen Beitrag zur Verbesserung der Abstimmung und Planung von Hilfen für Drogenabhängige.

Auch steht die Drogenhilfe in der Verantwortung, *die inhaltlich-konzeptionelle Weiterentwicklung der Drogenarbeit offensiv (mit) zu gestalten*, um Hilfe- und Leistungsangebote *bedarfsgerecht* zu entwickeln und in ihrer Finanzierung *leistungsrechtlich* umsetzbar zu machen (hierzu „Finanzierung und Umstrukturierung der Drogenhilfe", *Schay* dieses Buch).

Zusammenfassung

Die vorliegende Arbeit verdeutlicht, daß die Fragen der Finanzierung aufgrund der Komplexität der differenzierten Betreuungs-/Behandlungsansätze in der Drogenhilfe einen bestimmenden Charakter für die Möglichkeiten inhaltlicher Arbeit eingenommen haben.

Die Grundpositionen der Drogenhilfe – das Normalisierungsprinzip, die Entkriminalisierung sowie Planung und Steuerung – dienen als Grundlage und Orientierung für die Entwicklung von Einschätzungen veränderter Rahmenbedingungen und (Weiter-)Entwicklungen in der Drogenhilfepraxis. Im Fokus der Arbeitsansätze müssen also die Lebensbedingungen und (Über-) Lebenschancen von Drogenkonsumenten/-abhängigen, deren Teilnahme am gesellschaftlichen Leben, die verschiedenen Hilfeangebote für Drogenkonsumenten/-abhängige sowie deren Inhalte und Organisation stehen.

Um ihre Handlungskompetenz darzustellen, muß Drogenhilfe die klientenbezogenen Hilfen bedarfsgerecht gestalten und die Abstimmung ihrer verschiedenen Angebote quantitativ und qualitativ verbessern.

Schlüsselwörter: Drogenabhängigkeit, Drogenhilfe, Normalisierungsprinzip, Entkriminalisierung, Planung und Steuerung

Summary

This paper demonstrates that, within drug aid, the questions of financing had a determining influence on the possibilities of meaningful work since the different approaches of care and treatment are complex.

The foundations of drug aid – the principle of normalization, decriminalization, planning and control – serve as a basis and orientation for the evolution of evaluations of different settings and developments within practical drug aid. The drug addicts' living conditions and chances of life have to become the focus of work as well as their participation in social life, different aids for them and the content and organization of these aids.

In order to demonstrate its competence, drug aid has to structure these aids according to clients and needs and improve their coordination quantitatively and qualitatively.

keywords: drug addiction, drug aid, principle of normalization, decriminalization, planning and control

Literatur

Akzept e.V.; Materialien Nr. 1 – Leitlinien für die psycho-soziale Begleitung im Rahmen einer Substitutionsbehandlung, 1995

Amendt, G.; No Drugs No Future, Hamburg 2003

Arbeitsgemeinschaft Drogenarbeit und Drogenpolitik in NRW e.V.; Grundsatzprogramm, www.agdropo.de, 1997

Arbeitsgemeinschaft Drogenarbeit und Drogenpolitik in NRW e.V.; Integrative Arbeit an der Schnittstelle von Drogenhilfe und Justiz, in: *Petzold, Schay, Ebert*; Integrative Suchttherapie, Wiesbaden 2004

BtMG (Betäubungsmittelgesetz), aktuelle Fassung

Bundesarbeitsgemeinschaft für Rehabilitation; Arbeitshilfe für die Rehabilitation von Suchtkranken, Frankfurt 1996

Drogenbeauftragte der Bundesregierung; Drogen- und Suchtbericht 2002-4, Berlin

Fachverband Sucht e. V.; Therapieziele im Wandel, Heidelberg 1994

Fachverband Sucht e. V.; Qualitätssicherung in der Rehabilitation Abhängigkeitskranker, Heidelberg 1995

Fachverband Sucht e.V. u.a.; Dokumentation „Fachtag Dialog stationäre Drogentherapie" am 26.11.2002

Gestalt und Integration; Integrative Suchttherapie und Supervision, Sonderausgabe der Zeitschrift für ganzheitliche und kreative Therapie (Deutsche Gesellschaft für Integrative Therapie, Gestalttherapie und Kreativitätsförderung e.V.), Düsseldorf 1994

Grawe, K., Donati, R., Bernauer, F.: Psychotherapie im Wandel – Von der Konfession zur Profession. Hogrefe-Verlag, Göttingen 1994 (2. Auflage)

*Hass, W./Petzold, H.*G.; Die Bedeutung sozialer Netzwerke und sozialer Unterstützung für die Psychotherapie – diagnostische und therapeutische Verfahren, in: Petzold, H./Märtens, M.; Wege zu effektiven Psychotherapien, Opladen 1999

Hüther, G., Rüther, E.: Die nutzungsabhängige Reorganisation neuronaler Verschaltungsmuster im Verlauf psychotherapeutischer und pharmakologischer Behandlungen. in: *Schipek* (2003), S. 224-234

JKD e.V./Kadesch gGmbH; Jahresberichte 1984 - 2004

JKD e.V./Kadesch gGmbH; Drogenhilfe und Prävention in Herne, 1996

Krozynski, P., Rehabilitationsrecht, München 1992

Landesprogramm gegen die Sucht des Landes NRW; Düsseldorf 1998

Petzold, H.G./Goffin, J.J.M./Oudhof, J.; Protektive Faktoren und Prozesse – die „positive" Perspektive in der longitudinalen, „klinischen Entwicklungspsychologie" und ihre Umsetzung in die Praxis der Integrativen Therapie, in: Petzold, H./Sieper, J.; Integration und Kreation, Paderborn 1996

Petzold, H.G./Schay, P./Ebert, W.; Integrative Suchttherapie, Wiesbaden 2004

Petzold, H.G./Schay, P./Scheiblich, W.; Integrative Suchtarbeit, Wiesbaden 2005

Petzold, H.G./Schay, P./Hentschel, U.; Niedrigschwellige Drogenarbeit und „intermittierende" Karrierebegleitung als Elemente einer Gesamtstrategie der Drogenhilfe, in: *Petzold, Schay, Ebert*; Integrative Suchttherapie, Wiesbaden 2004

Petzold, H.G./Scheiblich, W./Thomas, G.; Psychotherapeutische Maßnahmen bei Drogenabhängigkeit, in: *Uchtenhagen, A./Zieglgänsberger, W.*; Drogenmedizin, München 1998

Petzold, H.G., Wolf, U., Landgrebe, B., Josic, Z., Steffan, A.; Integrative Traumatherapie – Modelle und Konzepte für die Behandlung von Patienten mit „posttraumaitischer Belastungsstörung". in: *van der Kolk, B., McFarlane, A., Weisaeth, L.*: Traumatic Stress. Paderborn 2000

Petzold, H.G.; Die Persönlichkeit des Drogenabhängigen und ihre Therapie, Fachtagung: Therapiehilfe e.V., Berlin 1988

Petzold, H.G.; Drogenabhängigkeit als Krankheit, Gestaltbulletin – Zeitschrift für ganzheitliche und kreative Therapie (Deutsche Gesellschaft für Integrative Therapie, Gestalttherapie und Kreativitätsförderung e.V.), Düsseldorf 1991

Petzold, H.G. (2000h); Wissenschaftsbegriff, Erkenntnistheorie und Theorienbildung der „Integrativen Therapie" und ihrer biopsychosozialen Praxis für „komplexe Lebenslagen" (Chartacolloquium III). in: FPI-Publikationen: POLYLOGE: *Materialien aus der Europäische Akademie für Psychosoziale Gesundheit* - 01/2002.

Schay, P.; Zur Situation der Abhängigen von illegalen Drogen, Alkohol und Medikamenten, Landschaftsverband Westfalen-Lippe, 1986

Schay, P.; Zur ethischen Dimension der psychosozialen Vernetzung am Beispiel der PSAG Herne, S. Roderer Verlag 1997

Schay, P.; Suchtbehandlung im Verbundsystem der Suchtkrankenhilfe – NotWendigkeit zur Effizienz rehabilitativer Behandlung und Betreuung !? –, Fachverband Sucht e. V., 1998

Scheiblich, W.; Sucht aus der Sicht psychotherapeutischer Schulen, Köln 1994

Schneider, W.; Niedrigschwellige Angebote und akzeptanzorientierte Drogenarbeit, Vortragsmanuskript zum Internationalen Suchtkongreß 'Der Stellenwert der Suchtkrankheit im Gesundheitssystem', 27.05.-01.06.1996 in Baden bei Wien

Sichau, F.; Drogenhilfe und Justiz – Einführung in das Thema, in: *Arbeitsgemeinschaft Drogenarbeit und Drogenpolitik in NRW e.V.*; Dokumentation der Fachtagung „Drogenhilfe und Justiz", Niederkrüchten 1999

Sonntag, D., Künzel, J. (Hrsg.): Hat die Therapiedauer bei alkohol- und drogenabhängigen Patienten einen positiven Einfluß auf den Therapieerfolg? Sonderheft 2/2000 der Zeitschrift SUCHT. Neuland Verlag, Geesthacht 2000

VDR; Empfehlungsvereinbarung „Abhängigkeitserkrankungen" der Spitzenverbände Rentenversicherungsträger und Krankenkassen vom 04.05.2001

Wanke, Kl., Normal – abhängig – süchtig. Zur Klärung des Suchtbegriffs, in: *Deutsche Hauptstelle gegen die Suchtgefahren* (Hrsg.), Süchtiges Verhalten, Grenzen und Grauzonen im Alltag, Hamm 1985

Weber, G./Schneider, W.; Kontrollierter Gebrauch illegaler Drogen, Selbstheilung und therapiegestützter Ausstieg, Ausgewählte Ergebnisse aus einer empirischen Studie, in: *Wiener Zeitschrift für Suchtforschung*, Nr. 2/3 Jg. 16 (1993)

Peter Schay

Finanzierung und Umstrukturierung der Drogenhilfe

1.   Vorbemerkungen

Sucht ist eine komplexe Erkrankung und erfordert eine fachgerechte, effiziente Behandlung. Ein positives Ergebnis ist abhängig von der Kompetenz der beteiligten Professionen und deren ganzheitlichem Zusammenwirken (vgl. *GVS* 2005).

   Um diesen Anspruch in die Praxis umsetzen zu können, muß ein integriertes und umfassendes Versorgungskonzept beinhalten:

a) Motivation und Behandlungscompliane (vgl. §§ 26 ff. SGB IX)

b) psychosoziale Hilfen zur Befähigung zur (frühzeitigen) Inanspruchnahme von Hilfeleistungen (vgl. § 37a SGB V), leistungsrechtliche Hilfen (Substitution, Entzug, Rehabilitation u.a.; vgl. SGB V, VI); Maßnahmen zur Befähigung zur Teilhabe (vgl. SGB IX); Maßnahmen zur sozialen „Habilitation" (SGB VIII); Maßnahmen zur sozialen Rehabilitation und Existenzsicherung (vgl. SGB II, III, XII)

c) Vermittlung in leistungsrechtliche Hilfen

d) personenbezogene Koordination unterschiedlicher Professionen, Einrichtungen und Hilfesektoren zu einer Gesamtbehandlung, d.h.
   – sektorenübergreifendes einzelfallbezogenes Case-Management (Koordination aller Unterstützungsmaßnahmen; vgl. § 37a SGB V)
   – strukturelles Case-Management i.s. einer Querschnittfunktion gegenüber den Leistungsrechten (medizinische Leistungen (vgl. SGB V), Rehabilitation (vgl. SGB V, VI), Jugendhilfe (vgl. KJHG), Leistungen zur Integration in Arbeit und Beruf, Sozialhilfe (vgl. SGB II, XII)

Die massiven „Umverteilungsprozesse" in den sozialen Sicherungssystemen und die „Verknappung" öffentlicher Mittel (hier: Wegbrechen der Steuereinnahmen) erschweren die Arbeitsbedingungen in der Drogenhilfe und führen zu erheblichen Veränderungen in der (Klienten-) Arbeit.

Diese Entwicklung hat zur Folge, daß (1) Planungssicherheit immer nur für das laufende Haushaltsjahr besteht, (2) die personellen Ressourcen nicht verläßlich zur Verfügung stehen, da die Institutionen nicht absehen können, ob die Arbeit weiter gefördert wird, (3) der Abbau von Hilfeangeboten als Folge beständiger „Kostendämpfungsmaßnahmen" stattfindet (d.h. Personal- und Sachkosten werden durch Vergütungssätze und Zuschüsse nicht mehr refinanziert), (4) die Angebote an den (Re-) Finanzierungsmöglichkeiten und nicht an den Bedarfslagen der Klientel ausgerichtet werden müssen und (5) die vermehrte Segmentierung der Finanzierung die inhaltliche und personelle Ganzheitlichkeit des Hilfesystems aushöhlt.

Ausdrücklich zu akzeptieren ist die Notwendigkeit, die Wirtschaftlichkeit des Drogenhilfesystems zu verbessern. Die hier noch gegebenen Potentiale auszuschöpfen, setzt jedoch voraus, daß gesetzlich und/oder vertraglich verbindlich festgelegt wird, wie bedarfsgerechte, wirtschaftliche und an den Bedarfen der Klientel orientierte Leistungen zu gestalten und regional umzusetzen sind, was beinhaltet, daß Zuständigkeit und Gesamtverantwortung für die Finanzierung/Absicherung der verschiedenen Leistungsangebote/Hilfeformen unmißverständlich geklärt sein müssen.

Um nun das „Finanzierungsrisiko" für die Leistungserbringer kalkulierbar und beherrschbar zu machen, müssen Finanzierungszuständigkeiten für über-/regionale – beispielsweise psychosoziale/ stationäre – Hilfeangebote nach dem Prinzip der (federführenden) finanziellen Zuständigkeit bzw. Gesamtverantwortung eines Leistungsträgers bei angemessener und abgesicherter Refinanzierung verankert werden. Damit wird bereits bei Feststellung des Hilfebedarfs durch den federführend zuständigen Leistungsträger eine Leistungszusage möglich und die Maßnahme kann beginnen. In allen Bereichen muß gelten, daß Finanzplanung so frühzeitig wie möglich und orientiert am Grundsatz der langfristigen Absicherung bewährter Hilfen erfolgt. Nur so ist die notwendige Kontinuität der Angebote konzeptionell und personell zu gewährleisten *und* weiter zu entwickeln.

Erhebliche finanzielle Ressourcen werden durch die Kriminalisierung Drogenabhängiger und das damit verbundene Prinzip „Therapie statt Strafe" gebunden. Die Entkriminalisierung der Drogenkonsumenten stellt also auch eine entscheidende Wirtschaftlichkeitsreserve dar.

Sucht- und alltagsbezogene Hilfen – um den kriminalisierungsbedingten Teil entschlackt – werden bedarfsgerecht und praxisnah verfügbar:

– Die Motivationslage der Klienten wird von Betreuungs-/Behandlungsnotwendigkeiten bestimmt, was die Effizienz des Betreuungs-/Behandlungserfolges (deutlich) erhöht.
– Betreuungs-/Behandlungskapazitäten und der bürokratische Aufwand in den Einrichtungen werden auf bedarfsgerechte Notwendigkeiten reduziert.

2. Zur Finanzierung und Umstrukturierung der ambulanten Sucht- und Drogenhilfe

Die Ausrichtung der Finanzierung der professionellen Sucht- und Drogenhilfe ist in ihrer bisherigen Form der ausschließlichen Subventionierung über die öffentlichen Haushalte nicht mehr aufrecht zu erhalten.

Mit den notwendigen Aspekten dieses Themas muß sich die Drogenhilfe offensiv und kreativ auseinander, um *jetzt* einen Beitrag zu der notwendigen Fachdiskussion zu leisten und dies nicht (wieder) anderen Akteuren zu überlassen. Dabei ist wesentlich, daß Vorschläge zur Finanzierung und eine zielführende Strategie, um die Finanzierung abzusichern, auch zentrale Aussagen zur inhaltlichen Ausrichtung der Drogenhilfe beinhalten müssen.

Auf der Basis der derzeitigen gesetzlichen Grundlagen, aktueller Leitlinien und Konzeptionen wird aufgezeigt, daß neben der „traditionellen" Finanzierung weitere Finanzierungsmodelle denkbar sind, die im Rahmen der Leistungspflicht des „federführenden Leistungsträgers" einer ernsthaften Überprüfung unterzogen werden müssen.

Die nachfolgenden Überlegungen zielen insbesondere auf die Träger ambulanter Leistungsangebote. Dabei sind Fragen der zukünftigen Finanzierung der Hilfen nicht zu trennen von einer Umstrukturierung der Angebote und der Arbeit. Die Überlegungen zielen nicht auf die grundsätzliche Kritik der Finanzierungsvoraussetzungen ambulanter Drogenhilfe oder die aktuellen Entwicklungen zum sog. „Umbau des Sozialstaates" mit dem Abbau sozialer Leistungen, einer Verschlechterung der Versorgung(-sstrukturen) und der Kürzung von Fördermitteln. Diese Bedingungen werden als Realität vorausgesetzt. *Leitgedanke ist die Frage nach verbleibenden Handlungsspielräumen der Einrichtungen und Träger unter den skizzierten Bedingungen.*

Wenn Begriffe wie „Leistung", „Qualität", „Entgelt", „Vereinbarung" benutzt werden und die Verbesserung der Transparenz und die Herstellung eines stärkeren Begründungszusammenhanges von Finanzierung und Leistungserbringung gefordert wird, so ist hiermit nicht eine „neoliberale" Neuausrichtung der Hilfen gemeint.

Es wird vielmehr versucht, Strategien aufzuzeigen, um auch unter veränderten Bedingungen eine fachliche Gestaltung der Hilfen zu sichern. Grundsätzlich wird bspw. nicht übersehen, daß die bisherige Form der Finanzierung und Organisation der Drogenhilfe auch „positive Seiten" hatte, d.h. Träger und Einrichtungen weitgehend selbstverantwortlich agieren, flexibel reagieren und am „Wohl der Betroffenen" orientiert handeln konnten.

Diese Handlungsmöglichkeiten werden durch veränderte Finanzierungsbedingungen insbesondere dann zunehmend eingeengt, wenn Einrichtungen und Träger keine eigenen Antworten auf diese Bedingungen, in Form kreativer Konzepte entwickeln.

Die Thesen zur Finanzierung der ambulanten Sucht- und Drogenhilfe gehen aus von einem Arbeitspapier der *AG Dropo* zu Fragen der Finanzierung der Drogenhilfe und orientieren sich an den pragmatischen Erfordernissen, die sich aus der Realität des Leistungsrechts ergeben.

Die Tatsache, daß aufgrund der gegebenen Finanzierungsmodalitäten, grundsätzliche Forderungen der Drogenhilfe zur inhaltlichen Ausgestaltung der Arbeit, nicht umgesetzt werden können, bleibt hierbei bewußt unberücksichtigt.

These 1: Ausgangslagen

Die Drogenhilfe hat ein umfangreiches Netz an Hilfeangeboten und Kooperationen entwickelt und ihre einzelnen Aufgabenbereiche haben sich als psychosoziale Dienstleistungen etabliert.

Ausgangslage 1: Die Drogenhilfe wird als sog. „freiwillige" Leistung überwiegend von den Kommunen und Ländern finanziert. Der Rechtsbegriff der „kommunalen Daseinsvorsorge" ist in der Gemeindeordnung NRW im § 8 Abs. 1 definiert: „Die Gemeinden schaffen innerhalb der Grenzen ihrer Leistungsfähigkeit, die für die wirtschaftliche, soziale und kulturelle Betreuung ihrer Einwohner erforderlichen öffentlichen Einrichtungen." Im Rückbezug auf diesen Rechtbegriff ist die Suchthilfe per politischen Konsens legitimiert, bleibt aber eine „freiwillige" Leistung, die von der politischen Willensbildung abhängig ist. Eine verbindliche Regelung kann über ein Landesgesetz erfolgen, wie es beispielsweise das Land Sachsen im Rahmen des „Sächsischen Gesetzes über Hilfen und die Unterbringung bei psychischen Krankheiten (SächsPsychKG)" und dem „Gesetz öffentlicher Gesundheitsdienst (GÖG)" vorgenommen hat und damit eine Verpflichtung von Land und Kommunen festgeschrieben hat, sich um Suchthilfe zu kümmern (vgl. *GVS* 2005).

Ausgangslage 2: Die Drogenhilfe muß sich als kompetenter und unverzichtbarer Partner zur Lösung der Probleme positionieren, d.h. die Frage der Finanzierung und Umstrukturierung läßt sich nicht lösen, ohne eine Standortbestimmung vorzunehmen.

Dies gilt insbesondere auch im „Dialog" mit der Suchtmedizin, die als Teil der Psychiatrie zunehmend die psychosozialen Leistungen der Drogenhilfe beansprucht und diese unter medizinischen Handlungsperspektiven mit Hilfe des ärztliches Netzwerkes effektiver gestalten will.

Ausgangslage 3:   Um die Umstrukturierung und Finanzierung der Drogenhilfe effektiv gestalten zu können, müssen konsensfähige Leistungsbeschreibungen entwickelt und verhandelt werden.

These 2:   Anpassung der Finanzierungsmodalitäten an veränderte Rahmenbedingungen

Auch wenn fachlich nicht begründbare Einschnitte in die Finanzierung der Hilfen abgewehrt werden müssen, sind die bestehenden Finanzierungsprobleme nur zu bewältigen, wenn die Finanzierung der Hilfen schrittweise den veränderten Rahmenbedingungen angepaßt wird.

Das Selbstverständnis der Träger und Einrichtungen muß sich an einem ausgewogenen Verhältnis von (transparenter) Leistung und Entgelt orientieren.

Die freien Träger sind gefordert als Leistungserbringer aufzutreten und selbst einen wesentlichen Beitrag zur Qualitätsentwicklung des regionalen Versorgungssystems der Drogenhilfe zu leisten, womit sie eine wichtige Funktion im Rahmen der Planung und Steuerung der Hilfen wahrnehmen.

Dies gilt insbesondere, da die Fachlichkeit öffentlicher Verwaltungen i.d.r. zu gering entwickelt ist, ein politischer Gestaltungswille oftmals fehlt und auf entscheidende fachliche Impulse der Leistungsträger nicht zu hoffen ist.

These 3:   Leistungen der Drogenhilfe

Der Anteil sozialrechtlich verbindlich finanzierter Leistungen in der ambulanten Drogenhilfe ist als Finanzierungsgrundlage (noch) unbedeutend. Zuschüsse werden i.d.R. pauschal gewährt, ohne daß die erbrachten Leistungen definiert und bspw. in Form einer Leistungsdokumentation nachgewiesen werden müssen. Die Forderung nach einer einheitlichen Finanzierungsgrundlage muß hier zu kurz greifen.

Wurden die Finanzierungsmodalitäten bisher als „Flickenteppich" kritisch-klagend beschrieben, so wird es zukünftig darum gehen müssen, diese Finanzierungsgrundlagen als strategische Chance zur Sicherung und Weiterentwicklung der Hilfen zu begreifen und um weitere „Flicken" zu ergänzen.

Die Finanzierung der Drogenhilfe (vgl. auch *GVS* 2005)

a) als allgemeine, d.h. übergreifende Leistung im Rahmen der „Daseinsvorsorge" und damit als „freiwillige" Leistung;

- Ziel: Definition der regionalen und integrierten Grundversorgung Sucht mit Leistungsbeschreibung und Qualitätsstandards.

b) als allgemeine und spezifische Leistung, die im einzelnen Leistungsrecht definiert ist;

- Ziel: leistungsbereichsspezifische Kompetenzen (z.B. aus dem Kontext des KJHG: Jugend- und Drogenberatung; SGB II: Teilhabe am ...; SGB V: psychosoziale Betreuung Substituierter (vgl. auch *Schay* dieses Buch)) werden einem „Hilfezentrum" übertragen, um Querschnittsaufgaben und umfassende Fallbetreuung zu ermöglichen.

Hier ist darauf zu achten, daß die beschriebenen Kernaufgaben in der Versorgungslandschaft nicht neu verortet und zersplittert werden.

c) als kommunale Dienstleistung, d.h. die Kommunen haben ein Interesse, daß die ihnen obliegenden Ordnungs-, Gesundheits- und Fürsorgemaßnahmen wirkungsvoll sind und aus Gründen der Effizienz und Einsparung mit den Hilfen der sozialen Leistungsrechte für Abhängigkeitskranke verknüpft werden;

- Ziel: verbindliche Richtlinien und Standards, um den Bedarf und die Inhalte der regionalen und integrierten Grundversorgung entwickeln zu können.

eröffnet hier deutlich weitergehende Möglichkeiten und führt zu eine Absicherung der Leistungen im Rahmen *aller* Leistungsrechte.

These 4: Flexibiltät der Träger durch Differenzierung der Finanzierungsmodalitäten

Diese Art der Finanzierung differenzierter ambulanter Leistungen der Drogenhilfe kann dazu beitragen, daß

(a) Handlungs- und Entscheidungsspielräume der freien Träger bezüglich ihrer Aktivitäten und Angebote erhalten bleiben,

(b) flexible Finanzierungsgrundlagen ambulanter Hilfen erhalten bleiben,

(c) die Nachfrageorientierung und Aushandlungsprozesse zwischen den Versorgungsbeteiligten gestärkt werden und

(d) die Kreativität der Träger im Hinblick auf die Schaffung neuer Angebote und die damit verbundene Suche nach Finanzgebern dieser Leistungen gefördert wird.

These 5: Leistungsbereiche

Eine der Voraussetzungen hierfür ist, daß die ambulante Drogenhilfe ihre Leistungen beschreibt und dabei unterscheidet zwischen folgenden Leistungsbereichen:

(a) Leistungen der Grundversorgung (z.b. Beratung/Begleitung, Substitution, Sekundärprävention, niedrigschwellige Angebote)
(b) ergänzende Leistungen (z.b. Betreutes Wohnen, Schuldnerberatung, ergänzende niedrigschwellige Leistungen, Konsumräume, Mitwirkung an den Eingliederungsleistungen gem. SGB II)
(c) medizinische / (psycho-) therapeutische Leistungen gem. SGB V, VI (z.b. Mitwirkung an einer Maßnahme der medizinische Rehabilitation (Konsumräume), Vorbereitung auf eine Maßnahme der medizinischen Rehabilitation (Motivationsarbeit, aufsuchende Suchthilfe im Krankenhaus))

Dies bedeutet, daß sich das Leistungsspektrum (eines Trägers bzw. einer psychosoziale (Drogen-) Beratungsstelle) mit einem allgemeinen Aufgaben- und Angebotsspektrum an den regionalen Rahmenbedingungen (z.b. Bedarf, Aufgabenteilung zwischen Leistungserbringern, finanzielle Ressourcen, politischer Wille) orientiert.

These 6: Sicherung einer Grundversorgung

Unter fachlichen Gesichtspunkten wird es insbesondere auf die Sicherung einer Grundversorgung ankommen. Diese Kernaufgaben der ambulanten Drogenhilfe zu beschreiben und über fachliche Leitlinien und Standards sowie vertragliche Vereinbarungen abzusichern wird eine wichtige Aufgabe für die nahe Zukunft sein.

These 7: Finanzierungsgrundlagen

Die Zielrichtung ist die schrittweise Abkehr von der Zuwendung durch Verwaltungsakt, um für die einzelnen Leistungsbereiche leistungsrechtlich verbindliche Regelungen mit den jeweiligen Leistungsträgern zu schaffen.
    Hauptleistungsträger für die regionale Grundversorgung ist die Kommune (Daseinfürsorge). Mit den Kommunen sind dementsprechend Verhandlungen über die Sicherung der Grundversorgung und die zukünftige Ausgestaltung der Hilfen zu

führen. Dabei sind Fragen der Laufzeit vertraglicher Vereinbarungen – im Hinblick auf die Sicherung des Angebots sowie die Planungssicherheit der Träger – einzubeziehen.

Eine Möglichkeit, die zunehmend von Kommunen gewählt wird, stellt als Finanzierungsgrundlage die Ausrichtung der Drogenhilfe am BSHG (SGB XII) dar, d.h. für abhängigkeitskranke Menschen eine Weiterentwicklung der Eingliederungshilfen gem. §§ 39, 40 BSHG, § 55 SGB IX und § 53 SGB XII mit dem Ziel, Menschen mit Behinderungen (hier: Abhängigkeitserkrankung gem. ICD 10-F.10-F.19, F.50) ein selbstbestimmtes Leben zu ermöglichen und zu sichern.

Dabei wird davon ausgegangen, daß hier eine soziale Hilfstätigkeit für hilfebedürftige Menschen erbracht wird, die nicht von den Grundsätzen des Marktes und des freien Wettbewerbs bestimmt wird, sondern Teil der staatlichen Fürsorge im Wege der Kooperation von Leistungserbringern und Sozialhilfeträgern (vgl. *Verwaltungsgericht Gelsenkirchen* vom 22.06.2004) ist.

Zu prüfen sind aber auch (zusätzliche/ergänzende) Finanzierungsmöglichkeiten i.S. medizinischer Leistungen der Rehabilitation gem. § 11, Abs. 1 + 2 + § 27, Pkt. 6 SGB V und § 15, Abs. 1 Nr. 1 + Abs. 2 SGB VI in Leistungsträgerschaft der Krankenkassen und Rentenversicherungsträger (z.B. Vorbereitung auf eine Maßnahme der medizinischen Rehabilitation, hier: Motivationsarbeit, Erstellen von Sozialberichten; aufsuchende Suchthilfe im Krankenhaus u.a.).

Auch die Möglichkeiten möglicher Finanzierungsmodalitäten i.S. des SGB II müssen betrachtet werden, d.h. Hilfeangebote, die als ergänzende Leistungen für öffentliche Aufgaben zu definieren sind, und durch Steuern und/oder Sozialversicherungsleistungen zu finanzieren sind.

Die Frage einer finanziellen Beteiligung der Klienten, ist auf der Basis der sozialrechtlichen Zuzahlungsregelungen und ihres Leistungsvermögens zu berücksichtigen.

These 8: Erhalt der Handlungsfähigkeit

Die fehlende Nachhaltigkeit politischer Planungs- und Steuerungsprozesse wird zukünftig in Verbindung mit knappen finanziellen Ressourcen auch die Rahmenbedingungen der ambulanten Sucht- und Drogenhilfe nachhaltig verschlechtern. Es sind deshalb (über-) lebensnotwendige, flexible Strategien zur Sicherung der (Grund-) Versorgung und zum Erhalt der Handlungsfähigkeit der Leistungserbringer zu entwickeln. Dies setzt eine Stärkung der Autonomie freier Träger und den

Gang neuer Wege voraus. Hierzu kann u.a. auch die Stärkung freier Träger durch regionale Zusammenschlüsse und/oder die Änderung der Rechtsform von freien Trägern zählen.

3.   Betreuungs- und Behandlungsansätze

3.1   Historie

Die Angebote der Suchtkrankenhilfe haben sich zwischen dem sozialen und medizinischen Hilfesystem entwickelt. Dabei war bis in die frühen 60er Jahre die Suchtkrankenhilfe eine Domäne der Psychiatrie. In den 70er Jahren hat sich eher eine Tradition der psychosozialen Behandlung und Begleitung eines Drogenkonsumverhaltens herausgebildet. Der psychiatrischen Behandlung standen die Praktiker eher kritisch bis ablehnend gegenüber.

Bis weit in die 80er Jahre wurde in Deutschland das Abstinenzparadigma und die Leidensdrucktheorie hochgehalten. Dieser Ausstieg aus der Sucht wurde als der alleinige „Königsweg" proklamiert.

Heute hat sich bei der Behandlung Opiatabhängiger in Kenntnis der Komplexität und Vielschichtigkeit von Sucht erfreulicherweise neben der klassischen Abstinenztherapie eine von verschiedenen Professionen getragenes differenziertes Drogenhilfesystem entwickelt.

Dabei ist die bewußte Auseinandersetzung mit den Eckpfeilern Drogenhilfe und Medizin notwendig, um ein Bewußtsein für die feinen – und manchmal entscheidenden – Unterschiede zu bewahren und herauszuarbeiten, wo die Leistungsangebote leistungsrechtlich zuzuordnen sind.

3.2   Behandlungs- und Betreuungsansätze

Das klassische Drogenhilfesystem sieht sich mehr und mehr mit somatischen als auch psychiatrisch-psychologischen Problemen konfrontiert (vgl. auch *Uchtenhagen* 1991). Begleiterkrankungen wie HIV-Infektion, Hepatitis, Tuberkulose, Thrombose, Abszesse aber auch PBTS, Depressionen, Ängste etc. führen bei vielen Abhängigen zu schweren körperlichen und psychischen Beeinträchtigungen.

Auch kann sich die Drogenhilfe dem Thema der psychiatrischen Komorbidität nicht entziehen. Es gibt einige Hinweise für die Annahme, daß der Gebrauch von

Opiaten eine Art der Selbstmedikation von zugrundeliegenden psychischen oder gar psychiatrischen Störungen sein kann (*Khantzian* 1985, u. *Schall* u.a. 1994). Hierauf muß in der Diagnostik und Behandlungs-/Betreuungsplanung geachtet werden. Fehlende Berücksichtigung einer möglichen psychiatrischen Komorbidität bei Diagnostik und Therapie kann zu ungünstigen Behandlungsverläufen, zu erhöhtem Beigebrauch bei einer Substitutionsbehandlung und auch zu erhöhter Abbrecherrate bei möglicher Abstinenz- oder Substitutionstherapie führen. Hier wird deutlich, daß die enge Zusammenarbeit von Drogenhilfe und Medizin unabdingbar ist.

Viele Chancen könnten sich also für die Behandlung suchtmittelabhängiger Menschen entwickeln, wenn es gelingt, die Krankheit mit medizinischen, sozialarbeiterischen und (psycho-)therapeutischen Methoden zu behandeln und für soziale Problemlagen soziale Hilfen vorzuhalten (vgl. *Arbeitsgemeinschaft Drogenarbeit und Drogenpolitik in NRW e.V.* 1998).

Um die Notwendigkeiten in der Betreuung und Behandlung von suchtmittelabhängigen Menschen zu erfassen, sind auch die Forschungsergebnisse der modernen Psychotherapie nach *Grawe* u.a. zu berücksichtigen, d.h.

– die Behandlung wird individueller auf den Klienten und seine Voraussetzungen abgestimmt
– in der therapeutischen Arbeit tritt der Blick auf die pathogenen Ereignisse in den Hintergrund zugunsten salutogener Ressourcen
– Förderung der Ressourcen in den Bereichen
  - Arbeit/Leistung
  - der Suche nach Lebenssinn als zentrale Aufgabe

Für die Entwicklungschancen von Personen sind dementsprechend für die Betreuung und Behandlung von entscheidender Bedeutung:

– Aufbau gesundheitsfördernder und -erhaltender sozialer Netzwerke (Überlebens- und der Existenzsicherung)
– Förderung (unter-) stützender Verhaltensweisen (Identitätsaufbau)
– „Beeinflussung" des Normen- und Wertesystems
– Vermittlung personaler und sozialer Ressourcen zur Bewältigung und Gestaltung des Lebens (Entwicklung von Lebensqualität)
– Sicherung des sozioökonomischen Status'

Eine adäquate Antwort auf die komplexe Suchterkrankung bietet also nur ein Bündel unterschiedlicher Leistungen und Angeboten, das deren somatische, psychische und soziale Aspekte berücksichtigt.

Um nun das Spektrum der notwendigen inhaltlichen Ausrichtung der Betreuungs-/ Behandlungsansätze und deren Finanzierungsmodalitäten zu erfassen, werden im folgenden *Hilfeangebote und Aspekte der Finanzierung* exemplarisch aufgezeigt:

3.2.1 Beratung

Beratung wird verstanden als eine professionell gestaltete Dienstleistung. Sie setzt in Problem-, Konflikt- und Krisensituationen unterschiedlichster Art an und grenzt sich von Psychotherapie und anderen Beratungsformen (z.B. Rechtsberatung) ab.

Eine weitestgehende Vielfalt von Beratungsangeboten, die sich lebensweltnah und alltagssensibel den unterschiedlichen Anforderungen, Problemlagen und Unterstützungsbedürfnissen verschiedenster Nutzer- und Betroffenengruppen annimmt, muß etabliert, gefördert und gesichert werden. Hierzu bedarf es klarer Kriterien, die die professionelle Qualität von Beratung als eine *„plurale"* Qualität erhalten und einengenden wie ausgrenzenden professionellen Zuständigkeitsansprüchen eine ebenso deutliche Absage erteilen wie einer marktfähigen Beliebigkeit, mit der alles und jedes als „Beratung" bezeichnet wird.

Konzeptioneller und methodischer Schwerpunkt der Beratung ist ihr Aufgaben-, Kontext- und Subjektbezug. Eingebettet in einem rechtlich, ökonomisch und berufsethisch bestimmten Rahmen werden anstehende Probleme und Konflikte im Dialog geklärt. Insofern ist die Beratung stets prozeßorientiert. Ihr Ergebnis (Produkt) ist nur kooperativ erreichbar. Als personenbezogene soziale Dienstleistung steht sie in einem Verhältnis, das eine Koproduktion aller Beteiligten (Berater, Beratener und Leistungsträger) und klare Zielvereinbarungen voraussetzt.

Beratung wird in sozialer und rechtstaatlicher Verantwortung ausgeübt und orientiert sich handlungsleitend am Schutz der Menschenwürde. Sie unterstützt emanzipatorische Entwicklungen und klärt auf über Spannungsfelder, Konflikte, Macht und Abhängigkeiten in unterschiedlichen Lebens- und Arbeitsbereichen. Dabei finden insbesondere auch geschlechts-, generationen- und kulturspezifische Aspekte im Zusammenleben Aufmerksamkeit. In jedem Fall stärkt sie persönliche Ressourcen und erschließt soziale Potentiale in lebensweltlichen (z.B. Familie/Gemeinwesen/Nachbarschaft) oder arbeitsweltlichen (z.B. Team/Organisation/Unternehmen) Bezügen.

Die Vertrauensbeziehung zwischen Berater und Ratsuchendem ist durch entsprechende gesetzliche Regelungen geschützt. Berufs- und beratungsrechtliche Kenntnisse sind integraler Bestandteil fachlichen Handelns. Die Fachkräfte sind verpflichtet mit in der Beratungsbeziehung entstehenden Abhängigkeiten sorgsam umzugehen. Sie sind auch hierbei dem Grundgedanken der Emanzipation verpflichtet. Die fortlaufende Analyse der Beziehungen, Verhaltensweisen und Interaktionen in der Beratungssituation sind wesentlicher Bestandteil der Beratung.

Ein Professionsverständnis von Beratung muß berücksichtigen, daß Klienten (wie Berater) heute lernen müssen, vermehrt mit *Unsicherheit, Unvorhersagbarkeit, Nichtwissen, Vieldeutigkeit und Paradoxien* umzugehen. Bisher selbstverständliche Vorhersagbarkeit, Planbarkeit und Eindeutigkeit sind nicht mehr garantiert. Beratung braucht theoretische Entwürfe wie praktische Handlungsmodelle der Sicherung persönlicher Identität in sozialer Integration angesichts zunehmender Ungewissheit und Verunsicherung.

Qualifizierte Berater bringen ihre Tätigkeit in einen systematischen Zusammenhang. Sie arbeiten nach einer bestimmten Konzeption (Beratungskonzept), das berufsethische und berufsrechtliche Prinzipien, bestimmte methodische Schritte und Verfahren (in der dialogisch gestalteten Vorgehensweise) festschreibt. Sie betrachten Planung, Umsetzung, Auswertung und Reflexion des beruflichen Handeln in konzeptgebundenen Zusammenhängen. Das heißt, daß das theoretisch und methodisch geprägte Handeln transparent und intersubjektiv überprüfbar sein soll und somit der Beliebigkeit von Handlungsanweisungen entgegen wirken soll. Prinzipielle Voraussetzung ist eine für Dienstleistungsabnehmer verständliche Darstellung des Konzeptes und Transparenz zu den angewandten Methoden und Verfahren.

Beratung setzt persönliche, soziale und fachliche Identität und Handlungskompetenz des Beraters voraus. Je nach Aufgabenstellung und Kontext (Anwendungsbzw. Tätigkeitsfeld) werden persönliche Erfahrungen und subjektiv geprägte Sichtweisen und Erlebenszusammenhänge der Beratenen auf der Grundlage theoretisch fundierten Wissens reflektiert. So werden in den dialogisch geprägten Prozessen fachlich fundierte Informationen vermittelt und wissenschaftliches Erklärungswissen des Beraters herangezogen, um bestimmte Probleme, Konflikte oder phasentypische Situationen besser beurteilen und bewerten zu können. Je nach Tätigkeitsfeld und Kontext kann sich das Wissen auf Bereiche der Psychologie, Soziologie, der Erziehungswissenschaft und Pädagogik, der Seelsorge, Pflege, des Rechts, der Ökonomie und Betriebswirtschaft, der Medizin oder u.a. der Psychiatrie beziehen. Es kann durch den Berater selbst oder in Kooperation mit den entsprechenden Fachkräften vermittelt werden.

Da Beratung in der vertrauensgeschützten Kommunikation zwischen Berater und Ratsuchendem stattfindet, entzieht sie sich grundsätzlich der fachlichen Weisung im Einzelfall. Zur Sicherung des fachlichen Handelns (Prozeßqualität) dienen die professionell angewandten Verfahren konzeptgebundener Qualitätssicherung, Fallbesprechungen im (multidisziplinären) Team, Supervision, Coaching, Fort- und Weiterbildung. Zu den Methoden der Selbstevaluation zählen: Diagnostik im Sinne von Status- und prozeßbegleitender differentieller Diagnostik, Indikations- und Effektivitätsdiagnostik, Wirkanalysen und Verfahren zur prozeßbegleitenden Dokumentation, Reflexion und (Selbst-) Evaluation der Beratungskontakte. Wirksamkeitsanalysen und die Überprüfung der Ergebnisqualität wird als gemeinsame Leistung von Berater, Klient und Leistungsträger verstanden.

Beratung umfaßt auch Leistungen wie → Casemanagement, → Unterstützung bei der Schuldenregulierung, → Krisenintervention, → Gruppenarbeit, → Maßnahmen zur beruflichen Integration, →Hilfen zur Alltagsstrukturierung, → Freizeitpädagogik (Vermittlung in die regionale Struktur), → Suchttherapie.

Finanzierung: Jährliche Zuwendungen der Kommune und/oder des Landes, Eigenmittel der Träger.

Für die Frage der Finanzierung der Beratung ist jedoch auch zu klären, inwieweit hier andere Leistungsträger zuständig und leistungspflichtig sein können, da in den psychosozialen Beratungsstellen *auch* Tätigkeiten zur Feststellung, Heilung oder Linderung von Störungen mit Krankheitswert i.S. medizinischer Leistungen zur Rehabilitation gem. § 11, Abs. 1 + 2 + § 27, Pkt. 6 SGB V und § 15, Abs. 1 Nr. 1 + Abs. 2 SGB VI durchgeführt werden. *Leistungsträger*: Krankenkassen, Rentenversicherungsträger.

Als Finanzierungsgrundlage kommen hier auch die sozialen Integrationsleistungen (wie psychosoziale Betreuung, Suchtberatung, Schuldnerberatung) in Betracht, die gem. § 16 Abs. 2 SGB II in Verbindung mit § 11 Abs. 5 und §§ 67 ff SGB XII als Kann-Leistung zu ermöglichen sind, wenn sie für die Eingliederung in das Erwerbsleben bzw. die Überwindung sozialer Schwierigkeiten notwendig sind. Diese Leistungen, auf deren Inanspruchnahme hinzuwirken ist, gelten ausdrücklich auch für erwerbsfähige Drogenabhängige mit einem Hilfeanspruch auf Eingliederungshilfe.

Eine Fachberatung gem. § 16 Abs. 2 SGB II *kann* Leistungsberechtigten bewilligt werden. Wird die Ermessensleistung abgelehnt oder reicht nicht aus, um die Hilfeziele der Leistungen nach SGB XII zu erreichen, kommen entsprechende Hilfen nach SGB XII in Betracht oder sind sogar gemäß den dort geltenden Soll-Bestimmungen und individuellen Rechtsansprüchen verpflichtend zu gewähren (vgl. *Busch-Geertsema* 2005).

Eine Ausgrenzung erwerbsfähiger Hilfebedürftiger von diesen Leistungen ist nicht zulässig, „eine möglichst integrierte Organisation der Erbringung von psychosozialen Hilfen für diesen Personenkreis aus beiden Gesetzbüchern" (ebenda) ist gesetzlich verankert.

Bei Kindern und Jugendlichen müssen auch die Regelungen des SGB VIII berücksichtigt werden. Die (Erziehungs-) Beratungsstelle nimmt hier Aufgaben auf der gesetzlichen Grundlage gem. § 28 SGB VIII (= Beratung) in Verbindung mit der Zugangsvoraussetzung erzieherischer Hilfen des § 27 SGB VIII wahr. Mit der Einführung des Kinder- und Jugendhilfegesetzes (KJHG) ist die (Erziehungs-) Beratung zur ausdrücklichen Pflichtaufgabe geworden. „Der gesetzliche Auftrag ... zielt darauf, junge Menschen in ihrer individuellen und sozialen Entwicklung zu fördern, Benachteiligungen zu vermeiden und abzubauen sowie für positive Lebensbedingungen ... Sorge zu tragen" (*Hensen, Körner* 2005). Die §§ 14 (erzieherischer Kinder- und Jugendschutz), 16 (allgemeine Förderung in der Familie), 17 (Beratung in Fragen der Partnerschaft, Trennung und Scheidung), 18 (Beratung und Unterstützung bei der Ausübung der Personensorge) und 35a SGB VIII präzisieren den gesetzlichen Auftrag und zeigen auf, wie weit dieses Praxisfeld zu fassen ist (ebenda). Das hier „Überschneidungen" mit der Drogenhilfe gegeben sind, ist offensichtlich.

3.2.2 Hilfen und Präventionsmaßnahmen bei drogenkonsumierenden Jugendlichen

Um die Zielgruppe konsumierender Jugendlicher, junger Erwachsener und deren Bezugspersonen in der Drogenhilfe „aufzufangen", müssen Kooperationssysteme von Drogenhilfe und Jugendhilfe geschaffen werden, damit die Arbeit mit suchtmittelkonsumierenden Jugendlichen auf die Zusammenhänge wichtiger Lebensbereiche (Familie, Schule/Beruf, Psychiatrien, Justiz), der sozialen Funktion des Konsums und den individuellen Persönlichkeitsstrukturen (Selbstwertgefühl, Ich-Stärke, Beziehungs- und Konfliktfähigkeit usw.) fokussiert wird.

Früherkennung und Frühintervention müssen Hauptelemente dieses Hilfeangebotes sein, also die Frage: Wie können 12 bis 25jährige Kinder und Jugendliche (insbesondere unter Einbeziehung ihrer subjektiven Sicht) erreicht werden? Es geht hier also nicht um *Behandlung*, die auf (psycho-) therapeutischer Ebene die Ursachen und Auswirkungen des Drogenkonsums aufarbeitet und die Ebene der Medizin mit einbezieht.

Finanzierung: Jährliche Zuwendungen der Kommune und/oder des Landes, Eigenmittel der Träger.

Ggf. aber auch eine Finanzierung im Rahmen der medizinischen Leistungen zur Rehabilitation und/oder der Maßnahmen i.S. der SGB II + VIII (vgl. *Beratung*).

3.2.3 Niedrigschwellige Drogenarbeit

Im Sinne einer karrierebegleitenden Langzeitstrategie werden soziotherapeutische Interventionen eingesetzt, mit dem Ziel, letztendlich einen „drogenfreien Lebensstil" zu erreichen.

Finanzierung: Jährliche Zuwendungen der Kommune und/oder des Landes, ggf. projektbezogene Zuwendungen der Kommune und/oder des Landes, der Wohlfahrtspflege (Aktion Mensch), Eigenmittel der Träger.

3.2.4 Akzeptierende Drogenarbeit

Es werden niedrigschwellige Angebote und soziotherapeutische Maßnahmen eingesetzt, um Menschen mit einem „drogengebundenen Lebensstil" zu stützen, d.h. sie vor gesundheitlichen und justiziellen Schäden zu bewahren unter grundsätzlicher Akzeptanz dieses Lebensstils.

Finanzierung: Jährliche Zuwendungen der Kommune und/oder des Landes, ggf. projektbezogene Zuwendungen der Kommune und/oder des Landes, der Wohlfahrtspflege (Aktion Mensch), Eigenmittel der Träger.

3.2.5 Selbsthilfezentrierte Drogenarbeit

Angebote, die in Form von Clean-Gruppen auf die Zielsetzung eines „drogenfreien Lebensstils" zentriert sind und als Supportgruppen i.S. einer Coping-Gemeinschaft, die sich für einen drogenungebundenen Lebensstil entschieden hat. Beide Zielrichtungen müssen auf Modelle zurückgreifen, die im Bereich der Selbsthilfe entwickelt worden sind, z.B. das „Exchange-Learning, Exchange-Helping-Konzept" (*Petzold, Schobert, Schulz* 1991). Gerade aufgrund der schlechten Ausgangssituation und Ressourcenlage der Drogenabhängigen werden Außenhilfen notwendig sein, wie sie auch für andere Selbsthilfeinitiativen vom „gering organisierten Typus" (ebenda) gegeben sind, wenn sie Überlebenschancen haben sollen. *Finanzierung*: Ggf. projektbezogene Zuwendungen der Kommune und/oder des Landes, der Wohlfahrtspflege (Aktion Mensch), Eigenmittel der Träger.

3.2.6 Substitution

Krankenbehandlung im Sinne des § 27 SGB V umfaßt auch die Behandlung von Suchterkrankungen, wobei das alleinige Auswechseln des Opiats durch ein Substitutionsmittel jedoch *keine* geeignete Behandlungsmethode darstellt und von der Leistungspflicht der Gesetzlichen Krankenversicherung (GKV) nicht umfaßt ist. *Oberstes Ziel* der Behandlung ist die *Suchtmittelfreiheit*. Ist dieses Ziel nicht unmittelbar und zeitnah erreichbar, so ist im Rahmen eines umfassenden Therapiekonzeptes, das auch soweit erforderlich, begleitende psychiatrische und/oder psychotherapeutische Behandlungs- oder psychosoziale Betreuungsmaßnahmen mit einbezieht, eine Substitution zulässig.

Das umfassende Therapiekonzept beinhaltet die Ermittlung des Hilfebedarfs im Rahmen einer psychosozialen Betreuung durch eine psychosoziale Drogenberatungsstelle, die Erstellung eines individuellen Therapieplanes, der die zeitliche und qualitative Festlegung der Therapieziele enthält, sowie die im Einzelfall erforderliche psychosoziale Betreuungsmaßnahme und/oder ggf. psychotherapeutische Behandlungsmaßnahme.

Finanzierung: Für die Frage der Finanzierung der psychosozialen Betreuung (PSB) ist § 3 Abs. 4 der Anerkannten Untersuchungs- und Behandlungsmethoden, 2. Richtlinien zur substitutionsgestützten Behandlung Opiatabhängiger maßgeblich, d.h. die psychosoziale Drogenberatungsstelle stellt den individuellen Hilfebedarf fest und erstellt für den (Behandlungs-) Teil der PSB einen individuellen Therapieplan. Bereits mit Erbringung dieser Leistung ist zwangsläufig die Frage verbunden, welcher Leistungsträger für welchen Teil der PSB zuständig und leistungspflichtig ist.

Ist-Zustand ist, daß unter Würdigung der gegebenen gesetzlichen Bestimmungen und der entsprechenden Ausführungsbestimmungen gegenwärtig die Finanzierung der psychosozialen Leistungen über GKV gem. SGB V ausdrücklich ausgeschlossen und die Substitutionsbehandlung nicht als Behandlungs-/Betreuungseinheit begriffen wird, d.h. medizinische und psychosoziale Maßnahmen werden leistungsrechtlich aufgeteilt. Die Finanzierung des medizinischen Teiles der Substitutionsbehandlung erfolgt über die Krankenkassen im Rahmen des SGB V und des psychosozialen Teiles als Eingliederungshilfe durch die über-/örtliche Sozialhilfe gem. §§ 39, 40 BSHG/§§ 53, 54 SGB XII. Die Hauptverantwortung für die Sicherstellung und Finanzierung der psychosozialen Betreuung Substituierter liegt also bei der Sozialhilfe, da es sich dieser Definition folgend hierbei um keine medizinische Leistung handelt.

Die Diskussion über die Finanzierung der psychosozialen Betreuung substituierter Drogenabhängiger muß jedoch über den Rahmen der Regelungen des BSHG/SGB XII hinausgehen und die Bestimmungen/Möglichkeiten aufgreifen, die in SGB V aufgezeigt werden und damit verdeutlichen, daß es sich bei der PSB um eine abrechnungsfähige Leistung in der substitutionsgestützten *Behandlung* Drogenabhängiger handelt. Zu berücksichtigen sind hier die Regelungen im SGB V gem. § 37 a in Verbindung mit § 92 Abs. 1 Satz 2 Nr. 6 (Soziotherapie) und §§ 137 f und 137 g in Verbindung mit § 28b – g RSAV (Disease-Management-Programme (DMP)) bei der Behandlung chronischer Erkrankungen, sowie und §§ 140 a - 140 h (Integrierte Versorgungsformen).

Auch hier kommen als Finanzierungsgrundlage die sozialen Integrationsleistungen in Betracht, die gem. § 16 Abs. 2 SGB II in Verbindung mit § 11 Abs. 5 und §§ 67 ff SGB XII als Kann-Leistung zu ermöglichen sind (vgl. *Beratung*).

3.2.7 Ambulante Rehabilitation

Die Leistungsträger haben diese Möglichkeit der medizinischen Rehabilitation nach engen Indikationskriterien geschaffen, d.h. (psycho-) therapeutische Behandlung in einem Zeitraum von 6 - 18 Monaten in Form von Einzel- und Gruppentherapie. Durch die Kompetenz der Therapeuten ist in Drogenberatungsstellen diese Möglichkeiten dahingehend ausgeweitet worden, daß sie über den vorgegebenen Zeitrahmen hinausgehend bei spezifischer Indikation Drogenabhängige langfristig in Einzel- und Gruppentherapien erfolgreich behandeln (hier: Drogenfreiheit und soziale/berufliche Integration als Erfolgskriterium).

Mit der *Möglichkeit der vorübergehenden Fortsetzung der Substitution* wird der Einstieg in die Rehabilitation erleichtert und ein neues Hilfeangebot erschlossen.

Finanzierung: In den Einrichtungen der medizinischen Rehabilitation werden Tätigkeiten zur Feststellung, Heilung oder Linderung von Störungen mit Krankheitswert i.S. medizinischer Leistungen der Rehabilitation gem. § 11, Abs. 1 + 2 + § 27, Pkt. 6 SGB V und § 15, Abs. 1 Nr. 1 + Abs. 2 SGB VI durchgeführt. Leistungsträger: Krankenkassen (KV), Rentenversicherungsträger (RV).

3.2.8 Ganztägig ambulante Rehabilitation

Diese Rehabilitationsleistung ist für Klienten geeignet, die mit einer stationären Maßnahme über- und mit einer ambulanten Entwöhnungsbehandlung nicht ausreichend versorgt wären.

Ganztägig ambulante Rehabilitation setzt ein relativ intaktes Umfeld voraus und gewährleistet Alltagsnähe, d.h. einen direkten Kontakt zum Lebensumfeld der Klienten. Im Mittelpunkt steht die Stabilisierung der Klienten in der unmittelbaren Konfrontation mit ihrem Alltag speziell im Hinblick auf die berufliche und soziale Integration und die Festigung der Abstinenz. Die eigenständige Weiterbearbeitung relevanter Themen mit den Supportsystemen (Selbsthilfegruppe, Familie, Lebenspartner etc.) wird angestrebt.

Bei der ganztägig ambulanten medizinischen Rehabilitation handelt es sich um eine Entwöhnungsbehandlung, die Regeltherapiedauer beträgt i.d.R. 17 Wochen. Das Behandlungskonzept stützt sich auf die Elemente psychotherapeutische Einzel- und Gruppengespräche, themenspezifische Gruppen, Kommunikations- und Kompetenztraining, sozialtherapeutische Bereiche, Kontaktaufnahme zu Arbeitgebern, Vermittlung in externe Arbeitserprobung, Sozialberatung, Angehörigenarbeit, Freizeitpädagogik, Nachsorge (ambulante Therapie und Beratung).

Mit der *Möglichkeit der vorübergehenden Fortsetzung der Substitution* wird der Einstieg in die Rehabilitation erleichtert und ein neues Hilfeangebot erschlossen.

Finanzierung: In den Einrichtungen der medizinischen Rehabilitation werden Tätigkeiten zur Feststellung, Heilung oder Linderung von Störungen mit Krankheitswert i.S. medizinischer Leistungen der Rehabilitation gem. § 11, Abs. 1 + 2 + § 27, Pkt. 6 SGB V und § 15, Abs. 1 Nr. 1 + Abs. 2 SGB VI durchgeführt. Leistungsträger: KV, RV.

3.2.9 Ambulantes Betreutes Wohnen für abhängigkeitskranke Menschen

Das Ambulante Betreute Wohnen für abhängigkeitskranke Menschen ist eine Weiterentwicklung der Eingliederungshilfen gem. §§ 39, 40 BSHG, § 55 SGB IX und § 53 SGB XII mit dem Ziel, Menschen mit Behinderungen (hier: Abhängigkeitserkrankung gem. ICD 10-F.10-F.19, F.50) ein selbstbestimmtes Leben zu ermöglichen und zu sichern.

Ziel der Betreuung ist es, den durch den Substanzmißbrauch eingeengten Freiheitsspielraum des einzelnen wiederherzustellen, die bereits eingetretenen Störungen zu behandeln und weitere Schäden zu verhindern.

Die zu erbringenden Betreuungsleistungen, die im Rahmen der Betreuungsplanung durch ein Fachteam definiert werden, leiten sich von den im Einzelfall vorgefundenen sozialen Problemlagen, Entwicklungsdefiziten, psychischen und psychiatrischen Störungsbildern sowie den vereinbarten Betreuungszielen ab, werden in ihrer Intensität und Dauer entsprechend der Lebens- und Sozialwelt gestaltet und beinhalten/vernetzen (psycho-) therapeutische, sozialarbeiterische-soziotherapeutische, beraterische Hilfen zur Bewältigung kritischer Lebenssituationen. Die Bereitstellung einer materiellen Grundversorgung steht dabei im Zentrum aller Aktivitäten.

Finanzierung: Eingliederungshilfe gem. §§ 39, 40 BSHG, § 55 SGB IX und § 53 SGB XII.

4. Fazit

Deutlich geworden ist, daß wir in der Praxis der Drogenhilfe vor der Aufgabe stehen, die Situation unserer Klientel in ihrer Komplexität zu erfassen und trotz des meist fatalen gesellschaftspolitischen Drucks, der Krankheit Sucht entsprechende Hilfesysteme aufzubauen; d.h. in der theoretischen Auseinandersetzung immer wieder um konzeptionelle Weiterentwicklung und leistungsrechtliche Absicherung der Angebote bemüht zu sein.

Die Überlegungen und Initiativen, die sich aus der Praxis entwickelt haben und für die in der Drogenpolitik je nach politischen Gegebenheiten eine gewisse Offenheit besteht, müssen sorgfältig auf ihre Hintergründe reflektiert werden, um „falsche Kausalitäten" zu vermeiden: Praktiker haben schon in den 70er und frühen 80er Jahren darauf hingewiesen, daß eine Differenzierung der Behandlungsmodelle und -ansätze zwingend ist.

Ist also beispielsweise das Konzept akzeptierender Drogenarbeit und eines „drogengebundenen Lebensstils" Resignation vor dem Gesamtproblem? Was sind die gesellschaftlichen Ideologien, die hinter einem drogenfreien und hinter einem drogengebundenen Lebensstil stehen? Wo wird die humanitäre Intention akzeptierender Drogenarbeit durch ökonomisches Kalkül verkehrt? Was sind die Steuerungsgrößen in derartigen Strategien und wo drohen sie zu kippen („Akzeptierende Drogenarbeit ist billiger, also werden die Mittel in diese Richtung umverteilt")? Ohne die Auseinandersetzung mit diesen Fragen wird Drogenhilfe fragwürdig.

Es wird also deutlich, daß mit Blick auf die Entwicklung des Drogenkonsums, das Konsumverhalten und die Konsumpopulation in den vergangenen 20 Jahren, eine

Heterogenisierung der Population und ihrer Bedürfnisse festzustellen ist, und als Konsequenz eine Heterogenität der Hilfsangebote erforderlich ist.

Drogenhilfe in „generell akzeptierender" oder „temporär akzeptierender" und rehabilitativer Ausrichtung, die Förderung von Selbsthilfeinitiativen, die Einrichtung/Ausweitung medikamentengestützter Rehabilitation (Substitution) hat hier genauso Wichtigkeit wie ein diversifiziertes Angebot drogenfreier Programme (ambulante, (teil-) stationäre Betreuungs- und Behandlungsprogramme) für unterschiedliche Zielgruppen und ihre Bedürfnisse. Hier ist der Konsens aller Beteiligten notwendig, um nicht in unfruchtbare Entweder-Oder-Kontroversen mit (überflüssigen) drogenpolitischen Folgen zu geraten. Dies gilt für die Vertreter der verschiedenen Konzepte in der Drogenhilfe selbst wie für Repräsentanten der Leistungsträger und politischen Entscheidungsträger.

Finanzierung und Umstrukturierung der Drogenhilfe erfordern von den Praktikern ein hohes Maß an innovativer Kompetenz, um den kontinuierlich zunehmenden Herausforderungen und Umwälzungsprozessen gewachsen zu sein.

Die Finanzierung der Hilfeleistungen aus Mitteln der öffentlichen Hand wird zumindest in Teilbereichen in die Leistungsträgerschaft der Sozialleistungsträger zu überführen sein, was einhergehen wird mit gravierenden Veränderungen in der inhaltlichen Ausrichtung der Drogenhilfe.

Ziel muß sein, die Betreuungsleistungen, die inhaltlich in den Rahmen der Krankenbehandlung/Maßnahmen der medizinischen Rehabilitation gehören, auch in der leistungsrechtlichen Zuständigkeit der Kranken-/Rentenversicherung abzusichern.

Das Leistungsspektrum ist dabei den Erfordernissen der Sozialleistungsträger anzupassen, wobei die Drogenhilfe die rechtlichen Möglichkeiten, die in den Sozialgesetzbüchern vorgegeben werden, voll ausschöpfen muß, um ihre Hilfeangebote an den besonderen Bedürfnissen ihrer Klientel ausrichten zu können.

Mit den Thesen zur Finanzierung und Umstrukturierung werden Rahmenbedingungen aufgezeigt, die den Kontext der gegebenen gesetzlichen Bestimmungen voll auszuschöpfen versuchen.

Ich habe mich dabei bewußt nicht auf herkömmliche Denkmodelle begrenzt, sondern die Diskussion um die in den Sozialgesetzbüchern aufgezeigten Aspekte erweitert. Dabei ist, unabhängig von den gegenwärtig praktizierten Regelungen vorauszusetzen, daß die Krankenversicherung (ggf. in enger Abstimmung/im Organisationsverbund mit der ARGE als Leistungsträger gem. SGB II) und die Rentenversicherung als Leistungsträger in der Pflicht sind, durch entsprechende Finanzierungsmodelle die Leistungsangebote der Drogenhilfe abzusichern und die Versorgung der betroffenen Klientel zu gewährleisten.

5.   Zusammenfassung

Die vorliegende Arbeit verdeutlicht, daß die „Umverteilungsprozesse" in den sozialen Sicherungssystemen und die „Verknappung" öffentlicher Mittel (hier: Wegbrechen der Steuereinnahmen) die Arbeitsbedingungen in der Drogenhilfe erschweren und zu erheblichen Veränderungen in der Klientenarbeit führen.

Auf der Basis der derzeitigen gesetzlichen Grundlagen, Leitlinien und Konzeptionen wird aufgezeigt, daß neben der „traditionellen" Finanzierung weitere Finanzierungsmodelle denkbar sind. Diese müssen jedoch im Rahmen der Leistungspflicht des „federführenden Leistungsträgers" einer ernsthaften Überprüfung unterzogen werden müssen.

Das „Finanzierungsrisiko" für die Drogenhilfe (= Leistungserbringer) muß dabei kalkulierbar bleiben *und Finanzierungszuständigkeiten für über-/regionale – beispielsweise psychosoziale/stationäre – Hilfeangebote* müssen bei angemessener und abgesicherter Refinanzierung verankert werden, um die *notwendige Kontinuität der Angebote konzeptionell und personell zu gewährleisten* und *weiter zu entwickeln.*

Um das Spektrum der Betreuungs-/Behandlungsansätze und deren Finanzierungsmodalitäten zu erfassen, werden *Hilfeangebote und Aspekte der Finanzierung* exemplarisch aufgezeigt.

Schlüsselwörter: Drogenabhängigkeit, Drogenhilfe, Finanzierungsmodelle, Hilfeangebote, Betreuungs-/Behandlungsansätze

Summary

This paper demonstrates that the process of redistribution in the social systems and the cut down on public means (i.e. loss of revenue from taxation) aggravate the working conditions within drug aid and change the work with clients heavily.

Based on the current laws, guidelines and conceptions, it is shown that – in addition to traditional financing – further financial plans are possible. However, within the framework of duties of the proper authorities, these have to be checked thoroughly.

The risk of financing for drug aid has to remain calculable *and*, what is more, financial responsibilities for regional and national – f.e. psychosocial/stationary – aids have to be established by an appropriate and safe re-financing in order to ensure *and* develop the necessary continuity of the aids conceptionally and personnel. Aids and aspects of financing are shown exemplarily in order to comprehend the spectrum of the methods of treatment and care and their financial arrangements.

keywords: drug addiction, drug aid, financial plans, aids, methods of treatment and care

Literatur

Amendt, G. (2003). No Drugs No Future, Hamburg

Arbeitsgemeinschaft Drogenarbeit und Drogenpolitik in NRW e.V. (1998): Grundsatzprogramm, www.ag-dropo.de

Arbeitsgemeinschaft Drogenarbeit und Drogenpolitik in NRW e.V. (2004): Integrative Arbeit an der Schnittstelle von Drogenhilfe und Justiz, in: *Petzold, Schay, Ebert*; Integrative Suchttherapie, Wiesbaden

BtMG (Betäubungsmittelgesetz), aktuelle Fassung

Bundessozialhilfegesetz (BSHG), aktuelle Fassung

Bundesarbeitsgemeinschaft für Rehabilitation (1996): Arbeitshilfe für die Rehabilitation von Suchtkranken, Frankfurt

Busch-Geertsema, V.; Psychosoziale Hilfen im SGB II und SGB XII – rechtliche Grundlagen, Risiken und Schnitt, Bremen

Deutsche Hauptstelle für Suchtfragen (DHS) (2005): Sondernewsletter: Zur Umsetzung von „Hartz-IV" und den Auswirkungen auf die Sucht- und Drogenhilfe, www.dhs.de/newsletter.html, Hamm

Drogenbeauftragte der Bundesregierung (2002-4): Drogen- und Suchtberichte, Berlin

Fachverband Sucht e. V. (1994): Therapieziele im Wandel, Bonn

Fachverband Sucht e. V. (1995): Qualitätssicherung in der Rehabilitation Abhängigkeitskranker, Bonn

Fachverband Sucht e.V. u.a. (2002): Dokumentation „Fachtag Dialog stationäre Drogentherapie" am 26.11.2002, Bonn

Fachverband Sucht e.V. (2003): Zur Umsetzung des SGB IX, Bonn

Gesamtverband für Suchtkrankenhilfe im Diakonischen Werk der Ev. Kirche in Deutschland e.V. (GVS) (2005): Aufgaben und Finanzierung der Suchtberatung als Teil einer regionalen Versorgungsstruktur, Endversion 2.0 vom 14.07.2005, Kassel

Gestalt und Integration (1994): Integrative Suchttherapie und Supervision, Sonderausgabe der Zeitschrift für ganzheitliche und kreative Therapie (Deutsche Gesellschaft für Integrative Therapie, Gestalttherapie und Kreativitätsförderung e.V.), Düsseldorf

Gottschick/Giese, Kommentar zum BSHG, aktuelle Fassung, Köln

Hass, W./Petzold, H.G. (1999): Die Bedeutung sozialer Netzwerke und sozialer Unterstützung für die Psychotherapie – diagnostische und therapeutische Verfahren, in: *Petzold, H./Märtens, M.*; Wege zu effektiven Psychotherapien, Opladen

54   Peter Schay

Hensen, G./Körner, W. (2005): Erziehungsberatung – eine Standortbestimmung der Position von Psychotherapie in der Jugendhilfe, in: *Psychotherapeutenjournal* 3/2005, 4. Jg., Psychotherapeutenverlag, München

Inforum (2004): Suchtgefährdung früh erkennen und qualifiziert handeln, Info-Medium zur Sucht in NRW Nr. 2/2004, Münster

JKD e.V./Kadesch gGmbH (1984-2004): Jahresberichte, Herne

JKD e.V./Kadesch gGmbH (1996): Drogenhilfe und Prävention in Herne, Herne

Khantzian, E.J. (1998): The Self-Medication Hypothesis of Addictive Disorders, in: *Gastpar, Heinz, Poehlke, Raschke*; Substitutionstherapie bei Drogenabhängigen, Berlin, Heidelberg

Krahmer, U. (2005): Hartz IV und Schuldnerberatung. Beratungsanspruch und -leistungen nach SGB II und SGB XII, Vortrag bei der Tagung der Bundesarbeitsgemeinschaft Schuldnerberatung am 28.04.05 in Dresden (wird veröffentlicht in der Dokumentation der Fachtagung der BAGS)

Krozynski, P. (1992): Rehabilitationsrecht, München

Kruse, J./Hänlein, A. (2003): Gesetzliche Krankenkasse, Lehr- und Praxiskommentar, Baden-Baden

Landesregierung NRW (1998): Landesprogramm gegen die Sucht des Landes NRW, Düsseldorf

Landschaftsverband Rheinland (2004): Wer mit wem? Die Suchtkrankenhilfe auf dem Weg zur integrierten Versorgung, Dokumentation der Fachtagung der Koordinationsstelle sucht, Köln

Petzold, H.G./Goffin, J.J.M./Oudhof, J. (1996): Protektive Faktoren und Prozesse – die „positive" Perspektive in der longitudinalen, „klinischen Entwicklungspsychologie" und ihre Umsetzung in die Praxis der Integrativen Therapie, in: *Petzold, H./Sieper, J.*; Integration und Kreation, Paderborn

Petzold, H.G./Schay, P./Ebert, W. (2004): Integrative Suchttherapie – Band I, Wiesbaden

Petzold, H.G./Schay, P./Scheiblich, W. (2005): Integrative Suchtarbeit – Band II, Wiesbaden

Petzold, H.G./Schay, P./Hentschel, U. (2004): Niedrigschwellige Drogenarbeit und „intermittierende" Karrierebegleitung als Elemente einer Gesamtstrategie der Drogenhilfe, in: *Petzold, Schay, Ebert*; Integrative Suchttherapie, Wiesbaden

Petzold, H.G./Scheiblich, W./Thomas, G. (1998): Psychotherapeutische Maßnahmen bei Drogenabhängigkeit, in: *Uchtenhagen, A./Zieglgänsberger, W.*; Drogenmedizin, München

Petzold, H.G., Wolf, U., Landgrebe, B., Josic, Z., Steffan, A. (2000): Integrative Traumatherapie – Modelle und Konzepte für die Behandlung von Patienten mit „posttraumaitischer Belastungsstörung". in: *van der Kolk, B., McFarlane, A., Weisaeth, L.*: Traumatic Stress, Paderborn

Petzold, H.G. (1988): Die Persönlichkeit des Drogenabhängigen und ihre Therapie, Fachtagung: Therapiehilfe e.V., Berlin

Petzold, H.G. (1991): Drogenabhängigkeit als Krankheit, Gestaltbulletin – Zeitschrift für ganzheitliche und kreative Therapie (Deutsche Gesellschaft für Integrative Therapie, Gestalttherapie und Kreativitätsförderung e.V.), Düsseldorf

Petzold, H.G. (1993): Integrative Therapie, Bd. I-III, Paderborn

Petzold, H.G. (2000h): Wissenschaftsbegriff, Erkenntnistheorie und Theorienbildung der „Integrativen Therapie" und ihrer biopsychosozialen Praxis für „komplexe Lebenslagen" (Chartacolloquium III). Düsseldorf/Hückeswagen: Europäische Akademie für Psychosoziale Gesundheit. In: Düsseldorf/Hückeswagen, FPI-Publikationen: POLYLOGE: *Materialien aus der Europäische Akademie für Psychosoziale Gesundheit* - 01/2002.

Quensel (1998): Jugend, Droge, Kultur, Politik – Gibt es noch einen Ausweg?, in: *Forum Erziehungshilfe* 5/1998

Quensel (2003): Jugend – Sucht – Drogen: Zwei Welten (Arbeitspapier), Bremen

Rautenberg (1998): Zusammenhänge zwischen Devianzbereitschaft, kriminellem Verhalten und Drogenmißbrauch, Baden-Baden

Schay, P./Pultke, U./Petzold,H. G. (2004): Berufliche Integration Drogenabhängiger – Integrative Therapie als Ansatz im Netzwerk der Suchtkrankenhilfe –, in: *Petzold, Schay, Ebert*; Integrative Suchttherapie, Wiesbaden

Schay, P. (1986): Zur Situation der Abhängigen von illegalen Drogen, Alkohol und Medikamenten. Landschaftsverband Westfalen-Lippe, Münster

Schay, P. (1995): Therapeutisch-pädagogisches Bedingungsgefüge in stationären Nachsorge-Wohngemeinschaften in NRW – konzeptionelle Bedingungen. *Gestalt und Integration* 1/95.

Schay, P. (1996): Adaption als Bestandteil medizinischer Reha, Arbeitsgemeinschaft Drogenarbeit und Drogenpolitik NRW e.V., Fachtagung „Nachsorge/Adaption" der *Arbeitsgemeinschaft Drogenarbeit und Drogenpolitik in NRW e.V.* in Köln

Schay, P. (1997): Zur ethischen Dimension der psychosozialen Vernetzung am Beispiel der PSAG Herne. S. Roderer Verlag.

Schay, P. (1997): Arbeitsgemeinschaft Adaption und Nachsorge in der Westfälischen Arbeitsgemeinschaft gegen die Suchtgefahren (WAS); Stellungnahme zum Nachsorgekonzept der Landesregierung NRW. Münster.

Schay, P. (1998): Suchtbehandlung im Verbundsystem der Suchtkrankenhilfe – NotWendigkeit zur Effizienz rehabilitativer Behandlung und Betreuung !? –, Schriftenreihe des Fachverbandes Sucht e. V., GCAA – German Council on Alcohol and Addiction 22, Neuland, Geesthacht.

Schay, P. u.a. (2002): Erhebung zur therapeutischen Weiterbildung / angewandten Verfahren in der ambulanten medizinischen Rehabilitation Suchtkranker, www.agpf-ev.de

Scheiblich, W. (1994): Sucht aus der Sicht psychotherapeutischer Schulen, Köln

Schiffer-Werneburg, M.-L. (2005): Argumentationshilfe zur Abgrenzung der Eingliederungsleistungen nach § 16 Abs. 2 SGB II und nach dem SGB XII unter dem Gesichtspunkt der Finanzverantwortung der Kostenträger, Stabstelle des Diakonischen Werkes, Berlin

Schneider, W. (1996): Niedrigschwellige Angebote und akzeptanzorientierte Drogenarbeit, Vortragsmanuskript zum Internationalen Suchtkongreß 'Der Stellenwert der Suchtkrankheit im Gesundheitssystem', 27.05.-01.06.1996 in Baden bei Wien

Sichau, F. (1999): Drogenhilfe und Justiz – Einführung in das Thema, in: *Arbeitsgemeinschaft Drogenarbeit und Drogenpolitik in NRW e.V.*; Dokumentation der Fachtagung „Drogenhilfe und Justiz", Niederkrüchten

Sozialgesetzbücher (SGB) II, V, VI und XII, aktuelle Fassung

Stadt Münster (1999): Rahmenkonzept zur Weiterentwicklung der kommunalen Sucht- und Drogenhilfe, Münster

Steingass, H.P. u.a. (2003): Soziotherapie chronisch Abhängiger – ein Gesamtkonzept, Neuland, Geesthacht

Uchtenhagen, A. (1999): Therapeutische Intervention bei Drogenabhängigkeit aus psychiatrisch-psychotherapeutischer Sicht. in: *Michels, I.*; Medizinalisierung: Die Einbeziehung der Ärzte und ihre Dominanz? in: *Stöver, H.* (Hrsg.); Akzeptierende Drogenarbeit, Freiburg

VDR (2001): Empfehlungsvereinbarung „Abhängigkeitserkrankungen" der Spitzenverbände Rentenversicherungsträger und Krankenkassen vom 04.05.2001, Frankfurt a.M.

Wanke, Kl. (1985): Normal-abhängig-süchtig. Zur Klärung des Suchtbegriffs, in: *Deutsche Hauptstelle gegen die Suchtgefahren* (Hrsg.), Süchtiges Verhalten, Grenzen und Grauzonen im Alltag, Hamm

Weber, G./Schneider, W. (1993): Kontrollierter Gebrauch illegaler Drogen, Selbstheilung und therapiegestützter Ausstieg, Ausgewählte Ergebnisse aus einer empirischen Studie, in: *Wiener Zeitschrift für Suchtforschung*, Nr. 2/3 Jg. 16 (1993)

Wittchen, H.-U./Jacobi, F. (2002): Die Versorgungssituation psychischer Störungen in Deutschland – eine klinisch-epidemiologische Abschätzung anhand des Bundes-Gesundheitssurveys 1998 –, in: *Psychotherapeuten-journal* 0/2002, Psychotherapeutenverlag, München

Peter Schay

Psychosoziale Betreuung substituierter Drogenabhängiger – Leitlinien und Finanzierungsmodelle

1.   Einleitung

Die übergeordnete Zielsetzung der Psychosozialen Betreuung substituierter Drogenabhängiger (PSB) ist entsprechend der sich aus den gesetzlichen Rahmenbedingungen ergebenden Leitlinien (hier: SGB V, VI und XII) letztlich der Ausstieg aus der Sucht.

Um diese Zielsetzung erreichen zu können, sieht die *Bundesärztekammer* (1999) auch in Anbetracht der steigenden Zahl chronisch Kranker und multimorbider Menschen (=> d.h. auch Drogenabhängige) als Voraussetzung für einen möglichst erfolgreich gestalteten Rehabilitationsprozeß, daß medizinische Behandlung, medizinische Rehabilitation, berufliche Eingliederung und soziale Integration als ganzheitliches Geschehen verstanden werden und wirksam ineinander greifen.

Den heute gegebenen Möglichkeiten der (Wieder-)Eingliederung Kranker und Behinderter in Arbeit, Beruf und Gesellschaft durch immer verbesserte Maßnahmen insbesondere der medizinischen Rehabilitation (=> medikamentengestützte medizinische Rehabilitation Drogenabhängier) stehen jedoch nachhaltige Einschränkungen der Leistungsträger entgegen, hier: drastische Beschneidung des finanziellen Rahmens und das beträchtliche Ausmaß bürokratischer Reglementierung (vgl. ebenda).

> „... nachhaltig einzufordern ist daher ..., (daß) ... zukünftig ausschließlich wieder medizinische Kriterien für die Bewilligung von Rehabilitationsmaßnahmen ausschlaggebend sein sollen. ... Der je nach Art und Umfang der verschiedenen Krankheits- und Behinderungsspektren unterschiedliche Bedarf an Rehabilitationsleistungen erfordert eine flexible Ausrichtung der medizinischen Rehabilitation. Als Grundlage hierfür müssen bedarfsgerechte, detaillierte indikationsspezifische Rehabilitationskonzepte und Rehabilitationsleitlinien geschaffen werden" (ebenda).

Für die Sucht- und Drogenhilfe ist dabei die Aufgabenstellung gegeben, im Rahmen der Leistungen zur medizinischen und sozialen Rehabilitation Qualität und Wirksamkeit des Hilfesystems zu gewährleisten.

Das bestehende Versorgungssystem muß also an den Bedarfen dieser Zielsetzung und am Bedarf der Zielgruppe ausgerichtet werden. Auf der Basis der gesetzlichen Vorgaben müssen Leitlinien entwickelt und in der Finanzierung abgesicherte Angebote vorgehalten, weiterentwickelt und modifiziert werden.

Die Ausrichtung der Finanzierung der professionellen ambulanten Sucht- und Drogenhilfe ist in ihrer bisherigen Form der ausschließlichen Subventionierung über die öffentlichen Haushalte nicht mehr aufrecht zu erhalten – dies gilt analog auch für die Finanzierung Psychosozialer Betreuung substituierter Drogenabhängiger.

Für die Akteure der Drogenhilfe besdeutet das, sich mit den notwendigen Aspekten dieses Themas offensiv und kreativ auseinanderzusetzen, um *jetzt* einen Beitrag zu der notwendigen Fachdiskussionen zu leisten und dies nicht (wieder) anderen zu überlassen.

Auf der Basis der derzeitigen gesetzlichen Grundlagen, aktueller Leitlinien und Konzeption (Methoden, Aufgaben, Standards etc.) der PSB (Punkte 1 - 3) wird aufgezeigt, daß neben der Finanzierung der PSB im Rahmen der Eingliederungshilfe (die unverändert einen wichtigen Eckpfeiler darstellt), weitere Finanzierungsmodelle (Punkt 4) denkbar sind, die im Rahmen der Leistungspflicht des „federführenden Leistungsträgers" einer ernsthaften Überprüfung unterzogen werden müssen.

1.1   Rahmenbedingungen

Um die Rahmenbedingungen für eine Substitutionsbehandlung zu verdeutlichen, hier zunächst die wesentlichen Aspekte des BtMG bzw. der BUB-Richtlinien:

BtMG (Betäubungsmittelgesetz)

§ 13 Verschreibung und Abgabe auf Verschreibung
(Fassung: vom 28. März 2000, gültig ab 1. April 2000)

(1) ... Betäubungsmittel dürfen nur von Ärzten ... und **nur dann** verschrieben oder im Rahmen einer ärztlichen ... Behandlung **einschließlich der ärztlichen Behandlung einer Betäubungsmittelabhängigkeit** verabreicht oder einem anderen zum unmittelbaren Verbrauch überlassen werden, **wenn ihre Anwendung** am oder im menschlichen ... Körper **begründet** ist. Die Anwendung ist insbesondere dann *nicht begründet,* **wenn der beabsichtigte Zweck** *auf andere Weise erreicht werden kann* (sog. „Ultima-Ratio-Regelung"). ...

Richtlinien über die Bewertung ärztlicher Untersuchungs- und Behandlungsmethoden bei der substitutionsgestützten Behandlung Opiatabhängiger [in: Pressemitteilung 2002 der Drogenbeauftragten der Bundesregierung]

Anlage A
Anerkannte Untersuchungs- und Behandlungsmethoden
2. Richtlinien zur substitutionsgestützten Behandlung Opiatabhängiger

Präambel
Krankenbehandlung im Sinne des § 27 SGB V umfaßt auch die Behandlung von Suchterkrankungen. **Das alleinige Auswechseln des Opiats durch ein Substitutionsmittel stellt jedoch** *keine* **geeignete Behandlungsmethode dar** und ist von der Leistungspflicht der Gesetzlichen Krankenversicherung (GKV) **nicht** umfaßt. *Oberstes Ziel* **der Behandlung ist die** *Suchtmittelfreiheit*. Ist dieses Ziel **nicht unmittelbar und zeitnah erreichbar,** so ist im Rahmen eines umfassenden Therapiekonzeptes, das auch soweit erforderlich, begleitende psychiatrische und/oder **psychotherapeutische Behandlungs- oder psychosoziale Betreuungsmaßnahmen mit einbezieht, eine Substitution zulässig.**

§ 3 – Indikationen

(1) Die Substitution kann nur als Bestandteil eines **umfassenden** Therapiekonzeptes durchgeführt werden zur

1. Behandlung einer manifesten Opiatabhängigkeit **mit dem Ziel der schrittweisen Wiederherstellung der Betäubungsmittelabstinenz einschließlich der Besserung und Stabilisierung des Gesundheitszustandes,**

(2) Bei Vorliegen einer manifesten Opiatabhängigkeit ist eine **Substitution** dann **indiziert, wenn die Abhängigkeit seit längerer Zeit besteht und**

2. wenn eine **drogenfreie Therapie derzeit nicht durchgeführt werden kann** oder

3. wenn **die substitutionsgestützte Behandlung im Vergleich mit anderen Therapiemöglichkeiten die größte Chance zur Heilung oder Besserung bietet.**

...

(4) Das **umfassende Therapiekonzept beinhaltet:**

...

5. die **Ermittlung des Hilfebedarfs im Rahmen einer psychosozialen Betreuung durch eine psychosoziale Drogenberatungsstelle**

6. die **Erstellung eines individuellen Therapieplanes,** der enthält

a) die zeitliche und qualitative **Festlegung der Therapieziele,**

...

d) sowie die im Einzelfall **erforderliche psychosoziale Betreuungsmaßnahme und/oder ggf. ... psychotherapeutische Behandlungsmaßnahme.**

§ 7 Dokumentation, Anzeigeverfahren

... Eine aktuelle **schriftliche Bestätigung der psychosozialen Beratungsstelle über die Aufnahme oder die Fortführung einer psychosozialen Betreuung** ist der Dokumentation beizufügen. Ist **ausnahmsweise keine psychosoziale Betreuung** erforderlich, **ist dies durch die psychosoziale Beratungsstelle schriftlich zu bestätigen.**

Die Richtlinien über die Bewertung ärztlicher Untersuchungs- und Behandlungsmethoden bei der substitutionsgestützten Behandlung Opiatabhängiger beziehen begleitende psychiatrische und/oder psychotherapeutische Behandlungs- oder psychosoziale Betreuungsmaßnahmen ausdrücklich mit ein und geben damit an das

Suchthilfesystem einen sehr wichtigen Teil des "umfassenden Therapiekonzeptes ab, in dem die Ermittlung (und die Dokumentation) des Hilfebedarfs ... durch eine psychosoziale Drogenberatungsstelle" (vgl. §§ 3, 7 Indikation, Dokumentation) erfolgen muß.

Wesentlich ist hier auch: „Eine klassische Psychotherapie ersetzt in der Regel aber nicht die psychosoziale Betreuung, wie sie durch das Suchthilfesystem erbracht werden kann" (vgl. Kapitel 3. in den 2002 veröffentlichen neuen Richtlinien).

Für die Frage der Finanzierung der PSB ist § 3 Abs. 4 maßgeblich, d.h. der psychosozialen Drogenberatungsstelle wird die Feststellung des individuellen Hilfebedarfs und die Erstellung des für den (Behandlungs-) Teil der PSB individuellen Therapieplanes zugewiesen.

Bereits mit Erbringung dieser Leistung ist zwangsläufig die Frage verbunden, welcher Leistungsträger für welchen Teil der PSB zuständig und leistungspflichtig ist.

Auch ist hier die Abstimmung der Betreuungs-/Behandlungsmodalitäten mit dem substituierenden Arzt notwendig, um die "Einheit der Substitutionsbehandlung" von Anfang an zu gewährleisten.

Ist-Zustand ist, daß unter Würdigung der gegebenen gesetzlichen Bestimmungen und der entsprechenden Ausführungsbestimmungen gegenwärtig die Finanzierung der psychosozialen Leistungen über die KV (hier: SGB V) ausdrücklich ausgeschlossen wird.

Die Substitutionsbehandlung wird also nicht als Behandlungs-/Betreuungseinheit begriffen, d.h. medizinische und psychosoziale Maßnahmen werden leistungsrechtlich aufgeteilt. Die Finanzierung des medizinischen Teiles der Substitutionsbehandlung erfolgt über die Krankenkassen im Rahmen des SGB V und des psychosozialen Teiles als Eingliederungshilfe durch die über-/örtliche Sozialhilfe gem. §§ 39, 40 BSHG / §§ 53, 54, 67, 68 SGB XII.

1.2   Ausgangslage

Um die Notwendigkeit Psychosozialer Begleitung/Betreuung substituierter Drogenabhängiger deutlich zu machen, muß zunächst die Lebenslage der Klientel und die Notwendigkeit komplexer Interventionsstrategien verdeutlicht werden.

1.2.1 Diagnostische Klassifikation des Störungsbildes

Der Gesetzgeber hat sich in seinen Überlegungen, daß die Substitutionsbehandlung nur als Behandlungseinheit begriffen werden darf, davon leiten lassen, daß Drogenabhängigkeit eine komplexe somatische, psychische und soziale Störung ist, die die Persönlichkeit des Drogenabhängigen und sein soziales Netzwerk betrifft, beschädigt und – wenn sie lange genug wirkt – zerstören kann.

Drogenabhängigkeit hat also eine multikausale, zum Teil sehr stark variierende Genese. Sie zeigt unterschiedliche Ausprägungen und Verlaufsformen, abhängig von Vorschädigungen, psychosozialer Gesamtsituation, Ressourcenlage – und natürlich Suchtmittel (vgl. *Petzold, Schay, Hentschel* 2004).

Nach den beiden international gebräuchlichen diagnostischen Klassifikationsund Diagnosehandbüchern „Diagnostic an Statistical Manual of Mental Disorders" (DSM-IV) und der Sektion F der ICD-10 sowie in den dazugehörigen Forschungskriterien (ICD-10 Forschungskriterien) werden Störungen im Zusammenhang mit psychotropen Substanzen (z.b. Alkohol (F10.X), Cannabis (F12.X), Kokain (F14.X), Amphetamine (F15.X), Halluzinogene (F16.X), Störungen durch multiplen Gebrauch (F19.X)) als psychische Störungen von Krankheitswert kodifiziert und beschrieben, für die hinreichende wissenschaftliche Hinweise auf Behandlungsbedürftigkeit sowie hinreichend differenzierte ätiologische und pathogenetische Erkenntnisse vorliegen (vgl. *Wittchen, Jacobi* 2002).

Die Behandlung des Krankheitsbildes Sucht bedarf einer **auf die Person bezogenen Langzeitstrategie**, die neben medizinischen, psychologischen und sozialarbeiterischen Interventionen ein vor allem unterstützendes Klima bereithält, das die positiven Ressourcen aktiviert. Sucht und Abhängigkeit sind ein dysfunktionaler Versuch der Problemlösung und Konfliktbewältigung in einer meist unterstützungsarmen Umgebung oder das Ergebnis vielfältiger Schädigungen in der Lebensentwicklung.

1.2.2 Lebenslage der Klientel

„Prekäre Lebenslagen sind zeitextendierte Situationen eines Individuums ... , die dieser Mensch als *'bedrängend'* erlebt und *als 'katastophal'* bewertet *..., weil es zu einer* Häufung *massiver körperlicher, seelischer* und *sozialer* Belastungen durch *Ressourcenmangel oder -verlust,* Fehlen oder *Schwächung 'protektiver Faktoren' gekommen* ist. ... Ein progredierter Ressourcenverfall des Kontextes ist feststellbar, so daß eine Beschädigung der persönlichen Identität, eine Destruktion des Netzwerkes mit seiner 'supportiven Valenz' ...

droht, eine *destruktive Lebenslage* eintritt, sofern es nicht zu einer ... substantiellen 'Verbesserung der Lebenslage' durch ... infrastrukturelle Maßnahmen (kommt) ... , die die Prekarität *dauerhaft* beseitigen" (*Petzold* 2000h).

Für einen sehr großen Teil drogenabhängiger Menschen werden nur unzulängliche Betreuungs- und Behandlungsmethoden vorgehalten, die ihnen ein drogenfreies Leben ermöglichen oder zumindest ein Leben ohne die schweren physischen und psychischen Folge- oder Begleiteffekte des Drogenkonsums.

Bei der Schwierigkeit der (therapeutischen) Aufgabe stellt sich die Aufgabe lebenslager- und netztwerkorientierter Betreuungskonzepte (So*ziotherapielSozialtherapie*).

Das Drogenhilfesystem sieht sich zunehmend mit somatischen als auch psychiatrisch-psychologischen Problemen konfrontiert. Begleiterkrankungen wie HIV-Infektion, Hepatiden, Tuberkulose, Thrombose, Abszesse und Depressionen, Ängste, PTBS, ADHD, BPS etc. führen bei einer Teilgruppe der Abhängigen zu schweren körperlichen und psychischen Beeinträchtigungen.

Bei der Entwicklung Psychosozialer Betreuungskonzepte als (verpflichtender) Bestandteil einer Substitutionsbehandlung muß die („prekäre") Lebenslage der Klientel, die durch *Psychische Erkrankungen, Psychosoziale Verelendung, Infektionsrisiko u.a.* gekennzeichnet ist, berücksichtigt werden – wobei der Frage von Doppeldiagnosen und Komorbidität besondere Aufmerksamkeit in der Entwicklung differentieller Behandlungspläne und Strategien gewidmet werden muß.

1.2.3 PSB als karrierebezogene Langzeitstrategie sozio-/sozialtherapeutischer Intervention

Da die Substitutionsbehandlung die „traditionellen" medizinischen Rehabilitationsprogramme nicht ersetzt, sondern für die Klientengruppen konzipiert ist, die hierüber noch nicht/nicht mehr erreicht werden können, bedeutet dies in der Konsequenz, daß in der inhaltlichen Gestaltung der „medikamentengestützten Rehabilitation" berücksichtigt werden muß, daß die vielfältigen, suchtbedingten Problemlagen der Klientel komplexe *Interventionsstrategien und Leistungsbündel* erfordern, um angemessen auf die somatischen, psychischen und sozialen Aspekte der Suchterkrankung sowie die soziale Situation eingehen zu können. Im Rahmen der PSB ist also ein *ganzheitlicher und differentieller Arbeitsansatz* mit einem hohen Grad an professioneller und personaler *Kompetenz/Performanz sowie* konzeptioneller Kontinuität im Betreuungsprozeß notwendig, um für die spezifische Konzeption „Psychosoziale Betreuung substituierter Drogenabhängiger" die erforderlichen konzeptuellen Schwerpunkte adäquat herausarbeiten zu können.

PSB muß die *Bewältigungspotentiale* (coping capacities) suchtkranker Menschen aufgrund der Vielfalt „(kritischer) Lebensereignisse" und Belastungen entwickeln und fördern. Die im Betreuungsprozeß der Substitution anstehenden *„Entwicklungsaufgaben"* machen es notwendig, in der Auseinandersetzung mit der Alltagsrealität und den oftmals defizienten sozialen Netzwerken, die Klienten dabei zu unterstützen, ihre Ressourcenlage in den Bereichen Gesundheit, Wohnen, Arbeit, soziale Kontakte, Interessen, Sinnfindung, Lebensfreude und materieller Absicherung zu verbessern. Eine Berücksichtigung *protektiver Faktoren und Resilienzen,* eine Salutogeneseperspektive und Konzepte der Netzwerk- und Social-Support-Forschung sind dabei für die praktische Arbeit mit einer *spezifischen* Konzeption von Sozio-/Sozialtherapie unverzichtbar.

Die komplexen (und belastenden) Lebens- und Sozialwelten suchtkranker Menschen machen es erforderlich, psychotherapeutische, soziotherapeutische, beraterische, supervisorische Konzepte und Methoden einzusetzen und miteinander zu vernetzen.

Die sozialarbeiterische-soziotherapeutische Hilfe zur Bewältigung kritischer Lebenssituationen und die Bereitstellung einer materiellen Grundversorgung müssen im Zentrum aller Aktivitäten stehen. Hier ist der Anknüpfungspunkt für die Psychosoziale Betreuung/Begleitung (vgl. Punkt 3).

2. Leitlinien für die psychosoziale Begleitung im Rahmen einer Substitutionsbehandlung

Mit der Einführung der medikamentengestützten Rehabilitation Drogenabhängiger – zunächst in den 70er Jahren im Rahmen von Modellprojekten in einzelnen Bundesländern, seit Anfang der 90er Jahre „gesetzlich verankert" – haben verschiedene Institutionen und Fachverbände Leitlinien und Standards der Psychosozialen Betreuung/Begleitung entwickelt, aus denen hier die wesentlichen Aspekte herausgestellt werden.

Der Bundesverband für akzeptierende Drogenarbeit und humane Drogenpolitik (Akzept e.V.) hat 1995 Leitlinien für die psychosoziale Begleitung im Rahmen einer Substitutionsbehandlung herausgegeben.

„... Die Leitlinien sind von dem Bemühen getragen, ein individuelles Eingehen auf die Interessen und Bedürfnisse der Menschen, die sich in einer Substitutionsbehandlung befinden, zu gewährleisten. Drogenabhängige Menschen sollen auch im Setting der Substitution selbst entscheiden können, welche Hilfsangebote sie in welchen Zeiträumen wahrnehmen und welche Ziele mit welchen Methoden erreicht werden sollen.

... Die folgenden Ausführungen basieren auf dem Gedanken, das Grundrecht auf Gesundheit auch für drogengebrauchende Menschen zu sichern. Für die Umsetzung erweist sich der Paradigmenwechsel in den Ansätzen von Hilfe- und Behandlungsangeboten für Drogenabhängige als wesentlich: Wurde lange Jahre davon ausgegangen, daß Abstinenz die Ausgangsbedingung für eine positive Entwicklung des Menschen ist, so bestätigt die Praxis, daß sie nicht unbedingt Voraussetzung für körperliches, seelisches und soziales Wohlbefinden sein muß. Angebote der Schadensminimierung, Überlebens- und Alltagshilfen haben eine größere Bedeutung für Entwicklungsperspektiven in der individuellen Lebensgestaltung als Forderungen nach Drogenfreiheit.

... Die psychosoziale Betreuung umfaßt die gemeinsam mit dem Substituierten erarbeiteten Analysen der realen Lebenssituation, darauf aufbauend lebenspraktische Hilfen, Unterstützungsleistungen bei auftretenden Problemen, die Vermittlung weiterführender sozialer Leistungen durch spezialisierte Einrichtungen und die Förderung des Selbsthilfepotentials des Klienten. Auf diese Weise kann die psychosoziale Begleitung den einzelnen bei seinem Streben nach dem Optimum an körperlicher und seelischer Gesundheit und sozialem Wohlbefinden unterstützen ..." (*Akzept e.V.*, 1995).

Der Fachverband Drogen und Rauschmittel e.V. (FDR) hat 2003 auf der Grundlage der „Standards zur methadongestützten Betreuung" der Clearingstelle für Substitution der Ärztekammer Berlin Leitlinien vorgelegt. „Psychosoziale Betreuung bezeichnet alle komplexen Angebote für eine bestimmte Gruppe von Klienten, bei denen eine Kombination von ausgeprägten körperlichen Beeinträchtigungen, psychischischen und sozialen Folgeproblemen im Zusammenhang mit dem Konsum von psychotropen Substanzen eingetreten ist und die durch die Bündelung unterschiedlicher Problembereiche eine eingenverantwortliche Lebensführung nicht mehr regeln können. Dies können auch abstinente oder nichtabstinente (stabile) chronisch mehrfach beeinträchtigte Abhängigkeitskranke sein, die eine mittel- bis längerfristige Unterstützung bei der Lösung von Problemen in vielen Lebensbereichen benötigen" (*DHS-Leistungsbeschreibung* 2000).

Durch den Erlaß von „Richtlinien der Bundesärztekammer zur Durchführung der substitutuionsgestützten Behandlung Opiatabhängiger" aus 2002 wird nach dem Willen des Gesetzgebers der allgemein anerkannte Stand der medizinischen Wissenschaft festgestellt. Die BÄK-Richtlinien sehen die Zulässigkeit der Substitutionsbehandlung nur dann als gegeben an, wenn im Rahmen eines umfassenden Behandlungskonzeptes „die jeweils erforderlichen psychiatrischen oder psycho-therapeutischen Behandlungsmaßnahmen sowie psychosoziale Betreuungsmaßnahmen" (*BÄK-Richtlinien*, Nr.3) begleitend mit einbezogen werden. Dabei ersetzt

„eine klassische Psychotherapie in der Regel aber nicht die psychosoziale Betreuung, wie sie durch das Suchthilfesystem erbracht werden kann" (ebenda).

Das Hinwirken auf die notwendigen psychiatrischen, psychotherapeutischen und psychosozialen Maßnahmen gehört aber nach Auffassung der Bundesärztekammer nicht nur zu den Pflichten des behandelnden Arztes, sondern ergibt sich bereits zwingend aus den gesetzlichen Regelungen des BtMG und der BtMVV, also aus rechtlich höherrangingen Bestimmungen.

Festzustellen bleibt hier, daß nach den neuen BUB-Richtlinien – faktisch in einer Gutachterrolle – die PSB-Stelle (also die Drogenhilfe) über das Erfordernis der notwendigen psychosozialen Maßnahmen entscheidet.

Insgesamt muß hier *Schöfer* und *Bartling* (2003) zugestimmt werden, die in ihrem Papier zur PSB zu dem Schluß kommen: „Die Hoffnung, daß die Fachliteratur Erhellendes und Differenzierendes zum Thema beiträgt, wird jedoch ... enttäuscht." *Hartfiel* (ebenda) kommt zu dem Schluß, daß „der Blick in die Literatur eher zur weiteren Verwirrung denn zur Klärung beiträgt".

Bei einer Konzeption der Psychosozialen Betreuung im Rahmen einer Substitutionsbehandlung wird es also darum gehen müssen, bei dem komplexen Krankheitsbild Drogensucht, die Behandlungsziele zu definieren, die Notwendigkeiten der Behandlung der teilweise schwerwiegenden psychischen und psychiatrischen Störungen hervorzuheben und einen Stufenplan der Bewältigung der sozialen Problematik aufzustellen (vgl. ebenda).

2.1   Methadonvereinbarung NRW

„... Die psychosoziale Betreuung ist integraler Bestandteil von Substitutionsbehandlungen. Art und Umfang richten sich nach den individuellen Bedürfnissen der Patienten in den verschiedenen Einsatzfeldern. Sie kann je nach Erfordernissen im Einzelfall und Qualifikation der Einrichtungen von verschieden Institutionen durchgeführt werden. Zur Koordination des Einzelfalles zur Feststellung des tatsächlichen Bedarfs (Umfang, Kosten) an psychosozialen Begleitmaßnahmen sieht das MSGFF im Rahmen der verfügbaren Haushaltsmittel die Förderung einer halben Stelle in den Kreisen und kreisfreien Städten vor ..." (*Vereinbarung zur Substitutionsbehandlung mit Methadon bei Drogenabhängigkeit in Nordrhein-Westfalen*, § 4 Abs. 1,2).

2.2   Auswirkungen

Krankenversicherung, Rentenversicherung, Sozialhilfe

Die Leistungsträger haben es bisher „versäumt", das Verständnis psychosozialer Betreuung im Rahmen einer substitutionsgestützten Behandlung zu definieren. Zu konstatieren ist, daß die Vorstellungen der jeweiligen Protagonisten (Leistungsträger, Politik, Leistungserbringer) zur psychosozialen Betreuung z.T. sehr unterschiedlich sind. Das hat in der Praxis zur Folge, daß das Leistungsangebot „breitgefächert" ist und sich niemand leistungspflichtig sieht.

3.   Konzeption der Psychosozialen Betreuung im Rahmen einer Substitutionsbehandlung

Ausgangspunkt für die konzeptuelle Gestaltung der psychosozialen Betreuung im Rahmen einer Substitutionsbehandlung muß sein, daß der Behandlung ein *umfassendes* Behandlungskonzept *zugrunde liegt*, das auch begleitende psychosoziale Betreuungsmaßnahmen und/oder psychotherapeutische Behandlungsmaßnahmen mit einbezieht (vgl. *BUB-Richtlinien*, § 3 Abs. 4 Nr. 6 d). Die *Leistungspflicht* der Leistungsträger (KV) ist dementsprechend gegeben.

Mit dem Fokus auf Veränderungsmöglichkeiten – wie sie sich in den BUB-Richtlinien finden – ist davon auszugehen, daß unter den veränderten Lebensbedingungen, die eine Methadonvergabe für die Klienten mit sich bringt, sie entweder ihre durch den Drogenkonsum erst entstandenen Probleme, wie Obdachlosigkeit, Schulden, drohende Inhaftierung, Verlust von tragfähigen Beziehungen, Arbeitslosigkeit, schlechter gesundheitlicher Zustand etc. beseitigen oder sich um ihre möglicherweise bestehenden psychischen oder psychosozialen Belange besser kümmern können.

Durch die Kontextveränderung (Herauslösung aus dem illegalen Milieu) können Klienten ihre Ressourcen überhaupt erst wieder oder neu entdecken und versuchen, Lösungen für ihre Probleme zu finden.

3.1   Bedarfsanalyse

Ziel der Psychosozialen Begleitung/Betreuung substituierter Drogenabhängiger ist es, den Freiheitsspielraum des einzelnen wiederherzustellen, die bereits eingetretenen Störungen zu behandeln und weitere Schäden zu verhindern. Im Rahmen dieser umfassenden Zielsetzung ist die Fähigkeit zum Leben in Abstinenz in aller Regel nicht in einem kurzem zeitlichen Rahmen erreichbar.

Die sozialarbeiterischen, sozio-/sozialtherapeutiuschen und (psycho-) therapeutischen Maßnahmen werden im Rahmen der Betreuungsplanung durch ein Fachteam definiert. Ihr Umfang und Charakter leiten sich von den im Einzelfall vorgefundenen sozialen Problemlagen, Entwicklungsdefiziten, psychischen und psychiatrischen Störungsbildern sowie den vereinbarten Betreuungszielen ab.

Das Konzept der Psychosozialen Begleitung/Betreuung setzt eine PSB-Stelle i.S. einer *Casemanagement-Agentur* als eine gut funktionierende vernetzte Organisationseinheit voraus. Dies ist machbar, wenn die Modelle professioneller Sozio-/ Sozialtherapie angewendet werden, d.h. *Risikofaktoren* zu minimieren und *Protektive Faktoren* und *Resilienzen* zu fördern.

3.2 Risikofaktoren, Protektive Faktoren, Resilienzen

Für die Arbeit mit Abhängigen ist – genauso wie in anderen Bereichen – eine erweiterte Perspektive notwendig, was die Interaktion, das Zusammenspiel verschiedener Einflußgrößen in Entwicklungs- und Therapieprozessen anbelangt. Die Kenntnis von *Risikofaktoren, protektiven* Faktoren und *Resilienzen* ist für effektive Beratung, Betreuung und Behandlung von besonderer Bedeutung – also auch für den Bereich der Psychosozialen Begleitung/Betreuung – und müssen in die notwendigen Maßnahmen und Leistungsangebote einfließen:

Risikofaktoren
Die Berücksichtigung von Risikofaktoren ist für die PSB von kardinaler Bedeutung, um ihnen kompensatorisch mit der Bereitstellung von protektiven *Faktoren zu* begegnen oder zu Ausbildung von Resilienzen beizutragen.

Resilienzfaktoren
Resilienzfaktoren sind streßpuffernde, eine positive Immunantwort und funktionale Genexpression fördernde Faktoren, die die Belastungs- und Widerstandsfähigkeit eines Menschen unterstützen.

Potentiell protektive Faktoren
Die Resilienzfaktoren müssen zusammen mit einer differentiellen Sicht von Schutz-

faktoren in der (therapeutischen) Arbeit eingesetzt werden. Diese Erträge der longitudinalen klinischen Entwicklungspsychologie müssen im (Betreuungs-) Ansatz der PSB systematisch berücksichtigt.

(Anmerkung: Auf eine differenzierte Darstellung dieser Faktoren wird hier bewußt verzichtet; siehe a.a.O. in diesem Buch)

3.3   Psychosoziale Begleitung/Betreuung

Da wir im Rahmen der Psychosozialen Begleitung/Betreuung substituierter drogenabhängiger Klienten im Kontext einer sozialen **und** medizinischen Maßnahme betreuen/behandeln, muß diese Betreuungsform als weiterer Baustein neben den ambulanten und (teil-) stationären Behandlungsmöglichkeiten der Drogenhilfe konzipiert werden.

Dabei ist an den bereits vorhandenen Leistungssegmenten der Sucht- und Drogenhilfe anzuknüpfen, die mit Blick auf die Finanzierungsmodelle weiterzuentwickeln und anzupassen sind.

Die Möglichkeit einer medikamentengestützten Rehabilitation ist für viele Opiatabhängige der einzige Weg, eine substantielle Verbesserung/Stabilisierung ihrer Lebenslage zu erreichen.

Um den Behandlungserfolg der medikamentengestützten Rehabilitation abzusichern und ein erneutes Abgleiten in die Sucht zu verhindern, bietet die Psychosoziale Begleitung/Betreuung substituierter Drogenabhängiger – über einen nicht festgelegten Zeitraum in unterschiedlicher Betreuungsintensität – als ein die ärztlichen Behandlung ergänzendes, begleitendes und erweiterndes Angebot Möglichkeiten, die Klientel zu stabilisieren und den Prozeß der Integration behutsam zu begleiten.

Die Intensität der Betreuung wird dabei individuell für jeden und mit jedem Klienten gestaltet und beinhaltet i.d.R. Einzel- und Gruppengespräche, die Teilnahme an Freizeitaktivitäten der Einrichtung, Schuldenregulierung, Klärung der juristischen Belange, Berufsanamnese und Möglichkeiten der Arbeitserprobung und/oder Vermittlung von Beschäftigungsmöglichkeiten.

3.4   Ziele in der PSB

Da Klienten, die sich in einer substitutionsgestützten Behandlung befinden, unterschiedliche Voraussetzungen und Schwierigkeiten mitbringen, muß zu Beginn einer jeden Betreuung der psychosoziale Betreuungsplan gemeinsam erarbeitet werden. Dies setzt voraus, daß der Klient zunächst gemeinsam mit seinem Betreuer seine Vorstellungen von Veränderung im Kontext der PSB bzw. (im vorgesehenen zeitlichen Rahmen) auch in seiner Lebenswelt erarbeitet, die überprüfbar und operationbalisierbar sind. Zudem ist es sinnvoll, neben Fernzielen (z.b. ein „normales Leben" ohne Suchtmittel und auch ohne Substitut) mittelfristige Ziele und Nahziele zu benennen. Der Klient erlebt so mögliche Veränderung direkter und kann seine Ziele auch gegebenenfalls einfacher modifizieren.

Die Substitutionsbehandlung und die psychosoziale Betreuung sind immer eingebunden in die gesellschaftliche Situation, die Erwartungen und Bedingungen der Leistungsträger, des sozialen Umfeldes u.s.w.. Natürlich müssen auch diese Bedingungen berücksichtigt und bei der Erarbeitung und Festlegung der Ziele integriert werden.

Um die (Wieder-) Herstellung bzw. Verbesserung der Fähigkeit zu einer abstinenten Lebensführung zu erreichen, müssen für den Klienten realistische und erreichbare Ziele definiert werden:

Zielbereich 1	Zielbereich 2	Zielbereich 3	Zielbereich 4
1. Kontakt aufbauen 2. Kontakt halten 3. konsumbedingte Risiken/Folgen reduzieren 4. Verbesserung und Stabilisierung des Gesundheitszustandes 5. soziale und lebenspraktische Basishilfen	1. persönlicher Kompetenzzuwachs 2. Aufgabe/Reduzierung von Beikonsum	1. Elementare materielle und soziale Lebensbedingungen außerhalb der Drogenszene aufbauen bzw. wiederherstellen 2. Veränderungsbereitschaft für Maßnahmen zur Erreichung der Abstinenz fördern 3. Verzicht auf Beikonsum	1. soziale und berufliche Integration 2. Abstinenz
Maßnahmen	**Maßnahmen**	**Maßnahmen**	**Maßnahmen**
• aufsuchende Arbeit • offenes Kontaktangebot • praktische Hilfsangebote (Schulden-regulierung, Bewerbungstraining, Tagesstrukturierung) • Wahrnehmung ärztlicher Versorgung über die Substitution hinaus (Behandlung akuter und chronischer Erkrankungen wie z.B. HIV und Hepatitis) • Etablierung einer gesundheits-fördernder Lebensweise (Ernährung, Körperhygiene) • Wiederherstellung der elementaren materiellen und sozialen Lebens-grundlage • Herstellung und Stabilisierung des Kontaktes zum Hilfesystem • Entwicklung und Förderung einer Motivation zum „Ausstieg" aus der Drogenszene • Auffangstruktur zur Begrenzung der gesundheitlichen, psychischen und sozialen Verwahrlosung	• Aufbau von Konflikt- und Bewältigungsstrategien • Entwicklung mittel- und langfristiger Lebensziele • Übernahme von Verantwortung für sich und andere • motivationsfördernde kognitive Verfahren (motivationales Interview, Abwägung der Vor- und Nachteile)	• Schul- und Arbeitsmöglichkeiten • Selbstversorgung und Zukunfts-planung • finanzielle Selbständigkeit • Freizeitgestaltung • Aufbau sozialer Kontakte • ggf. begleitende psycho-/ sozialtherapeutische Behandlung; „Ausstiegsorientierung" • Klärung und Bearbeitung der eigenen Biographie, Entwicklung eines realistischen Selbstbildes • Bearbeitung der biographischen Aspekte im Zusammenhang mit Sucht und Drogenkonsum	• motivationsfördernde Maßnahmen • Initiierung/Begleitung des qualifizierten Entzugs bzw. der schrittweisen ambulanten Abdosierung des Substituts • ggf. Vermittlung in Entwöhnungs-/ Adaptionsbehandlung • Rückfallprävention/-bearbeitung • Maßnahmen der beruflichen und sozialen (Re-) Integration

(in Anlehnung an *Bühringer*, Dokumentation „Fachtag Dialog stationäre Drogentherapie" und Methadon-Standards)

3.5   Zielgruppen

Bei den unterschiedlichen Ziegruppen der PSB sind krankheitsbedingt: mangelnde Krankheitseinsicht, Mangel an sozialer Kompetenz und Angst vor Behandlung, die auf Abstinenz zielt. Also muß PSB auf die Psyche der Klienten so einwirken, daß die Motivation und Bereitschaft gefördert/entwickelt wird, sich auf eine auf Veränderung zielende Maßnahme (Krankenbehandlung) einzulassen.

Die Behandlung vielfältig begleitender somatischer und psychischer Erkrankungen kann gegenwärtig mit den von den Krankenkassen finanzierten Leistungen von Ärzten, Psychologen und anderen Berufsgruppen nicht ausreichend behandelt werden, wie die *Bundesärztekammer* bereits 1999 (vgl. Punkt 1) überzeugend dargestellt hat.

Klienten sind Erwachsene weibliche und männliche Drogenabhängige, Klienten mit polytoxikomanen Krankheitsbildern (d.h. Abhängigkeit von mehreren Suchtstoffen), (akuten) Traumatisierungen), psychischen Erkrankungen u.a..

Jugendliche und junge Heranwachsende werden nach besonderer medizinischer Indikation behandelt.

Eine Differenzierung der Zielgruppen ist nicht trennscharf möglich. Von daher wird hier bewußt darauf verzichtet, einzelne Klientengruppen zu klassifizieren.

Die 'Lebenslage' eines Klienten ist immer durch unterschiedlichen Faktoren gekennzeichnet, so daß eine eindeutige „Zuordnung" zu einer klar umrissenen "Untergruppe" des substituierten Klientels vielfach auch nicht sinnvoll erscheint.

Dennoch wird es ggf. wichtig sein, um die Finanzierung der psychosozialen Leistungen bei den relevanten Leistungsträgern durchsetzen zu können, eine Ausdifferenzierung der jeweiligen PSB, etwa nach „Fallgruppen", denen dann ein adäquates Leistungsprofil (z.B. im Sinne einer idealtypischen Beschreibung oder einer für die jeweilige Fallgruppe anzunehmenden Basisversorgung) zugeordnet wird, vorzunehmen.

Dies muß dann der zentrale Gegenstand der Verhandlungen mit den Leistungsträgern sein und zu einer Definition der Bedarfslagen der jeweiligen „Fallgruppen" führen.

Die zu schaffenden Regelungen (in Anlehnung an die Abrechnungsmodalitäten der Ärzte = Einheitlicher Bewertungsmaßstab (EBM)) müssen aber noch genügend Flexibilität beinhalten, um die Ausgestaltung der Hilfen im Einzelfall (noch) zu ermöglichen.

Merkmale der Klienten, die im Behandlungskontext ggf. zu berücksichtigen sind:

Psychische Erkrankungen

Das Drogenmileu macht psychisch krank, führt zu depressiven Reaktionen, in die Suizidalität, zu psychotischen Dekompensationen, zu schweren Schädigungen der Gesamtpersönlichkeit ggf. zur Ausbildung eines BPS durch Akkumulation von „critical and stressful life events" *(Newcomb et* al. 1981). Die pathogene Valenz der Drogenkarriere im Hinblick auf den weiteren Lebensverlauf wird bislang nicht genügend gewichtet *(Stein* et al. 1987; *Newcomb* 1987).

Auch mehren sich die Hinweise darauf, daß in der Population der Drogenabhängigen bzw. Suchtkranken ein nicht unbeträchtlicher Anteil von Patienten in ihrer Kindheit und Jugend schwere traumatische Erfahrungen (Mißhandlung, Mißbrauch, Verluste etc.) erlebt haben, die Nachwirkungen in Form von Posttraumatischen Belastungsstörungen (PTBS) und dissoziativen Identitätsstörungen haben *(Kofoed* 1993). Ebenso kann eine kindliche ADHS-Erkrankung fortwirken *(Petzold* 2004).

Dabei ist anzunehmen, daß biographische Ereignisse als eine maßgebliche Ursache bei den multikausalen Einflußgrößen für die Ausbildung einer Abhängigkeitserkrankung zu sehen sind, und Drogenkonsum u.a. auch als Versuch der Selbstmedikation für bedrängende PTBS-Symptomatik (Intrusionen, Numbing, Hyperarousal) oder Belastungen und von Borderline-Symptomen betrachtet werden können *(Petzold, Wolf* et al. 2000).

Im Verlauf der Drogenkarriere selbst kommt es häufig zu traumatischen Erfahrungen (Beraubung, Körperverletzung, Vergewaltigung etc.), so daß serielle bzw. Polytraumatisierungen im Störungsbild der Abhängigkeit eine größere Rolle spielen als bisher angenommen.

Soziale, persönliche und berufliche Integrationsschwierigkeiten

Defizite, Störungen, mangelnde Beziehungsfähigkeit, Traumatisierungen, Konflikte, niedrige Frustrationstoleranz, Impulsivität und mangelnde Steuerungsfähigkeit, reduzierte Erlebnisfähigkeit, fehlende Sinn- und Wertorientierung bei einer insgesamt instabilen und schwachen Persönlichkeits-Struktur als Folge der Abhängigkeitserkrankung erschweren die soziale und berufliche Integration/Rehabilitation.

Hinzu kommen Arbeitslosigkeit, gesellschaftliche und individuelle Orientierungs- und Perspektivlosigkeit, damit zusammenhängende Existenzängste und allgemeine Verunsicherung sowie Kriminalitätsbelastung.

Psychosoziale Verelendung

Das Fehlen adäquater Hilfsangebote für eine beträchtliche Population der Abhängigen führt im Kontext mit den immer schwieriger werdenden Möglichkeiten, der sozialen Integration und dem Problem der Dauerarbeitslosigkeit zu einer progredierenden *Verelendung der* Betroffenen, zu psychosomatischen Erkrankungen als Konsequenz der Lebensbedingungen, einer Spaltung zwischen Person und Körper aufgrund komplexer Sozialisationsschäden, zu gravierender Verschlechterung des allgemeinen Gesundheitszustandes.

Infektionsrisiko

Die Hepatitis C- und HIV-Infektionen, aber auch die klassischen venerischen Infektionen, Herpes progenitalis und unbehandelte Clamydien- und Pilzinfektionen konstituieren eine sehr hochrangige Problemgruppe. Das „spreading" von Infektionen in Populationen über das unmittelbare Drogenmilieu hinaus, hat hier eine seiner wesentlichen Quellen.

Zu berücksichtigen ist hier auch die Definition aus dem Rahmenkonzept „Verantwortung für mehrfachbeeinträchtigte Abhängige Menschen", d.h. mehrfachbeeinträchtige abhängige Menschen sind Menschen, die

- vielfache Vorbehandlungen, insbesondere stationärer Art, absolviert haben,
- häufig gravierende körperliche und psychische Beeinträchtigungen aufweisen,
- sich in einer schwierigen sozialen Situation befinden, etwa mit stark gestörten Beziehungen im sozialen Umfeld, möglicherweise von Wohnungslosigkeit bedroht oder betroffen sind,
- einen Mangel an stabiler äußerer Absicherung aufweisen,
- Personen mit instabiler Abstinenzmotivation sind.

Zu diesem Personenkreis gehören auch Menschen, die jahrelang „unauffällig" gelebt haben, dann aber aufgrund äußeren Einflüsse, zum Beispiel durch den Wegfall von Bezugspersonen oder durch Arbeitslosigkeit in eine schwierige Situationen hineingeraten.

Diese Menschen benötigen als Folge ihrer suchtbedingten Beeinträchtigungen psychosoziale Hilfen. Sie sind i.S. der SGB V, VI und XII seelisch wesentlich behindert oder von einer solchen Behinderung bedroht und behandlungsbedürftig. Sie verfügen über ausreichende Ressourcen und Fähigkeiten, so daß die Hilfen der psychsozialen Betreuung im Rahmen einer Substitutionsbehandlung mittel- und langfristig eine Besserung ermöglichen.

Um eine medizinische und soziale Rehabilitation/Integration zu ermöglichen, erfolgt die Umsetzung der Hilfen unter Berücksichtigung von § 27 SGB V (siehe auch: *Anlage A, Anerkannte Untersuchungs- und Behandlungsmethoden, 2. Richtlinien zur substitutionsgestützten Behandlung Opiatabhängiger*).

Das Leistungsspektrum der PSB umfaßt dementsprechend sowohl konkrete Hilfestellungen bei der unmittelbaren Alltagsbewältigung als auch die Entwicklung einer realistischen Lebensperspektive für den betroffenen Menschen.

3.6 Verständnis von Psychosozialer Betreuung

Vorschläge zur Qualitätssicherung bei der Methadon-Substitution im Rahmen der Behandlung von Drogenabhängigen
Experten aus dem Arbeitskreis „Behandlung von Drogenabhängigen" des wissenschaftlichen Beirates der Bundesärztekammer, der Deutschen Gesellschaft für Suchtforschung und Suchttherapie e.V. und des wissenschaftlichen Kuratoriums der Deutschen Hauptstelle gegen Suchtgefahren haben sich im Frühjahr 1993 auf die Besetzung einer Arbeitsgruppe zur Erarbeitung der Standards geeinigt. Diese finden sich im wesentlichen unverändert auch in den Kriterien, die in den BUB-Richtlinien aufgezeigten werden.

„... Die Arbeitsgruppe geht davon aus, daß es Ziel der Behandlung bei Drogenabhängigen ist, den durch den Substanzmißbrauch eingeengten Freiheitsspielraum des einzelnen wiederherzustellen, die bereits eingetretenen Störungen zu behandeln und weitere Schäden zu verhindern. Die Arbeitsgruppe ist sich aber auch einig, daß im Rahmen dieser umfassenden Zielsetzung die Fähigkeit zum Leben in Abstinenz nicht in einem kurzem zeitlichen Rahmen ... erreichbar ist ...
Die sozialen und psychotherapeutischen Maßnahmen werden im Rahmen der Therapieplanung durch das Fachteam definiert. Ihr Umfang und Charakter leiten sich von den im Einzelfall vorgefundenen sozialen Problemlagen, Entwicklungsdefiziten, psychischen und psychiatrischen Störungsbildern sowie den vereinbarten Behandlungszielen ab. In der Regel wird man auf Angebote und Strukturen der bestehenden Hilfssystem zurückgreifen können. Sofern in einer Region die Voraussetzungen für die erforderlichen sozialen und psychotherapeutischen Maßnahmen fehlen, müssen entsprechende infrastrukturelle Vorkehrungen getroffen werden" (*Methadon-Standards* 1993).

3.7 Zugangsvoraussetzungen

Hier handelt es sich ausschließlich um die Zugangsvoraussetzungen für die psychosoziale Betreuung gem. § 5 BtmVV und § 3 BUB-Richtlinien. Die Indikation für die Substitutionsbehandlung mit einem Substitutionsmittel liegt in der Entscheidung des behandelnden Arztes.

Grundvoraussetzung für eine Aufnahme ist neben dem Abstinenzwunsch die Motivation der Klienten, sich mit den Möglichkeiten/Hilfen der PSB einen Rahmen für eine suchtfreie und sozial abgesicherte Zukunft erarbeiten und aufbauen zu wollen.

Im Einzeln bedeutet dies, daß

- der Klient an den Angeboten der PSB teilnehmen kann/will,
- mit dem Klienten Ziele zu vereinbaren sind, die aus fachlicher Einschätzung erreichbar und realistisch sind,
- die Bereitschaft zum Aufbau von tragfähigen drogenfreien Kontakten/Beziehungen (Netzwerkarbeit) besteht,
- Selbstreflektionskompetenz (d.h. realistische Selbsteinschätzung und Einschätzung der Realität) vorhanden ist, sowie
- die im Rahmen der Substitutionsbehandlung notwendige Kooperation mit dem substituierenden Arzt gewährleistet ist.

Kontraindikationen

- schwere organische oder endogene Psychose akute Suizidgefährdung

3.8 Ablauf der Psychosozialen Betreuung

Da Drogenabhängigkeit kein homogenes Störungsbild und die 'Lebenslage' eines Klienten durch unterschiedliche Faktoren gekennzeichnet ist, kann psychosoziale Betreuung während einer substitutionsgestützten Behandlung nicht einheitlich gestaltet werden, sondern muß den individuellen Gegenbeiten des Klienten „angepaßt" werden.

Entscheidend ist, daß die psychosozialen Betreuungsmaßnahmen „abgestuft" sind, d.h. die Begleitmaßnahmen müssen nach den individuellen Voraussetzungen der Klienten gestaltet werden, um zu gewährleisten, daß *alle* Klienten einen Zugang zur PSB finden können. Das gilt auch bei sog. „Beigebrauch", der i.d.R. kein Ausschlußkriterium darstellt.

Deshalb wird zu Beginn der psychosozialen Betreuung gemeinsam mit dem Klienten ein individueller Therapie-/Betreuungsplan erstellt, der fortlaufend aktualisiert wird, um die Entwicklung des Klienten zu berücksichtigen und andere oder völlig neue Schritte in die individuelle Planung einbeziehen zu können.

3.8.1 Situationserhebung

Grundlage einer Betreuungsplanung ist die umfassende Erhebung der persönlichen und sozialen Situation des Klienten sowie seines biographischen Hintergrundes. Die Informationssammlung beruht in erster Linie auf den Selbstauskünften des Klienten.

Inhalte der Erhebung sind:
- *Drogenkonsum*
  (Beginn, Dauer, Substanzen, Therapieversuche, Cleanzeiten, Rückfallfaktoren)
- *Gesundheitliche Situation*
  (chronische Krankheiten, z.b. HIV oder Hepatitis, aktuelle Krankheiten, Behinderungen, psychische Situation, Suizidalität, psychiatrische Erkrankungen und ggf. entsprechende Behandlungen)
- *Körperliche, geistige und psychische (Leistungs-) Fähigkeiten*
  (Gesundheit, Körpergefühl, -wahrnehmung, Sport, Sexualität)
- *Lebensgeschichtliche Entwicklung des Klienten*
  (Familie, Kindheit, Schule, Beruf)
- *Soziales Umfeld*
  (Partner, Kinder, aktueller Kontakt zur Herkunftsfamilie, Bezüge außerhalb der Drogenszene, Szenekontakte)
- *Juristische Situation*
  (Haftstrafen, Verurteilungen, Deliktarten, offene Verfahren, Auflagen)
- *Finanzielle Situation*
  (Erwerbseinkommen, Arbeitslosenunterstützung, Sozialhilfe, BAFöG, Rente, sonstige Zuwendungen, kriminelle Quellen, Prostitution, Schulden etc.)
- *Berufliche Situation*
  (Schulbildung, Ausbildung, biographische Berufstätigkeit(en), letzte Tätigkeit, derzeitige berufliche Möglichkeiten und Perspektiven)

- *Wohnsituation*
(Obdachlosigkeit, Pensionsunterbringung, gesichertes Mietverhältnis, Unter-
mietverhältnis)
- *Neigungen und Interessen*
Gibt es Hobbies/(Freizeit-)Interessen, inwieweit konnten sie in letzter Zeit rea-
lisiert werden? Gab es überhaupt schon einmal Ansätze zur Realisierung?)
- *Soziale Fähigkeiten*
(Selbsteinschätzung des Klienten bezogen auf Problembereiche und Ressourcen)

3.8.2 Zieldefinitionen im Rahmen der PSB

Das Betreuungssetting wird mit dem Klienten ausgehandelt. Je nach Situation und
Unterstützungsbedarf des Klienten kann eine engmaschige Betreuung oder aber
größere Abstände zwischen den Betreuungseinheiten sinnvoll erscheinen.

Zu Beginn der PSB hat es sich i.d.R. als sinnvoll erwiesen, kürzere Betreu-
ungsintervalle zu vereinbaren, um vor allem die mit Beginn der Maßnahme gegebenen z.T. massiv auftretenden Schwierigkeiten auffangen zu können und die Entwicklung einer angemessenen und tragfähigen (Arbeits-) Beziehung zwischen Klient und Betreuer zu begünstigen.

Es is davon auszugehen, daß für einen Teil der Klienten das Ziel der Abstinenz
nicht erreichbar ist. Diese Klienten können jedoch Teil-Ziele, wie verbesserte Lebensqualität, verbesserte gesundheitliche Situation, eine soziale und berufliche
(Wieder-) Eingliederung etc. erreichen.

Im Rahmen eines Betreuungsplanes werden zusammen mit dem Klienten die
Ziele und Inhalte der PSB festgelegt. Entsprechend sieht der Schwerpunkt bei jedem Klienten unterschiedlich aus. Einzelne Teilziele werden festgelegt, die für
den Klienten (zeitnah) zu erreichen sind. Jeder Klient hat einen „Betreuer", der für
ihn der erste Ansprechpartner ist.

Neben der Aufarbeitung der individuellen Problematik wird versucht, Schwel-
lenängste zu anderen Institutionen wie Freizeitvereine, Schuldnerberatung etc. abzubauen. Die reale Situation des Klienten wird besprochen und Zukunftsperspektiven werden entwickelt. Ein wesentliches Ziel ist die Erlangung und Aufrechter-
haltung einer stabilen (Drogen-) Abstinenz. Die begleitenden Hilfen und Kontrollen werden schrittweise reduziert, um die Selbstverantwortlichkeit der Klientel zu
stärken.

Der Betreuungsplan wird im Team in regelmäßigen Intervallen reflektiert und ggf. modifiziert. Somit werden Transparenz für alle Mitarbeiter im Bereich der PSB gewährleistet und die Voraussetzungen für die größtmögliche inhaltliche Kontinuität – auch bei Betreuerwechsel – geschaffen.

Die PSB bietet ein hohes Maß an Struktur bei gleichzeitigem individuellen Freiraum. Die individuellen Ressourcen aber auch Schwierigkeiten können optimal berücksichtigt bzw. aufgefangen werden.

Die angemessene Betreuung erfordert eine Vielzahl von Angeboten und Methoden, die als Einzel- und/oder Gruppenangebote erbracht werden.

3.8.3 Leistungsangebote

Die angemessene Betreuung substituierter Menschen erfordert eine Vielzahl von Angeboten und Methoden, die aus den vorhandenen Leistungsangeboten der Sucht- und Drogenhilfe abgeleitet und i.d.R. als Einzel- und/oder Gruppenangebote erbracht werden.

Aufgabe der psychosozialen Betreuung muß es sein, ausgehend vom jeweiligen individuellen Betreuungsplan klienten- und problembezogen angemessene Hilfemaßnahmen innerhalb und außerhalb des Drogenhilfesystems zu entwickeln bzw. für und mit dem Klienten zu erschließen. Dies erfordert eine differenzierte Kenntnis der unterschiedlichen Angebote des psychosozialen Hilfesystems und die Kooperation mit den verschiedenen Einrichtungen bzw. Anbietern.

Die relevanten Hilfen (z.B. Schuldnerberatung, Erziehungsberatung, Berufsberatung, medizinische Versorgung etc.) sind entsprechend der zeitlich hierarchischen Abfolge des Betreuungsplans einzusetzen und zu organisieren.

In jedem Fall ist zu überprüfen und zu dokumentieren, welche Leistungen mit welchem Ergebnis erbracht wurden.

Das Leistungsspektrum der PSB umfaßt sowohl konkrete Hilfestellungen bei der unmittelbaren Alltagsbewältigung als auch die Entwicklung einer realistischen Lebensperspektive für den betroffenen Menschen. Es beinhaltet insbesondere Hilfestellungen in folgenden Bereichen, soweit diese Hilfen nicht von Dritten erbracht werden:

Case Management als Grundlage der Prozeßsteuerung in der PSB

Qualität ist eine wesentliche Funktion der PSB. Der Bedarf an differenziereter und umfassender Unterstützung ist charakteristisch für die Hilfesuchenden, mit denen sich die Fachkräfte der PSB befassen. Case Management macht sich zur Aufgabe, PSB als Dienstleistung im örtlich vorhandenen Hilfesystem zu vernetzen. Die Aufgabe beinhaltet das zur Verfügung stellen, initiieren und abstimmen von geeigneten ressourcenorientierten Maßnahmen. Case Management soll sichern, daß die vorgesehene Unterstützung bzw. die Integration des Klienten auch tatsächlich erfolgt.

Die Aufgaben eines Case Managements umfassen u. a.:

- Steuerung und Überwachung der in der Hilfeplanung festgesetzten Ziele
- Koordination der Hilfen
- Verbindlichkeit in der zeitlichen Umsetzung der Hilfen
- Anwaltschaftliche Vertretung der Interessen des Betreuten
- Kooperationsgespräche, um zu verbindlichen Absprachen zu kommen
- im Kontakt mit dem Betreuten Überprüfung der Zielerreichung

Begleitung und Unterstützung in juristischen Belangen

Die Klientel hat oftmals erhebliche juristische Probleme, d.h. anstehende Gerichtsverfahren, Vollstreckungsbescheide etc.. Hier benötigen sie Unterstützung, um die notwendigen Schritte einzuleiten und Auflagen zu erfüllen.

Unterstützung bei der Schuldenregulierung

Die Klienten haben i.d.R. erhebliche Schulden. Im Laufe ihrer „Suchtkarriere" haben sie sich nicht um die Forderungen der Gläubiger gekümmert und es sind hohe Forderungen durch Mahngebühren, Zinsen usw. aufgelaufen. Um den Klienten hier wieder eine Perspektive zu geben, ist es notwendig, gezielte Maßnahmen der Schuldenregulierung einzuleiten. D.h. zunächst muß ein Überblick über alle Forderungen erarbeitet werden, um dann schrittweise Lösungen zu entwickeln (z.B. Darlehen über den Marianne-von-Weizäcker Fond), wie die Schulden in einem überschaubaren Zeitraum beglichen werden können.

Kontaktangebote

Zusätzlich zu den festen Terminvereinbarungen sollen Kontaktmöglichkeiten für die Klienten bestehen (z.B. im Rahmen eines offenen Bereiches), die diese ohne vorherige Anmeldung wahrnehmen können. Die Einrichtung soll insgesamt innerhalb großzügiger Öffnungszeiten für die Klienten erreichbar sein.

Einzelbetreuung/Beratung
Für den Klienten steht eine psychosozial tätige Fachkraft zur Verfügung. Sie ist in
der Regel verantwortlich für den Ablauf der Betreuung und der Betreuungsplanung.
In den Beratungsgesprächen werden Unterstützungsschritte in ihrer praktischen
Umsetzung geplant und reflektiert.
Zusätzlich zu dieser vorrangig zuständigen Fachkraft ist eine qualifizierte Ver-
tretung zu benennen, um ein weitgehend stabiles und für die Klienten erfahrbares
Beziehungskontinuum zu gewährleisten.

Aufsuchende und nachgehende Arbeit
PSB ist immer auch Motivationsarbeit, d.h. Ziele und schon erreichte Veränderungen müssen positiv verdeutlicht werden, ebenso wie die Bereitschaft zu fördern ist,
eventuelle Rückschritte gemeinsam und vertrauensvoll mit den Klienten zu bearbeiten.
Das schließt die nachgehende Tätigkeit im Sinne schriftlicher und telefoni-
scher Kontaktaufnahme durch den Betreuer sowie ggf. aufsuchende Arbeit mit ein.
Die Klienten leben i.d.R. in eigenständig angemieteten Wohnungen, die sie aus
eigener Erwerbstätigkeit oder aus Mitteln aus SGB II, XII finanzieren. Die Beglei-
tung/Betreuung erfolgt (auch) in häuslicher Umgebung der Klienten. Auf diese
Weise erhält der Betreuer einen Eindruck, wie der Einzelne die notwendigen Aufgaben einer eigenständigen Lebensführung bewältigt und kann gegebenenfalls regulierend eingreifen.
Perspektivisch soll mit der Klientel ein Höchstmaß an selbständiger Lebensbewältigung erarbeitet werden. Im Einzelfall kann der Klient in einzelne Angebote des
Leistungsanbieters einbezogen werden, um z.B übergangs-weise eine Tagesstruktur zu gewährleisten.

Krisenintervention
Grundsätzlich ist es Aufgabe der psychosozialen Betreuung in krisenhaften bzw.
als krisenhaft erlebten Situationen interventiv tätig zu werden. Das schließt das
Führen von stützenden, klärenden und auf konkrete Problemlösung hin orientierten Gesprächen ebenso ein, wie die Vermittlung bzw. die zeitweise Unterbringung
in betreuten Wohnformen und ggf. die Sicherstellung der Versorgung von Kindern
substituierter Drogenabhängiger.

Gruppenarbeit
Ergänzend zur Einzelbetreuung/Beratung werden ggf. ergänzende Gruppenangebote vorgehalten. Die gegenseitigen „Vorbildfunktionen" der Gruppenteilnehmer

sind ein wesentlicher Wirkfaktor des Gruppenprozesses und unterstützen die Zunahme von Selbsthilfeaktivitäten im Sinne gegenseitiger Hilfe. Gesprächsgruppen werden i.d.R. alltagsorientiert und themenzentriert angeboten. Hier besteht die Möglichkeit, die eigene Lebenssituation gemeinsam mit anderen zu reflektieren, um Anregungen und Lösungsvorschläge von gleichermaßen Betroffen zu erhalten. Zugleich kann soziales Verhalten und Konfliktfähigkeit geübt werden.

Darüber hinaus können themenspezifische Gruppenangebote gemacht werden, bei denen beispielweise an Themen wie Rückfallprophylaxe und Rückfallbearbeitung, Kontaktaufnahme mit Menschen, die nicht aus dem Kontext Sucht kommen, Umgang mit Einsamkeit, Aufbau von partnerschaftlichen Beziehungen zu denken ist. In der Gruppe werden gemeinsam Strategien entwickelt, wie Probleme angemessen bewältigt werden können (z.B. individuelle Möglichkeiten der Stabilisierung bei Rückfälligkeit).

Kompetenztraining

Im Rahmen des Kompetenztrainings werden gezielt Ressourcen gestärkt, damit der Klient in „alltäglichen" Situationen wie bei Bewerbungen um ..., am Arbeitsplatz, im sozialen Kontext etc. seine Kompetenzen handhaben kann.

Angebote zur beruflichen (Wieder-)Eingliederung

Die Klientel ist aufgrund fehlender beruflicher Erfahrungen und/oder Qualifikation i.d.R. nicht in reguläre Arbeitszusammenhänge des 1. Arbeitsmarktes zu integrieren. Insbesondere die Leistungs-/Belastungsfähigkeit, Zuverlässigkeit und Pünktlichkeit, Umgang mit Autoritäten gestalten sich schwierig. Kontakte zu potentiellen Arbeitgebern sind notwendig, um Schritte zur beruflichen Integration einzuleiten.

Durch die Zusammenarbeit mit der örtlichen Agentur für Arbeit, unterschiedlichen Initiativen/Trägern einer (über-) betrieblichen Sonder-/Berufsausbildungsstätte und ortsansässigen Betrieben ist es möglich, schrittweise in den Berufsalltag integriert zu werden, in unterschiedlichen Arbeitsbereichen Praktika zu absolvieren und in verschiedensten Berufsfeldern an Umschulungs- und/oder Qualifizierungsmaßnahmen teilzunehmen sowie eine Ausbildung zu absolvieren.

Die massiven „Umwälzungen" des Arbeitsmarktes und die „Verknappung" öffentlicher Mittel zur „Belebung des Arbeitsmarktes" (hier: sog. Hartz-Gesetze, die zu einer für Arbeitgeber uninteressanten Pauschalisierung von Lohnkostenzuschüssen, zur Herabsenkung der Zuschüsse zu einer Arbeitsbeschaffungsmaßnahme, zum Abbau überbetrieblicher Ausbildungs- und Qualifizierungsmöglichkeiten u.v.m.

geführt haben) erschweren wichtige Entwicklungsschritte und bedeuten für immer mehr Klienten die dauerhafte Arbeitslosigkeit.

Ergotherapie

Die Klientel hat z.T. erhebliche Probleme sich in Arbeits- und Beschäftigungsstrukturen zu begeben. Hier können vorgeschaltete ergotherapeutische Angebote sinnvoll sein, um eine geregelte Tagesstruktur zu gewährleisten.

Hilfen zur Alltagsstrukturierung

Die Klienten haben z.T. erhebliche Schwierigkeiten, ihren Alltag Zeit sinnvoll zu gestalten. Zwar können die meisten ihre Interessen formulieren, scheitern aber bei der Umsetzung in die Realität. In diesen Fällen wird mit dem Klienten eine Tages- oder Wochenplanung erstellt, um eine Gewöhnung an einen regelmäßigen Tagesablauf zu gewährleisten.

Daneben hat die Klientel erhebliche Schwierigkeiten, eine sinnvolle Freizeitgestaltung ohne finanzielle Mittel zu realisieren. Angebote sollen Möglichkeiten der kostenfreien/-günstigen Freizeitgestaltung vorstellen und erste Schritte ermöglichen.

Angehörigenarbeit

Klienten haben die schwierige Aufgabe, sich ein neues drogenfreies soziales Umfeld aufzubauen. Hier kann die Unterstützung durch Angehörige sehr hilfreich sein. Umgekehrt können Angehörige den Prozeß der Verselbständigung aktiv unterstützen. Da sich Klienten im Laufe des Betreuungsprozesses gravierend verändern, ist es auch für Angehörige wichtig, die Zusammenhänge und Hintergründe zu verstehen.

Je nach Bedarfs- und Ressourcenlage werden Angebote für Angehörige Substituierter methodisch und organisatorisch unterschiedlich erbracht (z.B. in Form von Angehörigengruppen).

Suchttherapie

Im Verlauf der psychosozialen Betreuung sind ggf. spezifische suchttherapeutische Interventionen zur Klärung und Bearbeitung psychischer Störungen bzw. auffälliger und einen positiven Betreuungsverlauf behindernder Verhaltensmerkmale explizit einzusetzen. Entsprechende Interventionen zur Ergänzung der psychosozialen Betreuung sind nur nach eingehender Diagnostik und durch Fachkräfte mit entsprechender nachgewiesener therapeutischer Kompetenz zulässig.

Suchttherapie wirkt sowohl den verfestigten (süchtigen) Beziehungstrukturen als auch den inneren Suchtmechanismen entgegen. Sie fördert die Selbstverantwortung, Autonomie und damit die Identitätsbildung des Abhängigen. Sie macht die Funktionalität von Suchtstörungen deutlich, knüpft an Ressourcen an und unterstützt den Aufbau gesunder Ich-funktionen und funktionierender Beziehungsstrukturen.

Alle Angebote werden individuell und im Einzelfall genutzt. Bis auf die zentrale Casemanagement-Funktion, die auch die „Verantwortung" für die psychosoziale Betreuungsplanung beinhaltet, gibt es keine obligatorischen Angebote.

3.9   Umgang mit Beigebrauch

Ein wichtiges Teilziel im Prozeß der Substitutionsbehandlung ist ein kontrolliertes monovalentes Konsummuster (wenn es nicht bei Beginn der Behandlung besteht). Die möglichen Ursachen für Beikonsum sind zu thematisieren, insbesondere dann, wenn problematische Konsummuster erkennbar werden.

Zur Bewertung des Beigebrauchs ist entsprechend der jeweiligen Substanzen und nach Art und Häufigkeit und Kontext des Konsums zu differenzieren. Ebenso sind situative Aspekte des Beigebrauchs zu berücksichtigen und eventuell feststellbare biographische Suchtverlagerungstendenzen.

Bevor die Beendigung der PSB bzw. ein Hinwirken auf die Beendigung der Substitutionsbehandlung als letzte Möglichkeit im Umgang mit Beikonsum erwogen wird, ist zu prüfen, ob eine Erhöhung der Substitutdosis oder andere Maßnahmen zu einer Verringerung des Beigebrauchs beitragen können. Kommen solche Maßnahmen nicht in Frage oder bleiben sie wirkungslos, so ist zu prüfen, ob ein fraktionierter Entzug der beigebrauchten Substanzen möglich und sinnvoll ist.

3.10   Beendigung

Die psychosoziale Betreuung wird beendet, wenn die Ziele der Substitutionsbehandlung zum großen Teil umgesetzt werden konnten und/oder kein Behandlungsbedarf mehr gegeben ist oder die notwendige Kooperation mit dem substituierenden Arzt nicht mehr gewährleistet ist.

Des weiteren ist die psychosoziale Betreuung im Rahmen der Substitutionsbehandlung beendet, wenn der Klient im Rahmen der PSB keine Bereitschaft mehr zeigt, sich für die Erreichung der vereinbarten Ziele der PSB einzusetzen (z.B. vereinbarte Termine werden wiederholt und unentschuldigt nicht eingehalten).

3.11 Qualifikation der Mitarbeiter

In der Psychosozialen Betreuung im Rahmen einer Substitutioinsbehandlung kommen regelmäßig sozialarbeiterische und psychologische Methoden zur Anwendung. Die PSB von Substituierten erfolgt durch Fachkräfte, die als Dipl. Sozialarbeiter/-pädagogen, Dipl. Pädagogen, Dipl. Psychologen oder vergleichbar qualifiziert ausgebildet sind.

Diese Mitarbeiter verfügen i.d.R. über mehrjährige Berufserfahrung sowie eine geeignete Fort-/Weiterbildung, die den Tätigkeitsmerkmalen der jeweiligen Berufsgruppe im Rahmen der PSB in der Substitutionsbehandlung gerecht wird.

4.   Finanzierung Psychosozialer Betreuungsmaßnahmen

Um die Perspektiven zur Finanzierung der PSB zu umreißen, müssen **alle** gesetzlichen Bestimmungen in den Blick genommen werden, d.h. die aus den Regelungen des BSHG (SGB XII) und des SGB V abzuleitenden Fakten.

Hieraus ergibt sich, daß die Leistungen der PSB für einzelne Klientengruppen über das BSHG (SBG XII) oder das SGB V finanziert werden und sich für andere Klientengruppen eine Mischfinanzierung ergeben muß, da sich aus der individuellen Lebenslage andere Bedarfe ergeben.

In der Praxis ergibt sich daraus ggf. die Schwierigkeit der „Aufteilung" der einzelnen Klientengruppen zu den einzelnen Leistungssegmenten und Leistungsträgern.

Ausgangspunkt für die Frage der Finanzierung der PSB ist jedoch immer, daß es sich bei der medikamentengestützten Rehabilitation Drogenabhängiger um eine psychosoziale **und** medizinische Maßnahme handelt (vgl. Punkt 1.1), und die psychosoziale Drogenberatungsstelle den individuellen Hilfebedarf feststellt.

Bereits mit Erbringung dieser Leistung ist zwangsläufig die Frage verbunden, welcher Leistungsträger für welchen Teil der PSB zuständig und leistungspflichtig ist.

In der praktischen Handhabung der PSB erscheint es von daher sinnvoll, für die Finanzierung der psychosozialen Leistungen das „Prinzip des federführenden Leistungsträgers" einzuführen/zu nutzen, um hierüber die „Einheit der Substitutionsbehandlung" von Anfang an zu gewährleisten, die unterschiedlichen Leistungsträger zu verpflichten, ihrer jeweiligen leistungsrechtlichen Zuständigkeit gerecht zu werden und sicherzustellen, daß die Substitutionsbehandlung als Behandlungs-/ Betreuungseinheit begriffen wird, d.h. medizinische und psychosoziale Maßnahmen leistungsrechtlich nicht aufgeteilt werden.

4.1 Eingliederungshilfe

4.1.1 Maßnahmen der Eingliederungshilfe

Die Hauptverantwortung für die Sicherstellung und Finanzierung der psychosozialen Betreuung Substituierter liegt bei der Sozialhilfe, da es sich hierbei um keine medizinische Leistung handelt.

Gem. § 39, Abs. 1 + 3 BSHG (§§ 53, 54, 67, 68 SGB XII) ist „Personen, die nicht nur vorübergehend körperlich, geistig oder seelisch behindert sind, Eingliederungshilfe zu gewähren. ... Hierzu gehört vor allem, dem Behinderten die Teilnahme am Leben in der Gemeinschaft zu ermöglichen oder zu erleichtern, ihm die Ausübung eines angemessenen Berufes ... zu ermöglichen."

Gem. § 40 BSHG (§ 48 SGB XII) sind *Maßnahmen der Eingliederungshilfe*

- Ambulante Behandlung
- Hilfe zur Schul-/Berufsausbildung
- Hilfe zur Beschaffung/Erhaltung von Wohnraum
- Hilfe zur Sicherung der Wirksamkeit ärztlicher Maßnahmen
- Hilfe zur Teilnahme am Leben in der Gemeinschaft

PSB im Rahmen der Eingliederungshilfe wird i.d.R. nicht als „Pflichtaufgabe" der Kommune zu definieren sein, sondern „hält" die PSB als Bestandteil der ambulanten Sucht- und Drogenhilfe in der Abhängigkeit und Willkür kommunaler Zuschüsse.

Hauptleistungsträger für die regionale Grundversorgung ist die Kommune (Daseinvorsorge). Mit den Kommunen sind Verhandlungen über die zukünftige Ausgestaltung der Hilfen und die Sicherung der Grundversorgung zu führen. Hier könnte ein Ansatz für vertragliche Vereinbarungen im Hinblick auf die Sicherung des Angebots gegeben sein.

Wird nun PSB in den „Flickenteppich" der Finanzierung differenzierter ambulanter Leistungen der Sucht- und Drogenhilfe einbezogen (vgl. auch *Schay*, Finanzierung und Umstrukturierung der Drogenhilfe, dieses Buch), trägt das dazu bei, daß

(a) Handlungs- und Entscheidungsspielräume der freien Träger über ihre Aktivitäten und Angebote erhalten bleiben,
(b) flexible Finanzierungsgrundlagen ambulanter Hilfen erhalten bleiben,
(c) die Nachfrageorientierung und Aushandlungsprozesse zwischen den Versorgungsbeteiligten gestärkt werden und
(d) die Kreativität der Träger in Hinblick auf die Schaffung neuer Angebote und die damit verbundene Suche nach Finanzgebern dieser Leistungen gefördert wird.

Eine der Voraussetzungen hierfür ist, daß die ambulante Sucht- und Drogenhilfe ihre Leistungen beschreibt und dabei unterscheidet zwischen folgenden Leistungsbereichen

(a) Leistungen der Grundversorgung (z.B. Beratung/Begleitung, Substitution, Sekundärprävention, niedrigschwellige Grundleistungen),
(b) ergänzende Leistungen (z.B. Betreutes Wohnen, Schuldnerberatung, Enzugsbehandlung/medizinische Rehabilitation, ergänzende niedrigschwellige Leistungen).

4.1.2   Maßnahmen zur Eingliederung in das Erwerbsleben

Die sozialen Integrationsleistungen (wie psychosoziale Betreuung, Suchtberatung, Schuldnerberatatung), die gem. § 16 Abs. 2 SGB II in Verbindung mit § 11 Abs. 5 und §§ 67 ff SGB XII als Kann-Leistung zu ermöglichen sind, wenn sie für die Eingliederung in das Erwerbsleben bzw. die Überwindung sozialer Schwierigkeiten notwendig sind, beinhalten ein breites Spektrum an Hilfeangeboten/-möglichkeiten:

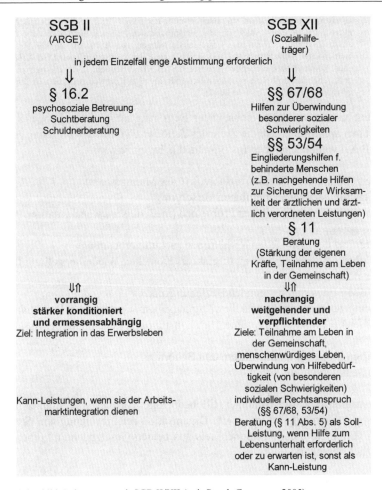

Schaubild: Leistungen nach SGB II/XII (vgl. *Busch-Geertsema* 2005)

Diese Leistungen, auf deren Inanspruchnahme hinzuwirken ist, gelten ausdrücklich auch für erwerbsfähige Drogenabhängige mit einem Hilfeanspruch auf Eingliederungshilfe.

„Es ist rechtlich unhaltbar, eine Fachberatung nach SGB XII bei SGB II-Leistungsberechtigten im Falle einer Ablehnung der entsprechenden Leistung nach § 16 Abs. 2 SGB II auszuschließen. ... Wenn also Ermessensleistungen nach § 16 Abs. 2 SGB II abgelehnt werden oder nicht ausreichen, um die Hilfeziele der Leistungen nach SGB XII zu erreichen, kommen entsprechende Hilfen nach SGB XII in Betracht oder sind sogar gemäß den dort geltenden Soll-Bestimmungen und individuellen Rechtsansprüchen verpflichtend zu gewähren (*Busch-Geertsema* 2005)."

Für die Finanzierung der psychosozialen Betreuung substituierter Drogenabhängiger ist hier wesentlich, daß die Ziele der Ziele der PSB mit den Hilfen nach §§ 67 ff SGB XII weitgehend übereinstimmen, d.h. im einzelnen:

- Verzahnung des Hilfeplanverfahrens (Case Management)
- Sicherung der gesundheitlichen Versorgung
- Hilfen bei gesundheitlichen Problemen (medizinische Rehabilitation, Psychotherapie)
- Ordnung der finanziellen Verhältnisse (Schuldnerberatung)
- Aufbau / Wiederherstellung tragfähiger Kontakte; Wiederherstellung familiärer Beziehungen
- Aufbau eines stabilisierenden Beziehungsnetzes
- Kompetenztraining (Konfliktbewältigung, Frustrationstoleranz, Durchhaltekraft)
- Hilfen bei Ernährung, Hygiene, Haushaltsführung, Regelungen des Zusammenlebens
- Hilfen im Umgang mit Ämtern und Behörden
- Krisenintervention

Eine Ausgrenzung erwerbsfähiger Hilfebedürftiger von diesen Leistungen ist nicht zulässig, „eine möglichst integrierte Organisation der Erbringung von psychosozialen Hilfen für diesen Personenkreis aus beiden Gesetzbüchern" (ebenda) ist gesetzlich verankert.

4.2 Soziotherapie

Die Diskussion über die Finanzierung der psychosozialen Betreuung substituierter Drogenabhängiger muß die Bestimmungen/Möglichkeiten aufgreifen, die in SGB V aufgezeigt werden und damit verdeutlichen, daß es sich bei der PSB um eine abrechnungsfähige Leistung in der substitutionsgestützten Behandlung Drogenabhängiger handelt.

Ziel der Soziotherapie ist es, eine Krankenhausbehandlung zu vermeiden oder zu verkürzen. Laut § 37 a SGB V haben Versicherte, die wegen schwerer psychischer Erkrankungen nicht in der Lage sind, ärztliche oder ärztlich verordnete Leistungen selbständig wahrzunehmen, Anspruch auf Soziotherapie. Die **Therapie** soll helfen, psychosoziale Defizite abzubauen, um eine selbständige Leistungsinanspruchnahme zu ermöglichen. Es können insgesamt maximal 120 Stunden je Krankheitsfall innerhalb eines Zeitraumes von höchstens drei Jahren erbracht werden.

In den am am 1. Januar 2002 in Kraft getretenen Richtlinien werden Voraussetzungen, Art und Umfang der Versorgung mit Soziotherapie in der vertragsärztlichen Versorgung gem. § 37 a SGB V in Verbindung mit § 92 Abs. 1 Satz 2 Nr. 6 SGB V geregelt. Dazu gehören auch Inhalt und Umfang der Zusammenarbeit des verordnenden Arztes mit dem Erbringer der soziotherapeutischen Leistung (Leistungserbringer).

4.2.1 Grundlagen und Ziele

1. Soziotherapie soll dem Patienten durch Motivierungsarbeit und strukturierte Trainingsmaßnahmen helfen, psychosoziale Defizite abzubauen. Der Patient soll in die Lage versetzt werden, die erforderlichen Leistungen zu akzeptieren und selbständig in Anspruch zu nehmen. Sie ist koordinierende und begleitende Unterstützung und Handlungsanleitung für (schwer) psychisch Kranke auf der Grundlage von definierten Therapiezielen. Dabei kann es sich auch um Teilziele handeln, die schrittweise erreicht werden sollen.
2. Die Durchführung der Soziotherapie setzt einen mit dem verordnenden Arzt und dem Patienten abgestimmten und vom soziotherapeutischen Leistungserbringer zu erstellenden soziotherapeutischen Betreuungsplan voraus, mit dessen Hilfe die verschiedenen Elemente und Ziele des ärztlichen Behandlungsplans erreicht werden sollen.
3. Soziotherapie findet überwiegend im sozialen Umfeld des Patienten statt.
4. Soziotherapie unterstützt einen Prozeß, der dem Patienten einen besseren Zugang zu seiner Krankheit ermöglicht, indem Einsicht, Aufmerksamkeit, Initiative, soziale Kontaktfähigkeit und Kompetenz gefördert werden.
5. Für die medizinische Behandlung relevante Informationen, die der soziotherapeutische Leistungserbringer durch die Betreuung des Patienten gewinnt, sollen durch die Zusammenarbeit zwischen ihm und dem verordnenden Arzt für die Behandlung nutzbar gemacht werden.

4.2.2 Indikation, Therapiefähigkeit

1. Eine Indikation für Soziotherapie ist gegeben bei Vorliegen einer (schweren) psychischen Erkrankung mit Fähigkeitsstörungen.

2. Die Erkrankungen, die der Soziotherapie bedürfen, sind gekennzeichnet durch folgende Fähigkeitstörungen:
   - Beeinträchtigung durch Störungen des Antriebs, der Ausdauer und der Belastbarkeit, durch Unfähigkeit zu strukturieren, durch Einschränkungen des planerischen Denkens und Handelns sowie des Realitätsbezuges
   - Störungen im Verhalten mit Einschränkung der Kontakt- und (fehlender) Konfliktlösungsfähigkeit
   - Einbußen im Sinne von Störungen der kognitiven Fähigkeiten wie Konzentration und Merkfähigkeit, der Lernleistungen sowie des problemlösenden Denkens
   - Mangelnde Compliance im Sinne eines krankheitsbedingt unzureichenden Zugangs zur eigenen Krankheitssymtomatik und zum Erkennen von Konfliktsituationen und Krisen

3. Soziotherapie setzt voraus, daß der Patient die Therapieziele erreichen kann. Deshalb soll der Patient über die hierzu notwendige Belastbarkeit, Motivierbarkeit und Kommunikationsfähigkeit verfügen und in der Lage sein, einfache Absprachen einzuhalten.

4. Diese Voraussetzung ist nicht gegeben, wenn beim Patienten keine langfristige Verminderung der Fähigkeitsstörungen und kein längerfristig anhaltendes Erreichen der soziotherapeutischen Therapieziele zu erwarten ist.

4.2.3 Leistungsinhalt

1. Erstellung des soziotherapeutischen Betreuungsplans
   Verordnender Arzt, soziotherapeutischer Leistungserbringer und Patient wirken bei der Erstellung des soziotherapeutischen Betreuungsplans zusammen.

2. Koordination von Behandlungsmaßnahmen und Leistungen
   Der soziotherapeutische Leistungserbringer koordiniert die Inanspruchnahme ärztlicher Behandlung und verordneter Leistungen für den Patienten gemäß dem soziotherapeutischen Betreuungsplan. Dies umfaßt sowohl aktive Hilfe und Begleitung als auch Anleitung zur Selbsthilfe. Dabei soll der soziotherapeutische Leistungserbringer den Patienten zur Selbständigkeit anleiten und ihn so von der soziotherapeutischen Betreuung unabhängig machen.

3. Arbeit im sozialen Umfeld

Der soziotherapeutische Leistungserbringer analysiert die häusliche, soziale und berufliche Situation des Patienten und kann zur Unterstützung Familienangehörige, Freunde und Bekannte einbeziehen. Um die Therapieziele zu erreichen, kann er den Patienten an komplementäre Dienste heranführen (i.S. eines Case Managers).

4. Soziotherapeutische Dokumentation

Der soziotherapeutische Leistungserbringer dokumentiert fortlaufend Ort, Dauer und Inhalt der Arbeit mit und für den Patienten und die Entwicklung des Patienten.

Die soziotherapeutische Dokumentation enthält insbesondere Angaben zu

– den durchgeführten soziotherapeutischen Maßnahmen (Art und Umfang),

– dem Behandlungsverlauf und

– den bereits erreichten bzw. den noch verbliebenen (Therapieteil-) Zielen.

5. Motivations- (antriebs-) relevantes Training

Mit dem Patienten werden praktische Übungen zur Verbesserung von Motivation, Belastbarkeit und Ausdauer durchgeführt. Sie finden im Lebensumfeld des Patienten statt.

6. Training zur handlungsrelevanten Willensbildung

Das Training beinhaltet die Einübung von Verhaltensänderungen, Übungen zur Tagesstrukturierung und zum planerischen Denken. Dabei ist Hilfestellung bei der Bewältigung von Konflikten zu geben und eine selbständige Konfliktlösung bzw. Konfliktvermeidung einzuüben.

7. Anleitung zur Verbesserung der Krankheitswahrnehmung

Diese beinhaltet Hilfen beim Erkennen von Krisen (Frühwarnzeichen) und zur Krisenvermeidung, sowie die Förderung der Compliance und von gesunden Persönlichkeitsanteilen.

8. Hilfe in Krisensituationen

Bei auftretenden Krisen erfolgt entsprechende Hilfe, ggf. auch aufsuchend, zur Vermeidung erheblicher Verschlimmerung sowohl der Krankheit als auch der häuslichen, sozialen und beruflichen Situation des Patienten.

4.2.4 Verordnung und Leistungsumfang

1. Der die Soziotherapie verordnende Arzt muß in der Lage sein, die Indikation für die Soziotherapie (einschließlich der Feststellung, ob dadurch ggf. Krankenhausbehandlung vermieden werden kann) zu stellen, deren Ablauf und Er-

folg zu kontrollieren und in Absprache mit dem soziotherapeutischen Leistungserbringer gegebenenfalls notwendige fachliche Korrekturen am soziotherapeutischen Betreuungsplan vorzunehmen. Die Verordnung von Soziotherapie dürfen daher Ärzte vornehmen, die berechtigt sind, die Gebietsbezeichung Psychiatrie oder Nervenheilkunde zu führen. Zusätzlich ist deren Erklärung über die Kooperation in einem gemeindepsychiatrischen Verbund oder in vergleichbaren Versorgungsstrukturen notwendig.

2. Die Dauer und die Frequenz der soziotherapeutischen Betreuung sind abhängig von den individuellen medizinischen Erfordernissen. Es können insgesamt höchstens bis zu 120 Stunden je Krankheitsfall innerhalb eines Zeitraumes von höchstens drei Jahren erbracht werden.

3. Eine Soziotherapieeinheit umfaßt 60 Minuten. Die Therapieeinheiten können in kleinere Zeiteinheiten maßnahmebezogen aufgeteilt werden. Dies ist in der soziotherapeutischen Dokumentation (Zeitaufwand) entsprechend zu vermerken.

4. Soziotherapie wird in der Regel als Einzelmaßnahme erbracht. Soziotherapie kann in Absprache von Arzt und Leistungserbringer in besonderen Fällen auch in gruppentherapeutischen Maßnahmen erbracht werden. Dabei kann die Gruppengröße je nach Zielsetzung einer Sitzung bis zu 12 Teilnehmer umfassen. Bei gruppentherapeutischen Maßnahmen umfaßt die Soziotherapieeinheit 90 Minuten. Dadurch darf jedoch das maximale Gesamtkontingent für Soziotherapie von 120 Zeitstunden nicht überschritten werden.

5. Der soziotherapeutische Betreuungsplan ist das Ergebnis eines Abstimmungsgespräches zwischen verordnendem Arzt, soziotherapeutischem Leistungserbringer und Patient. Der Betreuungsplan ist kontinuierlich auf seine Realisierbarkeit zu überprüfen und ggf. zu ändern.

6. Im soziotherapeutischen Betreuungsplan müssen enthalten sein:
   – Anamnese
   – Diagnose
   – aktueller Befund mit Art und Ausprägung der Fähigkeitsstörungen des Patienten
   – die angestrebten Therapieziele und die erforderlichen Teilschritte (Nahziel und Fernziel)
   – die zur Erreichung der Therapieziele vorgesehenen therapeutischen Maßnahmen
   – die zeitliche Strukturierung der therapeutischen Maßnahmen
   – Prognose

7. Der Vertragsarzt hat sich über den Erfolg der verordneten Maßnahmen zu vergewissern. Sollte sich im Verlauf der Behandlung herausstellen, daß der Patient nicht geeignet ist oder die definierten Therapieziele nicht erreichen kann, ist die Soziotherapie abzubrechen. Entsprechendes gilt bei vorzeitigem Erreichen der Therapieziele. Der Vertragsarzt teilt dies unverzüglich unter Angabe der Gründe der Krankenkasse mit.

8. Wird während der Soziotherapie eine stationäre Behandlung notwendig, die die Weiterführung der Soziotherapie nach dem Betreuungsplan nicht möglich macht, umfaßt die Soziotherapie auch den Kontakt mit dem Patienten, um eine frühestmögliche Entlassung zu erreichen und in Absprache mit dem verordnenden Vertragsarzt die Wiederaufnahme und Weiterführung der Soziotherapie sicherzustellen.

4.2.5 Genehmigung von Soziotherapie

1. Jede Verordnung von Soziotherapie bedarf der vorherigen Genehmigung durch die Krankenkasse des Versicherten. Dazu ist der soziotherapeutische Betreuungsplan vorzulegen.

2. Die Krankenkassen können im Rahmen des Genehmigungsverfahrens mit der Prüfung der verordneten Maßnahmen der Soziotherapie den Medizinischen Dienst der Krankenkassen beauftragen. Falls erforderlich, sind dem Medizinischen Dienst vom soziotherapeutischen Leistungserbringer ergänzende Angaben zum Betreuungsplan zu übermitteln. Werden verordnete Soziotherapieeinheiten nicht oder nicht in vollem Umfang genehmigt, ist der verordnende Vertragsarzt unverzüglich unter Angabe der Gründe über die Entscheidung der Krankenkasse zu informieren.

4.3   Integrierte Versorgungsformen

Die angespannte Finanzlage der sozialen Sicherungssysteme und öffentlichen Haushalte hat die Forderung nach (engerer) Kooperation und Vernetzung der Leistungserbringer aktuell in den Vordergrund gerückt. Dahinter steht die Annahme, daß eine koordinierte Erbringung der Leistungen durch die unterschiedlichen Leistungserbringer die Schnittstellenproblematik löst und somit Kosten spart.

Mit den §§ 140 a – 140 h SGB V werden seit 01.01.2000 Möglichkeiten integrierter Versorgungsformen geschaffen, d.h. eine verschiedene Leistungssektoren übergreifende Versorgung der Klienten, um die bestehende Ineffizienz des Gesundheitswesens zu beheben.

Insbesondere soll die integrierte Versorgung eine an dem Versorgungsbedarf des Klienten orientierte Zusammenarbeit zwischen allen an der Versorgung des Klienten Beteiligten einschließlich der Koordination zwischen den verschiedenen Versorgungsbereichen (hier: Arztpraxis, Drogenhilfe) sicherstellen.

Durch die integrierte Versorgung sollen Behandlungsabläufe dahingehend abgestimmt werden, daß dem „Postulat des Gesetzgebers im Hinblick auf eine effiziente sowie qualitativ hochwertige Versorgung entsprochen" wird (vgl. *Kruse, Hänlein* 2003).

Integrierte Versorgungsstrukturen beinhalten eine personenbezogene Erbringung gesundheitlicher *und* sozialer Hilfen, d.h. Kooperation, (sektorenübergreifende) Koordination, Planung und Steuerung der Leistungen. Als fallbezogener Arbeitsansatz i.s. eines Fallmanagement werden die Leistungen i.s. des *Case Managements* geplant, abgestimmt erbracht sowie Verlauf und Ergebnis kontrolliert (vgl. *Görgen* 2004), womit insbesondere eine Kostensenkung durch Nutzung von Synergien und eine Steigerung von Effektivität und Qualität der Versorgung erreicht werden sollen (vgl. *Fachverband Sucht* 2005).

Der Gesetzgeber hat in den Regelungen der §§ 140 a ff. SGB V den Beteiligten für die Ausgestaltung der integrierten Versorgung Spielraum gelassen, d.h. es ist möglich, in einem weiten Umfang eine Zusammenarbeit zu vereinbaren, aber auch eine Begrenzung auf einzelne Sektoren bzw. Krankheitsbilder.

„Integrierte Versorgung überwindet die Schnittstellenprobleme zwischen den einzelnen Sektoren, ... (und) schafft mehr Vertrauen in die Therapie" (*Bundesministerium für Gesundheit und Soziale Sicherung (BMGS)* 2004).

Als „Störquelle" für die Bildung integrierter Versorgungsmodelle nach §§ 140 a - h SGB V – eingeführt durch das „GKV-Gesundheitsreformgesetz" – muß die Rahmenvereinbarung der Kassenärztlichen Bundesvereinigung (KBV) mit den Spitzenverbänden der Krankenkassen zur integrierten Versorgung betrachtet werden. Die dort verankerte Regelung, daß Einzelverträge zwischen Krankenkassen und Leistungserbringern nur mit Zustimmung der Kassenärztlichen Vereinigungen getroffen werden dürfen, blockiert bisher die Bildung integrierter Versorgungsformen.

Es ist also festzuhalten, daß auf der Basis der Änderungen in den rechtlichen Rahmenbedingungen Integrierte Versorgungsstrukturen in einem abgestimmten Behandlungskonzept Drogenabhängiger

- die Efffektivität und Effizienz der Leistungsangebote verbessern sollen,
- die Schnittstellenproblematik abbauen sollen,
- angebotsübergreifende und abgestimmte Behandlungsplanung und Koordination der Leistungen ermöglichen sollen,
- die soziale Wiedereingliederung ermöglichen sollen,
- die Vermittlung in den Arbeitsprozeß verbessern sollen.

Um PSB im Rahmen einer *integrierten und komplexen Suchtkrankenhilfe* (vgl. *Hüsgen* 2004) durchführen zu können, müssen notwendige strukturelle Verbesserungen/Veränderungen in der Kooperation und Koordination der Leistungserbringer (Medizin/Drogenhilfe) erreichen werden, d.h. die Leistungsträger müssen ihre Leistungspflicht für diese Form der Behandlung anerkennen und übernehmen.

Es bedarf also „kooperativer Planungs- und Steuerungsbemühungen, die sämtliche Versorgungsbereiche der Suchtkrankenhilfe sowie Vertreter aller Akteure (Leistungsträger, Politik) berücksichtigen. Deren kontinuierlich verfolgtes Interesse muß die Schaffung einer bedarfsgerechten, effektiven und effizienten Versorgungsstruktur sein. Diese Strukturplanung hat sich gleichermaßen an quantitativen wie qualitativen Erfordernissen auszurichten. Ihre konkreten Hauptziele betreffen die bedarfsgerechte und umfassende Versorgung aller Menschen mit Suchtproblemen sowie die bedarfsgerechte Koordination aller Versorgungsdienste" (*DHS* 2000).

Das versorgungspolitische Ziel, eine bessere Vernetzung des medizinischen Versorgungssystems mit dem Suchthilfesystem zu erreichen und Doppel-, Parallelsowie Fehlbehandlungen zu vermeiden, erscheint in Anbetracht der vorherrschenden „Verteilungskämpfe" illusorisch. Zumindest ist hier noch erheblicher rechtlicher Klärungsbedarf gegeben, um das Modell der integrierten Versorgung tatsächlich in der Praxis für die Finanzierung der PSB nutzen zu können.

4.3.1 Gesetzliche Regelungen

Grundlage der integrierten Versorgung sind Verträge, die gemäß § 140 b SGB V zwischen den Leistungserbringern und Krankenkassen geschlossen werden können. Vertragspartner der Krankenkassen können Gemeinschaften von zur vertragsärztlichen Versorgung zugelassenen Ärzten sowie einzelne sonstige an der Versorgung der Versicherten teilnehmende Leistungserbringer sein.

In den Verträgen zur integrierten Versorgung müssen sich die Vertragspartner der Krankenkassen zu einer qualitätsgesicherten, wirksamen, ausreichenden, zweckmäßigen und wirtschaftlichen Versorgung der Versicherten verpflichten. Die Vertragspartner haben sicherzustellen, daß sie die organisatorischen, betriebswirtschaftlichen, medizinischen und medizinisch-technischen Voraussetzungen der integrierten Versorgung erfüllen und daß sie die Koordination zwischen den verschiedenen Versorgungsbereichen einschließlich einer ausreichenden Dokumentation gewährleisten (§ 140 b Abs. 3 SGB V).

Im bisherigen § 140 d SGB V war vorgesehen, daß die Spitzenverbände der Krankenkassen gemeinsam und einheitlich mit den kassenärztlichen Bundesvereinigungen Rahmenvereinbarungen über die integrierte Versorgung abschließen. Hierbei waren u.a. inhaltliche Mindeststandards und Mindestanforderungen an die Qualitätssicherung zu treffen.

Das GMG hat nunmehr den bisherigen § 140 d SGB V aufgehoben und eine völlig neue Regelung zur Förderung der integrierten Versorgung durch Anschubfinanzierung für den Zeitraum von 2004 bis 2006 getroffen, da die bisherige Regelung eines der wesentlichen Hemmnisse für die Verbreitung der integrierten Versorgung war. Konkret sieht § 140 d SGB V in der Neufassung vor, daß jede Krankenkasse von der für ambulante ärztliche Behandlungen an die Kassenärztliche Vereinigung zu entrichtenden Gesamtvergütung bis zu 1% (in 2002 = € 220 Millionen) einzubehalten hat. Die Mittel sollen in dem Bezirk der KV verwendet werden, in dem sie einbehalten wurden. Mittel, die nicht innerhalb eines Zeitraums von drei Jahren für den vorgegebenen Zweck verwendet werden, sind wieder auszuzahlen. Damit soll ein finanzieller Anreiz zum Abschluß von Verträgen zur integrierten Versorgung geschaffen werden.

§ 140 e SGB V ist durch das GMG neugefaßt worden und eröffnet den Krankenkassen nunmehr die Möglichkeit, zur Versorgung ihrer Versicherten, Verträge mit Leistungserbringern im ihrem Geltungsbereich abzuschließen.

Die Neufassung des § 140 f SGB V sieht eine Stärkung der Patientensouveränität vor, indem die Versicherten künftig in die Entscheidungsprozesse der GKV, die die Versorgung betreffen, eingebunden werden müssen.

Mit der Neufassung des § 140 g SGB V soll der Anreiz für die Versicherten in der verbesserter medizinischer Versorgung bestehen.

4.3.2 Umsetzung

Integrierte Versorgungsformen sind in der Praxis bisher unbedeutend, da „traditionell" die zwischen den beteiligten Gruppen bestehenden Interessenkonflikte und fehlende finanzielle Anreize die Umsetzung solcher Konzepte bisher verhindert haben.

Durch die nun festgelegte Anschubfinanzierung des § 140 d SGB V wird erwartet, daß sich Modelle zur integrierten Versorgung verstärkt durchsetzen werden.

4.3.3 Versorgungszentren

Durch das GMG wird in § 95 SGB V eine weitere Ergänzung eingefügt, mit der die Entwicklung und der Ausbau der integrierten Versorgung beschleunigt und vereinfacht werden soll.

§ 95 SGB V sieht in der neuen Fassung vor, daß nunmehr an der vertragsärztlichen Versorgung auch zugelassene medizinische Versorgungszentren teilnehmen dürfen, d.h. fachübergreifende ärztlich geleitete Einrichtungen. Dies könnten beispielsweise auch psychosoziale Drogenberatungsstellen sein, die im Rahmen der ambulanten Leistungen zur medizinischen Rehabilitation unter ärztlicher Verantwortung arbeiten.

Insbesondere im Rahmen von Disease-Management-Programmen (vgl. Punkt 4.4) wird die integrierte Versorgung bereits jetzt als optimale Lösung angesehen, die durch die Einrichtung von medizinischen Versorgungszentren unterstützt wird.

4.4 Disease-Management-Programme (DMP)

In einem Gesetz vom Dezember 2001 wurde die Einführung von DMP'en bei der Behandlung einiger chronischer Erkrankungen ab 01.07.2002 festgelegt. Bei der Definition der für die Programme vorgesehenen chronischen Erkrankungen und deren Behandlung wurden psychosoziale Faktoren und die Kompetenz der Psychotherapeuten zunächst gänzlich außer acht gelassen. Durch intensivste Gespräche, Eingaben und Stellungnahmen aller psychotherapeutischen Fach- und Berufsverbände ist nun doch noch einiges erreichen worden. Die Stellungnahme, die die AGP (Zusammenschluß von AGPF, GwG und VPP) bei einigen Wissenschaftlern in Auftrag gegeben hat, sowie eine Stellungnahme der beiden systemischen Verbände (DGSF und SG), die in der AGST zusammengeschlossen sind, sind, wie auch die Stellungnahmen anderer Verbände, auf den jeweiligen Internetseiten der Verbände zu finden.

Der Sachverständigenrat für die Konzertierte Aktion im Gesundheitswesen stellt in seinem Gutachten „Finanzierung, Nutzerorientierung und Qualität" (in: *Fachverband Sucht e. V.*, „Zur Umsetzung des SGB IX" 06/2003) fest, „hinsichtlich der Weiterentwicklung von Versorgungsstrukturen für suchtkranke Menschen besteht die Notwendigkeit, Disease-Management-Programme zu entwickeln, welche die verschiedenen Handlungsfelder, d.h. Maßnahmen der Gesundheitsförderung/Prävention, Betreuungs- und Beratungsleistungen, Behandlung und Rehabilitation, Nachsorge und beruflichen (Wieder-) Eingliederung einbeziehen. Zielsetzung ist es, durch solche Programme die Versorgungsqualität für suchtkranke Menschen zu verbessern und Folgekosten durch die frühzeitige Einleitung entsprechend aufeinander abgestimmter Maßnahmen zu verringern."

4.4.1 Definition und Zeitplan

Als Disease-Management wird eine medizinische Versorgungsform bezeichnet, mit der die Prävention und **Behandlung einer Krankheit verbessert und die durch diese Krankheit bedingten Beeinträchtigungen reduziert werden können.** Disease-Management erfordert **verbindliche und aufeinander abgestimmte Behandlungs- und Betreuungsprozesse** über Krankheitsverläufe und institutionelle Grenzen hinweg, die auf der Grundlage medizinischer Evidenz festgelegt werden.

Die inhaltlichen Anforderungen an die strukturierten Behandlungsprogramme, das Zulassungsverfahren sowie die Gebührenregelungen sollten in der Risikostrukturausgleichsverordnung (RSAV) geregelt werden.

Der gesetzlich vorgesehene Zeitplan für die Implementierung von Disease-Management-Programmen ist aber bereits ins Stocken geraten. Zwar hat der Koordinierungsausschuß termingerecht zu Ende Januar 2002 dem Bundesministerium für Gesundheit vier chronische Krankheiten für die strukturierten Behandlungsprogramme empfohlen (Diabetes mellitus, chronisch obstruktive Atemwegserkrankung, Brustkrebs und koronare Herzerkrankung). Die Fortschreibung der Liste steht bis heute jedoch aus. Bei der Auswahl der zu empfehlenden Krankheiten waren insbesondere folgende Kriterien zu berücksichtigen:

- Zahl der von der Krankheit betroffenen Versicherten (hohe Prävalenz)
- Möglichkeiten zur Verbesserung der Qualität der Versorgung (nennenswerter Einfluß auf den Krankheitsverlauf sowie die Mortalität der betroffenen Versicherten)
- Beeinflußbarkeit des Krankheitsverlaufs durch Eigeninitiative des Versicherten (compliance)
- hoher finanzieller Aufwand der Behandlung
- Der Koordinierungsausschuß hat dem Bundesministerium für Gesundheit für die Rechtsverordnung einvernehmlich Anforderungen an die Ausgestaltung der Behandlungsprogramme empfohlen. Benannt wurden insbesondere Anforderungen an die
  - durchzuführenden Qualitätssicherungsmaßnahmen,
  - Voraussetzungen und Verfahren für die Einschreibung des Versicherten in ein Programm, einschließlich der Dauer der Teilnahme,
  - Dokumentation und
  - Bewertung der Wirksamkeit und der Kosten (Evaluation) und die zeitlichen Abstände zwischen den Evaluationen eines Programms sowie die Dauer seiner Zulassung

4.4.2 Berücksichtigung der Strukturierten Behandlungsprogramme im RSA

Das gesundheitspolitische Ziel einer Verbesserung der Versorgung chronisch Kranker durch strukturierte Behandlungsprogramme ist uneingeschränkt zu begrüßen. Allerdings entstehen aus der finanzwirksamen Verknüpfung dieser Programme mit dem Riskostrukturausgleich Probleme, die einer sorgfältigen Prüfung bedürfen.

Die Berücksichtigung der in diesen Programmen eingeschriebenen chronisch kranken Versicherten als eigene Versichertengruppen im Risikostrukturausgleich hat Auswirkungen auf die Ausgleichsansprüche und -verpflichtungen der Krankenkassen. Bislang werden chronisch Kranke im Risikostrukturausgleich nicht gesondert erfaßt. Nur die Faktoren Alter, Geschlecht, Erwerbs- und Berufsunfähigkeit spielen eine Rolle. Daher werden Kassen, die attraktive Angebote für chronisch Kranke machen, bislang benachteiligt. Sie riskieren zur „Krankenkasse der Wahl" von chronisch Kranken zu werden, ohne im Risikostruktuausgleich für diese Gruppe einen angemessenen Beitragsbedarf zugerechnet zu bekommen. Mit der Reform werden Versicherte, die in strukturierten Behandlungsprogrammen eingeschrieben sind, eine eigenständige Versichertengruppen bilden. Krankenkassen, die diese chronisch Kranken in großer Zahl versichern, können dadurch die höheren standardisierten Leistungsausgaben für diese Versicherten im Risikostruktur-ausgleich geltend machen. Damit soll ein Wettbewerb um eine gute Versorgung der chronisch Kranken initiiert werden.

Allerdings steht es in einem *Widerspruch zur bisherigen Systematik des Risiko-strukturausgleichs, die Berücksichtigung von chronischen Krankheiten im Risiko-strukturausgleich nur auf einige Krankheitsbilder* und auf die freiwillig in die struk-turierten Behandlungsprogramme eingeschriebenen Versicherten *zu beschränken.*

Um sicherzustellen, daß die Versorgungsziele tatsächlich erreicht werden, müssen hohe Anforderungen an die Zulassung dieser Programme gestellt werden. Hierzu zählen vor allem

- die aktive Patienteneinbindung,
- der Einsatz evidenzbasierter Leitlinien sowie
- die überprüfbare Dokumentation der Programme.

Strukturierte Behandlungsprogramme stellen zu Recht sehr hohe Ansprüche an die aktive Patienteneinbindung (compliance). Läßt der Versicherte die erforderli-che Mitwirkung vermissen, so ist der höhere Risikostrukturausgleich-Transfer für ihn nicht gerechtfertigt und muß daher eingestellt werden.

Evidenzbasierte Leitlinien sollen durch die Beschreibung guter Standards einer unbegründeten Abweichung von der besten verfügbaren Medizin entgegensteu-ern. Einheitliche Leitlinien ermöglichen auch ein Benchmarking, d.h. Vergleich und Evaluation unterschiedlicher Programme in bezug auf die erreichte Verbesse-rung der Versorgung. Aus diesen Gründen hat der Gesetzgeber die evidenzbasier-ten Leitlinien zur tragenden Säule der strukturierten Behandlungsprogramme ge-macht.

Auch die Dokumentation dient der Evaluation und Überprüfung der Programme. Aus ihr sollte sich auch die aktive Patienteneinbindung nachvollziehen lassen. Schließlich sollte man *sich bei der Festlegung der Anforderungen an die Ausge-staltung der Disease-Management-Programme bewußt sein, daß die Krankheits-bilder einer chronischen Krankheit nach Stadium und Schweregrad erheblich va-riieren können.*

Gemeinsam mit der Festlegung der Krankheiten sollten Prüfgegenstände, Prüfin-tensität sowie die Folgen von negativen Prüffeststellungen einheitlich in der RSAV festgelegt werden.

Um den hohen Qualitätsanspruch der Programme dauerhaft sicher zu stellen, müssen ihre Wirkungen in bestimmten Abständen einer Evaluation unterzogen werden. Aus diesem Grund wird die Zulassung der Programme befristet. Die Frage der Prüfbarkeit darf nicht losgelöst von den Anforderungen an die Programme betrachtet werden: Je präziser die Anforderungen, desto besser kann geprüft werden.

4.4.3 Voraussetzung für die Zulassung

Voraussetzung für die Zulassung der Programme ist die Erfüllung aller in §§ 137 f und 137 g SGB V und den §§ 28b bis g RSAV sowie deren Anlagen genannten Anforderungen. Die folgenden Erläuterungen sollen einige Aspekte – ohne Anspruch auf Vollständigkeit – hervorheben und näher ausführen.

a) § 28b Satz 1 Abs. 1 Nr. 1 RSAV

Die Behandlungsprogramme und die zu ihrer Durchführung geschlossenen Verträge haben vorzusehen, daß die Behandlung die Vorgaben der Ziffer 1 der Anlagen 1 und 3 erfüllen.

Der Umfang medizinischer Leistungen, der im Rahmen von Behandlungsprogrammen erbracht wird, kann unter folgenden Voraussetzungen über die in der RSAV definierten Anforderungen hinausgehen:

Die über die Vorgaben hinausgehenden Anforderungen des Programms dürfen den Vorgaben der RSAV nicht widersprechen. Ein Programm widerspricht den Vorgaben der RSAV, wenn einzelne in der Ziffer 1 der Anlagen 1 und 3 enthaltene geregelte Bereiche fehlen oder abweichend geregelt sind (z.B. weitere vorrangige Wirkstoffgruppe). Eine Abweichung liegt allerdings nicht bereits darin begründet, daß das Programm eine Anforderung an die Behandlung durch den Arzt und hierdurch dessen Behandlungskorridor konkretisiert (z.B. Beginn der medikamentösen Behandlung nach 12 Wochen, wenn kein Erfolg durch eine nichtmedikamentöse Behandlung erzielt worden ist).

Besteht Widerspruchsfreiheit, ist zu prüfen, ob für die über die Vorgaben hinausgehenden medizinischen Anforderungen die beste Evidenz vorliegt. Der Nachweis, daß medizinische Inhalte, die widerspruchsfrei über die Vorgaben hinausgehen, auf der aktuell besten verfügbaren Evidenz beruhen, ist von den Antragstellern (Krankenkassen oder deren Verbände) im Rahmen des Antrags zu erbringen. In den Anträgen sind die wissenschaftlichen Grundlagen zu den medizinischen Inhalten beizufügen (evidenzbasierte Leitlinien und/oder die jeweils aktuell beste verfügbare Evidenz). Das Prüfungsverfahren kann erheblich erleichtert und ggf.

auch beschleunigt werden, wenn die Antragsteller transparent darlegen, daß die beigefügten Unterlagen inhaltlich-qualitativ die Kriterien „evidenzbasiert" bzw. „aktuell best verfügbare Evidenz" in angemessener Weise erfüllen. Angemessen wären beispielsweise die Ableitung der aktuell besten verfügbaren Evidenz zumindest anhand einer kommentierten, systematischen Literaturrecherche. Optimal wäre eine Dokumentation in Form eines sog. Health Technology Assessments (HTA).

Auch bei Verweis auf Leitlinien ist zu prüfen, ob die Aussagen auf der besten Evidenz beruhen.

b) Prüfung der Anforderungen nach § 28 c RSAV(Qualitätssicherungsmaßnahmen)

Notwendige Voraussetzung für die Zulassung eines Programms ist die Vereinbarung qualitätssichernder Maßnahmen nach Ziffer 2 der Anlagen 1 und 3.

Es sind Ziele zu benennen, die durch die Qualitätssicherung angestrebt werden.

Die Anzahl der Ziele und Qualitätsindikatoren innerhalb der Bereiche ist nicht vorgegeben. Es muß aber zu jedem in Ziffer 2 der Anlagen 1 und 3 genannten Bereiche mindestens ein Ziel formuliert werden. Dies bedeutet, daß mindestens ein Ziel vereinbart werden muß zu

– Einhaltung der Anforderungen an die Arzneimitteltherapie,
– Einhaltung der sonstigen Anforderungen gemäß § 137 f Abs. 2 Satz 2 Nr. 1 SGB V,
– Einhaltung der Kooperationsregeln der Versorgungsebenen,
– Einhaltung der in Verträgen zu vereinbarenden Anforderungen an die Strukturqualität,
– Vollständigkeit, Qualität und Verfügbarkeit der Dokumentation und
– Aktive Teilnahme der Versicherten.

Die Relevanz und Nachvollziehbarkeit der Ziele ist zu erläutern. Ziele, Qualititätsindikatoren und deren Dokumentation sind vertraglich festzulegen. Die Qualitätsindikatoren sind gemäß ihrer Definition als Kennzahlen anzugeben.

Die Verfahren der Qualitätssicherung müssen beschrieben und vertraglich vereinbart sein. Die Maßnahmen, die zur Erreichung der Ziele eingesetzt werden sollen, sind zu benennen. Dabei sollte jede der in der RSAV aufgeführten Maßnahmen eingesetzt werden. Die Wirksamkeit der den Maßnahmen zugrunde liegenden Methoden ist durch entsprechende Dokumente nachzuweisen.

In den Verträgen vereinbarte wirksame Sanktionen bei Verstoß gegen die im Programm festgelegten Anforderungen sind darzulegen.

c) Prüfung der Anforderungen nach § 28 d RSAV (Anforderungen an die Einschreibung)

Bei der Konzeption des Behandlungsprogramms ist zu berücksichtigen, daß gemäß § 3 Abs. 3 RSAV eine RSAwirksame Zuordnung zu den Versichertengruppen nach § 2 Abs. 1 Satz 3 RSAV nicht vor dem Tag erfolgen kann, an dem alle in § 28 d Abs. 1 Satz 1 Nr. 1 bis 3 genannten Voraussetzungen erfüllt sind:

- die gesicherte Diagnose durch den behandelnden Arzt,
- die durch den behandelnden Arzt erfolgte Bestätigung der grundsätzlichen Bereitschaft des Versicherten zur aktiven Mitwirkung und Teilnahme an Schulungen und der zu erwartenden Verbesserung der Lebensqualität und Lebenserwartung durch die intensivierte Betreuung,
- die Erstdokumentation,
- die Einwilligung des Versicherten in die Teilnahme,
- die Bestätigung über die Information über die Programminhalte, die Aufgabenteilung zwischen den Versorgungsebenen, die Versorgungsziele und die Freiwilligkeit der Teilnahme.

4.4.4 Hinweise zur Erteilung der Zulassung

Die Zulassung eines strukturierten Behandlungsprogramms ist gemäß § 137 g Abs. 1 Satz 1 SGB V zu erteilen, wenn die Programme und die zu ihrer Durchführung geschlossenen Verträge die Anforderungen der §§ 137 f, 137 g SGB V sowie der §§ 28 b ff. RSAV erfüllen.

Die Zulassung kann gemäß § 137 g Abs. 1 Satz 4 SGB V mit Auflagen und Bedingungen versehen werden.

Die Zulassung wird gemäß § 137 g Abs. 1 Satz 7 SGB V mit dem Tage wirksam, zu dem die gesetzlichen Anforderungen an die Behandlungsprogramme erfüllt und die zu ihrer Durchführung erforderlichen Verträge geschlossen sind, frühestens mit dem Tag der Antragstellung.

Die Zulassung des Behandlungsprogramms ist gemäß § 28 f Abs. 5 RSAV auf höchstens drei Jahre zu befristen.

4.4.5 Fazit

Mit den strukturierten Behandlungsprogrammen wird erstmals die Versorgung chronisch Kranker in den Mittelpunkt der Kassenausgaben gestellt. Von der Verknüpfung mit dem Risikostrukturausgleich gehen hohe Anreize aus, entsprechende Programme einzurichten. Diese Anreize bergen aber auch die Gefahr in sich, daß nicht die Verbesserung der Versorgung im Mittelpunkt steht, sondern die finanziellen Auswirkungen auf die jeweilige Kasse(nart).

Dieser Gefahr kann man nur begegnen, wenn man bei der Zulassung und der Verlängerung der Zulassung die höchsten Maßstäbe ansetzt. Hierfür steht das Bundesversicherungsamt als neutrale Instanz ein. Wir sind aber auch darauf angewiesen, daß entsprechende Rahmenbedingungen gesetzt werden. Den wichtigsten Beitrag kann nach wie vor die Selbstverwaltung selbst leisten: Diese hat nämlich im Koordinierungsausschuß die Anforderungen an die Ausgestaltung der Programme zu benennen.

5. Zusammenfassende Übersicht

Die substitutionsgestütze Rehabilitation hat im Drogenhilfesystem Herne eine Brükkenfunktion zur gesundheitlichen und psychosozialen Stabilisierung, sowie zu weiterführenden Hilfen im Sinne einer mittel- bis langfristigen Loslösung aus der Drogenbindung.

„PSB ... soll Substitutionspatienten durch geeignete Unterstützungsmaßnahmen in psychischen, sozialen und lebenspraktischen Bereichen helfen, die psychischen und sozialen Folgen der Abhängigkeit von psychotropen Substanzen zu erkennen und zu überwinden. ... Die Einbindung vorrangiger Kostenträger (Anmerkung: hier PSB in Verbindung mit medizinischen Leistungen der Krankenbehandlung oder Rehabilitation) in die Leistungserbringung soll ... aktiv gefördert werden" (*Bürgerschaft der Freien und Hansestadt Hamburg* 2005).

Schaubild: Netzwerk „Psychosoziale Betreuung im Drogenhilfesystem Herne"

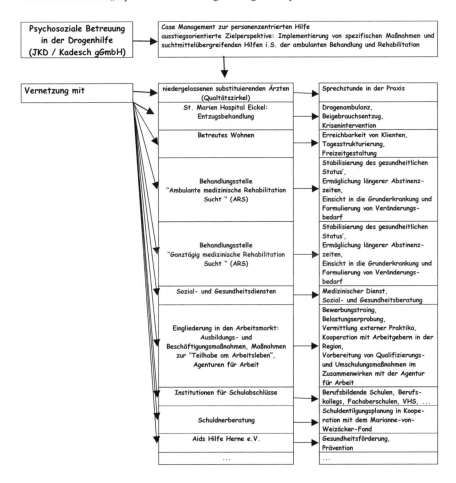

5.1   Diagnostische Kriterien

Bei der Klientel sind die speziellen diagnostischen Kategorien des ICD-10 / DSM-IV im Zusammenhang mit Störungen infolge der mißbräuchlichen Einnahme von psychotropen Substanzen, sowie Persönlichkeitsstörungen, Polytraumatisierungen und Borderline-Persönlichkeitsstörungen (BPS) und Posttraumatischen Belastungsstörungen (PTBS) und ihren Komorditäten zu beachten: Diagnose gem. ICD-10:

F11, F12, F14, F16, F19, insbesondere auch Behandlung von Klienten mit Doppeldiagnosen, Posttraumatischen Belastungsstörungen (PTBS), Polytraumatisierungen und Borderline-Persönlichkeitsstörungen (BPS)), Mitbehandlung von endogenen Psychosen, begleitenden depressiven Störungsbildern, Angststörungen und Persönlichkeitsdefiziten gem. ICD-10: F41, F42, F43.0, F43.1, F43.2, F43.8, F43.9.

Die Frage von Doppeldiagnosen und Komorbidität muß besondere Aufmerksamkeit in der Entwicklung differentieller Behandlungspläne und Strategien gewinnen.

Diagnostische Kriterien / Indikationen (exemplarisch)
Aufgrund der Komplexität des Krankheitsbildes Sucht sind bei *jeder* Behandlungsform

- die unterschiedlichen Ausprägungen und Verlaufsformen der Drogenabhängigkeit (vgl. Punkt 1.1.1),
- die Lebenslage der Klientel (vgl. Punkt 1.2.2) und
- als eine karrierebezogene Langzeitstrategie sozio-/sozialtherapeutischer Interventionen (vgl. Punkt 1.2.3),

zu berücksichtigen. D.h. eine Substitutionsbehandlung und dementsprechend PSB im Rahmen der medikamentengestützten Rehabilitation muß in der Behandlungsplanung folgende diagnostischen Kriterien/Indikationen umfassen:

PSB als
- (Wieder-) Eingliederungshilfe
- „Freiraum" einer cleanen Intervention (Motivationsbehandlung, Unterstützung des Abstinenzwillens, ggf. Überbrückungssubstitution)
- (psycho-) therapeutische Unterstützung
- Krisenintervention
- Rückfallprophylaxe, Stabilisierung nach einer Rückfallphase
- soziale Integrationsleistung in den Bereichen berufliche Integration und Hilfen zur Alltagsstrukturierung
- (Ab)Sicherung des Rehabilitationserfolges
- Motivationsphase (Vorbereitung auf eine Entwöhnungsbehandlung, ggf. Überbrückungssubstitution bis zum Therapieantritt)

PSB zur
- Unterstützung des Abstinenzwillens (ggf. Überbrückungssubstitution)
- Gesundheitsförderung (Verhinderung von Infektionsrisiken (Hepatitis C-, HIV-Infektion), psychischer Erkrankung(en) und psychosozialer Verelendung)
- Sicherung der sozialen Strukturen (Sicherung bestehender Lebensumstände, Überwindung sozialer Schwierigkeiten)

Grundvoraussetzungen
Grundvoraussetzung für eine Behandlung ist die Motivation des Klienten, seine Lebensumstände im Rahmen der medikamentengestützten Rehabilitation zu verändern und sich eine suchtfreie und sozial abgesicherte Zukunft erarbeiten und aufbauen zu wollen.

Formale Aufnahmevoraussetzungen
Medizinische Indikation, um bereits mit Beginn der Maßnahme die spezifischen Betreuungsleistungen für den Klienten möglichst umfassend planen zu können.

Die Klienten müssen
- über „Krankheitseinsicht" verfügen.
- die Bereitschaft haben, sich auf eine Behandlung einzulassen.
- über eine Akzeptanz der Grundregeln, die im Behandlungsprogramm festgelegt sind, verfügen.

5.2   Betreuungsleistungen/Indikation/Leistungsträger

Wie bereits ausgeführt, ist eine Differenzierung der Zielgruppen nicht trennscharf möglich. Auch ist eine Zuordnung bestimmter Betreuungsleistungen in bezug auf bestimmte Klientengruppen fachlich und sachlich nicht sinnvoll, da es sich hier um eine *ärztliche Verordnung* handelt. Der Arzt muß also in jedem *Einzelfall* anhand der von ihm gestellten *Diagnose* die Entscheidung treffen, welche *Behandlungform/-inhalte* für diesen Klienten notwendig sind.

Dennoch ist es wichtig, die Betreuungsleistungen zu klassifizieren, um die einzelnen Elemente der psychosozialen Betreuung den jeweiligen Leistungsträgern zuordnen zu können:

Übersicht: Betreuungsleistungen/Indikation/Leistungsträger

Betreuungsleistungen	Indikation	Leistungsträger
Case Management	• Wiedereingliederungshilfe • Soziotherapie • Integrierte Versorgung	• über-/örtlicher Sozialhilfeträger • KV
Hilfen zur Alltagsstrukturierung	• Wiedereingliederungshilfe • Soziotherapie	• über-/örtlicher Sozialhilfeträger • KV
Unterstützung bei der Haushaltsführung	• Wiedereingliederungshilfe • Soziotherapie	• über-/örtlicher Sozialhilfeträger • KV
Hilfen zur Alltagsstrukturierung/Freizeitgestaltung	• Wiedereingliederungshilfe	• örtlicher Sozialhilfeträger
Kommunikationstraining	• Wiedereingliederungshilfe • Soziotherapie	• über-/örtlicher Sozialhilfeträger • KV
Angehörigenarbeit	• Soziale Rehabilitation • Soziotherapie	• örtlicher Sozialhilfeträger • KV
Aufsuchende und nachgehende Arbeit	• Wiedereingliederungshilfe • Schadensminimierung („harm reduction")	• örtlicher Sozialhilfeträger
Schuldenregulierung	• Wiedereingliederungshilfe	• örtlicher Sozialhilfeträger • Schuldnerberatung
Einzelberatung	• Medizinische/soziale Reha • Motivationsphase • Soziotherapie	• über-/örtlicher Sozialhilfeträger • KV
Gruppenberatung	• Medizinische/soziale Reha • Motivationsphase • Soziotherapie	• über-/örtlicher Sozialhilfeträger • KV
Krisenintervention	• Wiedereingliederungshilfe • Soziotherapie	• über-/örtlicher Sozialhilfeträger • KV
Ergotherapie	• Wiedereingliederungshilfe • Soziotherapie • berufliche Integration	• örtlicher Sozialhilfeträger • KV • RV (berufliche Rehabilitation)
Angebote der beruflichen Integration	• Soziale Rehabilitation • Soziotherapie • berufliche Integration	• örtlicher Sozialhilfeträger • KV • RV (berufliche Rehabilitation)
Psycho-/Suchttherapie	• Krankenbehandlung	• KV
Weitere klientenbezogene Tätigkeiten wie • Organisation der PSB • Einzelfalldokumentation/Dokumentation des Betreuungs-prozesses • Nachbetreuung	• gem. Betreuungsleistung	• über-/örtlicher Sozialhilfeträger • KV • RV
Klientenübergreifende Tätigkeiten wie • Planung und Vorbereitung von Einzel- und Gruppen- gesprächen • Fallbesprechung/kollegiale Beratung, Teambesprechungen • Facharbeitskreise • Kooperation im gemeindepsychiatrischen Verbundsystem einschl. Verknüpfung und Koordination der Hilfen in den regionalen Versorgungsstrukturen • Supervision, Fortbildung • Qualitätssicherung bezogen auf die Klienten, die Mitarbeiter und das Konzept	• gem. Betreuungsleistung	• über-/örtlicher Sozialhilfeträger • KV • RV

6. Schlußbemerkungen

Die Psychosoziale Betreuung Drogenabhängiger ist ein unabdingbares Leistungsangebot in Zusammenhang mit Substitutionsbehandlungen. „Das alleinige Auswechseln des Opiats durch ein Substitutionsmittel stellt ... keine geeignete Behandlungsmethode dar ... ... im Rahmen eines umfassenden Therapiekonzeptes,
das auch soweit erforderlich, begleitende psychiatrische und/oder psychotherapeutische Behandlungs- oder psychosoziale Betreuungsmaßnahmen mit einbezieht,
(ist) eine Substitution zulässig" (Präambel zu den *BUB-Richtlinien*).

Auf die Tätigkeit des Arztes muß hier nicht näher eingegangen werden. Die Tätigkeit der Sozialarbeiter/Sozialpädagogen ist in erster Linie darauf gerichtet, die soziale Kompetenz der Klienten zu verbessern und unter Berücksichtigung/Einbeziehung der Persönlichkeit des Abhängigen insbesondere darauf fokussiert, seine Ressourcen zu fördern und Defizite und Störungen soweit möglich zu beheben. Die Grenzen zur Suchttherapie sind dabei oftmals fließend.

Die Psychosoziale Betreuung Substituierter im Rahmen der Sucht- und Drogenhilfe orientiert sich dabei ausschließlich am individuellen Hilfebedarf des Klienten, der im Rahmen einer Bedarfsanalyse und Hilfeplanung festgestellt wird. Gemeinsam mit dem Klienten und den anderen beteiligten Berufsgruppen (z.b. dem substituierenden) Arzt wird ein individueller Hilfe-/Therapieplan erstellt.

Für eine Teilgruppe von Substituierten (u.a. *mehrfach beeinträchtige Drogenabhängige*) sind spezielle Behandlungsformen erforderlich, um eine sinnvolle und erfolgsversprechende PSB möglich zu machen. Die BtMVV regelt den gesetzlichen Rahmen für diese Form der individuellen und effektiven Behandlung mehrfach beeinträchtigter Abhängiger und diese Form der *Soziotherapie*.

Die BUB-Richtlinien bzw. der Bundesausschuß der Ärzte und Krankenkassen regeln welche Untersuchungs- und Behandlungsmethoden in der vertragsärztlichen Versorgung durch die Krankenkassen zu finanzieren sind, d.h. in der medikamentengestützten Rehabilitation Drogenabhängiger müssen die medizinische Behandlung des Arztes und die psychosoziale Betreuung des Dipl. Sozialarbeiters/-pädagogen als „Leistungseinheit" gesehen werden, woraus sich in der Konsequenz die Leistungspflicht der Krankenkassen gemäß SGB V ergibt.

Effektive und an der Diagnose Abhängigkeitserkrankung ausgerichtete Psychosoziale Betreuung Drogenabhängiger muß also

– das Chronifizierungsrisiko der Abhängigkeitserkrankung durch eine möglichst frühzeitige Intervention begrenzen,
– das Rückfallrisiko, die Rückfallhäufigkeit und Rückfalldauer vermindern,
– die Selbstheilungskräfte und eine dauerhafte Abstinenz fördern,
– die gesundheitliche, soziale und persönliche Situation des Klienten stabilisieren und seine Teilhabe an der Gesellschaft und der Arbeitswelt fördern.

Zielsetzung muß dabei sein, behandlungsbedürftigen „Menschen eine fachgerechte suchtspezifische Behandlung zukommenm zu lassen" (*Fachverband Sucht* 2005).

Die Finanzierung der PSB erfolgt heute aus Mitteln der öffentlichen Hand. Ziel muß sein, die Betreuungsleistungen, die im Rahmen der Krankenbehandlung/Maßnahmen der medizinischen Rehabilitation erbracht werden, in die Leistungspflicht der Sozialleistungsträger zu überführen.

Die Sozialleistungsträger sind gefordert, ihr Leistungsspektrum den Erfordernissen der medikamentegestützten Rehabilitation Drogenabhängiger anzupassen und dabei die rechtlichen Möglichkeiten, die in den Sozialgesetzbüchern V (und VI) vorgegeben werden, voll auszuschöpfen und die Vorgaben in § 27 Abs. 1 Satz 1 SGB V, hier: den besonderen Bedürfnissen psychisch Kranker bei der medizinischen Rehabilitation gerecht zu werden, in der PSB umzusetzen.

Zu berücksichtigen sind hier auch die sozialen Integrationsleistungen (wie psychosoziale Betreuung, Suchtberatung, Schuldnerberatung), die gem. § 16 Abs. 2 SGB II in Verbindung mit § 11 Abs. 5 und §§ 67 ff SGB XII zu erbringen sind, wenn sie für die Eingliederung in das Erwerbsleben bzw. die Überwindung sozialer Schwierigkeiten notwendig sind.

Das gilt auch für den Bundesausschuß der Ärzte und Krankenkassen hinsichtlich der Voraussetzungen sowie Art und Umfang der Versorgung mit Soziotherapie gem. § 37 Abs. 2 SGB V, Disease-Management-Programm (DMP) gem. § 137 SGB V und anderer Hilfemaßnahmen.

In diesem Papier werden Leitlinien der PSB definiert und die Finanzierung im Kontext der gegebenen gesetzlichen Bestimmungen dargestellt.

Ich habe mich dabei bewußt nicht auf das herkömmliche Finanzierungsmodell über das BSHG (bzw. SGB XII) begrenzt, sondern die Diskussion um die im SGB V (und II) aufgezeigten Perspektiven erweitert. Dabei ist, unabhängig von den gegenwärtig praktizierten Regelungen, vor allem die Krankenversicherung (ggf. in enger Abstimmung/im Organisationsverbund mit der ARGE als Leistungsträger gem. SGB II) als der vorrangige Leistungsträger in der Pflicht, durch entsprechende Finanzierungsmodelle das Leistungsangebot der „Psychosozialen Betreuung Substituierter im Rahmen der medikamentengestützten Rehabilitation Drogenabhängiger" abzusichern und die Versorgung der betroffenen Patienten zu gewährleisten.

Zusammenfassung

Die vorliegende Arbeit zeigt umfassend die Inhalte und Standards der psychosozialen Betreuung substituierter Drogenabhängiger auf. Es wird dargestellt, daß die gängigen Finanzierungsmodalitäten im Rahmen der Sozialhilfe zu eng gefaßt sind und die Psychosoziale Betreuung aufgrund der heterogenen Bedürfnisse und Voraussetzungen ganzheitliche und differenzierte Betreuungsleistungen als Bestandteil der Krankenbehandlung bieten muß.

Schlüsselwörter: Psychosoziale Betreuung, medikamentgestützte medizinische Rehabilitation, Drogenabhängigkeit, Finanzierung der Drogenhilfe

Summary

This paper demonstrates extensively the contents and standards of psychosocial care of substituted drug addicts. The current finance schemes are based on welfare and will therefore be shown as too limited. Psychosocial care has to offer integral and complex benefits as essential parts of therapy since drug addicts have heterogeneous needs and conditions.

keywords: psychosocial care, drug supported medical rehabilitation, drug addiction, financing of drug aid

Literatur

Akzept e.V.; Materialien Nr. 1 – Leitlinien für die psycho-soziale Begleitung im Rahmen einer Substitutionsbehandlung, 1995

Beratungsstelle für Alkohol- und Drogenfragen Krefeld, Qualitätsmanagement, Konzeption u.a. zur Psychosozialen Betreuung bei Substitution, 2002

BtMG (Betäubungsmittelgesetz), aktuelle Fassung

Bundesärztekammer; Sicherung und Weiterentwicklung der medizinischen Rehabilitation – Forderungen und Positionen, http://bundesaerztekammer.de/30/Rehabilitation/30Forderungen.html, 1999

Bundessozialhilfegesetz (BSHG), aktuelle Fassung

Bühringer, G./Gastpar, M. u.a.; Methadon-Standards – Vorschläge zur Qualitätssicherung bei der Methadon-Substitution im Rahmen der Behandlung von Drogenabhängigen, 1995

Bürgerschaft der Freien und Hansestadt Hamburg; Ausstiegsorientierte Reform der Suchtkrankenhilfe in Hamburg, 18. Wahlperiode-Drucksache18/2202, 4/2005

Bundesausschuß der Ärzte und Krankenkassen; Beschluß über die Durchführung von Soziotherapie vom 23.08.2001

Bundesausschuß der Ärzte und Krankenkassen; Beschluß zur Neufassung der Substitutionsrichtlinien vom 28.10.2002

Bundesärztekammer; Richtlinien der Bundesärztekammer zur Durchführung der substitutuions-gestützten Behandlung Opiatabhängiger, 2002

Bundesministerium für Gesundheit; Pressemitteilung der Drogenbeauftragten, 30.10.2002

Bundesversicherungsamt; Leitfaden für die Antragstellung zur Zulassung der strukturierten Behandlungsprogramme, 18.12.2002

Bundesversicherungsamt; Zulassung der Disease Management Programme (DMP), 2002

Burfeind, W.; Integrierte Versorgung gem. §§ 140 a ff SGB V und medzinische Versorgung, www.arzneimittel.de, 2003

Busch-Geertsema, V.; Psychosoziale Hilfen im SGB II und SGB XII – rechtliche Grundlagen, Risiken und Schnittstellen, unterschiedliche Organisationsansätze –, Gesellschaft für innovative Sozialforschung und Sozialplanung e.V., Bremen 2005

Caritas-Verband-Suchthilfe; Leistungspflicht von Sozialhilfeträgern bei der psychosozialen Betreuung innerhalb von Substitutionsbehandlungen, 2003

Deutsche Hauptstelle für Suchtfragen (DHS); Positionspapier 2001, Hamm, 2000

Deutsche Hauptstelle für Suchtfragen (DHS); Sondernewsletter: Zur Umsetzung von „Hartz-IV" und den Auswirkungen auf die Sucht- und Drogenhilfe, www.dhs.de/newsletter.html, Hamm 2005

Diakonisches Werk der Ev. Kirche von Westfalen (Hrsg.), Verantwortung für mehrfachbeeinträchtigte abhängige Menschen, 2. überarbeitete Aufl., Münster 2002

Fachverband Drogen und Rauschmittel e.V.; Leitlinien der psychosozialen Begleitung Substituierter, 2003

Fachverband Sucht e.V. u.a.; Dokumentation „Fachtag Dialog stationäre Drogentherapie" am 26.11.2002

Fachverband Sucht e.V., Zur Umsetzung des SGB IX", 2003

Fachverband Sucht e.V., Fragenkatalog für Empfehlungen geeigneter chronischer Erekrankungen für neue strukturierte Behandlungsprogramme an den „Gemeinsamen Bundesausschuß", 2005

Gerlach, Ch./Stöver, H. u.a.; Psychosoziale Betreuung Substituierter, 2000

Görgen, W.; Perspektiven und Erfordernisse: Integrierte Versorgung, in: inforum – das Info-Medium zur Sucht in NRW Nr. 4/2004

Gottschick/Giese, Kommentar zum BSHG, aktuelle *Fassung*

Krahmer, U.; Hart IV und Schuldnerberatung. Beratungsanspruch und -leistungen nach SGB II und SGB XII, Vortrag bei der Tagung der Bundesarbeitsgemeinschaft Schuldnerberatung am 28.04.05 in Dresden (wird veröffentlicht in der Dokumentation der Fachtagung der BAGS)

Kruse, J./Hänlein, A.; Gesetzliche Krankenkasse, Lehr- und Praxiskommentar, 2003

Landschaftsverband Rheinland; Wer mit wem? Die Suchtkrankenhilfe auf dem Weg zur integrierten Versorgung, Dokumentation der Fachtagung der Koordinationsstelle sucht, Köln, 2004

Liga der Spitzenverbände der freien Wohlfahrtspflege Rheinland-Pfalz – Fachgruppe: Landesstele für Sucht-fragen; Standards für die Psychosoziale Begleitung substituierter Drogenabhängiger, 2003

Niedersächsisches Sozialministerium; Methadon-gestützte Psycho-/Sozialtherapie für Heroinabhängige (Zwischenbericht der wissenschaftlichen Begleitung)

Petzold, H.G.: Integrative Therapie, Bd. I-III, 1993

Petzold, H.G. (2000h): Wissenschaftsbegriff, Erkenntnistheorie und Theorienbildung der „Integrativen Therapie"und ihrer biopsychosozialen Praxis für „komplexe Lebenslagen" (Chartacolloquium III). Düsseldorf/Hückeswagen: Europäische Akademie für Psychosziale Gesundheit. in: Düsseldorf/Hückes-wagen, FPI-Publikationen: POLYLOGE: *Materialien aus der Europäische Akademie für Psychosoziale Gesundheit - 01/2002.*

Petzold, H. G./Schay, P./Hentschel, U.; Niedrigschwellige Drogenarbeit und „intermittierende" Karrierebegleitung als Elemente einer Gesamtstrategie der Drogenhilfe, in: *Petzold, H. G./Schay, P. (Hrsg.)*; Integrative Suchttherapie – Band I, Wiesbaden 2004

Petzold, H. G./Schay, P. (Hrsg.); Integrative Suchttherapie – Band I, Wiesbaden 2004

Petzold, H. G./Schay, P. (Hrsg.); Integrative Suchttherapie – Band II, Wiesbaden 2005

Pressemitteilung der Drogenbeauftragten der Bundesregierung; Richtlinien über die Bewertung ärztlicher Untersuchungs- und Behandlungsmethoden bei der substitutionsgestützten Behandlung Opiatabhängiger, 2002

Schay, P./Pultke, U./Petzold,H. G.; Berufliche Integration Drogenabhängiger – Integrative Therapie als Ansatz im Netzwerk der Suchtkrankenhilfe –, in: *Petzold, H. G./Schay, P. (Hrsg.)*; Integrative Suchttherapie – Band I, Wiesbaden 2004

Schay, P. u.a., Erhebung zur therapeutischen Weiterbildung / angewandten Verfahren in der ambulanten medizinischen Rehabilitation Suchtkranker, 2002

Schiffer-Werneburg, M.-L., Argumentationshilfe zur Abgrenzung der Eingliederungsleistungen nach § 16 Abs. 2 SGB II und nach dem SGB XII unter dem Gesichtspunkt der Finanzverantwortung der Kostenträger, Stabstelle des Diakonischen Werkes, Berlin 2005

Schlaak, H.-E., Chancen und Hemmnisse der integrierten Versorgung, www.aeksh.de, 2001

Schöfer, G./Bartling, A., Psychosoziale Begleitung: Ideologische Chimäre oder konkrete substitutionsbegleitende Hilfen, (unveröffentliches) Positionspapier des Senators für Arbeit, Frauen, Gesundheit, Jugend und Soziales Bremen, 2003

Sozialgesetzbuch (SGB) II, V, VI, XII, aktuelle Fassung

Stadt Münster, Rahmenkonzept zur Weiterentwicklung der kommunalen Sucht- und Drogenhilfe, Münster 1999

Steingass, H.-P., Suchtkrank, suchtkränker, am kränkesten-chronisch mehrfach beeinträchtigte Abhängigkeitskranke (CMA), in: *H.-P. Steingass* (Hrsg.), Chronisch mehrfach beeinträchtigte Abhängige, Remscheider Gespräche 1, Geesthacht 2003

Steingass u.a., Chronisch mehrfach beeinträchtigte Abhängige – Erfahrungen aus der Soziotherapie, 2003

Steingass u.a., Soziotherapie chronisch Abhängiger – ein Gesamtkonzept, 2003

Wittchen, H.-U./Jacobi, F.; Die Versorgungssituation psychischer Störungen in Deutschland – eine klinisch-epidemiologische Abschätzung anhand des Bundes-Gesundheitssurveys 1998 –, in: *Psychotherapeuten-journal 0/2002*

Peter Schay, Ulrich Pultke

Integrative Arbeit mit jungen drogenkonsumierenden/-abhängigen Menschen

– Hilfen/Leistungsangebote/Präventionsmaßnahmen bei drogenkonsumierenden/ -abhängigen Jugendlichen

1.   Vorbemerkungen

Dieser Artikel möchte ermutigen, neue Ansätze für die Arbeit mit jungen drogenkonsumierenden Menschen zu entwickeln, Neues zu wagen, mit Bewährtem zu integrieren und sich in eine Suchbewegung in der Begegnung mit jungen Menschen zu begeben.

Die Komplexität des Themas „Arbeit mit drogenkonsumierenden Jugendlichen" kann in diesem Artikel nicht umfassend dargestellt werden. Vielmehr möchte er skizzieren, hoffentlich anregen und ermutigen, sich der Lebenswelt von jungen Menschen am Anfang des 21. Jahrhunderts anzunähern und etwaige Hilfeangebote konstruktiv im Miteinander interessierter Menschen – ausdrücklich natürlich auch mit der „Zielgruppe" – in Netzwerken zu entwickeln.

Jede Thematik läßt sich unter verschiedenen Perspektiven betrachten. Hierbei setzen wir uns nicht unmittelbar mit dem Spannungsfeld Jugendhilfe und Drogenhilfe auseinander – wie zum Beispiel rechtliche Klärungen an der Schnittstelle dieser unterschiedlichen Hilfesysteme, die auch in unterschiedlichen Betrachtungs- und Vorgehensweisen begründet sind – sondern möchten versuchen, uns den Lebenswelten von jungen Menschen anzunähern und aus dem Blickwinkel der Drogenhilfe Anregungen zu geben, diesen Menschen angemessenen Raum für Begegnung und Begleitung zu geben.

Da wir es bei drogenkonsumierenden Jugendlichen mit jungen Menschen zu tun haben, die in ihrer sozioökologischen Einbettung und ihren soziökonomischen Gegebenheiten beschädigt sind, die ihr Netzwerk häufig als bedrängend erleben und als katastrophal bewerten, die massive körperliche, seelische und soziale Belastungen sowie einen Ressourcenmangel/-verlust zeigen, müssen *sozialarbeiterische* und *therapeutische Maßnahmen* dysfunktionale Kognitionen und Emotionen, z.B. erlernte Hilflosigkeit, mangelndes Selbstwertgefühl, Selbstkonflikte und Ambivalenzen, *schwache Ich-Funktionen* und defizientes Identitätserleben bewußt machen und bearbeiten, in dem sie einen Kontext bereitstellen, der *Selbstwirksamkeit, Kompetenzerleben, „mastery-experiences", Ich- und identitätsstärkende Erfahrungen möglich macht und in dem negative „selbstreferentielle Gefühle und Kognitionen" verändert werden können* (vgl. *Petzold* 2000h, 2005).

In welchen Settings – sei es zum Beispiel Beratung oder Therapie – diese Anregungen weiterentwickelt werden, liegt mit in Ihrer Verantwortung als Leser.

Unsere Begegnungen und Erfahrungen mit jungen Menschen – in unterschiedlichen Kontexten wie Kinder- und Jugendpsychiatrie, mobilen Betreuungsmaßnahmen für drogenkonsumierende Jugendliche, Maßnahmen der medizinischen Rehabilitation, Betreuung von jungen behinderten Menschen sowie kirchlicher Jugendarbeit – sind äußerst facettenreich und doch in manchen Betrachtungsweisen ähnlich. Fundiert und geprägt von unserer Weiterbildung in „Integrativer Therapie" erfahren wir täglich neu, was für unsere Arbeit wichtig ist: Junge Menschen sind darauf ausgerichtet, sich mit allen Sinnen zu entwickeln, ihre Lebenswelt mit ihren Ressourcen und Potentialen aktiv zu gestalten, gemachte Erfahrungen zu bewerten und sinnsuchend und -gebend zu integrieren. Grenzen sind hierbei wichtig, auch um mich weiterzuentwickeln und zu orientieren; aber auch problematisch, da sie – gerade wenn nicht nachvollziehbar – zu Anästhesierungen oder gar Amputationen – führen können.

Die menschliche Identität entsteht aus dem Zusammenwirken von Leib und Kontext im Verlauf der Zeit (Zeitkontinuum). Sie wächst aus dem Miteinander im sozialen Netzwerk in wechselseitigen Prozessen (*Petzold* 1991). „Identität ist, daß ich mich selbst erkenne und einschätze (self appraisal) und wertschätze (self valuation): „Aha, das bin ich selbst!" (Personal identity) und Identität ist gleichzeitig das, was mir zugeschrieben wird, was mein soziales Umfeld mir attribuiert, was ich wiederum einschätze (appraisal), emotional bewerte (valuation) und verinnerliche (internalization), was zu „sozialer Identität" (social identity) führt" (*Petzold* 2004).

Exkurs: Entwicklung

Die Integrative Therapie hat durch die Arbeit mit Kindern und alten Menschen erfahren und durch empirische klinische Entwicklungspsychologie belegen können, daß sich der Mensch in „hochkomplexen Prozessen der Veränderung auf der biologischen, psychischen, sozialen, ökologischen und geistigen Ebene" (*Petzold* 2000) in der Lebenszeit entwickelt und diesem im „lifespan developmental approach" Ausdruck gegeben. Wichtig sind deshalb Risikofaktoren, protektive Faktoren und Resilienzen (Widerstandsfähigkeit), eine Gesundheitslehre (Salutogenese) und eine Ressourcenperspektive, die Perspektiven gesunden Verhaltens öffnet. Der Persönlichkeitsentfaltung in der Lebensspanne kommt deswegen eine herausragende Bedeutung zu.

Gestützt werden die Erkenntnisse durch bahnbrechende Forschungsergebnisse in der Neurowissenschaft, die sich in den letzten Jahren durch u.a. bildgebende Verfahren ergeben haben. Neuronale Prozesse und Strukturen, die psychische Funktionen, Fähigkeiten und Persönlichkeitsmerkmale bedingen, sind von Lebenserfahrungen bestimmt und geprägt (vgl. *Hüther* et al.1999).

Exkurs: Initiierung

Petzold beschreibt das menschliche Wesen als polykinästhetisch, mit allen Sinnen auf die Welt gerichtet. Was vereinfacht bedeutet, daß der Mensch von den Anlagen her mit unzähligen Talenten ausgestattet ist (Tänzer, Schauspieler, Musiker, Handwerker, Sportler etc.) und diese Potentiale, so sie denn entdeckt, gefördert und gefordert werden, bei positivem Verlauf das Leben des Einzelnen (und seiner Mitwelt im jeweiligen Kontext) bereichern. Dies hängt von bestimmten Faktoren ab: Die Talente müssen durch angemessene Entwicklungsanreize entdeckt und gefördert werden sowie durch positive Zuschreibungen (Identifikationen) und persönliche Bewertungen (emotional appraisal und cognitive valuation) über Selbstidentifizierungen verinnerlicht werden. Eine vielfältige kreative Erlebnisaktivierung ermöglicht die Erlebnisentfaltung und wirkt somit förderlich auf die psychosoziale Gesamtentwicklung.

Der Bereich der Initiierung bietet wie alle anderen Bereiche neben vielen Chancen auch Risiken. Schädigungen können hier durch Über- bzw. Unterstimulierungen entstehen.

Exkurs: Neu-Gierde

Neu-Gierde ist unser Antrieb, die Welt aktiv zu erobern und zu gestalten. (Sinnes-) Anreize sind der Stoff, der die Neu-Gierde experimentieren läßt. Allerdings reagiert unsere Mitwelt höchst unterschiedlich auf unser zunächst aufgewecktes Da-Sein.

Menschen können ermutigt und bestärkt werden, auszuprobieren und sich ihre Welt zu erschließen. Ebenso können Menschen massiv dabei reglementiert oder gar behindert werden, ihrer Neu-Gierde nachzuspüren. Die Neu-Gierde hängt ebenso mit der Artikulation von Bedürfnissen zusammen. Menschen können sich nicht mehr trauen, sich etwas zuzutrauen und aktiv zu gestalten; oder sie haben erfahren, daß es für sie besser bzw. gesünder ist, keine Bedürfnisse zu haben (was natürlich nicht geht); oder Neu-Gierde kann auch grenzenlos werden – gerade da, wo Menschen keine gesunden (weil nachvollziehbaren) Grenzen erfahren und somit kein Maß für sich finden.

Exkurs: SINN

Der Mensch ist von seiner genetischen Disposition angelegt, sich im Miteinander zu entwickeln. Von entscheidender Wichtigkeit sind hierbei **Ko-respondenzprozesse** mit nachvollziehbaren Interventionen seiner Mitwelt, d.h. Problemlösungs-

prozesse mit dem Ziel der Konstituierung von Sinn; Voraussetzung dabei ist die wechselseitige Anerkennung subjektiver Integrität.
Die Mitwelt hat wesentlichen Einfluß für die weitere Lebensentwicklung; u.a. über Zuschreibungen (Identifizierungen), supportive Stimulanz und Reaktionen der Mitwelt auf Bedürfnisartikulationen entwickelt der Mensch seine Identität. **Support** (protektive Faktoren, Unterstützungsmanagement, Begleitung, Begrenzung, amicaler Konvoi) ist hierbei unter verschiedenen Betrachtungsweisen relevant: Neben dem zwischenmenschlichen Support (familialer und amicaler Konvoi, soziale Netzwerke), struktureller Support, (Anbindung und Einbindung in Nachbarschaft), materieller Support (materielle Ressourcen, anregende Umwelt, sozioökonomischer Status), ideeller Support (Werteanbindung).

Exkurs: Integration

Integrationsleistungen vollziehen sich über Bewertungsprozesse auf der emotionalen und kognitiven Ebene. Lebenswelten werden bewertet, zusammengeführt und die Erfahrungen und Erlebnisse, die der Mensch in seinen jeweiligen Kontexten in der Zeit macht, werden im Leib gespeichert (die Integrative Therapie spricht vom memorativen Leib).

Exkurs: Soziales Netzwerk

In der komplexen Wirklichkeit des 21. Jahrhunderts scheinen viele Grenzen aufgehoben. Was früher wochenlang dauerte (z.B. eine Nachricht von Herne in die USA zu übermitteln) kann heute in Echtzeit transferiert werden. Die ganze Erde ist auf verschiedenen Ebenen wie der Informationsvermittlung, -gewinnung, -verbreitung, -umsetzung enger zusammengerückt.
Netzwerke sind auf verschiedenen Ebenen wichtig und wirksam: Persönliche (fühle ich mich in meinem sozialen Nahraum geborgen), zwischenmenschliche (familialer und freundschaftlicher Konvoi), materielle (Ressourcen und der Zugriff auf verschiedene Güter), soziale und gesellschaftliche (wie bin ich in meinem Lebensumfeld integriert; Schule und Erwerbsleben, Freizeit) oder aber auch Hilfenetzwerke (kirchliche und soziale Institutionen), um nur einige Beispiele zu benennen.
Fühlt ein Mensch sich gut integriert in sinnerfüllten Netzwerken, die auch als Unterstützungsmanagement wirken, kann er häufig schwere Umwelteinflüsse gesünder verarbeiten.

Höchst individualisierte und zum Teil anonymisierte Lebensverläufe („ich kenne noch nicht mal meinen Nachbarn") mit nur wenigen Erfahrungen guter Begegnungen können umgekehrt Krankheiten begünstigen.

Exkurs: Neuorientierung

Lebens-Wege gestalten sich im Spannungsfeld zwischen der Artikulation meiner eigenen Bedürfnisse, der Reaktion der Umwelt darauf, den Anforderungen der Umwelt und unsere Reaktionen darauf, sowie die jeweiligen Lebenskontexte mit ihren sozialen Milieus und ihren Ereignissen und Erfahrungen, die ich dabei mache.

Bei einer hinreichend gelungenen Identitätsentwicklung habe ich ein gesundes Selbstbewußtsein entwickelt und das Vertrauen, mein Leben gestalten und Probleme bewältigen zu können (sog. Selbstwirksamkeit).

Konnektivierte Zugehörigkeit versus multipler Entfremdung

... und was hat das Ganze mit den jugendlichen (drogenkonsumierenden/-abhängigen) Menschen zu tun, die sich „die Rübe zu knallen" und sich scheinbar für sich und ihre Umwelt nicht (mehr) interessieren? Eine ganze Menge, wie wir meinen, zumindest wenn wir sie *wahrnehmen* wollen auf ihren Wegen, *erfassen* wollen, was sie bewegt, versuchen wollen, zu *verstehen*, wie sie sich in ihrer jeweiligen komplexen Wirklichkeit mit ihren Handlungsmöglichkeiten verhalten, wie sie es tun und vielleicht ihnen *erklären* zu können, wie sie ihre *Ressourcen* und *Potentiale* nützen können, um ihre *Probleme* zu bewältigen. Drogenkonsum ist dabei meist `nur´ ein Symptom. Dieses isoliert zu betrachten, hat wenig Aussicht auf Erfolg.

2.   Bedarfsanalyse

Um zu überprüfen, ob Jugendlichen heute in der Drogenhilfe angemessene Beratungs- und Behandlungsangebote unterbreitet werden können, ist eine Bedarfsanalyse unumgänglich. Wichtig ist hierbei das Konsumverhalten der Jugendlichen, das Einstiegsalter in den Konsum sowie auch die gesellschaftlichen Rahmenbedingungen zu analysieren. Soziale Faktoren können dabei einen problematischen Konsum ebenso bedingen wie auch Ansätze für Interventionsmöglichkeiten bieten.

Die *Bundeszentrale für gesundheitliche Aufklärung (BZGA)* führt seit dem Jahr

1973 regelmäßig Repräsentativerhebungen zur Drogenaffinität Jugendlicher und junger Erwachsener im Alter von 12-25 Jahren durch.

Illegale Drogen

Die Konsumerfahrung mit illegalen Drogen hat sich zwischen den Jahren 1993 und 2004 fast verdoppelt (1993: 18%, 1997: 23%, 2001: 27%, 2004: 32%). Ein Drittel der Jugendlichen in Deutschland haben also Erfahrungen mit illegalen Drogen. 13% der 12-25jährigen haben in den letzten 12 Monaten Drogen konsumiert, bei 19 % liegt der Drogenkonsum länger als ein Jahr zurück.

Gut 45% der Jugendlichen probieren Drogen 1-2 Mal aus. 24% der Jugendlichen haben ausschließlich Cannabis konsumiert. 8% haben auch andere Rauschmittel konsumiert wie Amphetamine, Ecstasy, psychoaktive Pflanzen und Pilze (jeweils 4%), Kokain oder LSD (je 2%). Heroin und Crack konsumierten 0,3 bzw. 0,2% der Jugendlichen.

Während das Einstiegsalter bei den illegalen Drogen im Mittel bei 17,3 Jahren liegt, wird Cannabis im Schnitt mit 16,4 Jahren erstmalig probiert (1993: 17,5 Jahre).

Hinsichtlich der Präsenz und Verfügbarkeit von Drogen läßt sich eine deutliche Erhöhung feststellen: 1993 gaben 35% an, ein Drogenangebot erhalten zu haben. 2004 lag diese Gruppe bei 49%. Auch hat die Probierbereitschaft – und hier vor allem von Cannabis – deutlich zugenommen: von 26% im Jahr 1993 auf 47% im Jahr 2004. Ca. 80% der Jugendlichen lehnen ihr erstes Drogenangebot ab. Neben fehlendem Interesse und der Ablehnung von illegalen Drogen liegt ein weiterer wichtiger Punkt in der Gesundheit. Jugendliche, die auf ihre Gesundheit generell achten (43%), greifen erheblich seltener zu Cannabis (9% in den letzten 12 Monaten) als Jugendliche, die weniger stark auf ihre Gesundheit achten (17%).

Alkohol

Der regelmäßige Konsum von Alkohol ist in unserer Gesellschaft seit 25 Jahren rückläufig. Der Konsum von Alkopops (die seit 2005 durch eine Sondersteuerabgabe hochpreisiger sind) ist in den letzten Jahren besonders stark angestiegen, so daß sich der Anteil der Jugendlichen zwischen 2001 und 2004 von 8 auf 16% verdoppelt hat. Sie gehören zu den beliebtesten alkoholischen Getränken Jugendlicher, wobei dies auch für die Gruppe der 12-15jährigen gilt. Von den unter 16jährigen konsumierten 25% mindestens ein Mal im Monat Alkopops, bei den 16-

19jährigen sind es 55%. Der Konsum von Alkopops hat zwei Effekte: Die Jugendlichen trinken häufiger und mehr reinen Alkohol: im Jahr 2001 lag der Verzehr von reinem Alkohol bei Jugendlichen pro Woche bei 53,9 Gramm, im Jahr 2004 waren es 68,8 Gramm; es ist ein Trend zum riskanten Konsum festzustellen, dem sog. „binge drinking" (Rauschtrinken): 34% (43% Jungen und 25% Mädchen) haben in den letzten 30 Tagen mindestens einmal fünf oder mehr Alkoholgetränke hintereinander getrunken. 5% von ihnen praktizierten das „binge drinking" mindestens sechs Mal im Monat. Das Durchschnittsalter für den ersten Alkoholrausch liegt bei 15,5 Jahren (*Drogenbeauftragte der Bundesregierung* 2005).

3. Problemanalyse

Drogenkonsum ist offensichtlich eine Entwicklungsaufgabe, stellt gleichzeitig aber auch ein Entwicklungsrisiko dar.

Laut *Baacke* (1991) ist Jugend ein Status der offen ist für Abweichung. Neugierde und Erprobung, Experimentierfreude, Abgrenzung zu bestehenden Normen und der Suche nach Grenzerfahrungen charakterisieren das Jugendalter.

> „Die Konsummuster Jugendlicher haben wenig System, sind durch Brüche und Schübe gekennzeichnet und nicht fest kalkulierbar. Pausen im Drogenkonsum wechseln mit Phasen wahllosen Konsums. Überraschungen in jeder Hinsicht sind möglich" (*Gref* 1999).

Ereignisse im Leben des Jugendlichen können das Konsummuster grundlegend verändern. Ein lineares Abhängigkeitsmodell entspricht nicht der Realität des Jugendlichen Konsumverhaltens (vgl. *Schneider* 2002).

> „Sie [gemeint sind die riskanten Verhaltensweisen] übernehmen wichtige Funktionen in der Entwicklung, die sich auf die Herausbildung personaler Orientierung, auf die Konstitution interpersonaler Beziehungen und auf die Relation zu Gesellschaft und Kultur beziehen" (*Franzkowiak* 1996).

> „Wie unsere Untersuchungen zeigen, werden sowohl die legalen als auch die illegalen Substanzen von Jugendlichen hauptsächlich als Hilfsmittel für die Lebensgestaltung und die Lebensbewältigung eingesetzt" (*Hurrelmann* 2001).

Shedler und *Block* (1990) verdeutlichen im Rahmen einer Langzeitstudie, daß der Konsum von Drogen nicht ausschließlich das Risiko der Suchtgefährdung in sich trägt. Er bietet auch eine Chance, in dem er hilft, eine konstruktive Lebensperspektive selbstbestimmt und eigenverantwortlich zu entwickeln und zu beeinflussen. Wie begegnen wir jungen Menschen, die sich – zumindest phasenweise – überfordert zeigen? Haben junge Menschen überhaupt Probleme, die beratungs- und behandlungsbedürftig sind?

Zur Annäherung an diese so wichtigen Fragen wollen wir zunächst wieder Zahlen bemühen: Das *Bundesministerium für Gesundheit und Soziale Sicherung (BMGS)* hat dem *Institut für Therapieforschung (IFT)* einen Forschungsauftrag mit dem Titel *„ Cannabisbezogene Störungen: Umfang, Behandlungsbedarf und Behandlungsangebote in Deutschland"* erteilt. Das *IFT* hat im Sommer 2004 den Abschlußbericht vorgelegt und kam zu folgenden Ergebnissen: In der Gesamtpopulation hat der Konsum von Cannabis stark zugenommen. 9 Millionen Bundesbürger haben Erfahrungen mit Cannabis, wobei es die breite Mehrheit bei einem Probier- und Experimentierkonsum beläßt. Es wächst aber der Anteil der Konsumenten, die durch einen regelmäßigen und starken Cannabisgebrauch unter ernsthaften Störungen bis hin zur Abhängigkeit leiden. Fast 400.000 Menschen weisen einen mißbräuchlichen oder abhängigen Konsum auf.

Der Konsum von Cannabis hat in der Altersgruppe der 18-29jährigen zwischen 1992 und 2002 auf das 2,7fache zugenommen. Die Behandlungsnachfrage durch Personen mit cannabisbezogenen Störungen hat sich überproportional stark erhöht. In den erfaßten ambulanten Beratungsstellen (454 von insgesamt 1.017) stieg die Anzahl von 2.561 Menschen im Jahr 1992 auf 14.714 Menschen im Jahr 2001 um fast das 6fache an. Das *BMGS* betont, daß die „Zunahme weder Ergebnis gezielten justiziellen Drucks noch einer generellen Ausweitung der Betreuungsangebote ist, sondern von den Autoren des Berichts hauptsächlich auf die verbesserte Erreichbarkeit der Angebote zurückgeführt wird" (ebenda).

Die betreuten Klienten weisen bestimmte Charakteristika auf: sie konsumieren mehr, sie haben mehr Mischkonsum mit anderen Drogen, sie beginnen früher mit dem Drogenkonsum und sie haben einen besseren Zugang zu bestimmten anderen Drogen (vor allem synthetische Drogen und Halluzinogene).

Nach dieser Studie ist der typische Cannabisklient einer ambulanten Beratungsstelle „zwischen 18 und 24 Jahren alt und damit erheblich jünger als Klienten mit primären Alkohol- oder Opiatproblemen. Er ist ledig und ohne feste Partnerin. Die Mehrzahl befindet sich noch in Schul- oder Berufsausbildung" (ebenda).

4. Ausgangslage: Drogenabhängigkeit multifaktoriell betrachtet

„Drogenabhängigkeit ist eine komplexe somatische, psychische und soziale Erkrankung, die die Persönlichkeit des Drogenabhängigen, sein soziales Netzwerk und seinen mikroökologischen Rahmen betrifft, beschädigt – und wenn sie lang genug wirkt – zerstört. Drogenabhängigkeit hat eine multikausale, zum Teil sehr stark variierende Genese. Sie zeigt unterschiedliche Ausprägungen und Verlaufsformen, abhängig von genetischen Dispositionen, biographischen Vorschädigungen, psychosozialer Gesamtsituation/Lebenslage, Grad der Chronifizierung, Ressourcenlage" (*Petzold* 2004).

„Die vielfältigen suchtbedingten Problemlagen erfordern *komplexe Interventionsstrategien* und *Leistungsbündel*, um angemessen auf die somatischen, psychischen und sozialen Aspekte der Suchterkrankung sowie die soziale und mikroökologische Situation der Klienten eingehen zu können. Gefordert ist ein *ganzheitlicher und differentieller Arbeitsansatz*, der durch einen hohen Grad an personaler, sozialer und professioneller Kompetenz und Performanz sowie konzeptionelle Kontinuität im Betreuungs- und Behandlungsprozeß gekennzeichnet ist" (*Petzold, Schay, Sieper* 2005).

Die Klienten sollen durch eine Integrative Therapie für die biographischen Hintergründe ihrer Schädigungen und Störungen, für „dysfunktionale Narrative" sensibilisiert werden (tiefenhermeneutische Perspektive), damit sie über den damit erfolgten Erkenntnisgewinn ihre Fähigkeiten und Fertigkeiten aktivieren, ihre konstruktiven Lebenspotentiale entfalten und ihre Lebensentwürfe selbstbestimmt gestalten lernen (sozialkonstruktivistische Perspektive). Dabei werden im Sinne der „Integrativen Persönlichkeitstheorie und Entwicklungspsychologie" ein stabiles *Selbst*, ein flexibles *Ich* und eine konsistente *Identität* gefördert sowie der Aufbau konsolidierter *Sozialwelten, sozialer Netzwerke bzw. Konvois.* Ausgerichtet an einer komplexen „Anthropologie des schöpferischen Menschen" und an dem Ideal einer Intersubjektivität, Integrität, Solidarität und Wertschätzung des Anderen (*Lévinas*) fördernden Gesellschaft, kommt gruppentherapeutischen, narrativen und kreativtherapeutischen Elementen im Integrativen Ansatz besondere Bedeutung zu. Sie sollen in den Prozessen der *Heilung, Gesundheitsförderung, Persönlichkeitsentwicklung* und *Kulturarbeit,* die das Konzept der Integrativen Therapie kennzeichnen, dazu beitragen, Gesundheit, körperliches, seelisches und geistiges Wohlbefinden, Leistungsfähigkeit, soziale Kompetenzen, persönliche Verantwortung und gesellschaftliche Partizipation wiederherzustellen und zu entwickeln. Damit ist ein moderner Entwurf „integrativer Humantherapie" umrissen, in dem *psychotherapeutische, sozialtherapeutische* und *agogische* Schwerpunktbildungen und ihre interventiven Kombinationen indikationsspezifisch – Störungsbild, Gender, Alter, Schicht, Ethnie berücksichtigend – möglich werden (ebenda).

Petzold (2000) hat ein komplexes ganzheitliches Modell zur multifaktoriellen Genese von Gesundheit und Erkrankungen beschrieben, welches zur Anamneseerhebung wichtige Anhaltspunkte gibt und 12 Faktoren benennt, die Gesundheit ermöglichen bzw. gefährden:

1) *Genetische und somatische Einflüsse und Dispositionen* meint die Konstitution eines Menschen, auch mit seiner Verletzlichkeit und prä- und perinatalen Störungen;

2) *Entwicklungsschädigungen in den ersten Lebensjahren und in der Lebensspanne* geben wichtige Aufschlüsse über adversive (schädigende) Stimulierungen wie Störungen, Defizite, Traumata, Konflikte mit Auswirkungen auf die Streßphysiologie;

3) *Adversive psychosoziale Einflüsse (Milieufaktoren)* beinhalten einen schwachen sozioökonomischen Status, schwache soziale Netzwerke mit problematischen Beziehungskonstellationen und dysfunktionalen Kommunikationsstilen, Fehlen protektiver Faktoren und ineffektive Supportsysteme;

4) *Negativkarriere im Lebenslauf,* verursacht durch einen negativen familialen, amicalen (freundschaftlichen) und kollegialen Konvoi, einer gescheiterten Adoleszenz, destruktive Berufssituation, Partnerschaft, Familie sowie erworbene Muster des Scheiterns an Entwicklungsaufgaben, schädigende Ereignisse und ineffektive Performanz;

5) *Internale Negativkonzepte,* verursacht durch negative Bewertungen (emotional appraisal und kognitiv valuation), negative Kompetenz- und Kontrollerwartungen sowie Selbstkonzepte und Lebensstile. Negative Zukunftserwartungen mit mangelnder Kreativität und Souveränität können den Menschen blockieren;

6) *Auslösende aktuale Belastungsfaktoren* wie kritische Lebensereignisse, unspezifischer Aktualstreß (daily hassles), zeitextendierte Belastung (Entwicklungskrisen, Karriereknick, Ressourcenverlust, Hyperstreß, pathophysiologische Veränderungen);

7) *Diverse negative Einflüsse, ungeklärte Faktoren* wie delegierte Gefühle, social inheritance (Sozialerbschaft), ökologische Einflüsse (Drogen, Umweltgifte, Ernährung);

8) *Entwicklungsförderung in den ersten Lebensjahren und in der Lebensspanne* wie supportive Stimulierung, Konstanz, Ressourcen, Anregung, Support, Glückserfahrungen, Ausgeglichenheit, Wellnessphysiologie;

9)   *Konstruktive psychosoziale Einflüsse (Milieufaktoren)* wie ein guter sozio-
     ökonomischer Status, starke ressourcenreiche soziale Netzwerke mit harmo-
     nischen Beziehungen und funktionalen Kommunikationsstilen;

10) *Positivkarriere im Lebenslauf* mit positivem familialen, amicalen und kolle-
     gialem Konvoi, gelungener Adoleszenz, konstruktiver Berufssituation, Part-
     nerschaft, Familie, sowie erworbenen Mustern des Gelingens, positiven Er-
     eignisketten (chains of positive events), effektiver Performanz;

11) *Internale Positivkonzepte* (positive Bewertungen (appraisal, valuation), mit
     positiven Kontrollerwartungen, Selbstkonzepten, Lebensstilen, Zukunftser-
     wartungen, reicher Kreativität und Souveränität);

12) *Wirksame aktuale Unterstützungsfaktoren* wie positive Lebensereignisse, zei-
     textendierte Entwicklungsförderung, positive Lernerfahrungen, Ressourcen-
     gewinn, Bewältigungschancen, Gewinn positiver Beziehungen, Gipfelerfah-
     rungen, salutophysiologische Einflüsse (nach *Petzold, Steffan*, in: *Petzold*
     2000).

4.1   Bedingungen, Formen und Folgen von Drogenkonsum

Das *BMGS* hat in Kooperation mit dem *Sozialministerium Mecklenburg-Vorpom-
mern* und der *Hansestadt Rostock* das Bundesmodellprojekt Designerdrogen-
Sprechstunde durch die *Kinder- und Jugendneuropsychiatrie der Universität Rostock* durchführen lassen. Zwischen Januar 1999 und Dezember 2003 nahmen insgesamt 507 junge Menschen dieses Angebot wahr. Ziel war eine Analyse der Versorgungsstruktur für jugendliche Drogenkonsumenten im Raum Rostock sowie
eine Analyse der Bedingungen, Folgen und Formen jugendlichen Drogenkonsums
(*Fegert, Häßler* 2004).

4.1.1   Die Studie zeigt bei den **personenseitigen Bedingungen jugendlichen**
        Drogenkonsums folgende Ergebnisse:

–   *Prämorbide Einflüsse*
    Neigung zur Belastungsvermeidung, Neugierde (Reizsucht), Belohnungsabhän-
    gigkeit, genetische Faktoren und Toleranzentwicklung (*Tretter* 2000).
–   *kognitive Leistungsfähigkeit*
    Das Zusammenwirken von Drogenkonsum und kognitiver Leistungsfähigkeit
    ist vielen Klienten bekannt bzw. sie haben es am eigenen Leib erfahren. Proble-

me wie Konzentrationsschwierigkeiten begünstigen einen Leistungsabfall, der zu Schulversagen, Ausbildungs- oder Arbeitsplatzverlust führen kann. Neben den akuten toxischen Wirkungen haben hier Langzeitstudien Aufschluß über Langzeitfolgen gebracht: Zahlreiche junge Menschen leiden unter Aufmerksamkeitsstörungen, denen sie mit Drogenkonsum im Sinne einer Selbstmedikation begegnen. Weiterhin legen die Ergebnisse nahe, daß Langzeitfolgen von Substanzgebrauch die Konzentrationsleistung schädigen.

– *Persönlichkeitsstruktur und Emotionalität*
Die Autoren vermuten anhand ihrer Ergebnisse frühe Störungen in der emotionalen Persönlichkeitsentwicklung. „Verwoben mit personenspezifischen Charakteristika ist sowohl als Hintergrund als auch als Folge der Persönlichkeitsentwicklung die allgemeine intellektuelle Leistungsfähigkeit. Konzentrationsdefizite und niedrigere Intelligenzwerte kennzeichnen die Klienten, wobei auch hier von komplexen Bedingungsgefügen ausgegangen werden muß" (*Fegert, Häßler* 2004).

– *Drogenkonsum und kinder- und jugendpsychiatrische Komorbidität*
Der Konsum von Drogen kann – je nach Disposition des Konsumenten, Intensität und Dauer des Konsums, Qualität der Droge(n) – somatische, neurologische und psychische Schäden verursachen, wobei sich auch ausgeprägte Phänomene der Komorbidität zeigten, d.h. schwerwiegende Begleiterkrankungen bei Drogenmißbrauch.

Einem ausführlichen Gesundheitscheck unterzogen sich insgesamt 187 Klienten. Nur 16,57% (n=31) erwiesen sich als somatisch und neurologisch unauffällig. 43,32% der Klienten (n=81) waren somatisch und neurologisch auffällig, 30,48% (n=57) waren nur neurologisch auffällig und knapp 7% (n=13) somatisch auffällig. Insgesamt lag der Anteil der Befunde bei 80,75%, d.h. vier von fünf Klienten hatten Anspruch auf medizinische oder psychologische Therapien (*Fegert, Häßler* 2004).

Von den 509 Klienten, die sich an die Designerdrogen-Sprechstunde wandten, lagen bei 308 Klienten ICD-10-gestützte drogenassoziierte Diagnosen vor. 221 Klienten erhielten die Diagnose „schädlicher Gebrauch" und 87 Klienten die Diagnose „Abhängigkeit". Im Bereich des „schädlichen Gebrauchs" dominierten zwei Bereiche: zum einen Cannabis mit 57 Klienten bzw. 25,79% sowie der Bereich des multiplen Substanzgebrauchs mit 147 Klienten (66,57%). Im Bereich der Diagnose „Abhängigkeit" zeigte sich ein ähnliches Bild: 36 Klienten (41,32%) bei Cannabis und 35 Klienten (40,22%) bei multiplem Substanzgebrauch.

– *Drogenassoziierte Diagnosen und Komorbidität*

Nach *Thomasius* (2001) kann insbesondere früher Drogenkonsum verheerende Auswirkungen auf die psychische Gesundheit haben. Von kinder- und jugendpsychiatrischer Relevanz sind vor allem Depressionen, Panikstörungen, Phobien und dissoziale Störungen. Zunehmend finden sich bei Cannabiskonsumenten auch Reifungs- und Entwicklungsstörungen (nach *Fegert, Häßler* 2004).

Bei einer Untersuchung im stationären Drogenentzug wurden komorbide psychische Störungen bei Jugendlichen in mehr als 60% der Fälle diagnostiziert (*Thomasius* 1996).

Nach *Thomasius* (2005) ist am häufigsten diagnostiziert eine Störung des Sozialverhaltens, wobei die Prävalenzraten je nach Untersuchung zwischen 28% und 62% variieren. Es folgen depressive Störungen (16% bis 61%). Etwa 12% bis 38% der substanzmißbrauchenden Jugendlichen leiden unter allen drei Komorbiditätsdiagnosen (Substanzmißbrauch, Verhaltensstörung, affektive Störung). Deutlich geringer, aber signifikant erhöht gegenüber nicht substanzmißbrauchenden Gleichaltrigen liegen die Prävalenzraten für sozialphobische Störungen, Eßstörungen (insbesondere binge-eating/Purting-Typ und Bulimia nervosa; vgl. *Liefke, Schay* dieses Buch), beginnende Borderline-Persönlichkeitsstörungen, drogeninduzierte Psychosen (Cannabis, Ecstasy, Amphetamine, Kokain, LSD) und schizophrene Psychosen (*Clark* et. al. 1995; *Holderness* et. al. 1994; *Hovens* et al. 1994; *Strober* et al. 1996; *Clark* und *Neighbors* 1996; *Kaminer* 1996 in: *Möller* (Hrsg.) 2005))

4.1.2 An **kontextuellen Bedingungen des Drogenkonsums im Kinder- und Jugendalter** zeigt die Studie folgende Ergebnisse:

– *Familiäre Bedingungen und Peergroup*

In einer amerikanischen Studie mit 17.000 Probanden, die von der Zusammensetzung der europäischen Mittelklasse entsprechen, konnte *Felitti* (2003) zeigen, daß eher belastende Kindheitserfahrungen und nicht die Natur der Drogen, Sucht und gesundheitliche Folgen der Sucht begünstigen (in: *Fegert, Häßler* 2004).

Zu den stärksten Ursachen pathogener Familienentwicklungen gehören drogensüchtige Eltern. Seit den 80er Jahren sind Familien deswegen Gegenstand erweiterter Suchttherapien.

Arenz-Greiving (1993) listet Faktoren auf, durch die Familien mit einem alkoholsüchtigen Elternteil beeinträchtigt werden (in: *Fegert, Häßler* 2004): stark erhöhte Rate sexuellen und körperlichen Mißbrauchs, hohe Suizidraten, hohe Raten von Phobien, Eßstörungen und andere psychiatrische Erkrankungen. Kinder aus Suchtfamilien müssen häufiger als andere extreme Stimmungsschwankungen aushalten, sind häufiger einem Wechselspiel von Verwöhnung und Aggression ausgesetzt, werden oft in extreme Loyalitätskonflikte gezwungen, erleben weniger Verläßlichkeit, werden häufiger sexuell belästigt und mißhandelt und erleben extreme körperliche Zustände wie Rausch und Entzug mit. Die frühe Parentifizierung dieser Kinder kann sie überfordern, um ihre Kindheit bringen und schnell selbst in die Sucht treiben.

Jugendliche suchen sich spätestens in der Pubertät ihre eigene peer-group. Deren Einfluß nimmt zu, während der Kontakt zu den Eltern häufig konflikthaft geprägt ist. Gleichzeitig ist die Beeinflussung durch die Eltern, ihre Einstellungen und ihr Verhalten weiterhin von Bedeutung.

In der Designerdrogen-Sprechstunde geben viele Klienten an, ihren ersten Drogenkonsum im Freundeskreis erlebt zu haben. Eine überwältigende Mehrheit gibt an, freundschaftliche (95,8%) und/oder partnerschaftliche Beziehungen (98,6% von den Klienten mit Partner) in einem drogenkonsumierenden Umfeld zu haben. Die Autoren kommen zu dem Ergebnis: „Es gibt offensichtlich verschiedene person- und kontextseitige Variablen, die mit Drogenkonsum assoziiert sind. Ohne deviante Freundes- und/oder Partnerbeziehungen wird der schädliche Gebrauch von Drogen sehr unwahrscheinlich. Beide Einflußgrößen differenzieren nicht zwischen Konsumententypen, was heißt, daß der Schweregrad des Konsums nicht vom Freundeskontakt abhängt. Somit erhält die Verfügbarkeit von Drogen einen herausragenden Stellenwert hinsichtlich des Beginns und der Chronifizierung von Drogenkonsum" (*Fegert, Häßler* 2004).

Häufig fungiert die Freundesgruppe als Ersatzfamilie. Das Aufgeben der Droge würde also der Trennung von der „Familie" bzw. dem Umfeld gleichkommen. Ich gebe nur etwas auf, wenn ich etwas dafür bekomme (Risiken: gefährdende Familiensituationen und überfordernde Konflikte, Belastungen in Schule, Ausbildung, Beruf und Freizeit, fehlende Beziehungen und Ressourcen sowie Partnerschaftsprobleme; Interventionsmöglichkeiten: Beziehungsaufbau, Erlebnisaktivierung, Alternativen soziales Netzwerk).

4.1.3   An **drogenseitigen Bedingungen jugendlichen Konsums** zeigt die
Studie folgende Ergebnisse:

– *Drogeneinstieg und Drogengebrauch*
Wie bereits unter „Illegale Drogen" aufgezeigt, experimentieren junge Menschen immer früher mit Drogen. Die „Designerdrogen-Sprechstunde" konnte
Angaben bzgl. des Einstiegsalters bei 337 Klienten erfassen. Auffällig hierbei
ist, daß zuerst die legalen Drogen ausprobiert werden, dann die illegalen – und
hier zumeist Cannabis. Es folgen die synthetischen Drogen, während mit den
„harten" Drogen am spätesten begonnen wird. Das niedrigste Einstiegsalter bei
Alkohol lag bei vier Jahren, bei Nikotin und Cannabis bei acht Jahren. Die
oberen Altersgrenzen lagen alle über 20 Jahren, so daß es auch Einstiegsmu-
ster gab, in denen direkt mit illegalen Drogen begonnen wurde. Im Geschlechts-
unterschied fällt auf, daß die Mädchen grundsätzlich früher beginnen. Das
Durchschnittseintrittsalter lag bei Nikotin bei 12,1, bei Alkohol bei 12,9, bei
Cannabis bei 14,3, bei Amphetaminen bei 15,6, bei Entaktogenen (Ecstasy)
bei 15,7, bei Halluzionogene bei 16,0, bei Kokain bei 16,5, bei Opiate bei
16,8, bei Pilzen 16,1 und bei Medikamenten bei 15,6 Jahren (vgl. *Fegert, Häßler* 2004).

– *Typen von Drogenkonsumenten*
Die Studie der „Designerdrogen-Sprechstunde" setzte sich auch mit der Unter-
scheidung von Konsumententypen auseinander, die aus der Häufigkeit des Konsums bei verschiedenen Substanzen resultiert. Über die Hälfte der hinsichtlich
des Konsumprofils vollständig erfaßten Klienten (n=244 Personen) wurde der
ersten Gruppe „schwerer Gebrauch mit Probierprofil" zugeordnet (n=127). Sie
zeichneten sich durch täglichen Konsum von Nikotin und Cannabis sowie häu-
figeren Alkoholgebrauch aus. Bis auf Opiate haben diese jungen Menschen
alle anderen Substanzen (Amphetamin, Entaktogene (Ecstasy), Halluzinogene
(LSD), Kokain, psychoaktive Pilze, Medikamente, vor allem Beruhigungs- und
Schlafmittel) zumindest früher einmal gebraucht.
Die zweite Gruppe mit nur 21 Personen wurde „Cannabisorientierung" genannt.
Sie konsumierten täglich Cannabis, rauchten keine Zigaretten, tranken max.
drei Mal Alkohol im Monat und hatten seltene Erfahrungen mit Ecstasy und
Pilzen.
Die dritte Gruppe mit n=69 und damit zweitstärkste Gruppe rauchte täglich,
konsumierte am Wochenende Alkohol und gelegentlich Cannabis (ein bis drei
Mal im Monat) und hatte in der Vergangenheit Partydrogen und Kokain konsu-

miert. Diese Gruppe bekam die Bezeichnung Partykonsument. Die letzte Gruppe (n=27) ist aktuell clean und berichtete über meist vergangene Erfahrungen mit Alkohol, Nikotin, Cannabis und Ecstasy und wurde unter „Ehemaligen" zusammengefaßt.

Wir möchten an dieser Stelle nicht weiter auf die Konsummuster eingehen, weil mögliche Interventionsstrategien nicht zwingend daran gekoppelt sind. Vielmehr muß der Fokus in der Betreuungs- und Behandlungsplanung auf jedem (jungen) einzelnen Menschen liegen, der mit seinen ureigensten Ressourcen, Potentialen und Problemen auf seinem Lebensweg navigiert und in bestimmten Phasen vielleicht auf Hilfe angewiesen ist. Die Hilfeangebote sollten sich hierbei am Bedarf orientieren und müssen somit hochdifferenziert ausgearbeitet werden. Das Drogenhilfesystem erscheint sehr ausdifferenziert, wird jedoch nur bedingt den Bedürfnissen junger Menschen gerecht und muß hier 'spezialisiert' werden.

4.2   Funktionalität der Droge

Drogenkonsum dient – neben anderen Funktionen – häufig der Bewältigung vorherrschender Probleme. Hierbei bewerten Konsumenten die kurzfristigen Wirkungsweisen nachhaltiger als die möglichen langfristigen Folgen (Fixierung auf drogenkonsumierende Peers = Abnahme des sozialen Konvois; schulisch/berufliches Scheitern; finanzielle Schwierigkeiten, denen teilweise mit devianten Mustern begegnet wird; gesundheitliche Probleme etc.).

In der „Designerdrogen-Sprechstunde" wurden die Klienten auch nach ihren Konsummotiven befragt. Hierbei dominierten familiäre Probleme und Freunde oder Geschwister als Modelle (Verfügbarkeit) sowie Schulprobleme. Es folgen körperliche oder psychische Zustände (wie etwa Neugier), die bewältigt werden müssen. Anfangsmotive bleiben im Verlauf erhalten, erlangen jedoch weniger (Neugier) oder mehr Bedeutung (Ängste, Aggressivität).

Im Verlauf ergeben sich negative körperliche und psychische Konsequenzen aus dem Drogengebrauch, die ihrerseits bewältigt werden müssen (Aggressivität, Schlafstörungen, Entzugserscheinungen) und zwar häufig mit erneutem Substanzgebrauch. Je nach angenehmen oder unangenehmen Drogenwirkungen kann sich aus dem ersten Probieren eine Bewältigungsmöglichkeit entwickeln, die mehr oder weniger systematisch eingesetzt wird und über Verstärkungsprozesse aufrechterhalten wird. Es können „Teufelskreise" entstehen, in denen Ursache und Wirkung kaum mehr auseinander gehalten werden können. Zum Beispiel können Schulschwierig-keiten bis zum Leistungsversagen und notwendigem Wechsel der Schulform Fol-gen der Einschränkungen durch eine Droge sein. Der Drogenkonsum beginnt eher aus sozialen Motiven (Dazugehören, Neugier), wobei diese Schwierigkeiten be-reits vorliegen können und der Drogenkonsum ist als eine Folge dessen und als dysfunktionale Copingstrategie zu sehen (nach *Fegert, Häßler* 2004).

Die Intensität des Konsummusters (hochfrequent bis desasträs) hängt offenbar mit der Abnahme an anderen Bewältigungsstrategien und der Massivität erlebter Traumata und/oder schädigenden Beziehungskonstellationen zusammen.

So kamen die Jugendlichen in der „Designerdrogen-Sprechstunde" mit dem massivsten Konsumprofil häufig aus brüchigen Lebenskonstellationen mit proble-matischen Beziehungskonstellationen und zeigten die größten Probleme in der Be-wältigung ihres Alltags.

Die Gruppe der Partykonsumenten zeigte vergleichbare Probleme, schien aber hinsichtlich der Familienkonstellationen weniger belastet. Ein wesentlicher Unter-schied – und damit protektiver Faktor – scheint die bessere berufliche Qualifikati-on zu sein.

Die cannabisorientierten Konsumenten kamen in dieser Studie eher aus behü-teten Familien mit weniger Geschwistern.

Die Gruppe der ehemaligen Konsumenten fiel unter verschiedenen Gesichts-punkten am wenigsten risikobelastet auf. Durch das deutliche Einschränken oder Beenden des Konsums konnten viele vorherrschende Probleme bearbeitet werden. Zwar waren sie ähnlich belastet wie die Menschen mit dem massivsten Konsum, die Reduktion bzw. Einstellung des Konsums wirkte risikomindernd. Hierdurch konnten Bewältigungsstrategien entwickelt bzw. erprobt werden.

Uns geht es nicht darum, junge Menschen zu pathologisieren, vielmehr zeigen unsere langjährigen Erfahrungen mit drogenkonsumierenden (jungen) Menschen deutliche Veränderungen. Unsere subjektiven Einschätzungen sind Erfahrungswerte – nicht mehr und nicht weniger – geprägt von der Auseinandersetzung mit Men-schen und ihren Lebenswelten.

Junge Menschen konsumieren immer jünger mehr Drogen, zum Teil unterschied-liche Drogen, häufig riskanter. Wesentliche Entwicklungsaufgaben verzögern sich mit dramatischen Folgen: Der zum Teil massive Drogenkonsum führt zu Brüchen in der schulischen/beruflichen Entwicklung (und der Leistungsfähigkeit); polyto-xikomane Konsummuster mit vornehmlichen synthetischen Drogen wirken massiv auf die Entwicklung des Gehirns und bedingen psychische Probleme.

Suchtbelastete Familien nehmen zu. Pathologische Beziehungskonstellationen mit Vernachlässigungen, traumatischen Erfahrungen und Störungen bedingen weitere psychische Erkrankungen. Die gesellschaftlichen Rahmenbedingungen für junge Mensche (hier: beispielsweise Perspektivlosigkeit) haben sich massiv verändert. So zeigt die neue Rechtslage des *SGB II* gerade in der Jugendarbeitslosigkeit harte Wahrheiten auf. In NRW bezogen im Februar 2005 knapp 130.000 Menschen unter 25 Jahren Leistungen über die Arbeitsgemeinschaften, 42% davon Leistungen über das SGB II (ehemals Sozialhilfeempfänger) (*verdi* 2005). Die Auswirkungen: Jugendliche nehmen an Berufsvorbereitungsmaßnahmen, schulischen Bildungsgängen teil oder üben Hilfsarbeitertätigkeiten aus, um Wartezeiten für eine Lehrstelle zu überbrücken (nach: *www.bibb.de*); sie fallen aus der Statistik und profitieren als Folge nicht mehr von Nachvermittlungsaktionen, da diese nur offiziell erfaßte arbeitslose junge Menschen berücksichtigen.

Die Verfügbarkeit von illegalisierten Drogen hat enorm zugenommen – und damit durch die Illegalisierung weitere Konsumanreize für junge Menschen geschaffen. Kiffer oder Partydrogenkonsumenten distanzieren sich von alkohol- oder opiatabhängigen Menschen – und das Drogenhilfesystem hält wenig angemessene Angebote bereit.

2020 leben doppelt so viele Menschen über 60 Jahren in Deutschland wie unter 18jährige. Auch deswegen *muß* unser Interesse darin bestehen, jungen Menschen angemessene Hilfeangebote zu vermitteln und Möglichkeiten zur Lebensentfaltung zu geben.

5. Anforderungen an die Drogenhilfe, die Helfer und ihre Aufgaben

Aufgabe der Drogenhilfe muß es sein, *auch* für junge Menschen, die Drogen konsumieren, geeignete Hilfen in ihren Angeboten zu gewährleisten. Um die Lebenswelt von Kindern und Jugendlichen zu erfassen und zu verstehen, darf der Drogenkonsum/das Konsumverhalten jedoch nicht isoliert betrachtet werden.

Der Fokus der Hilfen für drogenkonsumierende Kinder und Jugendliche muß dabei zu einer systemisch, kontextbezogenen Sichtweise des Drogenkonsums und der Drogenkonsumenten verschoben werden. Der Konsum oder Mißbrauch ist eine Teilmenge des spezifischen jugendlichen Lebensstils, der vielfältige Verbindungen und Interaktionszusammenhänge zu und mit den anderen Teilmengen ihres Lebensstils hat.

Nach *Quensel* (1998) müssen wir akzeptieren lernen, daß Jugend notwendigerweise mit risikobehaftetem Verhalten einhergeht, als notwendiges Erkunden der eigenen Handlungsspielräume, als Fähigkeit, mit Neuem umzugehen zu lernen, wie aber auch als Gefahr abzustürzen.

Setzen wir Sucht oder Suchtgefährdung vorschnell in den Mittelpunkt unserer Betrachtungen und Interventionen, so wird der Blick auf das komplexe System der anderen Teilmengen jugendlichen Lebensstils mit ihren Risiken, aber auch protektiven Faktoren verstellt. Zu schnell erscheinen Drogenkonsum oder Mißbrauch als umfassende Ursache aller weiteren abweichenden Verhaltensweisen.

Eine auf den Lebenskontext der Jugendlichen bezogene Sichtweise schützt also vor einer verfrühten und einseitigen Fokussierung auf die Suchtgefährdung und Sucht.

Wir sind der Meinung, daß die bestehenden Angebote und Ressourcen der Drogenhilfe überprüft und optimiert genutzt werden müssen, um angemessene Hilfe- und Leistungsangebote für junge Menschen anbieten zu können. Dies hat zur Konsequenz, bestehende Gewichtungen in den Arbeitsansätzen zu verändern. Die *Aufgaben der Drogenhilfe* in der Arbeit mit jungen Menschen sollten im Kontext von Prävention, Beratung und Behandlung auf

- einer Verbesserung der Erreichung der Personen mit Cannabisstörungen durch intensivere Kooperation mit anderen Einrichtungen (*Struktur-, Netzwerkanalyse*),
- der Entwicklung von Therapieverfahren für besonders problematische Fälle (*Handlungsebene*)
- einer stärkeren Differenzierung der Behandlungsansätze,
- der Entwicklung von Screeninginstrumenten zur Unterstützung der Betreuungs-/ Behandlungsansätze,
- der Entwicklung von Ressourcen, Resilienzfaktoren, potentiell protektiven Faktoren,
- der Neuorientierung ambulanter Beratung/Betreuung und Behandlung,
- einer engen Kooperation mit dem psychosozialen Versorgungssystem (KuJ-Psychotherapeuten, Kinder- und Jugendpsychiatern u.a.) zur Wissenserweiterung für die Bereiche Umgang, Diagnostik und Behandlung,
- Einzelgesprächen inkl. Kurzberatung und Krisenintervention,
- themenzentrierten Gruppenberatungen für Klienten/Patienten, u.a. mit Themen wie Handlungsalternativen zum Konsum, Ambivalenz des Konsums und die Folgen,

- Gruppenarbeit mit Jugendlichen: Kurz-Infoveranstaltungen und Implementierung von Maßnahmen zur Frühintervention bei erstauffälligen Drogenkonsumenten,
- Eltern-Gruppen für konsumierende Jugendliche,
- Aufsuchende Arbeit im Nachtleben und bei „Risikogruppen",
- Förderung der Selbstorganisation von Jugendlichen,
- Multiplikatorenarbeit,
- Vermittlung in weiterführende Hilfen und Koordinierung der Vermittlung zu Kooperationspartnern (Case-Management)

gründen. Anzustreben sind hier Kooperationsverbünde in der jeweiligen Region, die deutlich über die bestehenden Netzwerke im psychosozialen Versorgungssystem hinausgehen müssen. In einem effektiven Hilfesystem sind *Kooperationspartner: städtische Behörden (*Schulen, Jugend-/Sozialamt, Amt für Wohnungshilfe, Erziehungsberatungsstellen, Notschlafstellen, Frauenhäuser), *Justizielle Behörden (*Jugendgerichts-/Bewährungshilfe, Gerichte, JVA'en), *(Jugend-) Bildungsträger* (Institutionen der (über-) betrieblichen Aus- und Weiterbildung), *Agentur für Arbeit/Arbeitsgemeinschaft gem. SGB II, Einrichtungen der Jugendhilfe, Einrichtungen der medizinischen Versorgung* (Entzugsstationen, Einrichtungen der medizinischen Rehabilitation (ambulant/(teil-) stationär), *Leistungsträger* (Krankenkassen, Rentenversicherung, Bundesknappschaft, (über-)örtliche Sozialhilfe), *Niedergelassene* (Psychotherapeuten, Rechtsanwälte, Ärzte), *Einrichtungen zur Schuldenregulierung (*Schuldenberatungsstellen, M. v. Weizsäcker Stiftung), *Freizeiteinrichtungen* (Sportvereine, Kirchengemeinden, VHS, Jugendfreizeithäuser, Diskotheken) u.v.m..

Eine Gewichtung auf sekundärpräventive Ansätze (d.h. schadensminimierende und risikokompetenzfördernde Ansätze) halten wir dabei für unabdingbar. Auch sollten die Erkenntnisse aus den primärpräventiven Ansätzen genutzt werden – allerdings nicht in der Gewichtung der „Ausschließlichkeit".

Schließlich müssen die Kompetenzen der Präventionsfachkräfte umfassender genutzt werden, d.h. Konzepte zur Erlebnisaktivierung (erlebnispädagogischer Bereich) und Trainings im Bereich der Vermittlung von Lebenskompetenzen, Multiplikatorenschulungen.

Da viele Berater in der Arbeit mit jungen Menschen (noch) überfordert sind und mit Jugendkultur, deren Drogen und Umgang damit, nicht vertraut sind, müssen wir die Erreichbarkeit der Ziele in der Behandlung und die Möglichkeiten der Mitarbeiter kritisch sehen. In der *Designer Drogen Sprechstunde (DDS)* sehen die

Jugendlichen die Kompetenz der (therapeutischen) Mitarbeiter ebenso wie die Möglichkeiten, die (Therapie-) Ziele zu verwirklichen, kritisch (vgl. auch *Simon* und *Sonntag*).

Deutlich wird hier, daß die Jugendlichen in den Einrichtungen ‚erleben', daß die Mitarbeitern nicht über die notwendigen Kompetenzen/Kenntnisse verfügen, d.h. die Mitarbeiter müssen Interventionsstrategien und die Zusammenhänge von erwünschten Drogenwirkungen mit wichtigen Lebensbereichen (Familie, Schule/ Beruf, Psychiatrien, Justiz), der sozialen Funktion des Konsums und den individuellen Persönlichkeitsstrukturen (Selbstwertgefühl, Ich-Stärke, Beziehungs- und Konfliktfähigkeit usw.) 'lernen'.

In der Drogenhilfe müssen für die Arbeit mit drogenkonsumierenden Jugendlichen geeignete Konzepte entwickelt und als „Gemeinschaftsaufgabe" der Kooperationspartner umgesetzt werden. Dabei kann auf bereits bestehende Erfahrungen einzelner Projekte der (Drogen-) Hilfe ebenso zurückgegriffen werden, wie auf bestehende Arbeitsansätze in anderen Bereichen (z.B. der Jugendhilfe).

In einem ersten Schritt wird es darauf ankommen, die Schnittstellen auszubauen und entsprechend den Erfordernissen der Praxis so auszugestalten, wie es die Aufnahme bzw. die Verstärkung des Diskurses zwischen den Arbeitsfeldern erfordert.

Um diesem Anspruch gerecht zu werden, muß die Drogenhilfe ihr gesamtes Leistungsspektrum daraufhin betrachten, wie die Arbeitsansätze umstrukturiert werden müssen, um für Jugendliche effektive Leistungsangebote umsetzen zu können (Anmerkung: Auf die Probleme mit den Rechts- und Finanzierungssystemen (Jugendhilfe/SGB VIII, Sozialhilfe/SGB XII (BSHG), Krankenhilfe/SGB V, Rehabilitation/SGB VI i.V. mit SGB IX, Drogenhilfe/Pauschalförderung nach Landesrichtlinien und/oder SGB V/VI u.a. wird hier nicht näher eingegangen; hierzu vgl. *Schay*: „Finanzierung und Umstrukturierung der Drogenhilfe", dieses Buch). Dabei muß in der Region entschieden werden, ob sich hier ein „neuer", eventuell ausgelagerter Einrichtungstyp bildet oder eng miteinander kooperierende Teams diese Angebote umsetzen.

Entscheidend ist, daß gezielt Jugendliche angesprochen werden und die Leistungsangebote darauf abzielen, bei Personen mit drohendem gesundheitsschädlichem Drogenkonsum zum frühestmöglichen Zeitpunkt zu intervenieren, und sich ggf. als Möglichkeit der Information, Kurzintervention, Vermittlungsstelle in weiterführende Hilfen und Kooperationspartner von Institutionen verstehen, in denen die Arbeit mit drogenkonsumierenden Jugendlichen relevant ist.

Interventionen und Leistungsangebote von Beratung/Betreuung/Behandlung von drogenkonsumierenden Kindern und Jugendlichen:

Ziel / Arbeitsschwerpunkt: Sucht verhindern

Zielgruppe: junge Konsumenten; Klienten experimentieren mit Drogen (meist Cannabis, leistungssteigernde und halluzinogene Drogen), sind (noch) nicht festgelegt oder zeigen Suchttendenzen

Anlässe für Beratung: Schwierigkeiten in bestimmten Lebensbereichen und -situationen
Auffälligkeit im sozialen Umfeld

Konsummotivationen: Neu-Gierde, Experimentierverhalten
Genuß
soziale Komponenten
Entlastung bei jugendtypischen Konflikten (Ablösung vom Elternhaus, (Geschlechts-) Identität, Gruppenzugehörigkeit usw.)
Selbstmedikation als Bewältigungsversuch tiefgehender seelischer Schwierigkeiten

Risiken durch Dauerkonsum: Suchtpotential: mittel
soziale Bezüge: sind i.d.R. über familiäre und schulische/berufliche Bindungen vorhanden; Freundeskreis in der Tendenz ebenfalls Konsumierende
körperlich: keine Abhängigkeit; Cannabis: v.a. Atemwegserkrankungen, synthetische Drogen: Leber-, Nieren- und v.a. Gehirnschäden (v.a. Gedächtnis- und Sprachprobleme)
psychiatrisch: Angststörungen, Depression, psychotische Symptome (von Paranoia bis hin zur Schizophrenie), die in Zusammenhang mit dem Konsum synthetischer Drogen stehen. In der jüngeren Forschung (*Thomasius*) wird diskutiert, ob sich irreversible Gehirnschäden vielleicht erst Jahre oder Jahrzehnte später in Form eines stark erhöhten Risikos

einer Erkrankung an z.b. Depression, Parkinson oder
Demenz zeigen werden.

Kriminalisierung: (noch?) gering
Finanzierung des Konsums: Taschengeld, Gehalt,
Dealen für den Eigenkonsum, seltener im „großen
Rahmen"

Betreuungsdauer: offen

Kooperationspartner: städtische Behörden, Justiz, (Jugend-) Bildungsträger, Einrichtungen der Jugendhilfe, Einrichtungen der
medizinischen Versorgung, Leistungsträger, niedergelassene Ärzte und (KuJ)Psychotherapeuten, Einrichtungen zur Schuldenregulierung, Freizeiteinrichtungen u.v.m.

„Veränderungswirksame Erfahrungen können ... nur durch spezifisches, Neubahnun-
gen ermöglichendes Erleben und Handeln in sich verändernden Lebensstilen und
Lebenskontexten gewonnen werden" (*Petzold* 2005). „Ein großer, wenn nicht der
größte Teil der *methodischen Ansätze* und Behandlungsstrategien in der Drogentherapie besteht in *Zupassungen* „therapieschulen-spezifischer" Konzepte und Praxen
auf die unterschiedlichen Klientengruppen – von gefährdeten Jugendlichen (*Affeldt*
1991) bis zum chronifizierten Langzeitkonsumenten („Altfixer"), d.h. aus dem Feld
selbst ... wurden keine eigenständigen Behandlungsmethoden entwickelt. ... Die
Mitarbeiterqualifikation muß gute Therapeut-Klient-Affiliation ermöglichen, gute
Passungen, wobei diese sich nicht (er)zwingen lassen" (*Thomas, Petzold, Schay* 2005).
In Einzel-/Gruppengesprächen sollen Barrieren der Einschüchterung und der
Arroganz nicht aufgebaut, Atmosphären des „coolen Desinteresses", der perma-
nenten Problematisierung oder das Stereotyp einer Ernsthaftigkeit und synthetischen „Dauerbetroffenheit" (ibid.) des Beraters vermieden werden. Als gelungen
sind Ko-respondenzprozesse zu bezeichnen, wenn der Klient sie als ein „gutes
Gespräch" (ibid.) über seinen Alltag, seine Problemlagen und seine Lebensgeschich-
te erlebt. Der Berater soll natürliches Interesse und eine fördernde Haltung zeigen.
„Ziel ... ist die Veränderung von dysfunktionalen Verhaltensweisen, ... weiterhin die Entwicklung von *Fähigkeiten/Kompetenzen* und *Fertigkeiten/Perfoman-
zen*, die der Bewältigung (*coping*) und Gestaltung (*creating*) des weiteren Lebens-
weges und seiner Absicherung durch das Erarbeiten von Ressourcen dienen soll
(*Petzold* 1997p). All diese Zielsetzungen können nur über das Anstoßen und Be-

S. 155 -

gleiten von Lernprozessen erreicht werden, und da es um komplexe Störungen, Verhaltensweisen, Lebenssituationen geht .... geht (es) ... besonders um die Förderung der Regulationskompetenz und -performanz von Menschen" (*Scheiblich, Petzold* 2005).

Diese Faktoren müssen im Blick sein, wenn die Arbeit mit jungen drogenkonsumierenden Menschen in der Drogenhilfe konzeptionell entwickelt wird.

6. Leistungsangebote der Drogenhilfe im Kontext des KJHG

Eine einseitige Problematisierung des Drogenkonsums verbunden mit der Folge schärferer Reaktionen auf dieses Verhalten, verstellt den Blick auf die Chancen des sozialpädagogischen Umgangs mit den drogenkonsumierenden Jugendlichen. Im alltäglichen Leben ist der Kontakt zu Drogen und dessen Konsum ein Bestandteil der jugendlichen Erfahrungswelt (vgl. *Quensel* 1996).

Die Vielfalt der Stile und Lebensentwürfe heutiger Jugend verdeutlichen, daß sich Institutionen – wollen sie Sozialisation fördern und sichern – mit der derzeitigen Lebenssituation und dem Lebensentwurf des Jugendlichen auseinandersetzen müssen.

Nach § 7 Abs. 1 *Kinder- und Jugendhilfegesetz (KJHG)* ist als „junger Mensch" (vgl. auch §1 KJHG) zu betrachten, wer noch nicht 27 Jahre alt ist.
    Der Konsum von illegalen Drogen in dieser Altersgruppe ist soziale Realität, d.h. Drogenhilfe (als anerkannter freier Träger der Jugendhilfe) ist gem. § 1 KJHG prinzipiell auch für drogenkonsumierende und drogenabhängige junge Menschen zuständig. Hierbei ist es irrelevant, ob legale oder illegale Drogen konsumiert werden.

Nach § 35a KJHG haben (drogenkonsumierende/-abhängige) Jugendliche einen Anspruch auf Beratung (§ 28 KJHG), Hilfeleistungen und Eingliederungshilfen. „Der gesetzliche Auftrag zielt darauf ab, junge Menschen in ihrer individuellen und sozialen Entwicklung zu fördern, Benachteiligungen zu vermeiden und abzubauen sowie für positive Lebensbedingungen ... Sorge zu tragen" (*Hansen, Körner* 2005).
    Die fachliche und finanzielle Verantwortung ist in Verbindung mit § 47 BSHG gesetzlich geregelt (vgl. *Späth* 1994). Diese Zuständigkeit bezieht sich nicht auf die medizinische Behandlung (z.B. Entgiftung), aber auf Rehabilitation und Wie-

dereingliederung, d.h. die Drogenhilfe muß die erforderlichen Angebote (vgl. § 79 Abs. 2 KJHG) vorhalten.

Die *AG Dropo* (2004) hat sich in ihrem *„Positionspapier zu Hilfen und Präventionsmaßnahmen bei drogenkonsumierenden Jugendlichen"* mit der Frage von Leistungsangeboten für diese Zielgruppe auseinandergesetzt: *Die Zielgruppe wird bisher nur unzureichend von Hilfesystemen erreicht und unterscheidet sich auf vielfältige Weise von der „traditionellen Klientel" der Drogenhilfe. Daraus resultiert, daß adäquate Hilfen zu entwickeln sind – vornehmlich für die Leistungssegmente Beratung, Betreuung und Behandlung, aber auch Prävention (sekundärpräventive Interventionen).*

Zwar zielen politische Handlungsprogramme, Projekte und Modelle zunehmend auf den problematischen Drogenkonsum junger Menschen, die inhaltliche Ausgestaltung bestehender Hilfen und (spezifischer) Präventionsmaßnahmen ist jedoch unverändert unzulänglich.

Für die Drogenhilfe ist zu prüfen, inwieweit personelle Kapazitäten gewonnen werden können, indem Abstriche von den bisherigen Angeboten innerhalb der Beratungsstellen und den angegliederten Fachstellen für Suchtvorbeugung gemacht werden können.

Die Kernaussagen dieses Papiers greifen insgesamt zu kurz, da sie zu wenig von den tatsächlichen Lebenslagen (drogenkonsumierender) Jugendlicher ausgehen, letztlich auf den Bereich der Prävention begrenzt sind und die im *KJHG* aufgezeigten Möglichkeiten nur am Rande berücksichtigen.

Der Hilfebedarf drogenkonsumierender/-abhängiger Jugendlicher ist vielfältig. Die Arbeit mit dieser Zielgruppe ist „ein *Erfassen* (ihrer) heutigen, ultrakomplexen und globalisierten Lebenswirklichkeit und (erfordert) ein hinlänglich konsistentes *Verstehen* von Menschen mit ihren vielschichtigen Lebenslagen und ... *exzentrische* und *mehrperspektivische* Zugehensweisen .... Es sind *multitheoretische* Untersuchungen, Betrachtungen und Analysen angesagt, um komplexe Realität angemessen zu erfassen und *multipraxeologische* Wege wie Sozialtherapie, Psychotherapie, Sozial- und Bildungsarbeit erforderlich, um auf die Lebenslage ... Einfluß zu nehmen. Es werden *multimethodische* Arbeitsformen notwendig: erlebnisaktivierende, psychodynamische, verhaltensorientierte, leibzentrierte – also ein „integratives Vorgehen" (*Petzold* 1993a, *Grawe* 2004).

Der Hilfebedarf beinhaltet also unmittelbare, konkrete Hilfen wie Übernachtungsmöglichkeiten, Informationsvermittlungen/Safer use, Reflexion von Konsumgewohnheiten und Erarbeitung von Handlungsansätzen und Perspektiven.

90% der Jugendlichen haben Angst davor, daß die Eltern von ihrem Drogenkonsum erfahren und 80%, daß Freunde und Mitschüler oder andere Personen aus ihrem Umfeld davon erfahren – der Hinderungsgrund für die Nicht-Inanspruchnahme von professioneller Hilfe. Hier wird deutlich, daß die Jugendlichen davon ausgehen, daß ihre „Drogenprobleme" nicht vertraulich behandelt werden (*Broekmann, Schmidt* 2001) und aus diesem Grund Hilfeangebote abgelehnt werden.

Voraussetzung für *alle* Hilfeangebote muß dementsprechend eine sanktionsfreie und vertrauensvolle Atmosphäre sein, die für die Jugendlichen Anonymität und Schweigepflicht gewährleistet; die Haltung des Pädagogen sollte geprägt sein von Verständnis und Akzeptanz des Jugendlichen (vgl. *Nohl* 1933/35).

6.1 Qualifikation der Mitarbeiter

Die Mitarbeiter (Sozialarbeiter, Sozialpädagogen, Psychologen, Ärzte) müssen in einem kontinuierlichen Weiterbildungsprozeß qualifiziert werden. Ziele sind: Arbeits- und Lebenszufriedenheit zu fördern, Engagement und Faszination für den Beruf des Beraters/Therapeuten zu bekräftigen, Ressourcen zu erschließen und eine qualitätssichernde Weiterbildung von hoher lebensweltlicher Relevanz zu gewährleisten. Das ist eine Voraussetzung für eine gelebte *„exzellente und qualitätsbewußte Professionalität"* und erfordert, daß berufliche Wissensaneignung im Sinne „komplexen Lernens" als „persönlich bedeutungsvoll" und „subjektiv sinnvoll" erlebt werden kann, selbstbestimmt in „persönlicher Souveränität" und zugleich eingebunden in professionelle soziale Netzwerke von „fundierter Kollegialität".

Hierdurch ist eine hohe *Ziel-Ziel- und Ziel-Mittel-Kompatibilität* gegeben, d.h. professionelles Handeln

1. in ambulanten, (teil-)stationären, klinischen und rehabilitativen Settings durch Bereitstellung von therapiewirksamen Heilfaktoren,
2. in der Beratungs-/Betreuungs- und Präventionsarbeit durch Bereitstellung von Ressourcen und protektiven Faktoren,
3. durch Förderung von Bewußtheit, Kompetenzerleben, Selbstwirksamkeit, persönlicher Souveränität,
4. durch Förderung von ressourcenreichen sozialen Netzwerken/Konvois zur Bekräftigung personaler Identität,

5. durch Förderung gesellschafts- und gesundheitspolitischen Bewußtseins, des Engagement für soziale Gerechtigkeit, des Sinnerlebens, einer Gesundheitskultur, konviviale, humane Lebensbedingungen und "just therapy" (vgl. *Petzold, Schay, Sieper* 2005).

6.2 Prävention

Nach *Jordan* (2005) erfolgt Suchtprävention in Deutschland mittels verschiedener Kommunikationswege und Strategien. Öffentlichkeitswirksame Medien wie Broschüren, Flyer, Internet-Angebote und Anzeigen dienen der Wissensvermittlung über psychoaktive Stoffe und ihre gesundheitlichen Risiken. Eine gesundheitsförderliche Verhaltenssteuerung findet ihren Niederschlag in Schulungsmaterial für Multiplikatoren und Kontaktpersonen, die neben der klassischen Form der interpersonalen Kommunikation zunehmend Maßnahmen der Frühintervention einsetzen. Individuumsbezogenen Interventionen stehen Strategien gegenüber, die auf eine gesundheitsgerechte Strukturgestaltung zielen, wofür intersektorale und interinstitutionelle Kooperationen ebenso wie Lobbying notwendig sind. In Deutschland kommen überwiegend vier suchtpräventive Ansätze neben- und miteinander zur Anwendung: Förderung von Lebensbewältigungsstrategien, Ermöglichung erlebnisorientierter Alternativen, Förderung von Risikokompetenz und Früherkennung mit dem Angebot gezielter frühzeitiger Hilfen.

Die *Arbeitsgemeinschaft der Obersten Landesjugendbehörden* (2005) beschreibt in ihrer Expertise zum Thema „Kinder und Gesundheit – Gesundheitsförderung als gesamtgesellschaftliche Aufgabe" die Zunahme psychischer Erkrankungen und Verhaltensstörungen bei Kindern und Jugendlichen und weist darauf hin, daß „Kinder mit geringem sozioökonomischen Status einen deutlich schlechteren Gesundheitszustand aufweisen, ein wesentlich schlechteres subjektives Gesundheitsempfinden haben und ein deutlich geringeres Gesundheitsbewußtsein".

Dies hat zur Konsequenz, daß Jugendliche, die kaum Perspektiven sehen (z.B. Arbeitslosigkeit), gefährdeter sind hinsichtlich einer Suchtentwicklung bzw. abweichendem Verhalten; daß Jugendliche, die nicht „gebraucht" werden, von denen nichts erwartet wird (z.B. morgens pünktlich im Ausbildungsbetrieb zu sein), wenig zu verlieren haben.

Um hier wirksam werden zu können, müssen Maßnahmen der Suchtprävention Wege aufzeigen, wie Jugendlichen Möglichkeiten zur Perspektiventwicklung (z.B. Qualifizierungsmaßnahmen) und Erlebnisaktivierung (z.B. Jugendfreizeithäuser) gegeben bzw. erhalten werden können.

Zur *strukturellen suchtpräventiven Arbeit* gehören demnach:

- Aufzeigen von Konsum-Alternativen wie Begegnungsräume (z.B. Jugendfreizeithäuser, Kreativangebote), Entwicklungsräume (Schul-, Ausbildungs-, Ar-
  beitsplätze)
- Gesundheitsförderung („Vorbeugen ist besser als heilen")
- Ausweitung und Implementierung von Erziehungskursen, Ausbau von Erzie-
  hungs-/ Familienberatung, Stärkung der Eltern-/Bezugspersonenkompetenz
- Ausbau und Implementierung von Frühinterventionen (z.B. Workshops zu Er-
  ziehungsthemen im Kindergarten bis zu Angebotsunterbreitung für intoxikier-
  te (z.b. alkoholvergiftete) Jugendliche in Notfall-Stationen in Krankenhäusern
- Entkriminalisierung von Cannabis nach niederländischem Modell (was natürlich die Verfügbarkeit erhöht, aber den Anreiz des Verbotenen reduziert)
- Evaluation bzgl. Methoden der Identifikation suchtgefährdeter Jugendlicher
  und der Wirksamkeit von Präventionsangeboten
- Drug Checking und ein ausgeweitetes Monitoring bzgl. Konsumtrends
- Stärkere Partizipation Jugendlicher mit dem Ziel der Förderung der Selbst-
  wirksamkeitserwartung bei Jugendlichen (z.B. Beteiligung in Schule, Jugend-
  parlamente, betriebliche Einbindung)
- Multiplikatorenschulungen zur Arbeit mit Jugendlichen (z.b. motivierende
  Gesprächsführung)
- Informationsvermittlung, Öffentlichkeitsarbeit

Speziell entwickelte Präventionsprogramme fokussieren den Drogenkonsum des
Jugendlichen mit dem Ziel Sucht zu vermeiden. Die „ *life-skills-Trainingsprogram-
me* " (vgl. *Dusenbury/Butvin* 1990, 459-477) beinhalten

- die Vermittlung von Informationen und Fähigkeiten, die geeignet sind, dem
  sozialen Einfluß, Suchtmittel zu konsumieren, zu widerstehen und damit zu-
  sammenhängend,
- die Vermittlung von Fähigkeiten der sozialen Resistenz gegenüber einem Drogenkonsum,
- die Vermittlung von Fähigkeiten des individuellen Zurechtkommens,
- die Vermittlung von allgemeinen sozialen Fähigkeiten.

Sekundärprävention

will konsumierende Kinder und Jugendliche ansprechen und zielt darauf ab, bei Personen mit drohendem gesundheitsschädlichem Drogenkonsum zum frühestmöglichen Zeitpunkt zu intervenieren, um die Entwicklung einer manifesten Abhängigkeit zu verhindern und bereits bestehende Beeinträchtigungen zu beheben, so daß auf praktischer Ebene eine Basis für Handlungsalternativen zum Konsum im Lebensalltag (wieder) geschaffen werden kann. Es geht also um Unterstützung bei der Entwicklungsaufgabe, mit Drogen und anderen Konsummitteln selbstverantwortlich und kontrolliert umgehen zu lernen (vgl. *AG Drogenarbeit und Drogenpolitik NRW e.V.* 2004).

Um diese Ziele umsetzen zu können, müssen Früherkennung und Frühintervention Hauptelemente dieses Präventionsansatzes sein, also die Frage: Wie können 12 bis 25jährige Kinder und Jugendliche (insbesondere unter Einbeziehung ihrer subjektiven Sicht) erreicht werden? Es geht hier also nicht um Sucht-*Behandlung*, die auf (psycho-) therapeutischer Ebene die Ursachen und Auswirkungen des Drogenkonsums aufarbeitet und die Ebene der Medizin mit einbezieht (vgl. ebenda).

Hier muß die Drogenhilfe Interventionsmöglichkeiten und Verfahren entwikkeln, um

- eine (schwerwiegende) psychische Störung, die bei Kindern und Jugendlichen als Folge des Drogenkonsums und/oder anderer aktueller Problemstellungen entstehen kann, zu verhindern.
- Veränderungen im Beziehungserleben und -verhalten sowie
- die Behebung persönlichkeitsstruktureller Defizite zu ermöglichen.

Die Annahme dabei ist, daß hierüber ein Verarbeitungsprozeß angeregt wird, der eine Normalisierung der Situation (der Symptome) ermöglicht, der Prozesse sozialer Unterstützung anregt und sozialen Rückzugstendenzen entgegenwirkt (vgl. *Mitte, Steil, Nachtigall* 2005).

Suchtpräventive Arbeit in Kooperation mit der Schule

- Unterrichtsreihen/Projekte zur Vermittlung substanzspezifischer Informationen zugeschnitten auf die jeweiligen Bildungs- und Altersstufen sowie z.B. Unterscheidungen von Konsummustern und Gesundheitsförderung (z.B. Vermittlung von Lebenslust, aktiv sein)

- Klärung der Schulordnung zur Regelung des Umgangs mit Drogenkonsum und Dealen an der Schule

Exemplarisch sei hier das Hamburger Schulprojekt „Bekifft in der Schule – Hilfen für Schulen zur Vorbeugung und Problemlösung" erwähnt, das seit dem Schuljahr 2001/02 an bisher 45 Schulen durchgeführt wurde. Das Projekt verfolgt zwei vorrangige Zielsetzungen:

1) Schulen sollen qualifiziert und unterstützt werden, dem Cannabiskonsum vor und während der Schulzeit vorzubeugen, aber auch Probleme im Zusammenhang mit Cannabiskonsum frühzeitig zu erkennen und angemessen zu reagieren.
2) Schüler sollen angeregt werden, problematischen Cannabiskonsum kritisch zu erkennen, zu verändern und einzustellen.

Das positive Fazit endet mit der Erkenntnis, daß dieses Thema viele Schulen in unterschiedlicher Form betrifft. „Die Teilnahme am Projekt zeugt vielmehr von der besonderen Verantwortlichkeit einer Schule, sich verbreiteten Problemen zu stellen und, ähnlich wie es die betriebliche Suchtprävention seit Jahren macht, klare Regeln und Interventionen vorbeugend zu vereinbaren" (*Rodiek, Schlömer* 2005).

6.3   Jugend- und Drogenhilfe als Netzwerkarbeit

„Entwicklungsschritte im Jugendalter bedürfen ... einer besonderen Stützung der antizipatorischen Entwicklungsarbeit, weil Jugendliche erst noch lernen müssen, wie die Prozesse der Lebensplanung und der Umsetzung solcher Planung durch gezielte Verwirklichung der dazu erforderlichen Schritte gelingen können. ... Das Wissen um die Bedingungen der einzelnen Lebensphasen, Altersstufen, Lebenslagen, wie es entwicklungspsychologische und sozialisationstheoretische Kenntnisse in einer profunden Qualität erschließen, ermöglicht eine flexible Zupassung von Wissensbeständen auf die jeweilige Situationen des Patienten oder Klienten dadurch , daß korrespondierende, interaktionale Prozesse Raum erhalten, gesucht, installiert werden, weil eine life-span-developement therapy darum weiß, daß Lebensinterpretation und eine in ihr gründende besondere Lebensgestaltung ein gemeinschaftliches Unterfangen ist" (*Petzold* 1999).

Um die Entwicklungsschritte drogenkonsumierender Kinder und Jugendlicher in einer „profunden Qualität" unterstützen zu können, müssen in einem Netzwerkes zwischen Jugend- und Drogenhilfe innerhalb eines Verbundsystems Hilfe- und

Leistungsangebote installiert werden, die an den Bedarfen der Zielgruppe ausgerichtet sind und eine „Therapie der Lebensspanne" ermöglichen.

Um die Kinder und Jugendlichen mit diesen Hilfeangeboten erreichen zu können, müssen wir uns und unsere Arbeit (ver)ändern und ein Leistungsbündel entwickeln, daß alle Aspekte der Jugend- und Drogenhilfe aufgreift.

Exemplarisch wird dieses Hilfe- und Leistungsangebot als **Beratungs-/Anlaufstelle für drogenkonsumierende Kinder und Jugendliche** dargestellt:

Arbeitsschwerpunkte:

–   Entwicklung von auf den Bedarf der Kinder und Jugendlichen zugeschnittener Hilfeangebote (vgl. Punkt 5.)
–   Information und Beratung von Kindern und Jugendlichen sowie Angehörigen
    Die Sozialarbeiter stehen als Ansprechpartner für die alltäglichen Sorgen und Nöte des Jugendlichen, als Begleiter in Krisen und zur Konfliktbewältigung zur Verfügung, geben persönliche Unterstützung in allen Lebensfragen, geben Anregungen und Impulse, machen Mut und konfrontieren den Betroffenen mit seiner Lebensweise und der Realisierbarkeit seiner Wünsche, Ziele und Lebensentwürfe (vgl. *Scheiblich, Petzold* 2005).
    Maßnahmen in Kooperation mit der Jugendhilfe:
    – innerhalb der vereinbarten Kooperation kann die Jugendhilfe spezifisches Wissen über Persönlichkeitsentwicklung und jugendtypische Konflikte vermitteln.
    – die Drogenhilfe erarbeitet gemeinsame Konzepte zum Umgang mit drogenkonsumierenden/-abhängigen Jugendlichen.
    – auf dieser Grundlage können gemeinsame Möglichkeiten zur Frühintervention entwickelt werden.
    – gemeinsame Fallbesprechungen bzw. Hilfeplangespräche.
    – Infoveranstaltungen, um Kontakte zu Jugendlichen in einer „unverfänglichen" Weise aufzubauen.
    – Vereinbarungen bzgl. Umgang mit Konsum im Rahmen von (stationärer) Jugendhilfe werden im Diskurs mit der Drogenhilfe weiterentwickelt.
–   Krisenintervention / Soziales, Wohnen, Beruf und Schule (case-management, vgl. Punkt 5. und *Betreuungselemente*)
–   Koordinierung von Hilfemaßnahmen (case-management, vgl. Punkt 5, *Angebote* und *Kooperation*)

- verantwortlich für die enge Verknüpfung der einzelnen Leistungsanbieter und ihrer Mitarbeiter (case-management, vgl. Punkt 5., *Angebote* und *Kooperation*)
- Ansprechpartner für und Beratung weiterer (Jugend-) Hilfeeinrichtungen (Jugendzentren u.a.) und Vermittlung dorthin (case-management, vgl. Punkt 5. und *Betreuungselemente*)
- Präventionsangebote Vor-Ort (Schulen, Clubs, Jugendzentren u.a.) (vgl. Punkt 6.2)

Beratungsteam:

- Fachkräfte der Drogenhilfe, Präventionsfachkräfte, Mitarbeiter der Jugendhilfe, Mitarbeiter einer Fachklinik für drogenkonsumierende/-abhängige Kinder und Jugendliche

Die Klienten müssen

- über „Betreuungsmotivation" verfügen.
- die Bereitschaft haben, sich auf eine sozial-/soziotherapeutische Beziehung und Arbeit einzulassen.
- über eine Akzeptanz der Grundregeln, die im Betreuungskontext festgelegt sind, verfügen.

Merkmale der Zielgruppe:

- soziale, persönliche und berufliche Integrationsschwierigkeiten, Defizite, Störungen, mangelnde Beziehungsfähigkeit, Traumatisierungen, Konflikte, niedrige Frustrationstoleranz, Impulsivität und mangelnde Steuerungsfähigkeit, reduzierte Erlebnisfähigkeit, fehlende Sinn- und Wertorientierung bei einer insgesamt instabilen und schwachen Ich-Struktur.
- Arbeitslosigkeit, Konsumorientierung, gesellschaftliche und individuelle Orientierungs- und Perspektivlosigkeit, damit zusammenhängende Existenzängste und allgemeine Verunsicherung.
- Verdinglichung und Verfremdung als Konsequenz der Lebensbedingungen in der modernen Industriegesellschaft, psychosomatische Erkrankungen, Spaltung zwischen Person und Körper aufgrund komplexer Sozialisationsschäden.
- gesellschaftlich relevant sind hier auch eine kriminalisierende Gesetzgebung und deren praktische Handhabung.

Betreuungsdauer:

- ambulant: drei Monate und ggf. Weitervermittlung in andere Hilfemaßnahmen
- stationär: bis zu 12 Monate und ggf. ambulante Weiterbetreuung

Ziele:

- Karrierebegleitung
- Schaffung eines drogenfreien Rahmens
- Entwicklung von Hilfeprogrammen zur Einschränkung von mißbräuchlichem Verhalten und Verhinderung einer Chronifizierung einer Suchtgefährdung
- ggf. Weitervermittlung an Jugendhilfemaßnahmen und/oder Maßnahmen der medizinischen Rehabilitation, Substitutionsbehandlung

Zieldefinition:

Bei der Ausdifferenzierung der Betreuungsleistungen muß neben der vorgegebenen Betreuungsstruktur die Möglichkeit der (zeitlichen) Flexibilisierung der verschiedenen Leistungsangebote im Hinblick auf den Bedarf des einzelnen Klienten sowie hinsichtlich einer individuellen Betreuungsplanung gegeben sein.

Metaziele sollen für die bewußte Handlungssteuerung in persönlichen Entwicklungsprozessen verfügbar sein:

- Erhöhung der Alltagskompetenzen
- Verbesserung und Erweiterung der persönlichen und sozialen Kompetenz sowie der Erlebnisfähigkeit und der Lebensqualität
- Stärkung konstruktiver, funktionaler Lebensstile; Erweiterung persönlicher Kompetenzen und Performanzen
- Wiedergewinn von Lebenssinn und Lebensfreude durch Kontakt und Spaß mit Anderen
- Entwicklung / Stabilisierung / Erreichung der Abstinenz

Grobziele betreffen die Person in ihrer Vergangenheit, Gegenwart und Zukunft. Sie werden aus der Exploration der Persönlichkeit und der Kontext-/Kontinuumanalyse des Klienten gewonnen und im „therapeutischen Curriculum" umgesetzt:
- Entwicklung von Vitalität und Kompetenz, Willens- und Durchhaltekraft
- Ressourcen- und Potentialaktivierung

- Regulation von (Über-) Belastungsgefühlen
- positive Bewertung des Selbst und von prägenden Lebensereignissen
- Erarbeitung eigener Werte und Normen sowie eigener Regeln

Feinziele sind instrumentell für das Erreichen der Grobziele, d.h. es geht auch um methodenbestimmte Ziele: Wir müssen wissen, was wir sozial-/soziotherapeutisch, netzwerktherapeutisch, regressionstherapeutisch etc. erreichen können und wollen:

- Förderung der Eigeninitiative und Eigenverantwortlichkeit
- Aufbau bzw. die Wiederaufnahme von tragfähigen Kontakten und Beziehungen (Freundes- und Bekanntenkreis), um Zugehörigkeit zu erfahren, Spaß zu haben und so dem Alleinsein entgegenzuwirken
- Annahme des eigenen Geschlechts und dessen positive Bewertung
- Erarbeitung eines gesunden Umgangs mit der eigenen Sexualität
- Unterstützung bei der schrittweisen praktischen Erprobung der psychischen und körperlichen Belastbarkeit unter „Alltags- und Arbeitsbedingungen" (= Eingliederung in Arbeit, Beruf und Gesellschaft), beim Umgang mit kritischen Situationen und bei der Entwicklung von Konfliktlösungsstrategien
- Hilfen bei der Bearbeitung latenter Probleme

Angebote (siehe auch Punkte 6.2-6.3):

- offenen Sprechstunde
- Vermittlung in weiterführende Leistungsangebote der Drogenhilfe (z.B. Maßnahmen der medizinischen Rehabilitation) und Jugendhilfe (z.B. ambulantes, stationäres betreutes Wohnen) und anderer Leistungsanbieter im psychosozialen Versorgungsnetz
- ein besonderer Fokus aller Angebote muß stets auf die schulisch/berufliche Perspektive des Jugendlichen gelegt werden, d.h. (Wieder-) Herstellung der Erwerbsfähigkeit, berufliche und soziale (Wieder-) Eingliederung

Betreuungselemente:

- Bereitstellung eines niedrigschwelligen Settings
  Ein niederschwelliges Angebot will vorrangig Kontaktmöglichkeiten für Jugendliche bieten, wobei die momentanen Krisen und Nöte der Jugendlichen im Vordergrund stehen:

- Veränderung der aktuellen Situation
- Hilfen nach individuellen Anforderungen, z.b.: Basishilfen wie Speisen, Getränke, Möglichkeiten zur Körperpflege, Wäschereinigung, gebrauchte Kleidung, sterile Spritzen, Kondome, medizinische Versorgung u.a.m.
- Sicherung existentieller Bedürfnisse
- Entwicklung neuer Perspektiven
- ggf. Sicherstellung medizinischer/psychiatrischer Versorgung
- Einzelbetreuung
Bei der Einzelbetreuung als Individualmaßnahme geht es um die soziale und gesellschaftliche (Re-) Integration des Jugendlichen, die Aufarbeitung seiner besonders belastenden Probleme sowie eine spätere Verselbständigung. Bei Bedarf und Bereitschaft des Jugendlichen sollen psychologisch-therapeutische Hilfeangebote die Einzelbetreuung flankierend unterstützen.
Maßnahmen:
- Kriseninterventionssetting, das dem Jugendlichen den Ausstieg aus dem ihn gefährdenden Milieu erleichtert (ggf. auch Substitution)
- Setting zur Veränderung der Lebenssituation, der Lebensperspektive sowie der Lebenseinstellung des Jugendlichen
- Notschlafplätze
- Vermittlung von Entzugs- (in Kooperation mit Ärzten und Kliniken) und ggf. Therapiemöglichkeiten
- Einzelgespräche
Das Einzelgespräch dient der Bearbeitung von aktuellen Problemen und Schwierigkeiten. Hier werden die angestrebten Ziele differenziert erarbeitet, überprüft und die praktizierten Vorgehensweisen reflektiert:
- die vorhandene soziale Einbettung wird thematisiert (soziales Netzwerk) und Perspektiven für Aufbau, Gestaltung und Erhaltung eines hinreichend stabilen sozialen Netzwerkes werden erarbeitet (netzwerkaktivierende Modalität).
- die vorhandenen Ressourcen und Potentiale werden erhoben (Erhebung der personellen, sozialen, materiellen und beruflichen Ressourcen und Potentiale) und konkrete alternative Verhaltens- und Vorgehensweisen unter Einbeziehung der eigenen Ressourcen werden erörtert und erprobt.
- destruktive bzw. toxische selbstreferentielle Kognitionen, Wertlosigkeitsgefühle, Selbstzweifel werden systematisch bearbeitet.

– Gruppengespräche
  Gruppengespräche als Methode berücksichtigen, daß die Ursachen von Drogenkonsum unter anderem in gestörten Gruppenbeziehungen liegen (Familie, Peer-group etc.).
  Durch die Gruppengespräche eröffnen sich für die Klienten Möglichkeiten,
  – sich aktuelles Verhalten und Erleben bewußt zu machen und Hintergründe dafür zu erkennen.
  – neue Verhaltensweisen zu erproben.
  – solidarisches Handeln zu erfahren und zu fördern, um einen gemeinsamen Weg aus der Abhängigkeitserkrankung zu finden (Solidaritätserfahrung).
  – bestehende Beziehungen zu reflektieren.
  – positive Veränderungen bei einzelnen Gruppenmitgliedern zu erfahren und damit eine positive, zukunftsgerichtete und hoffnungsvolle Atmosphäre in der Gesamtgruppe zu erleben.
  – das Selbsthilfepotential und die Selbstregulationsmechanismen zu verstärken.
– sport- und entspannungstherapeutische Maßnahmen
  Der Klient soll wieder Bezug zu seinem Körper gewinnen, sportlich fit werden (Kraft, Kondition) und Freude am Sport und an sportlichen Aktivitäten mit anderen (späterer Transfer als Hobby!) gewinnen und Möglichkeiten der Streßbewältigung kennenlernen.
– Sozialberatung
  Die sozialen Hilfen orientieren sich am Grad der sozialen Desintegration des Klienten und umfassen u.a.
  – notwendige Klärungen in juristischer Hinsicht
  – sozialrechtliche Hilfestellungen
  – Schuldenregulierungen
  – Hilfen beim Kontakt mit Ämtern und Behörden
– Rückfallprophylaxe
  Rückfallprophylaktische Maßnahmen zielen auf Schadensbegrenzung und versuchen die Verfestigung eines Konsumverhaltens zu verhindern. Der Klient soll zu einem Verhalten befähigt werden, das Rückfallrisiken minimiert und ein „Abgleiten in die Sucht" verhindert, d.h. seine Risikokompetenz wird gefördert.
– ggf. Vermittlung in Traumatherapie
  Spezifische Formen der Traumabehandlung (IDR-T, Habituation/moderate Reizexposition, EMDR) werden bei vorliegender Indikation vermittelt.

- genderspezifisches Betreuungselement
  Zur Überprüfung und Bearbeitung und ggf. Veränderung des individuellen Rollenverhaltens und Rollenrepertoires und der Förderung einer genderspezifischen Identität werden spezielle Angebote vermittelt.
- Familiengespräche
  Das soziale Umfeld des Patienten wird ggf. in den Betreuungsprozeß einbezogen, z.B. in Form von ergänzenden Angehörigen-, Paar- und Familiengesprächen.
- Arbeit mit Rückfällen
  Da der Rückfall häufig Ausdruck eines krisenhaften Geschehens ist, hat eine zeitnahe Interventionsplanung und -durchführung oberste Priorität. Hierzu wird zunächst ein Gespräch mit dem betroffenen Klienten (möglichst durch den Betreuer) geführt, welches der Abklärung und Absicherung der Situation und der weiteren Betreuungsplanung dient.
  Auch ist auf eine akute Suizidgefahr zu achten und ggf. eine Einweisung in eine psychiatrische Einrichtung vorzunehmen.
- Gesundheitsbildung
  Im Rahmen der Betreuungsplanung werden gezielt Maßnahmen zur Gesundheitsbildung aufgezeigt und vermittelt, z.B.
  – Partnerschaft / Sexualität
  – Informationen über HIV, Hepatitis C etc.
- Psychosoziale Betreuung für Substituierte (vgl. *Schay* dieses Buch)

Kooperation:

In einem Kooperationsverbund mit den Einrichtungen des psychosozialen Versorgungssystems werden weiterführende Angebote in der Behandlung/Betreuung Drogenabhängiger (z.B. Ambulante Rehabilitation, Ganztägig ambulante Rehabilitation, Betreutes Wohnen) vorgehalten. Die Zusammenarbeit findet in Kooperationsverträgen ihren Ausdruck und wird durch regelmäßige Teambesprechungen und gemeinsame Fortbildungen inhaltlich weiterentwickelt.

Kooperationspartner:

- Einrichtungen der Jugend- und Drogenhilfe/Fachstelle für Prävention
- Einrichtungen der medizinischen Versorgung (Entzugsstationen, Einrichtungen der medizinischen Rehabilitation (ambulant/(teil-) stationär)
- justizielle Behörden (Jugendgerichts-/Bewährungshilfe, Gerichte, JVA'en)

- städtische Behörden (Schulen, Jugend-/Sozialamt, Amt für Wohnungshilfe, Erziehungsberatungsstellen, Notschlafstellen, Frauenhäuser)
- (Jugend-) Bildungsträger (Institutionen der (über-) betrieblichen Aus- und Weiterbildung), Schulen, Träger der Jugend-Berufshilfe
- Agentur für Arbeit/Arbeitsgemeinschaft nach SGB II
- Niedergelassene (Psychotherapeuten, Rechtsanwälte, Ärzte)
- Freizeiteinrichtungen (Sportvereine, Kirchengemeinden, VHS, Jugendfreizeithäuser, Diskotheken) u.v.m.

Noch ist dieses Leistungsangebot ein Traum. Doch, wenn wir in der Drogenhilfe nicht mehr träumen, ist Entwicklung nicht mehr möglich – und ein gelungenes Netzwerk an Hilfe- und Leistungsangeboten für Kinder und Jugendliche bleibt Utopie.

7.   Schlußbemerkungen

Um Utopien zu vermeiden, müssen die Hilfeangebote der Drogenhilfe auf den Prüfstand gestellt werden. Dabei müssen wir selbstkritisch feststellen, daß wir es in den vergangenen Jahren versäumt haben, unsere Leistungsangebote auszudifferenzieren und den Bedarf unserer Maßnahmen zu sehr an den Vorgaben der Leistungsträger und Förderprogramme ausgerichtet haben.

Neue Klientengruppen – wie Kinder und Jugendliche – standen dabei nicht im Wettbewerb und sind folgerichtig auch nicht in unsere Einrichtungen gekommen.

Noch immer ist festzustellen, daß diese Diskussion von den Vertretern der freien Wohlfahrtspflege und leider auch von Kollegen, die bei ihren Trägern in leitender Funktion tätig sind, weitgehend verhindert wird, unter dem Vorwand, die Finanzierung unserer Einrichtungen nicht zu gefährden.

Übersehen wird dabei – und das hat die Erfahrung uns immer wieder gelehrt –, daß wir mit dieser „Fachpolitik" immer nur einer Entwicklung hinterherlaufen und letztlich von Politik und Leistungsträgern „veranlaßt" werden, unsere Arbeit nach deren Maßgaben inhaltlich zu gestalten.

Erst langsam kommen wir zu der Erkenntnis, daß auch wir als Praktiker hier eine fachliche und sozialpolitische Verantwortung zu übernehmen haben und uns in die Auseinandersetzung um die Inhalte unserer Arbeit begeben müssen. Insbesondere, um Hilfe- und Leistungsangebote aus der Praxis heraus entwickeln und fachlich auf eine Basis stellen zu können, die wir als Fachleute vom Bedarf der Klienten ausgehend, für sinnvoll und notwendig halten. Besitzstandsdenken und Festhalten an Traditionen wird uns nur erstarren lassen.

Gefordert sind dabei Neugierde und Offenheit, weil es für uns nur schwer vorstellbar ist, daß Identität und Zufriedenheit mit unserer Arbeit allein auf dem Wissen gegründet sind, daß wir die Zusammenhänge der Bewilligungspraxis, die Sachzwänge unseres Trägers kennen und/oder um die Sicherheit unseres Arbeitsplatzes fürchten müssen u.v.m.. Zu unserer Identität gehören vielfältige Aspekte, wie z.b. die Kultur unserer Arbeit als „Drogenhelfer", die Auseinandersetzung über Sinnzusammenhänge und die fortlaufende Einbindung in Supervision (vgl. auch *Schay*, dieses Buch), Fortbildung o.ä.. Denn, wir müssen tagtäglich in komplexen, vagen, instabilen und einzigartigen Situationen handeln und reagieren.

Die Handlungsprogramme, die von der Politik (z.B. Entschließung des Rats der Europäischen Union von 2003, Aktionsplan Drogen und Sucht der Bundesregierung von 2003, EU-Drogenaktionsplan 2005-2008; vgl. auch *AG Drogenarbeit und Drogenpolitik NRW e.V.* 2005) entwickelt werden, haben nicht die Neuausrichtung bestehender Arbeitsansätze zum Inhalt, sondern gehen von einer „Verwaltung der bestehenden Angebote" aus und vernachlässigen die fachliche Diskussion über eine bedarfsgerechte Weiterentwicklung der Hilfe- und Leistungsangebote der Drogenhilfe in bezug auf drogenkonsumierende Kinder und Jugendliche.

Insbesondere für die Bereiche der Beratung, Behandlung und Prävention muß festgestellt werden, daß die Zielgruppe von den bestehenden Leistungssegmenten nur unzulänglich angesprochen wird und Konzepte und Arbeitsmethoden benötigt werden, die adäquate Hilfen für drogenkonsumierende Kinder und Jugendliche, junge Erwachsene und deren Bezugspersonen ermöglichen.

Es ist nicht hinnehmbar, wenn hier auch aus der Drogenhilfe propagiert wird, daß die Arbeit mit der jugendlichen Zielgruppe (noch) nicht zu den Kernaufgaben von Sucht- und Drogenberatungsstellen gehört und beispielsweise in der Psychiatrie zu verorten sei.

Zunehmend haben wir es in unserer Arbeit mit Kindern und Jugendlichen zu tun, die unter Symptomen früher Störungen (Hyperaktivität/ADS, Schwierigkeiten im Umgang mit Aggression, psychischen Erkrankungen, Eßstörungen, Traumatisierungen, sozialer Isolation, Schulverweigerung u.v.m.; vgl. auch *AG Drogenarbeit und Drogenpolitik NRW e.V.* 2005) leiden, und diesen mit (z.T. sehr massivem) Drogenkonsum i.S. einer Selbstmedikation zu begegnen versuchen; auch werden wir von Eltern und Multiplikatoren angesprochen. Daraus muß sich die Verpflichtung ableiten, den Hilfesuchenden zum frühestmöglichen Zeitpunkt Unterstützung anzubieten.

Die Autoren haben aufgezeigt, daß die sog. „Symptomfixierung" – wie sie üblicherweise in der Drogenhilfe praktiziert wird – in den Hilfeangeboten und Arbeitsansätzen für Kinder und Jugendliche aufgehoben werden muß. Notwendig ist, daß wir die Lebenswelt dieser Zielgruppe wahrnehmen, erfassen und verstehen, um in der Lage zu sein, angemessene Leistungsangebote zu entwickeln.

Für Drogenhilfe als Netzwerkarbeit und im Verbundsystem der regionalen Angebotsstruktur ist die Notwendigkeit von ausgestalteten Kooperationsformen und klaren Zuständigkeiten zwingend notwendig, um die Angebote der Drogenhilfe für Betroffene überschaubar zu machen, und zu vermeiden, daß für Hilfesuchende Weitervermittlungen die Regel sind.

Drogenhilfe ist für alle kinder- und jugendtypischen Problemstellungen zuständig. In Fragen, die über ihre Leistungsangebote nicht abgedeckt werden können, vermittelt sie im Sinne des case-managements an die entsprechenden Kooperationspartner und Leistungsanbieter in der Region.

Alleiniger Maßstab muß dabei sein, daß wir die Klienten im Blick haben und Angebote vorhalten, die ihnen in ihrer Lebenssituation die notwendigen Hilfen vermitteln.

Die Autoren sind der Auffassung, daß wir es erreichen müssen, unser Selbstverständnis von Drogenhilfe zu erweitern und das Aufgabenspektrum in unseren Angeboten so weiterzuentwickeln, daß junge Mensche angemessene Möglichkeiten zur Entwicklung (von chancenreichen Lebenslagen) in der Lebensspanne erhalten. Mit *„Integrative Arbeit mit jungen drogenkonsumierenden/-abhängigen Menschen"* haben wir versucht, einen Rahmen zu entwickeln, der Hilfe- und Leistungsangebote für drogenkonsumierenden/-abhängigen Jugendlichen ermöglicht und für die Drogenhilfe Möglichkeiten eröffnet, notwendige Veränderungen und Weiterentwicklungen vorzunehmen.

8. Zusammenfassung

Der Artikel *„Integrative Arbeit mit jungen drogenkonsumierenden/-abhängigen Menschen"* zeigt – ausgehend von einer Bedarf- und Problemanalyse – Hilfe- und Leistungsangebote sowie Präventionsmaßnahmen bei drogenkonsumierenden/-abhängigen Kindern und Jugendlichen auf. Er entwickelt an den Bedürfnissen der

Zielgruppe orientierte Angebote als „Gemeinschaftsaufgabe" eines regionalen Kooperationsverbundes, der deutlich über die bestehenden Netzwerke im psychosozialen Versorgungssystem hinausgehen muß.

Um die Entwicklungsschritte drogenkonsumierender Kinder und Jugendlicher in einer „profunden Qualität" unterstützen zu können, muß der Fokus der Hilfe- und Leistungsangebote dabei zu einer systemischen und kontextbezogenen Sichtweise des Drogenkonsums und der Drogenkonsumenten verschoben werden. Konsum oder Mißbrauch ist eine Teilmenge des spezifischen jugendlichen Lebensstils, der vielfältige Verbindungen und Interaktionszusammenhänge mit den anderen Teilmengen dieses Lebensstils hat.

Schlüsselwörter: Drogenhilfe, Jugendhilfe, Gemeinschaftsaufgabe, Hilfe- und Leistungsangebote, Integrative Therapie

Summary

The article „Integrative Work with Young Persons Addicted to Drugs" demonstrates – based on an analysis of needs and problems – supplies of aids and benefits as well as preventive measures for young persons addicted to drugs. Supplies orientated towards the needs of the target group will be developed as common task of a regional cooperation that has to go beyond the existing networks within the psychosocial supply grid.

The focus of the supplies of aids and benefits has to change into a systemic point of view of drug addiction and drug addicts referring to context in order to support the stages of development of young people addicted to drugs in a profound quality. Drug consumption or drug abuse is an essential part of the specific young way of life that has many connections and correlations with the other parts of this way of life.

keywords: drug aid, help for young people, common task, supplies of aids and benefits, Integrative Therapy

Literatur

AG der Obersten Landesjugendbehörden (2005): Kinder und Gesundheit – Gesundheitsförderung als gesamtgesellschaftliche Aufgabe, 78. Jugendministerkonferenz, www.stmas.bayern.de und www.gmkonline.de

AG Drogenarbeit und Drogenpolitik NRW e.V. (2002): Drogenhilfe und Justiz, www.ag-dropo.de

AG Drogenarbeit und Drogenpolitik NRW e.V. (2004): Positionspapier zu Hilfen und Präventionsmaßnahmen bei drogenkonsumierenden Jugendlichen, www.ag-dropo.de

AG Drogenarbeit und Drogenpolitik NRW e.V. (2005): Handlungsperspektiven zu Hilfen und Präventionsmaßnahmen bei drogenkonsumierenden Jugendlichen und jungen Erwachsenen in NRW (unveröffentliches Arbeitspapier)

Affeldt, M. (1991): Erlebnisorientierte psychologische Gruppenarbeit zur Begleitung von Jugendlichen, Hamburg

Antonovsky, A. (1987): Unraveling the mystery of health. Jossey Bass, London

Arbeitsgruppe „Präventive Jugendhilfe" (1995): Zwischen Kundenorientierung und Fürsorge. Die Notwendigkeit einer stärkeren AdressatInnenorientierung in der Jugendhilfe, in: Neue Praxis, 2/1995, 118-132

Arenz-Greiving, I. (1993): Kinder von Suchtkranken, in: *Deutsche Hauptstelle gegen die Suchtgefahren* (Hrsg.), Sucht und Familie (S. 265-281), Lambertus, Freiburg

Baacke, D. (1991): Die 13- bis 18jährigen. Einführung in Probleme des Jugendalters (5., überarb. und erg. Aufl.). Weinheim

Beck, U. (1986): Risikogesellschaft. Auf dem Weg in eine andere Moderne. Frankfurt am Main.

Becker (2004); unveröffentlichter Vortrag bei der Tagung „addicted to party", Erfurt, 26.05.2004

Broekman, A./Schmidt, B. (2001): Angebote von Drogen- und Jugendhilfe aus der Sicht von Jugendlichen. In: Internationale Gesellschaft für erzieherische Hilfen(Hrsg.): Dialog und Kooperation von Jugendhilfe und Drogenhilfe. Frankfurt, 17-34

Bundesministerium für Familie, Senioren, Frauen und Jugend (2002): Leistungen und Grenzen von Heimerziehung. 2. Auflage, Stuttgart

Bundesministerium für Gesundheit und Soziale Sicherung (BMGS) (2004): Abschlußbericht über das Bundesmodell Designerdrogen-Sprechstunde (DDS) der Klinik für Kinder- und Jugendpsychiatrie der Universität Rostock, Forschungsbericht F 327 des BMGS, Berlin

Bundesministerium für Gesundheit und Soziale Sicherung (BMGS) (2005): Jugendkult Cannabis – Risiken und Hilfen, Dokumentation der Fachtagung am 29./30.11.2004, Berlin

Bundeszentrale für gesundheitliche Aufklärung (BzGA) (1998): Drogenaffinität Jugendlicher in der BRD, Berlin

Clark, D. et. al.(1995): Identifying anxiety disorders in adolescents hospitalised foralcohol abuse or dependence. Psychiatr. Serv. 46: 6138-620

Clark, D. et al. (1996): Adolescent substance abuse and internalizing disorders. Child Adolesc. Psychiatr. Clin. North. Am. 5: S. 45-57

Deutsche Hauptstelle gegen die Suchtgefahren (DHS) (2003): Jahrbuch Sucht 04, Geesthacht

Drogenbeauftragte der Bundesregierung (2002/5): Drogen- und Suchtbericht 2002/2005, Berlin

Dusenbury, L., Butvin, G. (1990): Competence Enhacement and the Prevention of Adolecent Problem Behavior. in: *Hurrelmann, K.* (Hrsg.): Health hazards in adolescene. Prevention and intervention in childhood and adolescence. Berlin, 1990

Ev. Erziehungsverband e.V. – EREV (2002): Jugendliche nehmen Drogen – hilft Jugendhilfe?, Schriftenreihe 4/2002, Hannover

Ev. Erziehungsverband e.V. – EREV (2002): Jugendhilfe und Drogenhilfe: Gemeinsam handeln – ein Leitfaden für die Kooperation beider Hilfesysteme, Hannover

Fachstelle für Suchtvorbeugung der Krisenhilfe e.V. Bochum (2001): Jugendliche und Drogenkonsum. Eine Studie an Bochumer Schulen, Bochum

Fegert, J., Häßler, F. (2004): Abschlußbericht über das Bundesmodellprojekt Designerdrogen-Sprechstunde der Klinik für Kinder- und Jugendneuropsychotherapie der Universität Rostock, download: www.bmgs.bund.de/deu/gra/publikationen/p forschung.c/m

Felitti, V.J. (2003): Ursprünge des Suchtverhaltens: Evidenzen aus einer Studie zu belastenden Kindheitserfahrungen, in: Praxis der Kinderpsychologie und Kinderpsychiatrie, 52, S. 547-559

Franzkowiak, P. (1996): Risikokompetenz. Eine neue Leitorientierung für die primäre Suchtprävention? in: neue praxis 5/1996, 409-425

Görgen / Hartmann / Oliva (2003): FreD. Ergebnisse der wissenschaftlichen Begleitung, im Auftrag des BMGS

Grawe, K. (2004): Neuropsychotherapie. Göttingen/Bern/Toronto: Hogrefe Verlag

Gref, K. (1999): Augen zu und durch? Drogenkonsumierende Jugendliche- (k)ein Thema für Jugendhilfe/Jugendarbeit? in: Kammerer, Bernd (Hrsg.): Jugend Sucht Hilfe. Sekundärprävention in der Jugendhilfe. emwe-Verlag, Nürnberg

Havighurst, R.J. (1976): Developmental tasks and education, Mc Kay, New York

Hensen, G., Körner, W. (2005): Erziehungsberatung – eine Standortbestimmung der Position von Psychotherapie in der Jugendhilfe, in: *Psychotherapeutenjournal* 3/2005, 4. Jg., Psychotherapeutenverlag, München

Holderness et. al. (1994): Co-morbidity of eating disorders and substance abuse: review of ther literature. Int. J. Eating Disord 16: S. 1-34

Hovens, J.G. et. al. (1994): Psychiatric comorbidity in hospitalised adolescent substance abusers. J. Am. Acad. Child Adolesc. Psychiatry 33: S. 476-483

Hüther, G.; Adler, L.; Rüther, E. (1999): Die neurobiologische Verankerung psychosozialer Erfahrungen. Zsch. Psycosom. Medizin. 45: 2-17

Hurrelmann, K. (2001): RISKANTER DROGENKONSUM IM JUGENDALTER – WARUM DROGEN- UND JUGENDHILFE KOOPERIEREN MÜSSEN. In: Niedersächsische Landesstelle gegen die Suchtgefahren (Hrsg.): Netzwerke der Sucht- und Jugendhilfe. Neue Maschen enger knüpfen. Hannover

IGfH (Hrsg.) (2001): Dialog und Kooperation von Jugendhilfe und Drogenhilfe, Franfurt a.M.

Inforum (2004): Suchtgefährdung früh erkennen und qualifiziert handeln, Info-Medium zur Sucht in NRW Nr. 2/2004, Münster

Jordan, S. (2005): Wirksame Präventionsmaßnahmen von cannabisbezogenen Störungen bei Jugendlichen. in: *Bundesministerium für Gesundheit und Soziale Sicherung (BMGS) (2005):* Jugendkult Cannabis – Risiken und Hilfen, Dokumentation der Fachtagung am 29./30.11.2004, Berlin

Kaminer, Y. (1996): Adolescent substance abuse and suicidal behaviour. Child Adolesc. Psychiatr. Clin. North Am. 5: S. 59-71

Kent, M.W., Rolf, J (Hrsg.): Primary preventions of psychopathology, vol 3: social competence in children. University Press of New England, Hanover NH, S. 49-74

Kinder- und Jugendhilfegesetz: aktuelle Fassung

Kleiber, D. / Soellner, R. (1998): Cannabiskonsum. Entwicklungstendenzen, Konsummuster und Risiken, München

Lensing, B. (1998): Drogenkonsum und pädagogisches Selbstverständnis des BetreuerInnenteams. Ein Praxisbericht. in: Forum Erziehungshilfen: 5/1998, 280-282

Lorenz, G. (2004): Salutogenese, Reinhard, München

LWL (2003): Frühintervention bei erstauffälligen Drogenkonsumenten – Handbuch manual, Münster

LWL (2003): Frühintervention bei erstauffälligen Drogenkonsumenten – Fachtagung, Münster

Mitte, K., Steil, R., Nachtigall, C. (2005): Eine Meta-Analyse unter Einsatz des Random-Effects-Modells zur Effektivität kurzfristiger psychologischer Interventionen nach akuter Traumatisierung, in: *Zeitschrift für Klinische Psychologie und Psychotherapie*, 34, 1-9, Hogrefe, Göttingen

Möller, C. (Hrsg. 2005): Drogenmißbrauch im Jugendalter, Vandenhoeck & Rupprecht, Göttingen

Mollenhauer, K. (1983): Vergessene Zusammenhänge. Über Kultur und Erziehung, München

Münder, J., Lehmann, M., Erdélyi, Friedrichs, J. (2005): Drogen in der Jugendhilfe. Rechtliche Aspekte und Fragen aus der Praxis. Schriftenreihe der IGFH und EREV 1/2005, Hannover

Nohl, H. (1933/35): Die pädagogische Bewegung in Deutschland und ihre Theorie. Frankfurt/M., 1988

Oerter, R., van Hagen, C., Röper, G., Noam, G. (1999): Klinische Entwicklungspsychologie. Ein Lehrbuch. Beltz, Weinheim

Osten P. (2000): Die Anamnese in der Psychotherapie – ein Integratives Konzept. Reinhardt, München

Petzold, H. G. (1991l): Menschenbilder als bestimmendes Moment von Grundhaltungen und Konzepten in der Drogenhilfe. Eröffnungsvortrag auf dem 14. Bundeskongreß des FDR, 10.-13. Juni 1991. in: Fachverband Drogen und Rauschmittel (Hrsg.): Was hilft! Grundhaltung Menschenbild – Konzepte. Fachverband Drogen und Rauschmittel, Braunschweig

Petzold, H.G. (1993): Integrative Therapie. Modelle, Theorien und Methoden für eine schulenübergreifende Psychotherapie. 3 Bde.. Überarbeitete Neuauflage 2003, Junfermann, Paderborn

Petzold, H.G. (1993a): Integrative fokale Kurzzeittherapie und Fokaldiagnostik- Prinzipien, Methoden, Techniken. in: *Petzold, H.G., Sieper, J.* (1991-1993), S. 267-340; repr. in Bd. II (2003), S. 985-1050

Petzold, H.G., (1997p): Das Ressourcenkonzept in der sozialinterventiven Praxeologie und Systemberatung, *Integrative Therapie* 4 (1997), 435-471

Petzold, H.G. (1999): Psychotherapie in der Lebensspanne. in: *Gestalt Die Zeitschrift des SVG*, Nr. 34, 02/99, Regensdorf

Petzold, H.G. (2000): Integrative Therapie. Das „biopsychosoziale" Modell kritischer Humantherapie und Kulturarbeit – Theorie, Praxis, Wirksamkeit, Junfermann, Paderborn

Petzold, H.G. (2000h): Wissenschaftsbegriff, Erkenntnistheorie und Theorienbildung der „Integrativen Therapie" und ihrer biopsychosozialen Praxis für „komplexe Lebenslagen" (Chartacolloquium III). Europäische Akademie für psychosziale Gesundheit, überarbeitet 2002, Düsseldorf/Hückeswagen. Bei *www. FPI-Publikationen.de/materialien.htm* – *POLYLOGE: Materialien aus der Europäische Akademie für Psychosziale Gesundheit* - 01/2002

Petzold, H.G. (2004): Drogenabhängigkeit als Krankheit. in: *Petzold, H.G., Schay, P., Ebert, W.* (2004): Integrative Suchttherapie Theorie, Methoden, Praxis, Forschung, Bd.1

Petzold, H.G. (2005): Therapieforschung und die Praxis der Suchtkrankenarbeit. in: *Petzold, H.G., Schay, P., Scheiblich, W.* (2005): Integrative Suchtarbeit, Wiesbaden 2005

Petzold, H.G., Goffin, JJM, Oudhof, J. (1993): Protektive Faktoren und Prozesse – die „positive" Perspektive in der longitudinalen, „klinischen Entwicklungspsychologie" und ihre Umsetzung in der Praxis der Integrativen Theorie. In: Petzold, H., Sieper, J. (Hrsg.) Integration und Kreation. Junfermann, Paderborn, S. 173-266

Petzold, H.G., Müller, L. (2004): Integrative Kinder- und Jugendlichenpsychotherapie: Protektive Faktoren und Resilienzen in der diagnostischen und therapeutischen Praxis in: Psychotherapie Forum, No.4, Wien, Springer Verlag

Petzold, H.G., Schay, P., Ebert, W. (2004): Integrative Suchttherapie, VS-Verlag, Wiesbaden

Petzold, H.G., Schay, P., Scheiblich, W. (2005): Integrative Suchtarbeit, VS-Verlag, Wiesbaden

Petzold, H.G., Schay, P., Sieper, J. (2005): Das Weiterbildungscurriculum „Sozialtherapie Suchtkrankenhilfe" im Verfahren „Integrative Therapie" und seine Methoden psychologischer Psychotherapie, Gestalttherapie, Entwicklungstherapie (vom Verband deutscher Rentenversicherungsträger [VDR] anerkannt), in: *Petzold, H.G., Schay, P., Scheiblich, W.* (2005): Integrative Suchtarbeit, Wiesbaden

Quensel, St. (1996): Wie steht Jugendhilfe dem Thema Drogen gegenüber? in: *Wegehaupt, H.; Wieland, N.*: Kinder Drogen Jugendliche Pädagogen. In Kontakt bleiben. Dokumentation des 1. Europäischen Drogenkongreß in Münster 1996. Münster, 1996, 62-73

Quensel, St., Westphal, H. (1996): Drogen in der Heimerziehung. Grenzen sozialer Arbeit. Hamburg

Quensel. (1998): Jugend, Droge, Kultur, Politik – Gibt es noch einen Ausweg?, in: *Forum Erziehungshilfe* 5/1998

Quensel (2003): Jugend – Sucht – Drogen: Zwei Welten (Arbeitspapier), Bremen

Rautenberg (1998): Zusammenhänge zwischen Devianzbereitschaft, kriminellem Verhalten und Drogenmißbrauch – Expertise, Baden-Baden

Rodiek, A., Schlömer, H. (2005): Erfahrungen mit dem Projekt „Bekifft in der Schule". in: *Bundesministerium für Gesundheit und Soziale Sicherung (BMGS)* (2005): Jugendkult Cannabis – Risiken und Hilfen, Dokumentation der Fachtagung am 29./30.11.2004, Berlin

Rutter, M. (1979): Protective factors in children´s responses to stress and disadvantage. in: *Kent, M.W., Rolf, J* (Hrsg.): Primary preventions of psychopathology, vol 3: social competence in children. University Press of New England, Hanover NH

Scheiblich, W., Petzold, H.G. (2005): Probleme und Erfolge stationärer Behandlung drogenabhängiger Menschen im Verbundsystem – Förderung von „REGULATIONSKOMPETENZ" und „RESILIENZ" durch „komplexes Lernen" in der Karrierebegleitung, in: *Petzold, H.G., Schay, P. Scheiblich, W.*: Integrativie Suchttherapie, Wiesbaden 2005

Schneider, W. (2002): Präventive Zugriffsweisen: Zur Funktionsbestimmung von Suchtprävention im Spannungsfeld gesellschaftlicher Problemkonstruktion. in: *Kämmerer, B.* et al. (Hrsg.): Zukunft der Suchtprävention-Suchtprävention der Zukunft. emwe-Verlag, 2002, S. 39-50, Nürnberg

*Schroers / Schneider (*1998): Drogengebrauch und Prävention im Party-Setting, INDRO, Münster

Shedler, J./Block, J. (1990): Adolescent drug and psychological health. in: American Psychologist 45/ 1990, 612-630.

Simon, R. & Sonntag, D. (2004): Cannabisbezogene Störungen: Umfang, Behandlungsbedarf und Behandlungsangebote in Deutschland, Abschlußbericht des *Bundesministerium für Gesundheit und Soziale Sicherung (BMGS)* zum Forschungsauftrag des *Institut für Therapieforschung (IFT)*, Forschungsbericht 318 des BMGS, Berlin

Sozialgesetzbuch (SGB) II, V, VI und XII: aktuelle Fassung

Späth, K. (1994): Das KJHG in bezug auf suchtkranke und suchtgefährdete Kinder und Jugendliche. in: Evangelische Jugendhilfe 4/1994, S. 4-16

Strober, M. et. al. (1996): Binge eating in anorexia nervosa predicts later onset of substance use disorder: a ten-year prospective longitudinal follow-up of 95 adolescents. J. Use Adolescents 25: S. 519-532

Therapieladen e.V. Berlin (Hrsg.) (1998): Cannabiskonsum heute. ... Dokumentation zur Fachtagung, Berlin

Thomas, G., Petzold, H.G., Schay, P. (2005): Perspektiven und Ergebnisse der Psychotherapieforschung für die Praxis der Suchtkrankenbehandlung, in: *Petzold, H.G., Schay, P., Scheiblich, W.* (2005): Integrative Suchtarbeit, VS-Verlag, Wiesbaden

Thomasius, R. (1996): Familiendiagnostik bei Drogenabhängigkeit. Eine Querschnittstudie zur Detailanalyse von Familien mit opiatabhängigen Jungerwachsenen. Berlin

Thomasius, R. et al. (2001): Anhaltende neurotoxische Schäden durch Ecstasy. Dt. Ärzteblatt 98, Heft 47 vom 23.11.2001, Seite A-3132

Thomasius, R. (2004): Ecstasy, in: Tagungsdokumentation (Party) Drogen ohne Ende? Die neue Patientengeneration, Fredeburger Hefte Nr. 11

Thomasius, R. (2005): Drogenabhängigkeit bei Jugendlichen, in: *Möller,* C. (Hrsg) (2005): Drogenmißbrauch im Jugendalter, Vandenhoeck & Rupprecht, Göttingen

Tossmann / Heckmann (1997): Drogenkonsum Jugendlicher in der Techno-Party-Szene, im Auftrag der BZgA, Köln

Tossmann (2004): Konsum von Cannabis, Ecstasy und Amphetaminen: Gibt es einen suchtspezifischen Hilfebedarf?. in: *Sucht 50 (3)*, Geesthacht

Tretter, F. (2000): Suchtmedizin: der suchtkranke Patient in Klinik und Praxis. Schattauer, Stuttgart

Ufer, U. (2005): Zum sozialpädagogischen Umgang mit drogenkonsumierenden Jugendlichen in Einrichtungen der stationären Jugendhilfe, Diplomarbeit, Fachbereich Erziehungswissenschaft, Universität Dortmund

Verein für Jugendhilfe (2002): Suchtbehandlung für jugendliche und junge Erwachsene, Schorndorf

Verein für Jugendhilfe (2002): Jahresbericht, Schorndorf

Weber, H.-J. (1995): Kinder- und Jugendhilfegesetz (KJHG) und Drogenarbeit. Neue Möglichkeiten des Jugendamtes aus Sicht einer Jugendhilfeeinrichtung. in: *Eckert, D., Bathen, R.* (Hrsg.): Jugendhilfe und akzeptierende Drogenarbeit. Freiburg in Breisgau, 1995

Wehnes, F.-J. (2001): Theorien der Bildung- Bildung als historisches und aktuelles Problem. in: *Roth, Leo* (Hrsg.): Pädagogik. Handbuch für Studium und Praxis. 2., überarbeitete und erweiterte Auflage, Oldenburg, 2001, 277-292

Wieland, N. (1996): In Kontakt bleiben – vier Leitgedanken der Kongreßkonzeption. Einführung in das Kongreßthema. in: *Wegehaupt, H.; Wieland, N.* (Hrsg.): Kinder, Drogen, Jugendliche, Pädagogen. In Kontakt bleiben. Dokumentation des 1. Europäischen Drogenkongresses in Münster 1996

Internetquellen

www.bibb.de/de/17494.htm

www.Verdi.de/KIK150

Ingrid Liefke, Peter Schay

Behandlung von Menschen mit Eßproblemen und Eßstörungen

1. Einleitung

Kadesch gGmbH bietet im Therapieverbund Herne in Kooperation mit der Jugend-, Konflikt- und Drogenberatung e.V. (JKD) und der AIDS Hilfe Herne e.V. ein differenziertes Netzwerk an Hilfen für Menschen mit Suchtproblemen, um den (Wieder-) Einstieg in ein selbstverantwortliches Leben zu unterstützen und zu begleiten (vgl. auch *Schay*, Therapieverbund Herne, dieses Buch).

Die Einrichtungen des Hilfesystems Herne tragen mit ihren differenzierten Angeboten auf spezifische Weise entscheidend dazu bei, suchtkranken Menschen Möglichkeiten zu eröffnen, eigene Ansätze und Lebensperspektiven in der Realität zu erproben und umzusetzen.

Bereits in den 80er Jahren hat *Kadesch gGmbH* Angebote für Menschen mit Eß-
problemen/-störungen entwickelt und bietet seit Mitte der 90er Jahre kontinuierlich Gruppen für Frauen mit Eßproblemen und Eßstörungen an. Aufgrund der steigenden Zahl der Anfragen an die Einrichtung nach Hilfen auch für Jugendliche
haben wir unsere Angebote kontinuierlich weiterentwickelt und erweitert.

In den letzten Jahren hat auch die Zahl der jungen Männer zugenommen, die eßge-
störtes Verhalten zeigen und Hilfeangebote suchen. Als Folge haben wir unsere
Angebote so differenziert, daß wir auch Männern adäquate Betreuungsmöglich-
keiten anbieten können.

Auch die Zahl der Kinder, die an Übergewicht und Adipositas leiden, hat deutlich
zugenommen. Wir erhielten zunehmend Anfragen von Eltern und Krankenkassen,
nach entsprechenden Angeboten und bieten seit zwei Jahren zusätzlich eine Gruppe für Kinder zwischen 9 und 14 Jahren an.

2.   Definition von Eßstörungen

Ebenso wie bei anderem mißbräuchlichem und abhängigem Verhalten wird bei
Eßstörungen mit Hilfe des Essens oder Nicht-Essens eine Lösung von Problemen
sowie eine Kompensation von Gefühlen angestrebt.
    Wir begreifen Eßstörungen als psychosomatische Erkrankungen mit Suchtcha-
rakter. Unter dem Begriff werden die folgenden Störungsbilder zusammengefaßt:

- Magersucht: Anorexia nervosa
- Eß-Brech-Sucht: Bulimia nervosa
- Eßsucht: Adipositas, Binge eating
- Latente Eßsucht

Eßstörungen sind schwerwiegende psychisch-physische Erkrankungen. Bei nicht
rechtzeitiger und fachlicher Behandlung, dauern sie meist ein Leben lang an und
führen zu erheblichen Schädigungen des Körpers, der Psyche und der zwischenmenschlichen Beziehungen.
    Eßstörungen äußern sich durch ein gestörtes Verhältnis zum Essen und zum
eigenen Körper. Menschen, die häufig Schlankheitsdiäten durchführen oder eingeschränkt essen, sind viel stärker gefährdet, eine krankhafte Eßstörung zu entwikkeln, als andere. Eine Diät ist häufig der Einstieg in eine Eßstörung.

Die Erscheinungsformen von Eßstörungen sind nicht eindeutig voneinander abzugrenzen. Eßsüchtige als auch Magersüchtige können ihr Essen erbrechen. Ehemals Magersüchtige können eßsüchtig werden und wiederum Eßsüchtige können magersüchtig oder bulimisch werden. Auffällig und allen Störungsbildern gemein ist die isolierte Lebensweise sowie ein Leiden unter einem sehr niedrigen Selbstbewußtsein und Selbstwertgefühl.

Eßstörungen äußern sich durch ein gestörtes Verhältnis zum Essen und zum eigenen Körper. Die pathologische Ernährungsweise ist häufig eng mit einem gestörten Körperselbstbild verknüpft.

Ebenso gilt für alle Formen eßgestörten Verhaltens der Verlust von Selbstkontrollmechanismen in Bezug auf die Nahrungsaufnahme. Die Betroffenen leiden unter dem Druck, sich ständig mit Essen beschäftigen zu müssen.

> „Denn obwohl sich die Angehörigen der drei Krankheitsgruppen beträchtlich hinsichtlich ihres Erscheinungsbildes und der Psychodynamik unterscheiden, ist ihnen doch gemeinsam, daß ihnen aus dem lebensnotwendigen Bedürfnis, der Existenz sichernden Funktion des Essens ein psychosomatisches Problem mit erheblichen somatischen, psychischen und oft sozialen Konsequenzen erwachsen ist. Nicht selten dominiert dieses Problem nicht nur den aktuellen Tagesablauf und die sozialen Beziehungen, sondern auch langfristig relevante berufliche und private Entscheidungen" (*DHS* 2004).

Den Eßstörungen ist die perzeptionelle (die Wahrnehmung betreffende) und konzeptionelle (die Wunschvorstellung betreffende) Störung des eigenen Körperbildes gemeinsam. Die Betroffenen halten sich trotz teilweise erheblichen Untergewichtes für zu dick und haben ein extrem schlankes Körperideal (Körperschemastörung).

Allen Eßstörungen ist gemein, daß Nahrungsaufnahme und Nahrungsverweigerung in den Dienst von Bedürfnissen gestellt werden, die mit Ernährung nichts mehr zu tun haben. Zentrales Leitmotiv ist der Wunsch nach extremer Schlankheit, verbunden mit dem Wunsch nach Selbstbestimmung. Die Patienten sind verzweifelt bestrebt, ihre Autonomie zu schützen. Mit Hilfe der Krankheit können Ängste vor Körperlichkeit und den Anforderungen als erwachsene Frau oder Mann, reduziert werden.

Der selbstzerstörerische Suchtkreislauf findet im Verborgenen statt. Das Problem wird als individuelles Versagen betrachtet. Meistens wird es vor Angehörigen, Bezugspersonen und Ärzten verheimlicht. Entsprechend hoch ist die Dunkelziffer bei suchtartigen Eßstörungen.

Das Risiko für eine Eßstörung hängt unter anderem vom Lebensalter, dem Sozial-
status und dem Karrierestreben ab. Besonders hoch ist die Zahl bei Schauspiele-
rinnen, Tänzerinnen und Sportlerinnen, Gymnasiastinnen und Studentinnen.

3.   Störungsbilder

Das Risiko für Eßstörungen tritt in bestimmten Gruppen auf, wobei die Wertigkeit
vor allem durch Variablen wie Geschlecht, Alter und soziale Schicht bestimmt
wird. Diese Tatsache belegt den Einfluß psychischer und sozialer Faktoren auf die
Entstehung bestimmter Störungsbilder.

	Anorexia Nervosa	Bulimia Nervosa	Adipositas
Prävalenz	Frauen: 0,5-1%	Gesamt: 2-4%	Frauen: 9-25% Männer: 10-17%
Geschlecht	ca. 95% aller Erkrankten weiblich	ca. 90% aller Erkrankten weiblich	Geringfügig häufiger bei Frauen
Alter/ Erkrankungsgipfel	12-23 Jahre/ 14. und 18. Jahr	20-30 Jahre	40-65 Jahre
Soziale Schicht	vor allem: höhere Mittelschicht	eher: Mittelschicht	Unter-/Oberschicht: 6:1

(vgl. *DHS* 2004)

Heute verwendet man als Meßmethode für das Körpergewicht den **Body-Mass-
Index** (BMI). Der BMI errechnet sich nach der Formel: Körpergewicht (kg): Kör-
pergröße zum Quadrat (m²).

Das Normalgewicht liegt für Frauen bei einem BMI von 19 bis 24, bei Männern bei
einem BMI von 20 bis 25. Auch das Alter wird bei der Berechnung berücksichtigt.

Alter	unter	von - bis	über
19 - 24	19	19 - 24	24
25 - 34	20	20 - 24	25
35 - 44	21	21 - 26	26
45 - 54	22	22 - 27	27
55 - 64	23	23 - 28	28
über 64	24	24 - 29	29
	zu dünn	wünschenswerter BMI (günstige Lebenserwartung)	zu dick

(vgl. *A.W. Logue* 1995)

M. Langsdorff (2003) zeigt auf, daß die Fakten alarmierend sind:

- 50% aller Elfjährigen haben sich mit Diäten beschäftigt
- 25% aller Mädchen unter 12 Jahren haben Diäterfahrungen
- 40% der normal- und untergewichtigen Mädchen zwischen 14 und 19 Jahren empfinden sich selbst als zu dick
- 95% aller Diäten funktionieren nicht
- 90% aller Frauen möchten gern abnehmen
- 70 bis 80% der Frauen essen sich nie richtig satt aus Angst, zu dick zu werden
- 77% aller Frauen haben nicht ihre Traumfigur
- 25% aller Frauen leiden unter Ansprüchen, die andere an ihr Aussehen stellen
- 10% aller Dünnen empfinden sich noch immer als zu dick
- gerade mal 1% aller Frauen ist zufrieden mit ihrer Figur
- nur 16% aller Frauen sind aus medizinischer Sicht zu dick
- bis zu 5% aller 12- bis 35-jährigen leiden an Eß-Brech-Sucht

Auch der Bericht der *Bundeszentrale für gesundheitliche Aufklärung* weist steigende Zahlen der Menschen auf, die an Eßstörungen leiden.

Magersucht / Anorexia nervosa

Eine Anorexia nervosa wird anhand von fünf Kriterien diagnostiziert, die – mit Ausnahme des fünften – notwendigerweise erfüllt sein müssen.

1. Das Körpergewicht liegt mindestens 15% unterhalb der Norm oder der BMI ist kleiner als 17,5kg/m².
2. Der Gewichtsverlust ist selbstverursacht durch die Vermeidung von hochkalorischen Speisen, selbst induziertem Erbrechen, selbst induziertem Abführen, übertriebenen körperlichen Aktivitäten und Gebrauch von Appetitzüglern und/oder Diuretika.
3. Es liegt eine Körperschemastörung in Form einer spezifischen psychischen Störung vor, die sich in einer Angst, zu dick zu werden äußert.
4. Es liegt eine endokrine Störung vor, die sich bei Frauen als Amenorrhö manifestiert.
5. Eine Verzögerung oder Hemmung der pubertären Reifung liegt vor, wenn die Erkrankung vor der Pubertät beginnt.

Als Untertyp wird eine Anorexia nervosa ohne aktive Maßnahmen der Gewichtsabnahme (F50.00) und eine Anorexia mit aktiven Maßnahme zur Gewichtsabnahme als bulimische Form der Anorexia nervosa (F50.01) unterschieden (vgl. *Lauth, Brack, Linderkamp* 2001).

Epidemiologie, Verbreitung, Altersrelevanz

Die zahlenmäßigen Angaben über das Vorkommen von Eßstörungen sind widersprüchlich und oft ungenau. Magersucht und Bulimie sind die am häufigsten vorkommenden psychischen Störungen bei Mädchen und jungen Frauen. Bei der Magersucht liegt die Sterblichkeitsrate bei über 10%. Das Einstiegsalter bei Eßstörungen ist in den letzten Jahren ständig gesunken, es liegt i.d.R. unter 14 Jahren. Untersuchungen zeigen, daß bereits 9-10-jährige Mädchen Unzufriedenheit mit dem eigenen Körper äußern, gerne anders aussehen und andere Merkmale aufweisen würden. Magersucht kommt bei 2-5% in der jugendlichen untersuchten Bevölkerungsgruppe (Mädchen und Frauen im Alter zwischen 14 und 35 Jahren) vor. Die Letalitätsrate liegt bei Längsschnittuntersuchungen zwischen 5 und 18% (vgl. *Jahrbuch Sucht* 2005). In Deutschland wird die Zahl der Magersüchtigen auf 150 000 bis 200 000 geschätzt.

Selbstkontrolle und Disziplin sind idealisierte Ziele bei magersüchtigen Menschen, die sich in einem stark leistungsorientierten Verhalten zeigen. Dahinter verbirgt sich der Wunsch nach Anerkennung. Die Kontrolle der Nahrungsaufnahme vermittelt ein Gefühl von Unabhängigkeit und Macht, das sie über andere hinaushebt.

Auch die Anorexia ist wie andere psychische Erkrankungen multifaktoriell bedingt. Sowohl individuelle Faktoren psychische und biologische Faktoren als auch soziokulturelle und familiäre Faktoren wirken bei der Genese zusammen.

Abgängigkeit ist „ *... eine komplexe somatische, psychische und soziale Erkrankung, die die Persönlichkeit des (Menschen) und sein soziales Netzwerk betrifft, beschädigt und – wenn sie lange genug wirkt – zerstört. ... Sie zeigt unterschiedliche Ausprägungen und Verlaufsformen, abhängig von Vorschädigungen, psychosozialer Gesamtsituation, Ressourcenlage ...* " (*Petzold* 1988) und geht mit zahlreichen Komorbiditäten einher.

Zentrales Leitmotiv der Anorexia ist der Wunsch nach extremer Schlankheit, verbunden mit dem Wunsch nach Selbstbestimmung. Die Patienten sind verzweifelt bestrebt, ihre Autonomie zu schützen. Mit Hilfe der Krankheit können Ängste vor

Körperlichkeit und den Anforderungen, die als erwachsene Person an sie gestellt werden, reduziert werden.

Eß-Brech-Sucht: Bulimia nervosa

Bulimie kommt häufiger vor als Magersucht und tritt in der Regel auch später (ab 18. Lebensjahr) auf. In den meisten Fällen tritt Bulimie als „purging Typ" auf, d.h. Eßanfälle mit anschließendem Erbrechen und/oder Mißbrauch von Laxantien und Diurektika.

Diagnostisch zeigt die Bulimia nervosa folgende Kriterien:

- Andauernde Beschäftigung mit Essen und Eßattacken
- Wiederholte Heißhungeranfälle, die von den Betroffenen als nicht kontrollierbar erlebt werden
- Versuche, den dickmachenden Effekt des Essens durch Erbrechen, Abführmittelmißbrauch u.ä. zu vermeiden
- Krankhafte Furcht, dick zu werden
- Häufig Magersucht in der Vorgeschichte

Epimiologie, Verbreitung und Altersrelevanz

Bulimia nervosa wird überwiegend in den westlichen Industrieländern mit Nahrungsüberfluß festgestellt. Schätzungsweise 0,5 bis 3% der Frauen im Alter zwischen 17 und 35 Jahren erkranken zu einem bestimmten Zeitpunkt an einer Bulimia nervosa. Die Lebenszeitprävalenz bei Männern liegt bei etwa 0,1%. Es ist davon auszugehen, daß ein nur geringer Anteil der Erkrankten eine Therapie in Anspruch nimmt und somit mit einem hohen Prozentsatz chronischer Verläufe zu rechnen ist.

Symptome der Bulimia nervosa:

- Wiederholte Eßattacken
- Erbrechen im Anschluß an die Eßattacken
- Häufigkeit der Heißhungerattacken liegt zwischen einmal wöchentlich bis mehrmals täglich

- Extrem hohe Nahrungs- und Kalorienaufnahme (3.000-4.000 bis zu u.U. 30.000 kcal) in weniger als 4 Stunden
- Mißbrauch von Abführmitteln und Appetitzüglern
- Zeiträume extremen Fastens
- Körperschemastörung
- eventuell Störung der Impulskontrolle, z.b. Ladendiebstähle, Alkohol, Tabletten-, Drogenmißbrauch, unkontrolliertes Geld ausgeben, selbstverletzendes Verhalten

Die Patienten leiden häufig unter starken Schuld- und Schamgefühlen sowie unter Gefühlen des Ekels aufgrund des erlebten Kontrollverlustes im Eßanfall und dem folgenden Erbrechen. Häufig entwickeln diese Menschen depressive Verstimmungen bis hin zu Depressionen. Sie isolieren sich zunehmend von ihrer Umwelt und werden suizidal.

Eßsucht: Adipositas, Binge eating

Die Adipositas ist durch einen erhöhten Körperfettanteil an der Gesamtkörpermasse bestimmt. Mit Hilfe des Körper-Massen-Index (BMI) wird Übergewicht und Adipositas definiert. Im Bereich zwischen einem BMI von 25 und 30 liegt Übergewicht vor. Ein beträchtliches Übergewicht mit einem BMI von 30 und höher wird mit Adipositas bezeichnet. Ein BMI über 40 kennzeichnet die Adipositas per magna.

Im ICD 10 wird nur Übergewicht als Reaktion auf belastende Ereignisse erfaßt:

- Unfähigkeit zu einem kontrollierten Eßverhalten
- Heißhungerattacken, kontinuierlich mehr essen, als der Körper braucht
- häufige Gewichtsschwankungen, die als Zeichen häufig durchgeführter Diäten zu deuten sind
- oftmals Schwierigkeit, Hungergefühle von anderen Gefühlen zu unterscheiden – Essen kann so Ersatz für viele nicht gelebte Gefühle sein
- Essen ist in der Regel mit schlechtem Gewissen verbunden und mit Scham darüber, das eigene Verhalten sowenig kontrollieren zu können
- Betroffene sind meistens übergewichtig
- Betroffene besitzen kein Gefühl für Hunger oder Sättigung

Epedimiologie, Verbreitung und Altersrelevanz

In Industrieländern stellt die Adipositas die Volkskrankheit Nummer Eins dar. Nach *Wabitsch* 2002 ist eins von sechs Kindern übergewichtig.

> „Die Prävalenz der Adipositas (BMI >30kg/m²) lag 1998 in der erwachsenen Bevölkerung bei 20,3%. Damit war jeder 5. Bundesbürger als adipös zu bezeichnen. Bei Frauen liegt die Prävalenz mit 21,7% über der der Männer (18,7%)" (*Ramme, Kerst, Willemsen* 2002).

Wie bei den anderen Störungsbildern ist auch das Krankheitsbild des Übergewichtes und der Adipositas multifaktoriell bedingt (vgl. *Petzold* 1988). In erster Linie werden eine fehlerhafte Regulation der Nahrungsaufnahme und genetische Mechanismen angenommen. Wenn die Nahrungs- und damit auch die Energieaufnahme größer ist als der Energieverbrauch, entsteht Adipositas. Ein weiterer Mechanismus ist eine gestörte Regulation von Hunger und Sättigung.

> „Neben somatischen können auch psychiatrische Erkrankungen (insbesondere Eßstörungen) eine Adipositas auslösen und unterstützen. Essen wird eingesetzt um Streß und Frust abzubauen, Trauer und Ängste kurzfristig zu betäuben und Langeweile zu überbrücken. Dieses emotionsinduzierte Eßverhalten führt durch eine Entkopplung der Nahrungsaufnahme vom Hunger häufig zur Aufnahme kalorienreicher Nahrungsmittel. Familiäre Bedingungen wie elterliche Berufstätigkeit oder Vernachlässigung können dabei eine wichtige Rolle spielen" (*Reinehr, Dobe, Kerstin* 2003).

Neben genetischen Faktoren als Ursache für Übergewicht und Adipositas werden auch die folgenden Faktoren als relevant erachtet:

- schon in der Herkunftsfamilie ist es manchmal üblich, Essen als Belohnung einzusetzen.
- ebenso lernen Menschen, bei Einsamkeit, Langeweile, zur Spannungsabfuhr, bei Frustrationen jeglicher Art oder zur Beseitigung von innerer Leere zu essen.
- Dicksein hat manchmal die Funktion des emotionalen Schutzes und der Abgrenzung, z.B. bei dahinter liegender Angst vor Sexualität.
- bei Männern wird Dicksein mitunter mit Mächtigsein assoziiert.

Essen hat die Funktion, nicht gelebte Gefühle zu ersetzen. Oftmals ist eine Differenzierung zwischen emotionalem und körperlichem Hunger nicht wahrnehmbar. Das Körpergewicht dient oftmals als Schutz vor Angriffen von außen (vgl. *Wächter* 2004).

Die seelischen Folgen bei Adipositas

- extreme Schuld- und Schamgefühle
- Minderwertigkeitskomplexe und Hemmungen im Umgang mit anderen
- schwere Depressionen und Vereinsamung
- starker Leidensdruck, der bei den Betroffenen zu Suizidgedanken und/oder -versuchen führen kann
- sozialer Rückzug
- Fehlen spaßmachender Aktivitäten
- Einschränkungen sozialer Fertigkeiten
- verstärkter Einsatz von Essen als Problembewältigungsversuch

sind gravierend.

Binge Eating Störung

- wiederholte Episoden von Eßanfällen:
  - innerhalb einer bestimmten Zeitspanne Aufnahme einer Nahrungsmenge, die deutlich größer ist als das, was die meisten Menschen unter ähnlichen Umständen zu sich nehmen.
  - das Gefühl, das Eßverhalten während des Freßanfalls nicht kontrollieren zu können.
- mindestens drei der folgenden Kriterien treffen zu:
  - sehr viel schnelleres Essen als normal
  - essen bis zu unangenehmen Völlegefühlen
  - aufnahme großer Nahrungsmengen, obwohl nicht hungrig
  - alleine Essen aus Scham und Peinlichkeit
  - Schuldgefühle, Selbstvorwürfe, Depressivität nach Eßanfällen
- deutliche Streßbelastung wegen der Eßanfälle
- durchschnittlich mindestens 2 Eßanfälle pro Woche über mindestens drei Monate
- es werden keine Gegenmaßnahmen zur Verhinderung der Gewichtszunahme durchgeführt. Die Eßstörung tritt nicht ausschließlich während einer Episode von Anorexia oder Bulimia nervosa auf.

Epimiologie, Verbreitung und Altersrelevanz

„Die Prävalenz der Binge Eating Disorder in der Normalbevölkerung wird mit 2% angegeben, wobei ein Drittel der Betroffenen Männer sind. Der Beginn der Störung kann um das 20. Lebensjahr herum liegen, sie kann jedoch auch zu einem deutlich späteren Zeitpunkt einsetzen. Menschen mit Binge-Eating-Störung haben häufig erhebliches Übergewicht und können auf eine lange Geschichte deprimierender Diätversuche zurückblicken" (*DHS* 2004).

Latente Eßsucht

Eine sehr verbreitete sozial akzeptierte und unauffällige Form eßgestörten Verhaltens ist die latente Eßsucht. „Darunter ist die zwanghafte Kontrolle des Eßverhaltens und des Körpergewichtes zu verstehen. Das ständige Maßhalten beim Essen, häufige Diäten und anschließende Gewichtszunahme werden oft mit dem Mißbrauch von Abführmitteln und Appetitzüglern verbunden. Gelegentlich erfolgen Impulsdurchbrüche und Heißhungeranfälle. Sofern das rigide Kontrollverhalten aufgegeben wird, kann sich das Eßverhalten in Richtung einer manifesten Eßstörung, Eßsucht entwickeln" (*Frewer* 2005).

Die Betroffenen ernähren sich weitgehend normal und weisen auch bei der Nahrungsaufnahme keine abnormen Verhaltensstörungen auf. Allerdings besteht ihr suchtartiges Verhalten in einer eisernen Gewichtskontrolle und daraus resultierender starker Selbstkontrolle beim Essen. Sie richten ihr Eßverhalten streng nach Diätbüchern und Kalorientabellen, so daß der Genuß am Essen für sie vollkommen verloren geht.

Folgen der latenten Eßsucht sind:

- Das fehlende Vertrauen in eigene Bedürfnisse und Körpersignale macht eine spontane Befriedigung des Hungers und entspanntes Genießen unmöglich – das kann das soziale und psychische Wohlbefinden stark beeinträchtigen.
- Da das Eßverhalten zwanghaften Charakter hat, können psychosomatische Störungen auftreten.
- Dieses Verhalten birgt ständig die Gefahr, Einstieg in eine andere Form gestörten Eßverhaltens zu sein.

4.   Entstehung von eßgestörtem Verhalten

Die Erklärungsmodelle für die Ätiologie der Eßstörungen sind vielfältig und häufig orientiert an der jeweiligen therapeutischen Schule der Autoren. Im Sinne der „Integrativen Therapie" (*Petzold*) gehen wir von einer multifaktoriellen Entwicklungsgenese psychischer und psychosomatischer Erkrankung aus. Gemäß der „lifespan-development" wird die Entwicklung von Gesundheit und Krankheit hier in Bezug auf die gesamte Lebensspanne betrachtet. „Die gesamten positiven, negativen und defizitären Erfahrungen im Lebensverlauf im Verein mit hereditären Dispositionen bestimmen die Persönlichkeit – ihre Gesundheit wie ihre Krankheit" (*Petzold* 1993).

Die Genese von Eßstörungen wird von Störungen, Defiziten, Konflikten und Traumata während der gesamten Lebensspanne beeinflußt, d.h. sowohl frühere als auch spätere Entwicklungsphasen müssen im Behandlungsverlauf Berücksichtigung finden.

Exkurs: Prekäre Lebenslagen (*Petzold* 2000h)

„Prekäre Lebenslagen sind zeitextendierte Situationen eines Individuums mit seinem *relevanten Konvoi* in *seiner* sozioökologischen Einbettung und seinen sozioökonomischen Gegebenheiten (Mikroebene), die dieser Mensch und die Menschen seines Netzwerkes als *'bedrängend'* erleben und *als 'katastrophal'* bewerten (kognitives *appraisal, emotionale valuation), weil es zu einer* Häufung *massiver körperlicher, seelischer* und *sozialer* Belastungen durch *Ressourcenmangel oder -verlust,* Fehlen oder *Schwächung 'protektiver Faktoren'* gekommen ist. Die Summationen 'kritischer Lebensereignisse' *und* bedrohlicher Risiken lassen die Kontroll-, Coping- und Creatingmöglichkeiten der Betroffenen (des Individuums und seines Kernnetzwerkes) an ihre Grenzen kommen. Eine *Erosion der persönlichen und gemeinschaftlichen Tragfähigkeit* beginnt. Ein progredierter Ressourcenverfall des Kontextes ist feststellbar, so daß eine Beschädigung der persönlichen Identität, eine Destruktion des Netzwerkes mit seiner 'supportiven Valenz' und eine Verelendung des sozioökologischen Mikrokontextes droht, eine *destruktive Lebenslage* eintritt, sofern es nicht zu einer Entlastung, einer substantiellen 'Verbesserung der Lebenslage' durch Ressourcenzufuhr kommt und durch infrastrukturelle Maßnahmen der Amelioration (Anmerkung: infrastrukturelle Interventionen; Solidarität), die die Prekarität *dauerhaft* beseitigen und von *Morenos* (1923) Fragen ausgehen: 'Was hat uns ins diese Lage gebracht? Worin besteht diese Lage? Was führt uns aus dieser Lage heraus?'."

Gesellschaftliche Faktoren und hier insbesondere geschlechtsspezifische Lebensrealitäten, Rollenerwartungen, Lebensentwürfe und Familienkonstellationen sind bedeutend für die Entwicklung von Identität. „Identitätsarbeit und Identitätsprozesse stehen in der Zeit, der persönlichen Lebenszeit und der Zeit sozialen Lebens, d.h. in gemeinschaftlicher, gesellschaftlicher Geschichte" (*Petzold* 2001p).

Neben den pathogenen Faktoren ist das Augenmerk auf gesundheitsfördernde Aspekte zu legen. Eßstörungen sind auch als Lösungsversuche zu verstehen.

Eßstörungen sind multikausal zu begreifen: chronisch falsche Ernährung, dysfunktionale Ernährungsgewohnheiten, sedentäre Lebensweise, Bewegungsmangel, Genußmittelmißbrauch etc. spielen entscheidende Rollen.

> „Ausgelöst werden Eßstörungen oft dann, wenn erhöhte Autonomie- oder Anpassungsanforderungen auf den Jugendlichen zukommen. Diese Situationen können als Krisen des Jugendalters beschrieben werden (unvertraute Lebenssituationen, neue Leistungsanforderungen, Trennungs- und Verlusterlebnisse, Gewichtsveränderungen durch Wachstum in der Pubertät, sportliche Betätigung, Krankheiten, der Beginn einer Reduktionsdiät oder Auslandsaufenthalte)" (*Lauth, Brack, Linderkamp* 2001).

Eßstörungen werden als Reaktion auf Lebensumstände und Traumatisierungen, die ein Mensch nicht regulieren kann, verstanden und nicht als Ausdruck an in einer Person begründeten Pathologie. „Sie stellen einen gescheiterten und in der Regel auch gänzlich unangemessenen Lösungsversuch für Probleme dar, für die die Betroffenen keine angemessenen Bewältigungsmöglichkeiten zur Verfügung stehen. Unfähig in einer schwierigen Situation das zu tun, was eine konstruktive Änderung der Situation herbeiführen würde, haben die Betroffenen etwas anderes getan. Dieses aber trug gerade nicht zur Lösung der Problemlage bei, sondern in der Regel zu deren Stabilisierung und schuf somit ein neues zusätzliches Problem mit erheblichen körperlichen Auswirkungen" (*DHS* 2004).

Die Adoleszensphase ist zum einen als eine besonders krisenanfällige Entwicklungsperiode anzusehen, zum Anderen führt aber nur eine zu starke Überhäufung mit Problemen zum Problemverhalten. Neben der Identitätsbildung ist das schrittweise Erlangen und Ertragen von Autonomie eine der wichtigsten Aufgaben im Jugendalter. Kinder und Jugendlichen gelingt gerade dieser Schritt nicht und sie reagieren mit einer Ausbildung des Symptoms Eßstörung.

> „Innerseelisch wie auch strukturell betrachtet, sind Symptome somit Ausdruck rigide verfestigter Skripts oder narrativer Strukturen. Solche biographisch erworbenen 'Notprogramme' zeichnen sich durch übervereinfachte oder chaotisch vielfältige, eingeschliffene Abwehr- und Bewältigungsmuster aus. Dabei findet ein teilweiser Verlust der Symbol- und Sinnerzeugungsfunktion statt" (*Metzmacher* 1996).

5.   Folgen der Eßstörungen

Bei Eßstörungen treten physische *und* psychische Folgen auf. Die Wahrnehmung des eigenen Körpers wird stark beeinträchtigt. Ebenso haben die Störungsbilder Einfluß auf die Gestaltung sozialer Kontakte.

Als *(massive) körperliche Folgeschäden* zeigen sich

bei der *Anorexia nervosa:*
- Mangelerscheinungen und Stoffwechselstörungen
- Ausbleiben oder nicht Einsetzen der Menstruation
- erniedrigte Pulsfrequenz und Körpertemperatur
- Wachstumsstörungen
- trockene, schuppige, gelbliche Haut
- Haarausfall, brüchige Nägel
- Lanugobehaarung (Flaum, wie bei Neugeborenen)
- Muskelschwund
- Verminderung der Knochendichte, dadurch bedingt erhöhte Frakturbereitschaft
- Nierenschäden
- Durchblutungsstörungen bis hin zu Liegegeschwüren
- Kreislaufzusammenbruch
- Erweiterung der Hirnflüssigkeitsräume

bei der *Bulimia nervosa:*
- Mangelerscheinungen und Stoffwechselstörungen (insbesondere Elektrolyt-störungen, Kaliummangel)
- Schädigungen des Zahnfleisches, Parodontose und Karies
- Magenerweiterung mit Gefahr zum Magendurchbruch
- Schleimhautschädigungen, z. B. Speiseröhrenrisse
- Ohrspeicheldrüsenschwellung
- Nierenschäden
- chronische Verstopfung bis hin zur Darmlähmung
- Veränderung im Menstruationszyklus bis hin zum Ausbleiben der Monatsblu-tung
- Muskellähmungen
- Herzrhythmusstörungen bis hin zu Herzversagen
- epileptische Anfälle

bei *Übergewicht und Adipositas:*
- Überlastung von Herz, Kreislauf und Skelett
- Begünstigung von Diabetis, Gicht, Bluthochdruck, Herzinfarkt, Gallensteinen, Schlaganfall, Gelenkleiden und Wirbelsäulenschäden.
- vorzeitige Gelenkverschleißerscheinungen
- Bandscheibenvorfälle und Lumbalgien
- gehäufte Instabilitäten in den Gelenken
- statische Überlastungserscheinungen am Fuß
- Zyklusstörungen
- Schwangerschaftsrisiken
- Impotenz
- erhöhtes Risiko von Abzeßbildungen, Infektionen, Wundheilungsstörungen

Eine regelmäßige Begleiterscheinung von Eßstörungen ist eine verzerrte Körperwahrnehmung, die sogenannte Körperschemastörungen. Der Körper wird unrealistisch wahrgenommen, abgelehnt und sogar als ekelig empfunden. Durch die Eßstörung wird die Störung der Körperwahrnehmung verstärkt und umgekehrt.

Als *psychische Folgen* einer Eßstörung zeigen sich nach *Reich, Götz-Kühne, Killius* (2004) wie folgt dar:

- Depression
- Angststörungen
- Zwangsstörungen
- Substanzmißbrauch und Sucht
- andere Eßstörungen
- Persönlichkeitsstörungen
- zwanghaft und ängstlich-vermeidende Persönlichkeitsstörungen
- histionische Persönlichkeitsstörung
- Borderline-Persönlichkeitsstörung

Zwischenmenschliche Kontakte werden durch Eßstörungen stark beeinträchtigt. Bei Menschen mit Eßstörungen dreht sich das gesamte Denken und Verhalten um das Essen bzw. Nicht-Essen. „Eßgestörte leben in zwei Welten, der Welt der Eßstörungen und der Welt der anderen Menschen, bei denen nicht das ganze Denken und Handeln um das Essen kreist" (ebenda).

Wie bereits dargestellt sind Schuld- und Schamgefühle bei vielen Menschen mit Eßtörungen vorhanden. Aus diesem Grunde ziehen sie sich aus Kontakten zurück und geraten im Krankheitsverlauf zunehmend in eine soziale Isolation. „Nicht ausgesprochene Wünsche und Bedürfnisse, „heruntergeschluckter Ärger", Angst vor Ablehnung, perfektionistische Ansprüche, Minderwertigkeitskomplexe und anderes spiegeln sich im Rückzug auf ein gestörtes Eßverhalten wider. Diese wiederum ruft Scham- und Schuldgefühle hervor, die Gemeinschaft anderer wird immer mehr gemieden. Hier schließt sich der Teufelskreis. Der fehlende Spiegel der anderen und die mangelnde Auseinandersetzung mit ihnen führen zu immer einseitigerer Sichtweise des Selbst und der eigenen Möglichkeiten" (*Fichter* 2003).

Der Rückzug aus sozialen Kontakten und in der Folge der mangelnde Austausch mit anderen Menschen verunsichert zusätzlich. Die Kontaktgestaltung wird dadurch zunehmend schwieriger. Erschwerend wirken Konflikte mit den Angehörigen, mit Gleichaltrigen und am Arbeitsplatz. Ein Hauptproblem bei chronisch Eßgestörten ist die soziale Isolation und die zunehmende Vereinsamung.

6.   Grundlagen der Behandlung von Eßstörungen

Eßstörungen sind Störungen mit komplexen Ursachen. Ebenfalls sind die Bedingungen, die sie aufrechterhalten, sehr different. Entsprechend müssen Therapiekonzepte individuell auf die einzelne Person zugeschnitten werden.

Bei eßgestörten Menschen ist die Wahrnehmung von Körpersignalen als auch die Wahrnehmung eigener Gefühle defizitär. Deshalb ist es in der Therapie indiziert, die Wahrnehmung für die eigene physische und psychische Befindlichkeit zu verbessern. Durch eine Verbesserung des emotionalen Ausdrucks kann sich die soziale Kompetenz erhöhen und Gefühle können adäquat ausgedrückt werden.

> „Eßstörungen sind in der Regel schwere und hartnäckige Erkrankungen. Unbehandelt werden sie oft chronisch. Je länger eine Eßstörung besteht, desto schwieriger werden Veränderungen; deshalb sollte eine Therapie so schnell wie möglich begonnen werden" (*Reich, Götz-Kühne, Killius* 2004).

Die Heilungschancen mit Hilfe einer Psychotherapie sind hoch. „Die Hälfte aller Magersüchtigen kann durch eine Psychotherapie vollständig geheilt werden. Bei einem Viertel tritt eine Besserung ein und bei einem weiteren Viertel bleibt die Eßstörung trotz Psychotherapie bestehen.
    Bei der Bulimie können ebenfalls die Hälfte der Betroffenen geheilt werden. Circa 20% haben weiterhin bulimische Symptome. Bei 30% gibt es einen Wechsel

zwischen symptomfreien Phasen und Rückfällen. Viele Bulimikerinnen begeben sich gar nicht in Therapie. Bei der Eßstörung mit „Freßanfällen" (Binge-Eating-Störung) sind längere Verläufe noch nicht untersucht" (ebenda).

7. Theoretischer Hintergrund

Die Integrative Therapie versteht sich auf der Grundlage einer phänomenologisch-hermeneutischen Erkennntnistheorie und einer existentialphilosophischen Anthropologie als ein tiefenpsychologisch, bio-neurowissenschaftlich fundiertes Verfahren der Psychotherapie (*Petzold* 2001a, 2003a). Es ist auf den Menschen in seiner gesamten Lebensspanne gerichtet. Die Integrative Therapie gründet auf Konzepten der aktuellen Forschung zur vergleichenden Psychotherapie, Methodenintegration, Wirkfaktorenintegration und klinischen Bio-, Entwicklungs- und Emotionspsychologie. Daneben finden Methoden der Gestalttherapie, des Psychodramas, der Leibtherapie Berücksichtigung. Auch behaviorale Ansätze, die Arbeit mit kreativen Medien und bewegungstherapeutische Elemente werden einbezogen. Einen besonderen Stellenwert haben tiefenpsychologische und sozialisationstheoretische Erkenntnisse über Bedingungen einer gesunden seelischen Entwicklung und über Ursachen von Entwicklungsstörungen und Erkrankungen. Der Mensch wird im Sinne einer ganzheitlichen Betrachtungsweise, mit seinem Umfeld und in seinem lebensgeschichtlichen Kontext betrachtet. Das Behandlungsziel besteht darin, beschädigte Gesundheit und Identität wieder herzustellen, die Entwicklung der Persönlichkeit zu fördern und Bewältigungshilfen zu erarbeiten. Schwerpunkte der Arbeit bilden dabei die Bearbeitung biographischer Defizite, Traumata, Konflikte und Störungen und ihrer Auswirkungen im gegenwärtigen Leben, das Aufdecken unbewußter Problematik, aber auch die Entwicklung tragfähiger Beziehungsstrukturen und positiver Zukunftsentwürfe. Neben der Heilung und Bewältigung ist die Entwicklung von Ressourcen zur Bereicherung des Lebensalltags ebenso zentral.

Auch aus systemischer Sicht werden die Eßprobleme des Individuums in ihren Wechselwirkungen mit Beziehungen, Denk- und Erlebnismustern gesehen. Therapie zielt auf eine Erweiterung der Handlungsmöglichkeiten durch die Anregung neuer Wirklichkeiten und Muster sowie durch eine Ressourcenaktivierung. Die Betroffenen assoziieren häufig negative Deutungen und Sichtweisen mit einer Eßstörung. Dabei wird die Eßstörung als Feindin beschrieben, gegen die man sich mit allen Mitteln wehren muß. Diese Sichtweise ist nicht unbedingt konstruktiv. Die überwiegend pathologieorientierten Beschreibungen der Eßstörung sollen durch positive und wertschätzende Aspekte des eßgestörten Verhaltens ersetzt werden. Die Betonung der negativen Aspekte ist nicht sinnvoll, da sie verstärkend auf die Selbstabwertung der Klientel wirken.

> „Eine Grundannahme der systemischen Therapie ist, daß die Betroffenen über alle Fähigkeiten, Verhaltensoptionen und Ressourcen, die für eine Veränderung notwendig sind, bereits verfügen. Eine therapeutische Vorgehensweise, die Fähigkeiten hervorzuheben und auf die bereits vorhandenen Ressourcen zur Aufgabe des eßgestörten Verhaltens zu fokussieren, ist die systematische Befragung nach Ausnahmesituationen" (*Beyer* 1999).

Es ist davon auszugehen, daß die Betroffenen ihr negatives Eßverhalten schon aufgegeben hätten, wenn dieses nur Negativaspekte hätte, da sie über alles Wissen und alle Fähigkeiten verfügen, um das Eßverhalten zu verändern. Defizite werden als nützliche Verhaltensweisen betrachtet.

Die Entwicklung der Patienten und die Symptomatik sollten sowohl unter positiven (positive Funktion der Eßstörung) wie auch negativen Aspekten betrachtet werden. Die positiven Aspekte finden selten Berücksichtigung. „Für ein Verständnis der Eßstörung scheint uns ein Akzeptieren der positiven Aspekte dieser Krankheiten unumgänglich. Der Nachweis der Gewichtsabnahme wird zum unmittelbar ablesbaren Leistungsbeweis, zum positiven Erleben, etwas zu können, zur heimlichen Entdeckung einer Kraft in sich, verbunden mit dem Gedanken: Euch werde ich es zeigen! Dazu mischt sich die Lust auszuprobieren, wie weit man es schafft, über das ursprünglich gesteckte Ziel hinaus, das Gewicht zu reduzieren, den Hunger zu bewältigen, Macht über den eigenen Körper zu bekommen" (*Gerlinghoff, Backmund, Mai* 1999).

Die Einbeziehung der leiblichen, emotionalen, kognitiven und ökologischen Faktoren ist wesentlich und muß in Relation zueinander gesehen werden. Bei den Therapiezielen geht es darum, immer einen Schritt vor den anderen setzen und kleinste Erfolge würdigen.

Eßstörungen können aus verschiedenen Blickwinkel betrachtet werden. Dementsprechend sind in der Therapie unterschiedliche Schwerpunkte zu setzen. Die Behandlung muß den individuellen Bedürfnissen des Individuums angeglichen werden. D.h. bei dem einen Patienten kann der Schwerpunkt der Behandlung auf dem Aufbau eines stabilen Selbstwertgefühls ausgerichtet sein, bei der anderen Person kann es sinnvoll sein, die Eßstörung im sozialen Kontext zu behandeln. „Der Begriff Eßstörung bezeichnet nur das oberflächlich Sichtbare, das Symptom, mit dem die innere Problematik zum Ausdruck kommt" (*Fichter* 2003).

Die innere Problematik muß ins Zentrum der Betrachtung rücken.

„Unter einem integrativen therapeutischen Konzept für eßgestörte Patienten verstehe ich über einen eklekzistischen Einbezug verschiedener wirksamer Therapiemodule hinaus auch die theoretische Integration entwicklungspsychologischer Erkenntnisse (vgl. *Dornes* 1993; *Stern* 1985), die Einbeziehung geistiger, emotionaler, leiblicher und sozialökonomischer Dimensionen, die Abwägung pathogenetischer und salutogenetischer Faktoren und die Rolle des Therapeuten als empathischen, aber nicht konfliktscheuen „significant caring adult" (vgl. *Petzold* 1996) und Entwicklungshelfer" (*Bräutigam* 2002).

Ein therapeutischer Ansatz stößt nur dann auf Akzeptanz bei den Klienten, wenn neben den Veränderungsstrategien auch die Hintergründe Berücksichtigung finden. Denn nur auf diese Weise erleben die Patienten, daß sie mit Hilfe der Therapie Lösungsstrategien erlernen können, die die bislang genutzten Problemlösungsstrategien (Essen oder Nicht-Essen) adäquat ersetzen können. Im Rahmen der Therapie ist es zwingend erforderlich, Ressourcen bei den Patienten zu erkennen sowie persönliche, emotionale, intellektuelle, kreative und andere Fähigkeiten und Fertigkeiten zu fördern und konstruktiv zu nutzen.

„Von Bedeutung ist, daß die Eßstörung zu einer Existenzform wird, zu einer Lebensstrategie, mit deren Hilfe vieles ausgelebt, bewältigt, befriedigt und bezwungen werden kann. Vielen gibt die Eßstörung Sicherheit und Halt. Daher ist es verständlich, daß Betroffene sich häufig dagegen wehren, von etwas kuriert zu werden, was sie keinesfalls als Krankheit empfinden" (*Gerlinghoff, Backmund, Mai* 1999).

Bei der Behandlung von Eßstörungen liegt unserer Auffassung nach der Fokus auf Entwicklungsförderung und der Aufgabe, „bei individuell und kontextuell begründeten Entwicklungsbehinderungen mitzuhelfen, Lösungen für den Schritt über die nächste Schwelle zu suchen und mit den Betroffenen zu erarbeiten; dies unter Berücksichtigung des spezifischen sozialen Kontextes und seiner Ressourcen" (*Schneewind* 1996).

Die Berücksichtigung der Entwicklung der zwischenmenschlichen Beziehungsmöglichkeiten des Kindes oder Jugendlichen sowie die Beseitigung von Störungen in Beziehung ist von entscheidender Bedeutung.

Um dem individuellen Problem eines eßgestörten Menschen gerecht zu werden, ist eine schulenübergreifende verschiedene Bausteine unterschiedlicher Therapieverfahren nutzende Behandlung indiziert.

„Die integrative Kinder- und Jugendlichentherapie ist ein ganzheitlicher und differentieller Ansatz der Behandlung und Förderung von Kindern und Jugendlichen in Einzel- und Gruppensitzungen unter Einbeziehung ihrer Familien bzw. Bezugspersonen in Berücksichti-

gung der pathogenen und salutogenen Einflüsse des jeweiligen mikroökologischen und
sozialen Kontextes. Die Integrative Kindertherapie gründet sich dabei auf tiefenpsychologische Denkmodelle und Konzepte, die Ergebnisse moderner Psychotherapie- und Longi-
tudinalforschung und auf eine integrative Entwicklungspsychologie, die richtungsübergrei-
fend die Erträge psychomotorischer, emotionaler, kognitiver, sozialer und ökologischer Ent-
wicklungsforschung einbezieht, um sie mit einem reichen Repertoire an Methoden, Techniken, Medien, Formen auf kreative Weise intensiv umzusetzen" (*Petzold* 1996).

Die Ergebnisse der Befragung hinsichtlich der Wirkvariablen demonstrieren über-
deutlich, was Klienten mit der Eßstörungen brauchen, um gesund zu werden: Achtung, Anerkennung und Akzeptierung als eine Person, die ihre eigenen Entscheidungen fällen kann und muß (vgl. *A. Franke* 1994).

Die Frage der „richtigen" Therapie ist keine Frage der Therapiemethode, sondern
eine der therapeutischen Beziehung. Nur auf dieser Basis kann sich eine Verände-
rungsmöglichkeit entwickeln. Vor Beginn einer Therapie ist eine sorgfältige Indikation bezüglich Art und Setting der geplanten Maßnahme notwendig.

Exkurs: Der integrative Stil der „selektiven Offenheit" und der „partiellen Teilnahme" (vgl. *Petzold* 1980)

„Das was in unserer Praxis die Therapeut/Klientbeziehung kennzeichnet, ist der
Korrespondenzprozeß, Begegnung und Auseinandersetzung, ein wechselseitiges
Experimentieren mit den Möglichkeiten von Beziehung, Nähe, Distanz, Abstinenz,
Selfdisclosure, um im jeweiligen Moment die richtige und angemessene Interakti-
onsform zu finden. ... Partielle Teilnahme bedeutet für den Therapeuten, die Erfah-
rung auf der Ebene des eigenen Erlebens, der eigenen Emotionalität, der eigenen
Körperlichkeit in einem Maße zuzulassen, daß er nicht konfluent wird, daß seine
Selbstregulation nicht verloren geht und ihm aber dennoch den ganzen Reichtum
persönlicher Erfahrung zur Verfügung stellt. ... Das partielle Engagement als eine
Haltung des Sicheinlassens ohne sich zu verlieren, vollzieht sich auf vier Ebenen:

(1) Das Einlassen auf sich selbst.
(2) Das Einlassen auf den Patienten.
(3) Das Einlasen auf die Inhalte, die in der therapeutischen Sitzung zur Sprache
    kommen.
(4) Das Einlassen auf den aktualen Kontext der Therapiesituation.

Das „innere Mitvollziehen der Szene" ... Therapeutische Haltung des „partiellen Engagements" erfordert ... hohes Maß an Regulationsfähigkeit, ... Klima des Akzeptierens und der Wertschätzung, ... Modell, ... Regulierung von Nähe und Distanz" (ebenda).

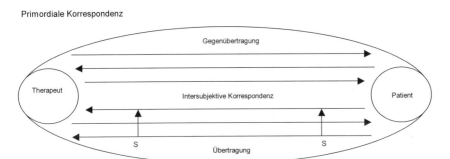

Abbildung: Dimensionen der therapeutischen Beziehung (ebenda)

Das Gesundwerden ist kein isoliertes Ereignis, sondern ein Prozeß, der aus vielen, oft sehr kleinen Schritten besteht. Er ist unter anderem deshalb so schwer, weil die Probleme erst auf dem Weg aus der Krankheit zu erkennen sind. Über eine lange Phase des Veränderungsprozesses hinweg tun sich immer neue Probleme und Schmerzen auf (z.B. durch Funktionalisierung in Beziehungen u.ä.). Patienten sind sich unklar über ihr Erleben und ihre Gefühle, sie erlauben sich keine neuen Erfahrungen, nicht einmal die Stimuli aus ihrem eigenen Körper wagen sie sich heran zu lassen. Ihr Selbstkonzept ist starr und eingeengt auf einen engen Erlebenbereich. Dieses Wenige jedoch verteidigen sie zäh. Sie gestatten sich keine Abweichungen, kein Experimentieren, kein Ausprobieren, denn all dies könnte dazu führen, daß das „Rest-Ich", dieses wenige was übrig geblieben ist, auch noch ins Wanken gerät.

Um langfristig Erfolge zu erzielen, ist eine Veränderung des Ernährungsverhaltens, des Eßverhaltens und des Bewegungsverhaltens durch Selbstreflexion und Selbstbewertung zwingend erforderlich. Eine Therapie mit Eßgestörten sollte immer Informationen zu gesunder Ernährung vermitteln, ein gesundes Bewegungsprogramm beinhalten und persönlichkeitsstärkende (Selbstsicherheitstraining, Kompetenzerweiterungstraining, insbesondere Konfliktmangementtraining) Elemente enthalten (vgl. *Schay* et al. 2005).

8. Behandlungsangebote

Unsere verschiedenen Angebote basieren auf dem theoretischen Hintergrund der Integrativen Therapie und beinhalten verhaltenstherapeutische Elemente. Wir bieten ambulante kurz-, mittel- und langfristige Hilfeangebote für Menschen mit Eßstörungen und -problemen an. In unserem Hause finden zwei angeleitete Selbsthilfegruppen für Mädchen und junge Frauen mit Magersucht und Bulimie statt. Des weiteren bieten wir über ein Zeitraum von sechs Wochen ein verhaltenstherapeutisches Training für Kinder mit Übergewicht und Adipositas an. Ebenso können Betroffene und Angehörige Einzelberatung und -therapie in unserem Hause in Anspruch nehmen.

Vorgespräche und Diagnostik

In einer ausführlichen Diagnostik werden die Art der Störung mit den ihr zugrundeliegenden Problemen sowie die sie aufrechterhaltenden Bedingungen erfaßt. Ebenso werden im Rahmen einer detaillierten Erhebung die eßstörungsspezifischen Symptome herausgearbeitet. Insbesondere werden der Gewichtsverlust, das jetzige Gewicht, das Eßverhalten, Sport und Bewegung sowie Einstellungen zur Nahrungsaufnahme eruiert.

Bei Kindern und Jugendlichen wird die Diagnostik um ein Familiengespräch erweitert. In diesem Gespräch können die Einstellung der einzelnen Familienmitglieder zum Problem, die Versuche zur Problemlösung, ebenso die Beziehung untereinander als auch nach außen, die Stressoren in der Familie und die Lösungsmöglichkeiten der Familie erfaßt werden.

Symptombezogene Diagnostik

Hier werden die Bereiche Gewichtsverlust, prämorbides Gewicht, angestrebtes Wunschgewicht, Zyklusverlauf, Eßverhalten, Eßanfälle, Häufigkeit des Erbrechens, Gebrauch von Abführmitteln, Diurektika, Appetitzüglern, Brechmitteln oder Schilddrüsenpräparaten sowie Fragen zu ritualisierten und zwanghaften Verhaltensweisen und über ritualisiertes Durchführen sportlicher Aktivitäten eruiert.

Motivationsprüfung

Die Patienten werden über den Ablauf der Behandlung informiert. Die Motivation wird geprüft, inwieweit eine überwiegende Fremdmotivation durch Eltern, Lehrer, Freunde, Partner etc. vorliegt bzw. wie hoch die Eigenmotivation einzuschätzen ist. Nach Ende der diagnostisch-anamnestischen Phase wird das weitere Vorgehen festgelegt, d. h. ist eine ambulante Betreuung ausreichend oder muß eine stationäre Einrichtung gesucht werden.

Einzelgespräche/-therapie

Die Einzelgespräche/-therapie als Behandlungsform in einem „dynamischen Setting" dienen der Bearbeitung von aktuellen Problemen und Schwierigkeiten. Hier werden die angestrebten Ziele differenziert erarbeitet, überprüft und die praktizierten Vorgehensweisen reflektiert. Dies geschieht unter Einbeziehung der jeweils vorhandenen Ressourcen- und Potentiallage.

Die Einzelgespräche/-therapie dienen des weiteren dazu, die Hintergründe und die Funktion des eßgestörten Verhaltens zu ergründen. Bei allen therapeutischen Schritten geht es darum, neue Optionen zu eröffnen und Entwicklungen in Gang zu setzen, welche dazu verhelfen eigene Lösungswege zu finden. Wesentlich ist, positive Zielformulierungen zu finden. Es reicht nicht zu sagen, ich will meine Eßstörungen aufgeben, sondern was will ich statt dessen erreichen.

In den/r Einzelgesprächen/-therapie werden die Erkenntnisse aus der Psychopathologie berücksichtigt. Der Einzeltherapeut soll für den Patienten den Stellenwert einer verläßlichen Bezugs- und Vertrauensperson haben, die, wenn sie verinnerlicht wird, einen positiven inneren Beistand konstituiert. Damit wird ein Beitrag zur Identitätsbildung geleistet (positive Leitbildfigur) und die Erhöhung der Konflikt- und Krisenverarbeitungskapazität erreicht.

Die kontinuierlichen Einzelgespräche/-therapie haben folgende Arbeitsschwerpunkte zum Inhalt:

– durch strukturierte Übungsangebote wird an den vorhandenen Defiziten, Konflikten und Störungen gearbeitet (übungszentriert-funktionale Modalität).
– durch kreative und erlebnisorientierte Methoden wird die Persönlichkeitsentwicklung und die Erschließung neuer Erlebnismöglichkeiten gefördert (erlebniszentriert-agogische Modalität).

– korrigierende emotionale Erfahrungen im Sinne einer Nachsozialisation sollen ermöglicht werden.

– in einer dyadischen Beziehung findet die Erinnerungsarbeit statt, mit dem Ziel des Auffindens, Bewußtmachens, Einsichtigmachens und Bearbeitens von Konflikten, Störungen und Defiziten. Dadurch soll eine Erhöhung der Sinnerfassungskapazität erreicht werden, die in Folge alternative Beziehungsgestaltungen ermöglicht (konfliktzentriert-aufdeckende Modalität).

– die vorhandene soziale Einbettung wird thematisiert (soziales Netzwerk) und Perspektiven für Aufbau, Gestaltung und Erhaltung eines hinreichend stabilen sozialen Netzwerkes werden erarbeitet (netzwerkaktivierende Modalität).

– in einer tragfähigen Arbeitsbeziehung erfährt der Patient Beistand, Begleitung, Entlastung und Sicherung in Krisenepisoden (konservativ-stützende, substituierende Modalität).

– die vorhandenen Ressourcen und Potentiale werden erhoben (Erhebung der personellen, sozialen, materiellen und beruflichen Ressourcen und Potentiale) und konkrete alternative Verhaltens- und Vorgehensweisen unter Einbeziehung der eigenen Ressourcen werden erörtert und erprobt.

– destruktive bzw. toxische selbstreferentielle Kognitionen und Emotionen (strenges „Über-Ich", Wertlosigkeitsgefühle, Selbstzweifel werden systematisch bearbeitet.

– die Willenssozialisation wird thematisiert mit dem Ziel eines systematischen Aufbaus der Willensfähigkeiten.

– traumatische Lebensereignisse werden systematisch aufgrund der vorausgehenden Diagnostik mit spezifischen traumatherapeutischen Interventionen bearbeitet.

Mit Hilfe von Eßprotokollen, die über eine Woche geführt werden und die anschließende Besprechung werden Ernährungsgewohnheiten, Stimmungen, Problemlagen und Funktionen des Essens oder Nicht-Essens erarbeitet. Das Eßverhalten wird beobachtet und protokolliert. D.h. die Menge der eingenommenen Nahrung und das Verhalten wie Eßgeschwindigkeit etc. werden festgehalten.

Die Selbstwertproblematik findet besondere Berücksichtigung. Die eigenen Fähigkeiten und Ressourcen werden herausgearbeitet. Die Abhängigkeit des Selbstwerts von der Figur wird kritisch hinterfragt. Die Auseinandersetzung mit dem eigenen Körperbild ist von zentraler Bedeutung. Die Ansprüche an die eigene Person und Leistungen werden erarbeitet. Insbesondere überhöhte Ansprüche an die eigene Person oder ein Streben nach Perfektionismus werden aufgedeckt.

Die Fähigkeiten adäquat mit krisenhaften Situationen umzugehen wird hinterfragt. Alternative Lösungsstrategien im Umgang mit Konflikten und Belastungen werden erarbeitet. Die Wahrung persönlicher Grenzen ist wichtig. Welche Kontrollbedürfnisse bestehen und inwieweit reichen Autonomiebestrebungen? Der Umgang mit Gefühlen ist von entscheidender Wichtigkeit. Inwieweit werden Gefühle wahrgenommen und akzeptiert?

Soziokulturelle Aspekte und die Auswirkungen auf die eigene Person finden Berücksichtigung; Schönheits- und Schlankheitsideale, Vorbilder wie Fotomodelle werden kritisch hinterfragt. Die Entwicklung einer geschlechtspezifischen Identität und eines Rollenbildes werden thematisiert.

Gruppenangebote/-therapie

Die psychotherapeutisch orientierten Gruppenangebote/-therapie nach dem Ansatz der Integrativen Therapie wird von einer Therapeutin prozeßorientiert und z.T. themenzentriert geleitet und dient der Bearbeitung von Problemen, die aus persönlichen Schwierigkeiten, der Suchtproblematik und Schule/Arbeit resultieren.

Je nach Indikation wird mit humanistisch-psychologischen oder körperorientierten Verfahren (Bedarf der besonderen Indikation) gearbeitet.

Gruppentherapie als Methode berücksichtigt, daß die Ursachen von Eßproblemen/-störungen unter anderem in gestörten Gruppenbeziehungen liegen (Familie, Peergroup etc.). Mittels einer Biographieanalyse in der Gruppe können nun diese Ausgangsbedingungen und Störungsfelder erneut aufgesucht werden. Ziel ist die eigenen saluto- und pathogene Entwicklungsgeschichte verständlich und begreifbar werden zu lassen unter Einbeziehungen der vielfältigen Perspektiven und Wahrnehmungen aus der Gruppe (Mehrperspektivität). Im weiteren bieten das Gruppenerleben und der Gruppenprozeß in seiner interaktionalen Dynamik die Möglichkeit des Verlernens alter, schädigender Verhaltensweisen und des Erlernens von neuen alternativen Möglichkeiten, Kontakt, Begegnung und Beziehung in einer Gruppe zu gestalten. Die Gruppe dient dem Einzelnen als Identifikations- und Projektionsfeld, als Lernfeld und Übungslabor sowie als Ort, an dem Solidaritätserfahrungen möglich werden. Schutz und Sicherheit als Rahmenbedingungen ermöglichen das Erproben neuer, alternativer Verhaltensweisen; Fremdwahrnehmung und differenziertes Feedback ermöglichen eine realistischere Einschätzung der eigenen Person.

Die ressourcenorientierte Arbeit mit der Klientel steht im Vordergrund. Selbst-
und Fremdwahrnehmung werden in den Einzel- und Gruppengesprächen/-therapie
herausgearbeitet, so daß dem Patienten

- Stärken und Schwächen deutlich werden,
- unrealistische Selbstbilder oder problematisches Sozialverhalten deutlich wird
  und bearbeitet werden kann,
- konkrete arbeitsbezogene Therapieziele entwickelt werden können,
- vorhandene Ressourcen gestützt, neue Ressourcen erarbeitet und die vorhandenen Potentiale gefördert werden können.

Durch die Gruppengespräche/-therapie eröffnen sich für die Gruppenmitglieder
Möglichkeiten,

- sich aktuelles Verhalten und Erleben bewußt zu machen und Hintergründe dafür zu erkennen.
- neue Verhaltensweisen zu erproben.
- die Einzigartigkeit eines Problems in Frage zu stellen.
- solidarisches Handeln zu erfahren und zu fördern, um einen gemeinsamen Weg
  aus der Abhängigkeitserkrankung zu finden (Solidaritätserfahrung).
- die Vielfalt der Wahrnehmungen zu ergänzen.
- bestehende Beziehungen zu reflektieren.
- positive Veränderungen bei einzelnen Gruppenmitgliedern zu erfahren und damit
  eine positive, zukunftsgerichtete und hoffnungsvolle Atmosphäre in der Gesamtgruppe zu erleben.
- das Selbsthilfepotential und die Selbstregulationsmechanismen zu verstärken.

*Angeleitete Selbsthilfegruppe Frauen im Alter zwischen 18 und 30 Jahren. Das
Spektrum der Störungen umfaßt Bulimie, Magersucht und binch eating*

Die Gruppe trifft sich jeden 1. und 3. Dienstag von 18.00 bis 20.00 Uhr in unseren
Räumlichkeiten und wird als offene Gruppe geführt, d.h. neue Teilnehmerinnen
sind immer herzlich eingeladen.

Eine Teilnahme an der Gruppe ist erst nach einem ausführlichen Vorgespräch möglich. Überprüft wird die Motivation zur Gruppenteilnahme. Inhalte und Ziele der
Gruppe werden besprochen. Bei positivem Gesprächsverlauf kann eine Teilnahme
zum nächst möglichen Termin stattfinden.

In der Gruppentherapie werden Methoden der Tiefenentspannung mit angeleiteten Imaginationsübungen, Übungen zur Körperwahrnehmung aus der Gestalttherapie sowie Elemente aus dem Psychodrama eingesetzt.

Parallel dazu werden Informationen über Ernährung und Physiologie vermittelt, der Aufbau geregelter Mahlzeiten geplant und eine Korrektur der verzerrten Einstellungen und Überzeugungen hinsichtlich Körper und Gewicht erarbeitet.

Ebenso wichtig ist es, Probleme im Umgang mit anderen (Partner, Familie, Kollegen) aufzudecken. Häufig werden im Kontakt mit anderen Angst- und Minderwertigkeitsgefühle erlebt, eigene Wünsche und Bedürfnisse und Probleme werden nicht ausgesprochen. Daher liegt ein weiterer Schwerpunkt in der Vermittlung verbesserter sozialer Kompetenz: Förderung von Autonomie und Identität, Auseinandersetzung mit dem Selbstkonzept, Schulung der Wahrnehmung eigener Gefühle, Optimierung in der Gestaltung von Beziehungen und Steigerung des Selbstwertgefühls.

Exkurs: „Arbeit an sich selbst" (vgl. *Siegele, Höhmann-Kost* 2002)

Dieses Konzept der *„Arbeit an sich selbst"* als identitätsstiftender Prozeß spielt im Integrativen Ansatz eine zentrale Rolle (von *Petzold* (2002) in Verbindung mit Integrativer Traumatherapie entwickelt). Allgemeines Ziel ist hier ein Zuwachs an persönlicher *Souveränität*. Die Integrative Therapie grenzt sich hier von Verfahren ab, die Autonomie des Einzelnen als Zielformulierung postulieren, da dies aus integrativer Sicht zu einseitig auf das Individuum bezogen ist. Es geht also um Souveränität, die sich durch Arbeit an sich selbst *und* durch wechselseitige Erfahrungen in Zwischenleiblichkeit mit Anderen entwickeln kann, um einen ko-respondierenden gemeinschaftlichen Prozeß.

In der Arbeit mit Menschen mit Suchtproblemen steht neben der medizinischen und psychosozialen Behandlung eine konfliktaufdeckende Psychotherapie meist nicht unmittelbar im Vordergrund. Vielmehr geht es ganz wesentlich um *„korrigierende psychophysiologische Erfahrungen"*, und Bewältigungshilfen. *Petzold* schreibt in seinem *„Dritten Weg der Heilung und Förderung"*, dem Weg der durch Erlebnisaktivierung zur Persönlichkeitsentfaltung führt: „Bei diesem Weg geht es um Erschließung und Entwicklung persönlicher und gemeinschaftlicher Ressourcen und Potentiale durch Bereitstellung einer „fördernden Umwelt" mit neuen und/oder alternativen Beziehungs- und Erlebnismöglichkeiten, in denen die Grundqualitäten: *Wachheit, Wertschätzung, Würde* und *Wurzeln* erfahrbar werden" (*Petzold* 1996a).

Eßgestörte Mädchen und Frauen haben meist eine sehr negative Sicht von sich selbst, von anderen Menschen und der Welt überhaupt.

Das Denken und Erleben orientiert sich maßgeblich an unangenehmen Erlebnissen. Positive Ereignisse werden außer acht gelassen bzw. sofort wieder vergessen. Die Fixierung auf negative Wahrnehmungen ist gefährlich, weil man auch an neue Aufgaben mit einer negativen Erwartungshaltung herangeht. So verhält man sich dann tatsächlich unsicher oder ungeschickt. Das führt zu Mißerfolg und dient der Bestätigung für die eigene Unfähigkeit

Aufgrund einzelner negativer Erfahrungen werden vernichtende Pauschalurteile gefällt (nie, immer, alle, keiner, gar nichts, ...); zur Verdeutlichung: „Ich finde meine Beine zu dick" und deshalb „Bin ich häßlich".

Auffallend sind die dichotomen Denkstrukturen, d.h. es gibt keine Feinabstufungen zwischen den Extremen, sondern nur „gut" oder „schlecht", „immer" oder „nie". Zum Beispiel: „Mit 49 kg fühle ich mich schlank, aber mit 50 kg sehe ich aus wie eine Tonne!"

Viele Mädchen beurteilen sich selbst, ihr Aussehen und ihre Leistungen übermäßig streng. Sie empfinden sich entweder als perfekt oder als völlige Versagerin. Die Ansprüche an sich selbst sind extrem hoch. Wenn die Ansprüche erfüllt wurden, werden die Anforderungen gleich noch höher geschraubt, statt mit sich zufrieden zu sein.

Jeder Mensch hat eine bestimmte Art, sein Leben zu organisieren und Erfahrungen einzuordnen. Menschen, die hart mit sich umgehen, orientieren sich oft maßgeblich an Leistungen, Pflichten und Verboten. Ihr inneres Gesetzbuch besteht hauptsächlich aus Sätzen, die mit „Du solltest" und „Du mußt" anfangen.

Solche Gesetze können Gefühle, Gedanken und Verhalten umfassen, beispielsweise:

- Ich muß immer glücklich sein.
- Ich muß immer lieb und nett sein.
- Alles, was ich anfange, muß auch gelingen.
- Ich darf nie aufgeben.
- Wer rastet, der rostet.

Rigide Gesetze für unterschiedliche Lebensbereiche umfassen beispielsweise:

– Essen: Süßigkeiten sind absolut verboten. Nach 19.00 Uhr darf ich nichts mehr essen.
– Aussehen und Figur: Ich muß immer wie aus dem Ei gepellt aussehen. Ich sollte nicht mehr als 48 kg wiegen.
– Sport: Ich sollte mindestens dreimal pro Woche trainieren. Ich muß jeden Morgen meine Gymnastikübungen machen.
– Arbeit: Jede Arbeit, die ich beginne, muß ich auch zu Ende führen.
– Ausbildung: Ich muß überall glatt eins stehen.
– Freundschaften: Ich muß immer Zeit für meine Freunde haben.
– Familie: Man darf keine Geheimnisse voreinander haben.
– Partnerschaft: Es darf keinen Streit geben.

In der Therapie geht es darum, den negativen und einseitigen Denkstil, Schritt für Schritt durch einen positiven und ganzheitlichen zu ersetzen. D.h. zu lernen, den eigenen Blickwinkel zu erweitern und neben den negativen auch die positiven Anteile einer Situation wahrzunehmen. Es geht konkret darum, sich klarzumachen, daß jedes Ding zwei Seiten hat, also Vorteile und Nachteile, und daß das Leben nicht nur aus Fehlermöglichkeiten, Risiken und Gefahren besteht, sondern auch Chancen und Erfolgsmöglichkeiten bereithält. Dazu gehört auch, sich positive Erfahrungen, die man früher bereits gemacht hat, bewußt ins Gedächtnis zu rufen – als Kraftquelle für die Gegenwart.

Die ganzheitliche Sichtweise ermöglicht es, ein vollständiges Bild einer Situation wahrzunehmen. So wird man in die Lage versetzt, sowohl die Situation als auch den eigenen Standpunkt realistischer beurteilen und angemessener handeln zu können. „Mein Wert als Mensch hängt nicht von meinem Eßverhalten ab."

Ziele dieses/r Gruppenangebotes/-therapie:

– Selbstbeobachtung und Selbstprotokollierung des Eßverhaltens
– Aufdecken von Auslösern für Eßattacken
– Auseinandersetzung mit gesellschaftlichen Normen in bezug auf Schlanksein und Dicksein
– Schulung der Körperwahrnehmung und der Wahrnehmung von Gefühlen
– Aufbau eines gesunden Eßverhaltens
– Selbstwert: Was macht meinen eigenen Wert aus? Wie weit ist er von meiner Figur abhängig?

- Streben nach Perfektionismus
- Umgang mit Konflikten und Belastungen
- Umgang mit Grenzen
- Kontrollbedürfnisse und Autonomie
- Umgang mit Gefühlen
- Körperbild: Körperschemastörung
- Identität und Rollenbild
- Information über Therapie und Beratungsmöglichkeiten

Gruppe für Mädchen mit Eßstörungen (Magersucht oder Bulimie) im Alter von 14 bis 18 Jahren

Die Gruppe findet jeweils am 2. und 4. Dienstag im Monat von 18.00 bis 20.00 Uhr in unserer Einrichtung statt.

In der Gruppe setzen sich die Mädchen mit folgenden Themen auseinander:

- aktuelles Eß-Verhalten
- aktuelle Probleme (Elternhaus, Schule, Freizeit)
- belastende Situationen
- Selbstwert: Was macht meinen eigenen Wert aus? Wie weit ist er von meiner Figur abhängig?
- Streben nach Perfektionismus
- Umgang mit Konflikten und Belastungen
- Umgang mit Grenzen
- Kontrollbedürfnisse und Autonomie
- persönliche Ressourcen
- Umgang mit Gefühlen
- Auseinandersetzung mit dem eigenen Körperbild
- Identität und Rollenbild

Gruppe für übergewichtige und adipöse Kinder, Mädchen und Jungen zwischen 9 und 12 Jahren

Die Gruppe findet an drei Terminen in der Woche über sechs Wochen in unserer Einrichtung statt. Die Termine finden in Absprache mit den Eltern jeweils im Nachmittagsbereich statt.

Voraussetzung für die Teilnahme ist eine ärztliche Unbedenklichkeitsbescheinigung und ein ausführliches Vorgespräch zusammen mit den Eltern.

Über ein verhaltenstherapeutisches Training lernen die Kinder ihr Gewicht zu kontrollieren und zu reduzieren. Das Training enthält sowohl Informationen zu gesunder Ernährung, als auch Anleitung zum Bereiten einfacher Mahlzeiten, Bewegungstherapie und therapeutische Teile, wo es um de Steigerung der Selbstwertes, die Erhöhung der persönlichen Kompetenzen geht. Die Kinder erhalten Informationen über gesunde und ungesunde bzw. dick machende Lebensmittel. Gemeinsam werden kalorienarme, gesunde Speisen zubereitet. Die Rezepte können die Kinder auch zu Hause einfach nachbereiten. Die Kinder lernen zwischen Hunger und Appetit zu unterscheiden, erlernen günstige Eßverhaltensweisen und erkennen emotionsinduzierte und soziale Auslöser. Des weiteren steht das Erkennen und Einsetzen der eigenen Stärken und Kompetenzen im Vordergrund. Neben dem verhaltenstherapeutischen Training wird ein Bewegungstraining angeboten, bei dem die Kinder wieder Spaß an Bewegung und körperlicher Anstrengung gewinnen (vgl. *Schay* et al. 2005).

Ziele der Gruppe:

– Informationsvermittlung über gesunde Nahrungsmittel
– Erlernen eines gesunden Eßverhaltens
– Erkennen von Auslösern für das Essen
– Erlernen von Verhaltensregeln
   - Auseinandersetzung mit dem eigenem Eßverhalten
   - Lernen, Gefühle auszudrücken
   - Entwicklung aktiver Lebensbewältigung
   - Förderung der Genußfähigkeit
   - Förderung der sozialen Kompetenz
– Förderung der Auseinandersetzungsfähigkeit
– Erarbeitung von Konfliktlösungsstrategien

Angebote für Angehörige: Elternarbeit

Wenn Kinder und Jugendliche in unserer Einrichtung betreut und behandelt werden, halten wir es für zwingend erforderlich, die Eltern miteinzubeziehen. Es ist wichtig, daß die Eltern unsere Einrichtung und die Mitarbeiter kennenlernen und Informationen über den Ablauf des Behandlungsprogramms haben. Definition,

Ursachen und Folgen von Übergewicht und Adipositas werden vorgestellt. Realistische Therapieziele werden festgelegt. Des weiteren ist es sinnvoll, Eltern Informationen über gesunde Ernährung, Kalorien- und Nährstoffbedarf bei Kindern und Jugendlichen zu vermitteln und mögliche Änderungen der Ernährung zu besprechen. Aus unserer Erfahrung ist es sinnvoll, Eltern die Möglichkeit zu geben, in Einzelterminen diese Problematik zu besprechen. Manchmal kommen Scham besetzte Themen, wie fehlende finanzielle Mittel, um bestimmte Lebensmittel zu kaufen zur Sprache. Der Ablauf und die Anzahl der Gespräche mit der Familie werden individuell gestaltet.

9. Fragen der Leistungsübernahme

Für die Finanzierung psychodynamischer Psychotherapien sind derzeit i.d.R. die Krankenkassen (KV) und/oder Rentenversicherungsträger (RV) als Leistungsträger gem. den Regelungen der SGB V, VI zuständig.

Im Rahmen einer tiefenpsychologisch fundierten Kurzzeittherapie werden bis zu 25 Stunden von der KV übernommen. Die Sitzungen finden in der Regel einmal in der Woche statt. Bei der Langzeittherapie werden 50 Stunden von der KV finanziert. In Ausnahmefällen kann auf 80 oder 100 Stunden verlängert werden. Auch hier sind wöchentliche Sitzungen vorgesehen.

Bei der analytischen Psychotherapie werden 160 Stunden bezahlt, in Ausnahmefällen bis zu 240 oder 300 Stunden. Hier finden zwei- oder dreimal in der Woche Sitzungen statt, in Ausnahmefällen auch viermal.

Für Kinder und Jugendliche umfassen die Stundenkontingente für die Kurzzeittherapie 25 bzw. 70 bis 90 für die Langzeittherapie.

Bei der Verhaltenstherapie umfaßt die Kurzzeittherapie 25 Stunden und die Langzeittherapie 45 bis maximal 80 Stunden. Verhaltenstherapien werden auch bei Kindern und Jugendlichen sowie in Gruppen und bei Paaren und Familien angewendet. Bei Kindern und Jugendlichen sind dieselben Stundenzahlen vorgesehen wie bei Erwachsenen.

Gruppenpsychotherapien werden nur dann finanziert, wenn sie als alleinige Psychotherapieform durchgeführt werden und wenn es sich um eine verhaltenstherapeutische oder tiefenpsychologisch fundierte Gruppe handelt. Verhaltenstherapeutische Gruppen werden als Kurzzeittherapie bis zu 25 Doppelstunden, als Langzeittherapie bis zu 45 Doppelstunden von den Krankenkassen finanziert. In Ausnahmefällen kann die Behandlung auf bis zu 80 Doppelstunden verlängert werden. Dies gilt sowohl für die Behandlung von Erwachsenen als auch von Kindern.

Tiefenpsychologisch fundierte Gruppenpsychotherapie wird als Kurzeittherapie ebenfalls bis zu 25 Doppelstunden sowie Langzeittherapie bis zu 40 in Ausnahmefällen bis zu 80 Doppelstunden finanziert (vgl. *Reich, Götz-Kühne, Killius* 2004).

Familiengespräche können als Kurzzeit- und Langzeittherapie im Rahmen tiefenpsychologisch fundierter oder verhaltenstherapeutischer Behandlungen innerhalb der von den Krankenkassen finanzierten Psychotherapie durchgeführt werden.

KV und RV finanzieren ausschließlich die sog. Richtlinienverfahren wie die Verhaltenstherapie und die Psychoanalyse. Verfahren wie die Integrative Therapie, Gestalttherapie, Gesprächspsychotherapie, Sytemische Therapie, Leib- und Bewegungstherapie, die in ihrer Effektivität – gerade in der Behandlung von Abhängkeitserkrankungen – in vielfältigen wissenschaftlichen Studien belegt sind (vgl. *Schay* et al. 2002), werden ausgegrenzt.

Viele Hoffnungen zu weiteren Finanzierungsmöglichkeiten sind an das neue Präventionsgesetz geknüpft. Die erklärte Absicht des Gesetzgebers ist, daß es in Zukunft zu mehr Qualität in der Prävention kommen soll.

Gesundheitliche Prävention im Rahmen der Zwecksetzung ist nach § 2 des *Entwurfes eines Gesetzes zur Stärkung der gesundheitlichen Prävention* (2005):

1. Vorbeugung des erstmaligen Auftretens von Krankheiten (primäre Prävention);
2. Früherkennung von symptomlosen Krankheitsvor- und Frühstadien (sekundäre Prävention);
3. Verhütung der Verschlimmerung von Erkrankungen und Behinderungen sowie Vorbeugung von Folgeerkrankungen (tertiäre Prävention);
4. Aufbau von individuellen Fähigkeiten sowie gesundheitsförderlichen Strukturen, um das Maß an Selbstbestimmung über die Gesundheit zu erhöhen (Gesundheitsförderung)

Mit dem Gesetz soll in der Gesundheitshilfe die Vorsorge gefördert werden. Die vier Sozialkassen (Kranken-, Renten-, Unfall- und Pflegeversicherung) sollen gemeinsam mit Mitteln des Bundes und der Länder eine Präventionsstiftung mit einem Kapital in Höhe von 250 Millionen Euro ausstatten.

Unsere Angebote entsprechen allen vier Bereichen der Prävention, insbesondere jedoch denen der sekundären, tertiären Prävention und der Gesundheitsförderung:

1. Unterstützung bei der Entwicklung individueller Verhaltensweisen, um eine Verschlimmerung von Erkrankungen oder Behinderungen zu verhüten bzw. Folgeerkrankungen vorzubeugen;
2. medizinisch-therapeutische Maßnahmen im Rahmen von Leistungen der Krankenbehandlung; medizinisch-therapeutische Maßnahmen im Rahmen von Leistungen zur Rehabilitation;
3. Angebote der gesundheitsbezogenen Selbsthilfe.

„Maßnahmen der Gesundheitsförderung einschließlich der betrieblichen Gesundheitsförderung können insbesondere sein:

1. Unterstützung beim Aufbau sowie bei der Stärkung individueller gesundheitsbezogener Ressourcen und Fähigkeiten zur Vermeidung von Erkrankungen
2. Unterstützung beim Aufbau gesundheitsförderlicher Strukturen in Lebenswelten nach § 17 Abs. 2 Satz " (ebenda, § 3 Abs. 5).

Träger zur gesundheitlichen Prävention können die Krankenkassen, aber auch die Rentenversicherungsträger, die Träger der gesetzlichen Unfallversicherung, die Träger der sozialen Pflegeversicherung und die Stiftung Prävention und Gesundheitsförderung sein.

„Die Spitzenverbände der Krankenkassen und der Pflegekassen begrüßen im Grundsatz die mit dem Präventionsgesetz verbundene Intention von Bund und Ländern zur Stärkung von Prävention und Gesundheitsförderung im Rahmen eines Präventionsgesetzes" (*Stellungnahme der Spitzenverbände der Krankenkassen und der Pflegekassen* 2005).

Nach § 43 a SGB V haben versicherte Kinder Anspruch auf nichtärztliche sozialpädiatrische Leistungen, insbesondere psychologische, heilpädagogische und psychosoziale Leistungen, wenn sie unter ärztlicher Verantwortung erbracht werden und erforderlich sind, um eine Krankheit zum frühestmöglichen Zeitpunkt zu erkennen und einen Behandlungsplan aufzustellen.

Insbesondere für Kinder und Jugendliche, die übergewichtig und adipös sind, halten wir die Bedingungen für gegeben. Mit Hilfe gezielter Programme zur Gewichtsreduktion, Veränderung der Ernährung, Zunahme der Bewegung und Stärkung der eigenen Ressourcen werden Folgeerkrankungen vermieden und letztendlich Kosten eingespart.

In der Einleitung zum § SGB VI werden die Leistungen beschrieben, die wir im Rahmen der beschriebenen Angebote durchführen:

„Die Rentenversicherung erbringt medizinische, berufsfördernde und ergänzende Leistungen zu Rehabilitation, um

1. den Auswirkungen einer Krankheit oder einer körperlichen, geistigen oder seelischen Behinderung auf die Erwerbsfähigkeit der Versicherten entgegenzuwirken oder sie zu überwinden und
2. dadurch Beeinträchtigungen der Erwerbsfähigkeit der Versicherten oder ein vorzeitiges Ausscheiden aus dem Erwerbsleben zu verhindern und sie möglichst dauerhaft in das Erwerbsleben wiedereinzugliedern.
...

Als sonstige Leistungen zur Rehabilitation können erbracht werden

1. Leistungen zur Eingliederung von Versicherten in das Erwerbsleben, insbesondere nachgehende Leistungen zur Sicherung des Rehabilitationserfolges,
...
4. stationäre Heilbehandlung für Kinder von Versicherten, ..., wenn hierdurch voraussichtliche eine erhebliche Gefährdung der Gesundheit beseitigt oder eine beeinträchtigte Gesundheit wesentlich gebessert oder wiederhergestellt werden kann,
5. Zuwendung für Einrichtungen, die auf dem Gebiet der Rehabilitation forschen oder die Rehabilitation fördern" (§ 31 SGB VI).

Diese Kriterien gelten im wesentlichen auch für die Leistungen der KV gem. SGB V.

In unsere Gruppe für Frauen und Mädchen kommen regelmäßig Patientinnen, die eine stationäre Behandlung erfolgreich abgeschlossen haben, aber in der Umsetzung des überwiegend rational erworbenen Wissens aus der stationären Behandlung in ihren Lebensalltag überfordert sind. Sie reagieren auf belastende Situation mit den ihnen vertrauten Lösungswegen des Essens, Nichtessens etc.. Um den Rehabilitationserfolg abzusichern ist eine weiterführende Behandlung zwingend erforderlich. d.h. Leistungen gem. § 11, Abs. 1 + 2 + § 27, Pkt. 6 SGB V und § 15, Abs. 1 Nr. 1 + Abs. 2 SGB VI.

Die Behandlungsnotwendigkeiten für Menschen mit Eßproblemen/-störungen zeigen, daß eine Finanzierung von Seiten *aller* Leistungsträger unabdingbar ist (vgl. auch *Schay,* Finanzierung der Drogenhilfe, dieses Buch). Es geht also darum, die Arbeit mit Menschen mit Eßproblemen und Eßstörungen als Rehabilitationsbehandlung und als Maßnahme der primären, sekundären und tertiären Prävention abzusichern, da ein gesundheitsförderndes Training zur Verhinderung ernährungsbedingter Erkrankungen langfristig dem Einzelnen und seinen Angehörigen Leid erspart und den Leistungsträger Kosten spart.

Zusammenfassung

Der Artikel behandelt die differenzierten Therapieangebote für Menschen mit Eßproblemen/-störungen bei der *Kadesch gGmbH* in Herne und stellt dar, daß Eßstörungen schwerwiegende psychisch-physische Erkrankungen mit Suchtcharakter sind, die bei nicht rechtzeitiger und fachlicher Behandlung zu erheblichen Schädigungen des Körpers, der Psyche und der zwischenmenschlichen Beziehungen führen.

Auf dem theoretischen Hintergrund der „Integrativen Therapie" wird aufgezeigt, daß Eßstörungen als Reaktion auf Lebensumstände und Traumatisierungen, die ein Mensch nicht regulieren kann, verstanden werden und nicht als Ausdruck an in einer Person begründeten Pathologie.

Die verschiedenen Behandlungsangebote werden in Zusammenhang mit den Finanzierungsmöglichkeiten der Krankenkassen (KV) und/oder Rentenversicherungsträger (RV) als Leistungsträger gem. den Regelungen der SGB V, VI gestellt.

Schlüsselwörter: Eßstörungen, Integrative Therapie, psychische Störungen, Behandlung von Sucht, Protektive und Risikofaktoren

Summary

This paper deals with the complex methods of treatment for persons with eating disorders at *Kadesch gGmbH* in Herne. It will be shown that eating problems are serious mental and physical illnesses with an addictive character, which, without a timely and specialist treatment, lead to enormous damages of body, psyche and interhuman relationships.

Based on the theory of Integrative Therapy it will be shown that eating disorders are understood as a reaction to circumstances and traumas a person is not able to regulate instead of an expression of a person's pathology.

The different methods of treatment will be connected to the financial possibilities of the medical insurance and/or the pension scheme which are by law responsible for the benefits.

keywords: eating disorders, Integrative Therapy, affective disorders, treatment of addiction, protective and risk factors

Literatur

Bengel, J., Strittmatter, R., Willmann, H.: Was hält Menschen gesund? BZgA, Forschung und Praxis der Gesundheitsförderung Band 6, Köln 2001

Beyer, K.: Eßsucht ist weiblich, Hannover 1999

Bräutigam, B.: Muß ich essen? In: Integrative Therapie 1, Paderborn 2002

Bundesregierung: Entwurf eines Gesetzes zur Stärkung der gesundheitlichen Prävention vom 15.02.2005, Drucksache 15/4833, Berlin 2005

Deutsche Hauptstelle gegen die Suchtgefahren (DHS): Eßstörungen, Suchtmedizinische Reihe Band 3, Hamm 2004

Deutsche Hauptstelle gegen die Suchtgefahren (DHS): Jahrbuch Sucht

Dornes, M.: Der kompetente Säugling, Frankfurt 1993

Fairburn, C.G.: Eß-Attacken stoppen, Bern 2004

Fichter, M.: Integrative verhaltensmedizinische Behandlung in der Klinik Roseneck, in: *Langsdorff, M.:* Die heimliche Sucht, unheimlich zu essen, Frankfurt 2003

Franke, A.: Wege aus dem goldenen Käfig München 1994

Frewer, A., Sieper, J., Petzold, H.G.: Integrative Therapie und Arbeit mit kreativen Medien für Mädchen und junge Frauen mit Eß-Störungen, Köln 2005

Gerhards, J., Rössels, J.: Das Ernährungsverhalten Jugendlicher im Kontext ihrer Lebensstile, BZgA, Forschung und Praxis der Gesundheitsförderung Band 20, Köln 2003

Gerlinghoff, M., Backmund, H., Mai, N.: Magersucht und Bulimie, Weinheim und Basel 1999

Gröne, M.: Wie lasse ich meine Bulimie verhungern? Heidelberg 2003

IKK-Bundesverband: Stellungnahme der Spitzenverbände der Krankenkassen und der Pflegekassen zum Entwurf eines Gesetzes zur Stärkung der gesundheitlichen Prävention vom 15.02.2005, Drucksache 15/4833, 2005

Langsdorff, M.: Die heimliche Sucht, unheimlich zu essen, Frankfurt 2003

Lauth, G.B., Brack, U.B., Linderkamp, F. (Hrsg.): Verhaltenstherapie mit Kindern und Jugendlichen Weinheim 2001

Logue, A.W.: Die Psychologie des Essens und Trinkens, Spektrum Verlag, 1995

Metzmacher, B. et al.: Therapeutische Zugänge zu den Erfahrungswelten des Kindes von heute, Paderborn 1996

Petzold, H.G. (1980): Die Rolle des Therapeuten und die therapeutische Beziehung in der Integrativen Therapie, Junfermann, Paderborn

Petzold, H.G. (1993): Integrative Therapie. Modelle, Theorien und Methoden für eine schulenübergreifende Psychotherapie, Bde. I, II, III. Paderborn: Junfermann

202

Petzold, H.G. (1996): Wegegeleit, Schutzschild und kokreative Gestaltung von Lebenswelt – Arbeit mit protektiven Prozessen und sozioökologische Modellierungen in einer entwicklungsorientierten Kindertherapie, in: *Metzmacher*, B. et al. 1996

Petzold, H.G. (1996a): Integrative Leib- und Bewegungstherapie. Junfermann, Paderborn

Petzold, H.G. (2001a): Integrative Therapie. Das „biopsychosoziale" Modell kritischer Humantherapie und Kulturarbeit. Theorie, Praxis, Wirksamkeit. Jubiläumsausgabe 25 Jahre Integrative Therapie 1975-2000. Paderborn: Junfermann

Petzold, H.G. (2001p): „Transversale Identität und Identiätsarbeit". Die Integrative Identitätstheorie als Grundlage für eine entwicklungspsychologisch und sozialisationstheoretisch begründete Persönlichkeitstheorie und Psychotherapie. Düsseldorf/Hückeswagen, bei www. FPI-Publikationen.de/ materialien.htm - POLYLOGE: Materialien *aus der Europäische Akademie für psychosoziale Gesundheit* - 10/2001

Petzold, H.G. (2002): Trauma und „Überwindung" – Menschenrechte, Integrative Traumatherapie und die „philosophische Therapeutik" der Hominität. Integrative Therapie 4/2002, 344-412

Petzold, H.G. (2002h): „Klinische Philosophie" – Menschen zugewandtes Lebenswissen von Natur und Kultur. Über die Quellen der Integrativen Therapie, Einflüsse und ReferenztheoretikerInnen: *Materialien aus der Europäischen Akademie für psychosoziale Gesundheit* - 06/2002.

Petzold, H. (2003a): Integrative Therapie. 3 Bde. Paderborn: Junfermann, überarb. und ergänzte Neuauflage von 1991a/1992a/1993a

Ramme, B., Kerst, N, Willemsen, H.: Tri-Konzept, in: Integrative Therapie, Paderborn 2002

Reich, C., Görz-Kühne, C., Killius, U.: Eßstörungen Magersucht-Bulimie-Binge Eating, Stuttgart 2004

Reinehr, T., Dobe, M., Kerstin, M.: Therapie der Adipositas im Kindes- und Jugendalter, Göttingen 2003

Schay, P. et al.: Lauftherapie als übungs- und erlebniszentrierte Behandlungsmethode der Integrativen Therapie in der medizinischen Rehabilitation Drogenabhängiger – Theorie, Praxis, Forschung –, in: *Petzold, H.G., Schay, P., Scheiblich, W.*: Integrative Suchtarbeit, Wiesbaden 2005

Schay, P. et al. (2002): Therapeutische Weiterbildung / angewandte Verfahren in der ambulanten medizinischen Rehabilitation Suchtkranker, http://www.agpf-ev.de

Schneewind, U.J.: Leibtherapie bei Kindern mit frühen Persönlichkeitsschädigungen, in: *Metzmacher, B.* et al.: Therapeutische Zugänge zu den Erfahrungswelten des Kindes von heute, Paderborn 1996

Siegele, F., Höhmann-Kost, A. (2002): Das Konzept der „Arbeit an sich selbst" – Die Kampfkünste als ein Weg der Übung in der Suchtbehandlung und die Relevanz dieses Konzeptes im Bereich von Supervision – aus dem Diplom-Supervisionsaufbaustudiengang Freie Universität Amsterdam, Faculty of Human Movement Sciences

Sozialgesetzbuch V und VI, aktuelle Fassung

Stern, D.N.: Die Lebenserfahrung des Säuglings, Stuttgart 1992

Wabitsch, M.: Adipositas, in: *Dörr, H.G., Rascher, W.* (Hrsg.), Praxisbuch Jugendmedizin, München 2002

Wächter, G.: Eßstörungen – Prozeßanalyse dargestellt am tetradischen System der Integrativen Therapie –, in: *Petzold, H.G., Schay, P., Ebert, W.*: Integrative Suchttherapie, Wiesbaden 2004

Wardetzki, B.: Iß doch endlich mal normal, München 1996

Peter Schay

Therapieverbund Herne

Hilfen und Leistungsangebote in der ambulanten
und (teil) stationären Betreuung/Behandlung
drogenkonsumierender/-abhängiger Menschen
im Verbundsystem

„Die Menschen haben diese Wahrheit vergessen",
sagte der Fuchs.
„Aber Du darfst sie nicht vergessen.
Du bist zeitlebens für das verantwortlich,
was Du Dir vertraut gemacht hast."
(A. de Saint-Exupery)

1. Therapieverbund Herne

Im Therapieverbund Herne bietet Kadesch gGmbH, gemeinnützige Gesellschaft zur Förderung der Jugend- und Suchtkranken-Hilfe Herne, in Kooperation mit der Jugend-, Konflikt- und Drogenberatung e.V. (JKD) ein differenziertes Netzwerk an Hilfen für (ehemalige) Suchtmittelabhängige, um den (Wieder-) Einstieg in ein selbstverantwortliches Leben zu unterstützen und zu begleiten.

Die Hilfe- und Leistungsangebote (Einrichtungen) gehen „von der Grundposition aus, daß Suchtarbeit/-therapie nur eine optimale, nachhaltige Qualität gewinnen kann, wenn sie im Rahmen vernetzter Strukturen als Hilfen, Unterstützung, Förderung, Entwicklungsarbeit über angemessene Zeitstrecken durchgeführt wird, in Verbundsystemen, in denen Maßnahmen der Hilfeleistungen als „Ketten supportiver und protektiver Einflüsse" ... zum Tragen kommen, die sich den „Verkettungen unglücklicher, kritischer und belastender Umstände" („chains of risks, adverse and critical events", *Petzold, Müller* 2004) entgegenstellen" (*Scheiblich, Petzold* 2005).

Für die Arbeit in einem „Drogenhilfesystem" ist – genauso wie in anderen Bereichen – eine erweiterte Perspektive notwendig, was die Interaktion, das Zusammenspiel verschiedener Einflußgrößen in Entwicklungs- und Therapieprozessen anbelangt. Die Kenntnis von *Risikofaktoren, protektiven Faktoren* und *Resilienzen* ist dabei für die effektive Beratung, Betreuung und Behandlung von besonderer Bedeutung.

Um in diesem Sinne, die Möglichkeiten des Therapieverbundes für die Klienten/ Patienten wirksam nutzen zu können und die Zielsetzungen des Therapieverbundes in der Praxis umzusetzen, ist es notwendig, die Behandlungs- und Hilfepläne der einzelnen Einrichtungen mit Anamnesen, Befunden und Diagnosen zu dokumentieren und Zielfindungen und Indikationen aufeinander abzustimmen.

Schaubild: Netzwerk „Therapieverbund Herne"

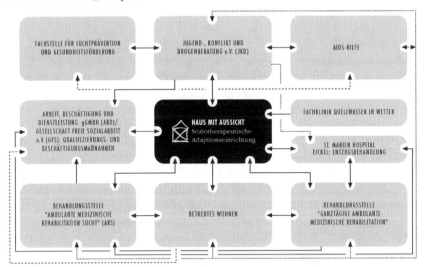

Das vielgliedrige System unseres Therapieverbundes schafft Möglichkeiten, mit dem Patienten/Klienten in Betreuungskontinuität die Motivation zur Umstrukturierung der Lebens- und Krankheitskarriere zu initiieren (vgl. *Petzold, Schay, Hentschel* 2004).

1.1   Integrative Therapie und Gestalttherapie

In unseren Einrichtungen wird nach dem Ansatz der Integrativen Therapie (vgl. *Petzold* 1993, *Schay* et al. dieses Buch) einer schulen-übergreifenden Therapiemethode gearbeitet, die methoden-integrativ humanistisch-therapeutische als auch tiefenpsychologische und verhaltenstherapeutische Ansätze kombiniert, sich im wesentlichen aber am Fundus der psychologischen und sozialwissenschaftlichen Forschung sowie an den Ergebnissen der Psychotherapieforschung orientiert.

Speziell in der Behandlung Drogenabhängiger hat sich die Integrative Therapie mit ihrem Konzept der „Ko-respondenz" und „Beziehungsqualitäten" als besonders effektiv erwiesen (*Petzold, Scheiblich, Thomas* 2005).

1.2 Behandlung von Polytraumatisierungen und Posttraumatischen Belastungsstörungen und ihren Komorbiditäten

Nach den neuesten wissenschaftlichen Erkenntnissen (vgl. *Petzold, Wolff* 2000), muß festgestellt werden, daß in der Population der Drogenabhängigen bzw. Suchtkranken der überwiegende Anteil von Patienten/Klienten in ihrer Kindheit und Jugend und/oder im Verlauf des Drogenkonsums schwere traumatische Erfahrungen (Mißhandlung, Mißbrauch, Gewalt, Vergewaltigung, Prostitution etc.) erlebt haben, die Nachwirkungen in Form von behandlungsbedürftigen Posttraumatischen Belastungsstörungen (PTBS), dissoziativen Identitätsstörungen haben (*Kofoed* 1993), so daß serielle bzw. Polytraumatisierungen im Störungsbild der Abhängigkeit eine entscheidende Rolle spielen.

Dabei ist anzunehmen, daß biographische Ereignisse als eine maßgebliche Ursache für die Ausbildung einer Abhängigkeitserkrankung zu sehen sind. Drogenkonsum, selbstschädigendes Verhalten u.a. kann als Versuch der Selbstmedikation für bedrängende PTBS-Symptomatik (Intrusionen, Numbing, Hyperarrousal) und von Borderline-Symptomen betrachtet werden (vgl. *Petzold, Wolf* 2000).

Die Frage von Doppeldiagnosen und Komorbidität muß also große Aufmerksamkeit besonders in der Entwicklung differentieller Behandlungspläne und -strategien gewinnen.

Sowohl die Diagnostik als auch die traumatherapeutische Intervention erfordern besondere professionelle Kenntnisse, denn PTBS ist ein sehr grobes Label (*Petzold, Wolff* et al. 2000). Standardisierte Formate (z.B. EMDR) greifen nicht, weil die Interaktion mit substanzbedingten Problemen und der komplexen, oft desolaten Lebenslage (Verschuldung, (wiederholte) JVA-Aufenthalte, völlig zerrüttete soziale Netzwerke, HIV, Hepatitis etc.) mit *einer* „Traumamethode" allein nicht zu behandeln ist. Überdies ist die Retraumatisierungsgefahr nicht zu unterschätzen – das Problem der therapiebedingten Risiken, Nebenwirkungen und Schäden (auch in der Suchttherapie) wird ohnehin unterschätzt (*Märtens, Petzold* 2001), so daß diesem Aspekt besondere Aufmerksamkeit und Sorgfalt gewidmet werden muß.

Spezifische traumatherapeutische Maßnahmen müssen im Behandlungsprogramm von traumatisierten Drogenabhängigen einen festen Platz haben. Es geht also nicht nur um die Behandlung von unspezifischen Traumanachwirkungen, die natürlich in anderen Einrichtungen auch behandelt werden, sondern um *spezifische posttraumatische Belastungsstörungen im Kontext einer Abhängigkeitserkrankung.*

Die Integrative Therapie bietet bei der Behandlung von Polytraumatisierungen und Posttraumatischen Belastungsstörungen und ihren Komorditäten ein hohes Maß an Struktur bei gleichzeitiger Vergrößerung des individuellen Freiraums. Die individuellen Ressourcen aber auch Schwierigkeiten können optimal berücksichtigt bzw. aufgefangen werden. Die Kombination mit übungszentrierten Ansätzen (z.B. Lauftherapie und spezielle Relaxationstechniken, die Expositionen ermöglichen und ein Retraumatisierungsrisiko vermeiden (vgl. *Schay* et al. 2005, *Petzold* 2001)) und behavioralen Methoden (assertiveness training, stress inocculation, habituation) im Sinne einer bimodalen Behandlung ermöglicht eine hohe individuelle Zupassung unserer Behandlungskonzeption.

2.   Psychosoziale Beratungsstelle
– Jugend-, Konflikt- und Drogenberatung e.V. (JKD)

Die Aufgabenstellung und Zielsetzung unserer psychosozialen Beratungsstelle orientiert sich an einer bedarfsgerechten Versorgungsstruktur, d.h. ihre gesamte Leistungspalette basiert auf der Grundlage wissenschaftlicher Erkenntnisse und praktischer Erfahrungen.

Mit Blick auf die Entwicklung des Drogenkonsums, das Konsumverhaltens und die Konsumpopulation in den vergangenen 25 Jahren, ist eine Heterogenisierung der Population und ihrer Bedürfnisse festzustellen, und das erfordert als Konsequenz eine Heterogenität der Hilfeangebote. Niedrigschwellige Drogenarbeit in „generell akzeptierender" oder „temporär akzeptierender" Ausrichtung, die Förderung von Selbsthilfeinitiativen, die Einrichtung/Ausweitung gut konzipierter Substitutionsprogramme haben hier genauso Wichtigkeit wie ein diversifiziertes Angebot drogenfreier Programme für unterschiedliche Zielgruppen und ihre Bedürfnisse.

Theoriegeleitete Differenzierung von Zielgruppen, Diversifikation der konzeptbasierten Ansätze der Therapie und der begleitenden Sozialarbeit, sowie ihre Abstimmung und Vernetzung im Rahmen einer Region sind nach wie vor unabdingbar, d.h. die Beratungs- und Betreuungsangebote müssen an die spezifischen Lebensbedingungen der Region angepaßt werden, um ein bedarfsgerechtes/integriertes/flexibles Versorgungskonzept zu realisieren.

Die JKD hält Angebote für die in Herne lebenden Suchtmittelabhängigen und -gefährdeten vor, führt Informations- und Beratungsgespräche mit deren Angehörigen durch und vernetzt ihre Maßnahmen im fachlich erforderlichen Maße mit anderen Trägern (vornehmlich in der Region Herne: Jugendgerichtshilfe, Bewährungshilfe, Agentur für Arbeit, Gesundheitsamt/Sozialpsychiatrischer Dienst, Sozialamt, Obdachlosenzentrum u.a.) und Drogenhilfeangeboten.

Handlungsgrundsätze

Qualität verstehen wir als das Ergebnis von Prozessen einer multiprofessionellen Zusammenarbeit, in denen wir Theorien und Sichtweisen und entsprechende Problemlösungen und Maßnahmen entwickelt haben. Qualitätssicherung bedeutet für uns, die Qualität unserer Arbeit weiterzuentwickeln und zu verbessern.

Gefährdete und Abhängige müssen jederzeit Zugang zu angemessenen Hilfeangeboten erhalten, um die psychosoziale und medizinische Grundversorgung sicherzustellen. Die jeweiligen Angebote des Verbundsystems müssen umfassend bereitgestellt und optimal vernetzt sein.

Generelles Ziel dabei ist, den Mißbrauch bzw. den schädlichen und süchtigen Gebrauch psychotroper Substanzen möglichst zu verhindern, zu vermindern und zu helfen, Auswirkungen des Konsums zu behandeln und zu reduzieren. Hierzu ist eine regelmäßige Überprüfung der Ziele und Inhalte unserer Arbeit notwendig.

Zielgruppen

In Rahmen der psychosozialen Beratung und Betreuung wird schwerpunktmäßig

– die Betreuung suchtkranker und suchtgefährdeter Jugendlicher und junger Erwachsener als Teil der Arbeit in der Jugend-, Sozial- und Gesundheitshilfe
– die Betreuung von Rauschmittelkonsumenten (das beinhaltet auch synthetische Drogen), die an der Schwelle zu einer Abhängigkeitsentwicklung stehen oder bereits (suchtmittel-)abhängig sind
– die Betreuung von Personen mit polytoxikomanen Abhängigkeitserkrankungsformen
– die psychosoziale Betreuung Suchtkranker, Hepatitis-Kranker, AIDS-Kranker/ HIV-Infizierter im Rahmen einer Substitutionsbehandlung
– präventive Maßnahmen in der Suchtprophylaxe
– die Beratung Angehöriger der genannten Personengruppen

wahrgenommen.

Maßnahmen der ambulanten Beratung und Betreuung – Zielbestimmung

Bei Menschen die legale und oder illegale Suchtmittel konsumieren oder mißbräuchliche, riskante Konsummuster haben, versuchen wir im Sinne der Schadensbegrenzung Maßnahmen anzubieten, um eine weitere Ausweitung und Verfestigung des Konsums zu verhindern. Des weiteren wird versucht, die Konsumenten zu einem Verhalten zu bewegen, das die mit dem Konsum verbundenen Risiken minimiert (safer use). Ziel ist es, Sucht zu verhindern, die Auseinandersetzung mit dem Konsum anzuregen und die Risikokompetenz zu fördern.

Unsere Beratungs- und Betreuungsplanung umfaßt dabei natürlich insbesondere die diagnostische Erhebung der persönlichen und sozialen Situation des Klienten, sowie seines biographischen Hintergrundes:

- Drogenkonsum (Beginn, Dauer, Substanzen, Therapieversuche, Cleanzeiten, Rückfallfaktoren).
- Gesundheitliche Situation (chronische Krankheiten, z.B. HIV o. Hepatitis, aktuelle Krankheiten, Behinderungen, psychische Situation, Suizidalität, psychiatrische Erkrankung, und ggf. Aufklärung über entsprechende Behandlungsmöglichkeiten).
- Körperliche, geistige und psychische (Leistungs-) Fähigkeiten (Gesundheit, Körpergefühl, -wahrnehmung, Sport, Sexualität).
- Lebensgeschichtliche Entwicklung des Klienten (Familie, Kindheit, Schule, Beruf).
- Soziales Umfeld (Partner, Kinder, aktueller Kontakt zur Herkunftsfamilie, Bezüge außerhalb der Drogenszene, Szenekontakte).
- Juristische Situation (Haftstrafen, Verurteilungen, Deliktarten, offene Verfahren, Auflagen).
- Finanzielle Situation (Erwerbseinkommen, Arbeitslosenunterstützung, Sozialhilfe, BAföG, Rente, sonstige Zuwendungen, kriminelle Quellen, Prostitution, Schulden etc).
- Berufliche Situation (Schulbildung, Ausbildung, biographische Berufstätigkeit(-en), letzte Tätigkeiten, derzeitige berufliche Möglichkeiten und Perspektiven)
- Wohnsituation (Obdachlosigkeit, Pensionsunterbringung, gesichertes Mietverhältnis, Untermietverhältnis)
- Neigungen und Interessen (Freizeitgestaltung, Hobbies. Gibt es Interessen, inwieweit konnten sie in letzter Zeit realisiert werden? Gab es überhaupt schon einmal Ansätze der Realisierung?)

– Soziale Fähigkeiten (Selbsteinschätzung des Klienten bezogen auf Problembereiche und Ressourcen)

Psychosoziale Beratung und Betreuung umfaßt die Gesamtheit aller Maßnahmen, die durch die entsprechenden Richtlinien des Ministeriums für Arbeit, Gesundheit und Soziales des Landes NRW, die Stadt Herne und die gesetzlichen Grundlagen der Sozialgesetzgebung vorgegeben sind:

– Entwicklung psychosozialer, sozialtherapeutischer und pädagogischer Maßnahmen in einem multiprofessionellen Team, die geeignet sind, die konzeptionellen Beratungs-/Betreuungsformen zu gewährleisten, insbesondere
– Beratungs- und Betreuungsangebote zum Thema „Suchtmittelkonsum und Sucht"
– Vermittlung in ambulante, teilstationäre und stationäre Therapie
– niedrigschwellige Angebote (z.B. Aufenthaltsmöglichkeiten, Kondomvergabe, Spritzenausgabe, Wäsche waschen)
– psychosoziale Betreuung von Substituierten
– Betreuungsarbeit in Haftanstalten
– Suchtprävention und Gesundheitsförderung, Betreutes Wohnen, Ambulante Rehabilitation Sucht (auch für Substituierte) und ganztägig ambulante Rehabilitation (auch für Substituierte) und in Kooperation mit der Kadesch gGmbH
– Unterstützung von jungen Menschen bei ihrer körperlichen, seelischen und geistigen Entwicklung
– Eingliederung des Klienten in den gesellschaftlichen Alltag sowie Bearbeitung der dabei entstehenden Probleme, z.B. bei der Wiedereingliederung in das Erwerbsleben, in der Freizeitgestaltung, im Aufbau neuer suchtfreier Kontakte
– Krisenintervention und Akuthilfen
– Angehörigenberatung / Elternkreis drogenabhängiger Kinder und Jugendlicher
– Betreuungsplanung und -dokumentation
– Reflektion der bisherigen Maßnahmen
– Prognosestellung

Durch psychosoziale Beratung und Betreuung werden Korrekturen von Einstellungen und Haltungen durch kognitive und emotionale Umwertung möglich. Vorhandene Ressourcen können bewußt und nutzbar gemacht werden. Die Netzwerksituation wird verbessert und konsolidiert. Im Rahmen eines „karrierebezogenen" Konzeptes sind auch persönlichkeitsstrukturelle Veränderungen möglich, besonders dann, wenn therapeutische Vorerfahrungen vorliegen, an die immer gezielt angeknüpft werden kann.

Hilfe- und Leistungsangebote / Arbeitsfelder und Aufgabenbereiche

Erstkontakte, Basisinformationen

Diese Hilfeform ist ein kurzfristiger Betreuungsprozeß bis zu 3 Monaten. Er wird in Einzelgesprächen und ggf. in Form der Begleitung des Klienten zu Ämtern u.ä. durchgeführt.
 Sie umfaßt i.d.R. wöchentlich 1 Einzelgespräch (50 Minuten) zzgl. der anfallenden Verwaltungsarbeiten (z.b. Antragstellungen, Kontakte zu Arbeitgebern, Angehörigen) und endet mit der Überleitung des Klienten in eine andere Hilfeform (z.b. Ambulante Therapie), in die Selbständigkeit und planmäßige Beendigung oder durch Abbruch bedingte Beendigung dieser Hilfeform.

Niedrigschwellige Drogenarbeit

Im Sinne einer karrierebegleitenden Langzeitstrategie werden soziotherapeutische Interventionen eingesetzt, mit dem Ziel, letztendlich einen „drogenfreien Lebensstil" zu erreichen.

Akzeptierende Drogenarbeit

Es werden niedrigschwellige Angebote und soziotherapeutische Maßnahmen eingesetzt, um Menschen mit einem „drogengebundenen Lebensstil" zu stützen, d.h. sie vor gesundheitlichen und justiziellen Schäden zu bewahren unter grundsätzlicher Akzeptanz dieses Lebensstils.

Betreuungsarbeit in Haftanstalten

In der Praxis der Drogenhilfe stehen wir vor der Aufgabe, die Situation unserer Klientel in ihrer Komplexität zu erfassen und trotz des meist fatalen (Zeit-) Drucks, in unserem Handeln Verquickungen zu vermeiden.
 Die bewußte Auseinandersetzung mit den Phänomenen Drogenhilfe und Justiz kann uns helfen, ein Bewußtsein für die feinen - und manchmal entscheidenden – Unterschiede zu bewahren (vgl. *Schay* et al. 2004).

Therapievorbereitung und -vermittlung, Vermittlung in stationäre/n Entzug/Entwöhnung

Das Aufgabenfeld der Therapievorbereitung und -vermittlung beginnt, wenn Klient und Berater überein gekommen sind, daß als Hilfeform die Therapie (ambulante, stationäre oder (Substitutions-)Therapie angemessen, notwendig und erwünscht ist. Die Arbeitsinhalte umfassen den gesamten formellen Bereich der Antragstellung beim zuständigen Leistungsträger, einschließlich des Erstellens eines Sozialberichts, der Auswahl und Organisation der geeigneten Therapieeinrichtung, sowie die individuelle psychosoziale Vorbereitung (Motivationsarbeit) des Klienten auf die bevorstehende Therapie.

Weitere Hilfe- und Leistungsangebote werden hier nicht dargestellt, hierzu: *Schay* „Betreuungs- und Behandlungsansätze" in: „Finanzierung und Umstrukturierung der Drogenhilfe", „Integrative Arbeit mit jungen drogenkonsumierenden/-abhängigen Menschen" und „Psychosoziale ... Substituierter" in diesem Buch.

> *wenn du sagst,*
> *es gibt keinen Weg mehr für dich,*
> *so irrst du dich.*

> *es mag sein,*
> *daß da kein Weg zu sehen ist,*
> *aber du kannst dir immer einen bahnen.*

> *du kommst*
> *nirgendwo an,*
> *wenn du nicht losgehst.*

> *dir öffnet sich keine Tür,*
> *wenn du nicht anklopst,*
> *wenn du auch*
> *tausendmal davon sprichst.*

> *selbst der längste Weg der Welt*
> *fängt*
> *mit dem ersten Schritt an.*

> *(Klientin)*

3. „Haus mit Aussicht Herne"
(Inhalte und Ziele der Adaption – Phase II der medizinischen Rehabilitation Drogenabhängiger)

Adaption ist Bestandteil der Leistungen zur medizinischen Rehabilitation Suchtkranker gem. den Bestimmungen der SGB V und VI in der Leistungsträgerschaft der Krankenkassen und Rentenversicherungsträger.

Entsprechend der Vereinbarung „Abhängigkeitserkrankungen" vom 04.05.2001 bestehen als Ziele, eine dauerhafte Abstinenz zu erreichen und zu erhalten, körperliche und seelische Störungen weitgehend zu beheben oder auszugleichen und die möglichst dauerhafte (Wieder-) Eingliederung in Arbeit, Beruf, Schule und Gesellschaft zu erhalten bzw. zu erreichen.

Die psychotherapeutischen Behandlungselemente werden in dieser Phase der medizinischen Rehabilitation ergänzt durch die Arbeit zur Erreichung der beruflichen und sozialen (Wieder-) Eingliederung.

Adaption ist die aktive Auseinandersetzung mit der Alltags- und Arbeitsrealität, d.h. die in der „intensiv-stationären" Therapiephase I (= Fachklinik) erreichten „Erfolge" werden erprobt und stabilisiert. Die Klientel benötigt stabilisierende und fördernde Hilfestellungen i.S. einer kontinuierlichen Begleitung und Unterstützung, um ihre Belastbarkeit im Alltag zu fördern und zu stärken. Erfahrungen der überdauernden Kontinuität des eigenen Handelns und erfolgreichen Bewältigens von schwierigen Situationen sollen ermöglicht werden.

Den Patienten wird die Möglichkeit gegeben, sich mit der psychosozialen/soziotherapeutischen Unterstützung der Adaptionseinrichtung in den Alltag zu integrieren. Hier sind von besonderer Bedeutung:

- Herausarbeiten der Schwerpunkte für die Zeit der Adaption, d.h. was ist zu verändern bzw. zu entwickeln, damit ein suchtmittelfreies Leben möglich wird.
- Weitere Stabilisierung und Vertiefung der Krankheitseinsicht und Festigung der Abstinenzentscheidung und -fähigkeit.
- Entwicklung einer schulischen/beruflichen Perspektive (s.a. *Berufliche (Wieder-) Eingliederung*); Vorbereitung der beruflichen Integration.
- Soziales Kompetenztraining/soziale Netzwerkarbeit: Förderung der sozialen Inte-grationsfähigkeit, Aufbau tragfähiger und funktionierender Kontakte.
- Erhöhung der Frustrationstoleranz, Erhöhung der Konfliktfähigkeit, Training eines angemessenen Abgrenzungsverhaltens gegenüber anderen bzw. schwierigen Situationen (z.B. Rückfall).
- Training lebenspraktischer Fertigkeiten (Haushaltsführung, Ernährung).
- Erarbeitung und Umsetzung einer sinnvollen Freizeitgestaltung.
- Erstellung einer Übersicht über die bestehenden Verbindlichkeiten und sozialverträgliche Absprachen mit den Gläubigern (Schuldenregulierungsplanung).

3.1   Kurzcharakterisierung der Adaptionseinrichtung

- **Träger der Einrichtung:**   Kadesch gGmbH
                                      – gemeinnützige Gesellschaft zur Förderung der Jugend- und Suchtkranken-Hilfe

Gesamtleitung der Einrichtung/
Geschäftsführung: Peter Schay
Dipl. Sozialarbeiter, Dipl. Supervisor (FU Amsterdam), Approbation als KuJ-Psychotherapeut, Psychotherapeut (HPG), European Certificate of Psychotherapy (ECP) des Europäischen Verbandes für Psychotherapie (EAP), Ausbildungen in Integrativer Psychotherapie, Soziotherapie, Kunst- und Kreativitätstherapie und Poesie- und Bibliothera-

pie am Fritz Perls Institut, Lehrtherapeut am FPI/
EAG, Fachberater für Psychotraumatologie (DIPT
e.v. Köln), Lauftherapeut (DLZ)

Ärztliche Leitung: Dr. Eva Niederhofer
                               Fachärztin für Psychiatrie und Psychotherapie, im
                               Verbund mit dem St. Marien-Hospital Eickel

Bewerbung/Aufnahme: Ulrike Stehr
                               Tel.: 02325 / 968395 - Fax 02325 / 932523, e-mail:
                               stehr@kadesch.de

Leistungsträger: Rentenversicherungsträger (federführend: LVA
                               Westfalen), Bundesknappschaft, Krankenkassen,
                               überörtliche Sozialhilfeträger.

Lage der Einrichtung/Infrastruktur: Stadtzentrum Herne-Eickel im mittleren Ruhrgebiet.

Zielgruppe: Drogenabhängige Frauen und Männer, Jugendliche,
                               Paare, Alleinerziehende/Paare mit Kindern, entspre-
                               chend der gesetzlichen Grundlagen im SGB V+VI
                               und des SGB XII und der Klassifikation nach ICD-
                               10/DSM-IV.

Räumliche Standards: 16 Plätze in Einzel- und Doppelzimmern (4 kleine
                               Wohneinheiten mit eigenem Sanitär- und Küchen-
                               bereich), Gruppenräume, Sauna.

Behindertengerechte Ausstattung: Die „Teilhabe behinderter Menschen an der Reha-
                               bilitation" ist den Bestimmungen des SGB IX ent-
                               sprechend gewährleistet.

Regeltherapiedauer: 17 Wochen
                               aufgrund der Besonderheit der Klientel kann die
                               Dauer der Rehabilitation in Ausnahmefällen nach
                               medizinischen und psychotherapeutischen Aspek-
                               ten verlängert werden.

Behandlungsansatz: Integrative Psychotherapie, Verhaltenstherapie und
                                Traumatherapie, flankierende soziotherapeutische
                                Maßnahmen, sozialarbeiterische Begleitung.

Behandlungsschwerpunkte: Einzel-/Gruppenpsychotherapie, ressourcenorien-
                                tierte Trainingsgruppen, Arbeitstherapie, Leib-/Be-
                                wegungs- und Sporttherapie, Kompetenzerweite-
                                rungstraining.

Berufliche/schulische
Wiedereingliederung: Berufliche (Re-) Integration: Berufsanamnese, Ver-
                                mittlung in interne und externe Praktika, Belastungs-
                                training.
                                Schule: Möglichkeiten zur Erlangung eines Schul-
                                abschlusses an allen Schulformen.

Freizeitgestaltung / soziale
Wiedereingliederung: angeleitete Lauftherapie, gezielte Teilnahme an Ver-
                                anstaltungen im kulturellen, sportlichen und politi-
                                schen Bereichen, Heranführung an das gesellschaft-
                                liche Leben.

Arbeit mit Rückfällen: Individuelle Rückfallbearbeitung bei erkennbarer Be-
                                handlungsmotivation, Rückfallpräventionstraining.

Behandlungsziele: Abstinenzverhalten, Wiederherstellung/wesentliche
                                Besserung der Erwerbsfähigkeit (vgl. auch Ziele der
                                medizinischen Rehabilitation gem. der „Vereinbarung
                                Abhängigkeitserkrankungen" vom 04.05.2001).

Besonderheiten der Einrichtung: Hohes Maß an Tagesstruktur, hochfrequentierte Ein-
                                zeltherapie, intensive Unterstützung bei der beruf-
                                lichen Eingliederung, breitgefächertes Angebot am-
                                bulanter Hilfen:
                                – ambulante medizinische Rehabilitation (ARS)
                                – ganztägig ambulante medizinische Rehabilitation
                                – Betreutes Wohnen
                                – Abstinenzgruppe

Hinweis: Die Einrichtungen sind gem. § 35 BtMG anerkannt.

Evaluation: Individuelle Kontrolle des Rehabilitationsverlaufes, Überprüfung des Rehabilitationserfolges über Fachgespräche, interne und externe Supervision.

**Kooperation mit Institutionen/
Selbsthilfegruppen:**   Kooperation im psychosozialen Verbundsystem in Herne, den Sozial- und Gesundheitsdiensten, der Agentur für Arbeit und von dort legitimierten Einrichtungen der Arbeitsvermittlung in der Region.

Rehabilitationsteam: Facharzt für Psychiatrie und Psychotherapie, Dipl. Psychologe, Dipl. Sozialarbeiter/-pädagogen und Dipl. Pädagogen mit psychotherapeutischer/suchtspezifischer Zusatzausbildung nach den Empfehlungen des VDR.

3.2   Adaption in ambulanter/teilstationärer Form

Im Sinne einer weiteren Flexibilisierung und Differenzierung der medizinischen Rehabilitation haben wir mit der Westfälischen Arbeitsgemeinschaft für Rehabilitation (WAG) die **Angebote ambulanter/teilstationärer Adaption** entwickelt.

Das Angebot ambulanter/teilstationärer Adaption muß verstanden werden als eine wesentliche Grundlage in der Differenzierung des therapeutischen Angebotes für Drogenabhängige (in enger Verzahnung mit der stationären Behandlung) .

Über diese Form der Rehabilitation wird eine langsame Ablösung aus dem stationären Rahmen ermöglicht, so daß sich die Patienten im eigenen Lebenskontext weiter stabilisieren können.

Insbesondere in den ersten Wochen nach Abschluß der stationären Behandlung ist es für die Patienten schwierig, ohne Hilfestellungen und Kontrolle ihren Lebensalltag zu strukturieren und den alltäglichen Verpflichtungen nach zu kommen. Immer dann, wenn „Freiräume/Wartezeiten" zu überbrücken sind (z.B. bis berufliche/schulische Maßnahmen beginnen), wird es „kritisch" für die Patienten. Die weitere Einbindung in begleitende Maßnahmen der Einrichtung (z.B. durch Einzel- und Gruppengespräche) gibt Halt und Struktur, vermeidet Verhaltensrückfälle und destruktive, unreife Abwehrmechanismen.

Mit dem Setting der ambulanten/teilstationären Adaption ist ein Rahmen gegeben, der den Patienten ermöglicht, kontinuierlich an ihrer Problematik weiterzuarbeiten. Es werden Möglichkeiten eröffnet, die Schwierigkeiten und Probleme des neuen Lebenskontextes zu thematisieren, problembezogene Bewältigungsstrategien zu entwickeln, immer wieder Erleichterung und Ermutigung zu finden, d.h. Ansprechpartner zu haben, die mit Rat und Tat zur Seite stehen. Das positive Erleben von Sinnerfahrung und Belastungsbewältigung wird gefestigt. Die Sicherung der Abstinenz ist zentrales Ziel, wobei die Auseinandersetzung mit den eigenen Grenzen dabei von entscheidender Wichtigkeit wird. Bislang wurde der Konsum von Suchtmitteln – auch legalen – durch die Regeln und Grenzen des stationären Behandlungsrahmens eingeschränkt bzw. verboten. In seiner eigenen Wohnung muß nun jeder Patient seine eigenen Grenzen finden.

Die Art der Bewältigung von belastenden Situationen wird entscheidend von der sozialen Unterstützung, durch die Bestätigung im beruflichen Alltag, durch eine allgemein optimistische bzw. pessimistische Haltung und durch das Selbstkonzept der Person beeinflußt. Dabei benötigen die Patienten Hilfestellungen, damit sie ihren abstinenten (Lebens-) Weg fortsetzen bzw. zu einem risikoarmen Konsum legaler Suchtmittel, hier insbesondere Alkohol, gelangen.

3.3   Betreute Wohngemeinschaften

Im Anschluß an die Adaptionsmaßnahme besteht für die Patienten die Möglichkeit im Rahmen von betreuten Wohngemeinschaften, eine weitere psychosoziale Betreuung in Anspruch zu nehmen.

In zwei Wohngemeinschaften in der Nähe unserer Einrichtung werden vier bzw. fünf Patienten entsprechend ihren individuellen Wünschen und Erfordernissen von den Mitarbeitern für einen Zeitraum von bis zu 12 Monaten unterstützt und begleitet.

Die Inhalte dieser Betreuungsform werden unter „Betreutes Wohnen" beschrieben und ausgeführt.

4.   Ambulante Angebote der medizinischen Rehabilitation

Die ambulante Rehabilitation ist eingebettet in das Gesamtleistungssystem für Sucht-kranke. Betreut und behandelt werden Alkohol-, Medikamten- und Drogenabhän-gige, die der (fortgesetzten) sozialen medizinischen Rehabilitation bedürfen.

Die ambulante Rehabilitation hat ihre Grundlage in der erheblichen Differenzie-rung des (sozio-) therapeutischen Angebotes für Suchtkranke; einhergehend mit der Forderung nach Verzahnung mit (teil-) stationären Angeboten. Die ambulante Rehabilitation ist eingebettet in ein Gesamtbehandlungskonzept von ambulanter Beratung und stationärer Behandlung. Da die individuelle Vorgehensweise an den (sozio-) therapeutischen Erfordernissen des Einzelfalles zu orientieren ist, setzt dies eine sorgfältige Diagnostik und eine Klärung der Indikationsstellung voraus.

Ambulante Leistungen zur Rehabilitation sind indiziert für Suchtkranke, deren

– Krankheitsbild und soziale Situation als weitgehend stabil zu diagnostizieren sind,
– stationäre Rehabilitation so weit fortgeschritten ist, daß sie ambulant abgeschlos-sen werden kann,
– soziales Umfeld noch eine protektive Funktion hat,
– berufliche Integration ausreichend gewährleistet ist,
– Wohnsituation stabil ist.

Ein spezifisches und differenziertes ambulantes Behandlungsangebot ist notwen-dig, weil Suchtkranke aus dem regelhaften Behandlungssystem aufgrund ihrer In-tegrationsproblematik und Symptomatik (vgl. *Kernberg, Rohde-Dachser*) heraus-fallen. Sie sind trotz vorangegangener stationärer Behandlung in einer Fachklinik o.ä. ohne ein weiteres stützendes Hilfssystem besonders rückfallgefährdet.

Ambulante Rehabilitation kommt also generell in Frage, wenn das Ausmaß der gesundheitlichen und psychosozialen Schäden gering ist und wenn es den Sucht-kranken von daher möglich ist mit Hilfe des ambulanten Angebotes

– ihr Suchtverhalten ganz aufzugeben,
– an ihren psychosozialen Problemen, die dem Suchtverhalten zugrunde liegen, zu arbeiten,
– ihre reale Lebenssituation auszuhalten.

Ziel der Rehabilitation ist es, den durch den Substanzmißbrauch eingeengten Freiheitsspielraum des einzelnen wiederherzustellen, die bereits eingetretenen Störungen zu behandeln und weitere Schäden zu verhindern.

Die ARS als eine spezifische Form der Suchttherapie stellt eine Karrierebegleitung des Patienten dar, um im Rehabilitationsprozeß sich entwickelnde psychische und physische Krisen gezielt therapeutisch zu nutzen und unkoordinierte Zufallsinterventionen auszuschließen. Das bedeutet eine stützende Umwelt aufzubauen, ausreichende äußere und innere Ressourcen zu mobilisieren, adäquate Bewältigungsstrategien und persönliche Stabilität zu entwickeln, um die Wahrnehmungs- und Handlungsmöglichkeiten des Einzelnen zu erhöhen.

Ressourcen sind Fähig- und Fertigkeiten des einzelnen, die häufig über die Abhängigkeitserkrankung in Vergessenheit geraten sind. Diese Fähig- und Fertigkeiten sollen wiedergefunden, aktiviert und nach Möglichkeit ausgebaut werden. Der einzelne soll sich aus einer positiven Perspektive kennenlernen. Negative Zuschreibungen werden in der Regel schnell angenommen, sie sind sehr vertraut. Wir versuchen, hier einen Gegenpol zu setzen und den Fokus darauf zu richten, was der einzelne kann, wo seine Stärken liegen. Ziele sind eine Stärkung des Selbstvertrauens, Stärkung der Beziehungsfähigkeit, ein konstruktiver Umgang mit Kritik und darüber eine sinnvolle(re) Gestaltung des Alltags.

Die beratende, begleitende, anregende, reflektierende Arbeit führt zu einer Neuorientierung, die reale Anforderungen und Bezüge einbezieht und somit zur Verbesserung der subjektiven Lebensqualität beiträgt.

Gelungene Bewältigungen ermöglichen zuversichtliche Zukunftserwartungen und tragende Lebensumstände in einer sicheren Gegenwart. Die Entwicklung eines positiven Zukunftshorizontes wird gestärkt, Problemlösungen und Neuorientierungen werden möglich und somatische, psychosomatische, psychische und soziale Gesundheit wird gewonnen und /oder gekräftigt.

Konkret unterstützen wir den einzelnen bei der Bewältigung des Alltags, beim Übergang in den Beruf, bei der Freizeitgestaltung, beim Auf- und Ausbau suchtmittelfreier Kontakte, bei der Bearbeitung bereits früher bestehender Problemfelder und bei der Entwicklung erfolgreicher Verhaltensstrategien im Umgang mit alltäglichen Situationen.

4.1 Ambulante medizinische Rehabilitation Sucht

Seit November 1997 hat die Kadesch gGmbH ihr Angebot für Suchtkranke um die Ambulante medizinische Rehabilitation (ARS) erweitert.

Im Rahmen der ARS behandeln wir suchtkranke Menschen von legalen und illegalen Suchtmitteln, Personen mit Eßstörungen und nicht substanzgebundenen Süchten. Diese können die ARS als eigenständige Maßnahme, nach der erfolgreichen Beendigung einer stationären Entwöhnungsbehandlung und/oder Adaption zur weiteren Stabilisierung und der Aufarbeitung noch anstehender Probleme psychotherapeutische Einzel- und Gruppenbetreuung in Anspruch nehmen.

Voraussetzung für diese Behandlungsform sind

- körperliche und geistige Gesundheit
- Bereitschaft und Fähigkeit zur aktiven Mitarbeit
- Bereitschaft und Fähigkeit zur Abstinenz und zu einem Leben ohne Suchtmittel
- Fähigkeit zur Einhaltung eines Therapieplanes
- Entwicklung von Problembewußtsein über die Zusammenhänge von Biographie, psychischer Befindlichkeit und Suchtverhalten (Reflexionsvermögen)
- Basisfähigkeiten wie soziale Sensibilität, Beziehungsfähigkeit und Integrationsvermögen

Die Behandlungsdauer beträgt in der Regel 6 bis 12 Monate, in begründeten Einzelfällen erfolgt eine Verlängerung auf 18 Monate. Die Maßnahme beinhaltet sowohl Einzel- als auch Gruppentherapie. Im Normalfall findet die Einzel- und Gruppentherapie wöchentlich statt, sowie nach individuellen Notwendigkeiten Gespräche mit Bezugspersonen (Partner, Eltern u.a.; 4 Einheiten in einem Bewilligungszeitraum von 6 Monaten sind vorgesehen).

Die Teilnahme an der Einzel- und Gruppentherapie ist verpflichtend. Die Dauer der Einzeltherapie beträgt 50 Minuten; die der Gruppentherapie 100 Minuten.

Wird die ambulante medizinische Rehabilitation als Nachsorgemaßnahme nach einer stationären Entwöhnungsbehandlung bewilligt, finden im Bewilligungszeitraum von 6 Monaten 20 Therapieeinheiten plus 2 Einheiten mit Bezugspersonen statt. Im begründeten Einzelfall ist eine Bewilligung um weitere 20 Therapieeinheiten plus 2 Einheiten mit Bezugspersonen für weitere 6 Monate möglich.

Wir schließen mit dem einzelnen einen Behandlungsvertrag über die Leistungen der Ambulanten Rehabilitation ab, in dem die gegenseitigen Rechte und Pflichten verbindlich festgehalten werden. Vorab muß ein Auswahlgespräch stattgefunden haben zur Überprüfung der Erfolgsaussichten. Punkte, die im Behandlungsvertrag Beachtung finden, sind u.a.:

- Dauer der Ambulanten Rehabilitation
- Rhythmus der verpflichtend stattfindenden Einzel- und Gruppenpsychotherapie
- Entschuldigungen bei Fehlzeiten
- Urlaub im Rahmen der Ambulanten Rehabilitation
- Abbruch der Behandlung
- Aktive Mitarbeit
- Alkohol- und Drogenabstinenz
- Gesetzliche Bestimmungen des Datenschutzes
- Begleitende Angebote

Rückfälle werden dem Leistungsträger mitgeteilt und können zur vorzeitigen Beendigung der Maßnahme führen. Um die Abstinenz zu überprüfen, führen wir regelmäßig Urin- und Atemkontrollen durch.
Hinweis: Die ARS ist gem. § 35 BtMG anerkannt.

4.1.1 ARS als Behandlungsmöglichkeit für substituierte Drogenabhängige

Anfang 2003 erfolgte durch die WAG die Anerkennung als ambulante medizinische Rehabilitationseinrichtung für substituierte Drogenabhängige.
Mit der Möglichkeit der vorübergehenden substitutionsgestützen Rehabilitation erschließt sich ein neues Hilfsangebot. Voraussetzung ist die Beikonsumfreiheit von mindestens 4 Wochen vor Beginn der Maßnahme. Es werden Patienten erreicht, die bisher an Rehabilitationsleistungen nicht teilnehmen konnten.

Folgende Zielvorstellungen finden bei der Behandlung übergangsweise Substituierter Berücksichtigung:

- Durch die vorübergehende Fortsetzung der Substitution wird der Einstieg in die Rehabilitation erleichtert.
- Auch hier ist vollständige Abstinenz jeglicher Art von Drogen zu erreichen und zu erhalten.

- Bei einer Einstiegsdosis bis 60 mg Methadon ist es in der Regel ohne große Probleme möglich, innerhalb der Regeltherapiedauer abzudosieren. Auch ist der Patient bei dieser Dosierung kaum gedämpft, kann beeinträchtigungsfreier an der Behandlung teilnehmen, hat einen kürzeren Abdosierungsprozeß und damit eine längere „abstinente" Rehabilitationszeit, in der er sich weiter stabilisieren kann.

- Die kontinuierliche Reduktion des Substitutionsmittels und die Beikonsumfreiheit wird in Abstimmung mit dem substituierenden Arzt regelmäßig während der Behandlung kontrolliert.

- Im Einzelfall kann die Substitution auch nach Behandlungsende als Krankenbehandlung erforderlich sein; dies kann auch für Patienten gelten, die die Behandlung vorzeitig beendet haben (Auffangsubstitution).

4.1.2 Angebote für Menschen mit Eßstörungen

Da die Leistungsträger (hier: Krankenkassen) Eßstörungen als psychosomatische Störung definieren, können Betroffene bislang Leistungen der Ambulanten Rehabilitation Suchtkranker (ARS) nicht in Anspruch nehmen. Da nach Erfahrung aller für Bereich der Eßstörungen Tätigen, insbesondere ambulante Maßnahmen notwendig sind, um längerfristig ein gesundes Eßverhalten in den Alltag zu integrieren und ggf. das im stationären Setting erworbene Wissen im Alltag umzusetzen, bieten wir im Rahmen der ARS einzel- und gruppentherapeutische Gespräche für Betroffene, sowie Beratungsgespräche für Angehörige und Interessierte an (vgl. *Liefke, Schay* „Behandlung von Menschen mit Eßproblemen und Eßstörungen", dieses Buch).

4.2 Ganztägig ambulante medizinische Rehabilitation

Seit 2001 bieten wir die Möglichkeit der ganztägigen ambulanten medizinischen Rehabilitation an. Diese Form der Rehabilitation ist für Patienten geeignet, die mit einer stationären Maßnahme über- und mit einer ambulanten Entwöhnungsbehandlung nicht ausreichend versorgt sind.

Ziel der ganztägig ambulanten Rehabilitation ist es durch ein ressourcenorientiertes und/oder konfliktorientiertes Vorgehen, Patienten in einem zeitlich begrenzten Rahmen zu helfen, einige ihrer zentralen Lebensprobleme anzugehen und zu bearbeiten. Der Fokus der Behandlung liegt auf der Stabilisierung der Patienten in der

Konfrontation mit dem Alltag insbesondere hinsichtlich der beruflichen und sozialen Integration und der Sicherung der Abstinenz.

Im Sinne Integrativer fokaler Kurzzeittherapie wird versucht, Probleme, Störungen, Erkrankungen, seit längerer Zeit bestehende psychische und psychosomatische Krankheiten oder Störungen mit Krankheitswert mit ihren historischen und biographischen Kontext so zu bearbeiten, daß damit die Bewältigung der aktuellen Lebenssituation und eine Entlastung der Persönlichkeit gegeben ist. Die eigenständige Weiterbearbeitung relevanter Themen mit den Supportsystemen (Familie und Lebenspartner) ist angestrebt. Die Arbeitsweise ist ressourcenorientiert und es wird auf erlebnisaktivierende Techniken, Arbeit mit kreativen Medien und Psychodrama etc. zurückgegriffen, um Erlebtes szenisch erfahrbar zu machen und Einsicht zu vermitteln.

Der Fokus der Behandlung wird in einem umfassenden diagnostischen Prozeß erschlossen und gemeinsam mit dem Patienten im intersubjektiven Prozeß eingegrenzt. Die Fokusgestaltung ist variabel, wobei die aktuelle Problemlage zum Ausgangspunkt genommen wird.

Ganztägig ambulante medizinische Rehabilitation setzt ein relativ intaktes Umfeld voraus und gewährleistet Alltagsnähe, d.h. einen direkten Kontakt zum Lebensumfeld der Patienten. Im Mittelpunkt steht die Stabilisierung der Patienten in der unmittelbaren Konfrontation mit ihrem Alltag speziell im Hinblick auf die berufliche und soziale Integration und die Festigung der Abstinenz. Die eigenständige Weiterbearbeitung relevanter Themen mit den Supportsystemen (Selbsthilfegruppe, Familie, Lebenspartner etc.) ist angestrebt.

Eine ganztägig ambulante Behandlung setzt eine ausreichende Motivation der Patienten voraus, die auch über intakte Ich-Funktionen, Ich-Stärke, Introspektionsfähigkeit oder reife Abwehrmechanismen verfügen sollten.

Wir führen tagesstrukturierende Maßnahmen für Arbeitssuchende und Arbeitslose durch, d.h. begleitende Praktika/stundenweise Beschäftigung in verschiedenen Arbeitsbereichen wie Gartenbau, Schreinerei, Mal- und Lackierbereich, Hauswirtschaft u.a., um dem einzelnen die Möglichkeit zu geben, zu einer realistischen Einschätzung seiner Fähigkeiten, Fertigkeiten, aber auch Grenzen zu gelangen und sich im Arbeitsalltag erproben zu können. Wir unterstützen den einzelnen bei der Beschaffung der notwendigen Unterlagen wie Zeugnisse, Arbeitsbescheinigungen etc., bei der Erstellung von Bewerbungsmappen, dem Proben von Vorstellungsgesprächen, bei der Herstellung von Kontakten zu Schulen und Arbeitsämtern. Außerdem werden die einzelnen bei Kontakten zu Ärzten, Betrieben, Ämtern usw. von den Mitarbeitern unterstützt und ggf. begleitet. Daneben besteht die Möglichkeit, gemeinsam mit Partnern, Eltern, Kindern schwierige und belastende Beziehungen zu klären und zu bearbeiten.

Therapeutisches Angebot

– Psychotherapeutische Einzel- und Gruppentherapie
– Themenspezifische Gruppen
– Kommunikations- und Kompetenztraining
– Intensivtherapie
– Paar- und Familiengruppe
– Interessengruppen
– Kontaktaufnahme zu Arbeitgebern/Vermittlung in externe Arbeitserprobung
– Freizeit- und Sportangebote
– Bewegungs- und Entspannungstherapie
– Gesundheitsbildung
– Sozialberatung
– Angehörigenarbeit
– Nachsorge (ARS, Betreutes Wohnen u.a.)

Bei der ganztägig ambulanten medizinischen Rehabilitation handelt es sich um eine Entwöhnungsbehandlung, die Regeltherapiedauer beträgt 17 Wochen. Es stehen 6 Therapieplätze zur Verfügung.

Hinweis: Die ganztägig ambulante Rehabilitation ist gem. § 35 BtMG anerkannt.

4.2.1 Behandlungsmöglichkeit für substituierte Drogenabhängige

Anfang 2005 hat die WAG die ganztägig ambulante Rehabilitationseinrichtung für substituierte Drogenabhängige anerkannt.

Mit der Möglichkeit der vorübergehenden substitutionsgestützen Rehabilitation erschließt sich auch hier ein weiteres Hilfsangebot.

Die Zielvorstellungen bei der Behandlung übergangsweise Substituierter sind bereits bei der Ambulanten medizinischen Rehabilitation (ARS) dargestellt und werden von daher hier nicht noch einmal wiederholt.

4.3   Ambulantes Betreutes Wohnen für abhängigkeitskranke Menschen

Das Ambulante Betreute Wohnen für abhängigkeitskranke Menschen ist eine Weiterentwicklung der Eingliederungshilfen gem. §§ 39, 40 BSHG, § 55 SGB IX und
§ 53 SGB XII mit dem Ziel, Menschen mit Behinderungen (hier: Abhängigkeitserkrankung gem. ICD 10-F.10-F.19, F.50) ein selbstbestimmtes Leben zu ermöglichen und zu sichern.

Es ist als ein am Bedarf der betreuten Person orientiertes und verbindlich ver-
einbartes Betreuungsangebot zu verstehen, daß sich auf ein breites Spektrum an
Hilfestellungen im Bereich des Wohnens bezieht und der beruflichen und sozialen
Integration dient. Es handelt sich um ein gemeindeintegriertes Hilfeangebot, das
der betreuten Person ein selbst bestimmtes Leben in einer eigenen Wohnung in
Herne ermöglicht.

Aufnahmebedingungen

Voraussetzung für eine Aufnahme ist die Motivation des Klienten, sich mit den
Möglichkeiten/Hilfen des Betreuten Wohnens einen Rahmen für eine suchtmittel-
freie und sozial abgesicherte Zukunft erarbeiten und aufbauen zu wollen.

Dies meint im einzelnen:

- Bereitschaft zum Aufbau von tragfähigen drogenfreien Kontakten/Beziehun-
  gen (Netzwerkarbeit)
- Bereitschaft zur Auseinandersetzung mit den gesellschaftlichen Normen und
  Werten
- Fähigkeit zur Selbstreflexion (d.h. realistische Selbsteinschätzung und Einschät-
  zung der Realität)

Betreuungsplanung

Im Rahmen eines Betreuungsplanes werden zusammen mit dem Klienten die Ziele
und Inhalte des Betreuten Wohnens vereinbart. Entsprechend sieht der Schwerpunkt bei jedem Klienten unterschiedlich aus. Einzelne Teilziele werden festgelegt, die für den Klienten (zeitnah) zu erreichen sind. Jeder Klient hat einen „Betreuer", der für ihn der erste Ansprechpartner ist.

Neben der Aufarbeitung der individuellen Problematik wird versucht, Schwel-
lenängste zu anderen Institutionen wie Freizeitvereine, Schuldnerberatung etc. ab-

zubauen. Die reale Situation des Klienten wird besprochen und Zukunftsperspektiven werden entwickelt. Ein wesentliches Ziel ist die Sicherung der Abstinenz. Die begleitenden Hilfen und Kontrollen werden schrittweise reduziert, um die Selbstverantwortlichkeit der Klienten zu stärken.

(Teil-) Ziele der Betreuung sind

– Fähigkeit zu einem Abstinenzverhalten,
– verbesserte Lebensqualität,
– verbesserte gesundheitliche Situation und
– soziale und berufliche (Wieder-) Eingliederung.

Das Betreuungssetting (engmaschige Betreuung oder aber größere Abstände zwischen den Betreuungseinheiten) wird je nach Situation und Unterstützungsbedarf des Klienten gestaltet.

Die angemessene Betreuung erfordert eine Vielzahl von Angeboten und Methoden, die als *Einzel- und/oder Gruppen(leistungs)angebote* erbracht werden:

Casemanagement

In Kooperation mit den unterschiedlichen Angeboten/Einrichtungen/Anbietern des psychosozialen Hilfesystems werden klienten- und problembezogen angemessene Hilfemaßnahmen innerhalb und außerhalb des Drogenhilfesystems entwickelt.

Die relevanten Hilfen (z.B. Schuldnerberatung, Erziehungsberatung, Berufsberatung, medizinische Versorgung etc.) sind entsprechend der zeitlich hierarchischen Abfolge des Betreuungsplans einzusetzen und zu organisieren.

Bei den notwendigen Anträgen und Ämtergängen etc. ist es Aufgabe des Betreuers, den Klienten falls erforderlich zu unterstützen bzw. zu begleiten.

Unterstützung bei der Schuldenregulierung

Um den Klienten wieder eine Perspektive zu geben, ist es notwendig, gezielte Maßnahmen der Schuldenregulierung einzuleiten; d.h. ein Überblick über alle Forderungen muß erarbeitet werden, um dann schrittweise Lösungen zu entwickeln (z.B. Darlehen über die Marianne-von-Weizäcker Stiftung, Forderungsfestschreibungen), wie die Schulden in einem überschaubaren Zeitraum beglichen werden können.

Aufsuchende und nachgehende Arbeit

Betreutes Wohnen ist immer auch Motivationsarbeit, d.h. Ziele und schon erreichte Veränderungen müssen positiv verdeutlicht werden, ebenso wie die Bereitschaft
zu fördern ist, eventuelle Rückschritte gemeinsam und vertrauensvoll mit dem Klienten zu bearbeiten.

Über die aufsuchende und nachgehende Arbeit bekommt der Betreuer einen
Eindruck, wie der Einzelne die notwendigen Aufgaben einer eigenständigen Lebensführung bewältigt und kann ggf. regulierend eingreifen. Das Ziel ist, perspektivisch mit dem Klienten ein Höchstmaß an selbständiger Lebensbewältigung zu
erarbeiten.

Im Einzelfall wird der Klient in einzelne Angebote der Einrichtung einbezogen, um z.b. übergangsweise eine Tagesstruktur zu gewährleisten.

Kommunikations- und Kompetenztraining

Von wesentlicher Bedeutung für den Betreuungsverlauf ist die aktive und verant-
wortliche Mitarbeit des Klienten am Betreuungsprozeß.

Nach dem Modell der Integrativen Therapie wird immer wieder die sog. hermeneutische Spirale im intersubjektiven therapeutischen Prozeß durchlaufen (*Petzold* 1992 a):

1. *Wahrnehmen* der Phänomene   = was tue ich
2. *Erfassen* von Strukturen   = das kenne ich von ...
3. *Verstehen* (sprachliche Fassung)   = das ist wie bei ...
4. *Erklären* (begriffliche Fassung)   = bisher war das ...
5. *Verändern*   = ich tue

Mit den Klienten werden adäquate Umgehensweisen im Kontakt mit Anderen (z.B.
mit Arbeitgebern) „eingeübt", um insbesondere den Umgang mit Streßsituationen,
Frustrationen, Aggressionen exemplarisch zu erlernen.

Im Rahmen des Kommunikations- und Kompetenztrainings wird der Blick für
diese Situationen geschärft und werden gezielt Ressourcen gestärkt, damit der Klient in „alltäglichen" Situationen (wie bei Bewerbungen um ..., am Arbeitsplatz, im
sozialen Kontext etc.) seine Kompetenzen handhaben kann.

Suchttherapie

Im Verlauf des Betreuten Wohnens sind ggf. spezifische suchttherapeutische Interventionen zur Klärung und Bearbeitung psychischer Störungen bzw. auffälliger und einen positiven Betreuungsverlauf behindernder Verhaltensmerkmale explizit einzusetzen (vgl. auch *Schay* dieses Buch).

Die weiteren Hilfe- und Leistungsangebote des Betreuten Wohnens

- *Einzelbetreuung/Beratung*
- *Gruppenarbeit*
- *Krisenintervention*
- *Hilfen zur Alltagsstrukturierung*
- *Unterstützung bei der beruflichen Integration* (vgl. Punkt 5. Berufliche (Wieder-) Eingliederung).
- *Freizeitpädagogik (Vermittlung in die regionale Struktur)*
- *Angehörigenarbeit*
- *Begleitung und Unterstützung in juristischen Belangen*
- *Kooperation*

werden hier nicht dargestellt, hierzu: *Schay* Betreuungs- und Behandlungsansätze in: „Finanzierung und Umstrukturierung der Drogenhilfe" und „Integrative Arbeit mit jungen drogenkonsumierenden/-abhängigen Menschen" in diesem Buch.

4.4   *Qualifizierter Entzug*

Qualifizierter Entzug ist ein ärztlich verantworteter und psychosozial begleiteter Prozeß in besonders dafür ausgestatteten Einrichtungen, der der Überwindung des Entzugssyndroms dient. Der Qualifizierte Entzug wird medikamentenfrei oder medikamentengestützt durchgeführt. Der Qualifizierte Entzug ist ein Standardangebot des *St. Marien Hospitals Eickel* im Herner Verbundsystem.

Die Mitarbeiter der psychosozialen Beratungsstelle (JKD) übernehmen hierbei wesentliche Inhalte und Zielsetzungen:
- Intensivbetreuung (bis zu täglichen Einzelgesprächen) während der i.d.R. 3-wöchigen Entzugsbehandlung

- Abklärung und Erledigung inhaltlicher, formaler und rechtlicher Aspekte (z.B. Informationen über die verschiedenen Therapiemöglichkeiten, Antragstellung auf Kostenübernahme, Anträge auf Strafzurückstellung nach § 35 BtMG, Verhandlungen mit Gerichten, Bewährungshilfe, Jugendgerichtshilfe, Maßnahmen der Schuldenregulierung, ggf. Absprachen mit dem Arbeitgeber u.a.)
- Bearbeitung der entstehenden Ängste in Erwartung des körperlichen Entzuges
- Intensive Motivationsarbeit; Ermutigung, Stabilisierung und Zuwendung, um den „Entzugswillen" zu erhalten und weiterzuentwickeln; Aktivierung der Eigenverantwortlichkeit

4.5   Ambulante Nachsorge

Nachsorge im Sinne sozialer/medizinischer Rehabilitation ist unverzichtbarer Bestandteil des Betreuungs- und Behandlungskonzeptes, um eine dauerhafte Stabilisierung und Abstinenz zu ermöglichen. Diese Rehabilitationsleistung orientiert sich konzeptionell an den Kriterien der ARS.

4.6   (Angeleitete) Selbsthilfegruppe für ehemalige Drogengebraucher

In der Gruppe treffen sich 14tägig (ehemalige) Abhängige, die in unseren ambulanten und (teil-) stationären Maßnahmen behandelt worden sind. Die Teilnahme an der Gruppe ist freiwillig.

Gesprächsinhalte sind

- Aufbau von neuen Kontakten und Beziehungen (auch zum anderen Geschlecht)
- Aushalten sozialer Isolation
- die i.d.R. ergebnis-/aussichtslose Arbeitsuche
- die Abgrenzung von Drogen in jeglicher Form
- Aushalten von Suchtdruck

Dem Einzelnen fällt es im Gruppenkontext leichter, sein Verhalten hinsichtlich des Umgangs mit Drogen zu hinterfragen und ggf. zu ändern. Jeder ist im Gruppenprozeß Berater und trägt somit auch Verantwortung für den Ablauf und die Gestaltung der Gruppe.

Ziele

Wir arbeiten in der Gruppe an Möglichkeiten zur Förderung von Einsicht, Entscheidungs- und Verantwortungsübernahme bis hin zur Erarbeitung von Veränderungsmöglichkeiten.

Teilziele dabei sind:

- Aufbau von tragfähigen Kontakten und Beziehungen (Netzwerkarbeit).
- Wiedergewinn von Lebenssinn und Lebensfreude.
- Erarbeitung von Problemlösungsstrategien, um den Alltag ohne Suchtmittel zu bewältigen.
- Entwicklung einer sinnvollen Freizeitgestaltung.
- Verbesserung des Umgangs mit dem eigenen Körper durch gesunde Ernährung, Körperpflege, Sport etc..

Die Ehemaligengruppe bietet dem einzelnen Mitglied einen gefestigten Rahmen, in dem es Hilfe, Verständnis, Akzeptanz und Wertschätzung, aber auch Kritik und Bedenken gibt, die jeder für sich nutzbar machen kann.

Unverzichtbarer Bestandteil unseres Arbeitsansatzes ist die aufsuchende Arbeit, um die Klienten (ggf. zunächst über Einzelgespräche) wieder in den Gruppenprozeß zu integrieren.

4.7   Prävention
(Fachstelle für Suchtprävention und Gesundheitsförderung im Verbund von Kadesch gGmbH und JKD e.V.)

Unter **Suchtprävention** verstehen wir (i. S. der Wortbedeutung „zuvorkommen") die Verhinderung einer Sucht oder Suchtentstehung. Suchtprävention umfaßt die Gesamtheit aller Maßnahmen, die geeignet sind, einer Sucht oder Suchtentstehung vorzubeugen.

Eine in diesem Sinne ursachenorientierte Suchtprävention umfaßt alle systematischen und zielgerichteten suchtvorbeugenden bzw. -verhütenden personalen und strukturellen Aktivitäten und erfordert eine Vorgehensweise, die sowohl die **Persönlichkeit** des einzelnen, dessen **Lebensbedingungen** und den spezifischen **Umgang mit Suchtmitteln** einbezieht.

Hierzu gehören die Förderung von personaler psychischer und sozialer Kompetenz (z.b. Konfliktfähigkeit, Genußfähigkeit, Selbständigkeit, Kooperations- und Kommunikationsfähigkeit), das Einwirken auf soziostrukturelle Bedingungen, die suchtfördernd oder umgekehrt suchtvermeidend wirken können (z.b. Erziehungskultur, schulische und außerschulische Lernbedingungen, Ausbildungs- und Berufschancen, Stadtteilkultur, Wohnbedingungen, Freizeitangebote) sowie Sachinformation im Sinne von drogen- und suchtbezogener Aufklärung.

Arbeitsschwerpunkte der Fachstelle sind

- Förderung und Koordination suchtpräventiver Maßnahmen auf regionaler Ebene,
- Weiterentwicklung von Präventionskonzepten,
- Multiplikatorenfortbildung in den Bereichen Verbände, Institutionen, Kindergärten, Schulen, Betrieben, Freizeiteinrichtungen etc.,
- Planung und Durchführung präventiver Aktionen und Projekte,
- Durchführung von und Beteiligung an öffentlichkeitswirksamen Maßnahmen (Gesundheitswoche, Präventionswoche, Kampagnen etc.),
- Öffentlichkeitsarbeit (Zusammenarbeit mit Medien, um über die Entstehung und Gefährdung von Sucht zu informieren und Möglichkeiten der Suchtprävention vorzustellen).

Unser Präventionsansatz berücksichtigt die modernen Forschungsergebnisse und bietet persönlichkeitsfördernde Maßnahmen an. Der Schwerpunkt liegt darauf, die Lebenskompetenz des Einzelnen zu erhöhen. Das bedeutet vor allem Selbständigkeit, Unabhängigkeit und Eigenverantwortung zu entwickeln (Ressourcenaktivierung) und die Förderung von Schutzfaktoren (protektiven Faktoren), um so das Risiko einer Abhängigkeit zu minimieren.

In der Suchtvorbeugung muß es auch darum gehen, Faktoren zu unterstützen, die einem frühen Beginn regelmäßigen Substanzgebrauchs bzw. eines Suchtverhaltens entgegenwirken und im Sinne einer Sekundärprävention einen risikomindernden Umgang mit psychoaktiven Stoffen und stoffungebundenen Verhaltensweisen vermitteln. Dies geschieht auf der Grundlage einer akzeptierenden Haltung Jugendlichen gegenüber, die durch geeignete Maßnahmen begleitet werden, um das Risiko und den Schaden zu minimieren (vgl. *Schay, Pultke* dieses Buch).

Eine wesentliche Voraussetzung für Veränderungen ist das bewußte Wahrnehmen suchtfördernder Lebensbedingungen. Es ist wichtig, den Kontext zwischen Suchtentstehung und entwicklungshemmenden Vorgaben und Strukturen in verschiedenen Bereichen wie Familie, Schule, Kindergarten, Betrieb etc. zu erkennen. Ziel ist auch, die suchtfördernden Lebensbedingungen zu verbessern. Deshalb ist eine wirksame Öffentlichkeitsarbeit erforderlich, die die Menschen für die Ursachen von Sucht sensibilisiert und die vielfältigen Möglichkeiten der Veränderung im Umfeld aufzeigt.

5. Berufliche (Wieder-) Eingliederung

Insbesondere die seit Mitte der 90er Jahre sich verändernden gesellschaftlichen Rahmenbedingungen mit der einhergehenden sozialen Isolation und Arbeitsentwöhnung haben bewirkt, daß drogenabhängige Klienten und Patienten, die in ihrer bisherigen Lebensbiographie oft nur wenig oder gar keine Erfahrungen in oder mit der Arbeitswelt aufweisen können, in ihrer Wahrnehmung gesamtgesellschaftlicher Entwicklungen sensibilisiert sind und zumindest ein Gespür dafür entwickelt haben, das Erwerbstätigkeit einen wesentlichen (wenn nicht den einzigen) Ausweg aus der sozialen Verelendung eröffnet – was selbstverständlich nicht nur für die Patienten im stationären Setting gilt, sondern in besonderem Maße auch für die Klienten im *niedrigschwelligen* Bereich.

Die berufliche Wiedereingliederung der Klienten und Patienten wird

– durch die massiven „Umwälzungen" des Arbeitsmarktes und die „Verknappung" öffentlicher Mittel zur „Belebung des Arbeitsmarktes" (hier: sog. Hartz-Gesetze, die zu einer für Arbeitgeber uninteressanten Pauschalisierung von Lohnkostenzuschüssen, zur Herabsenkung der Zuschüsse zu einer Arbeitsbeschaffungsmaßnahme, zum Abbau überbetrieblicher Ausbildungs- und Qualifizierungsmöglichkeiten u.v.m. geführt haben), d.h. durch infrastrukturelle und arbeitsmarktpolitische Rahmenbedingungen

erschwert, d.h.:

– die Arbeitsmarktlage ist von hoher Arbeitslosigkeit (insbesondere Jugendarbeitslosigkeit) geprägt.
– die Entwicklung auf dem Lehrstellenmarkt ist bei steigenden Bewerberzahlen seit Jahren rückläufig.

- die öffentliche Meinung gegenüber Suchtmittelabhängigen, die durch die Suchtmittelabhängigkeit bedingte Straffälligkeit und die daraus resultierenden Vorstrafen bzw. Haftzeiten erschweren den Zugang zum sog. ersten Arbeitsmarkt.
- Erwerbsarbeit ist nicht mehr der allein identitätsbildende Faktor in einer sich ständig verändernden Gesellschaft. Soziale Sicherheit wird z.b. auch durch die Zugehörigkeit zu einer Risikogruppe (Drogenkonsumenten) erlangt.

Die zunehmend schwierigeren persönlichen Voraussetzungen des Klientels, insbesondere

- fehlender qualifizierter Schulabschluß und/oder keine abgeschlossene Berufsausbildung,
- Dauerarbeitslosigkeit,
- Defizite in der Fähigkeit den Alltag eigenständig zu strukturieren,
- nur noch begrenzte Belastbarkeit,
- mangelhafte schulische bzw. berufliche Voraussetzungen und
- schlechte deutsche Sprachkenntnisse.

erschweren unter den gegebenen Rahmenbedingungen die beruflichen Integrationsmöglichkeiten zusätzlich.

Schwerpunkt der Lerninhalte im Bereich berufsorientierender Maßnahmen bilden auf diesem Hintergrund Belastbarkeitstrainings, Angebote und Möglichkeiten, die die „Selbstwirksamkeit" des Einzelnen erfahrbar machen, sowie die konsequente Vorbereitung auf weiterführende Qualifikationen.

Die besondere Bedeutung von „Arbeit und Beschäftigung" in unserem soziotherapeutischen Ansatz ist die Unterstützung der Klienten und Patienten bei einem inneren Prozeß der persönlichen Stabilisierung, in dessen Verlauf sie lernen,

- ihr tatsächliches Handeln immer mehr aus bewußten Motiven und Impulsen zu vollziehen und es in Beziehung zu anderen Menschen zu stellen, (Selbständigkeit, eigenverantwortliches Leben),
- mit problematischen und kritischen Situationen und Rückfallgefahren angemessen umzugehen,
- mit anderen Menschen zusammen zu arbeiten auf der Grundlage gegenseitiger Achtung, Anerkennung, Wertschätzung und Akzeptanz,
- zu erkennen, daß sie zusammen mit anderen Aufgaben bewältigen können, die den einzelnen überfordern würden und
- sich entsprechend ihrer individuellen Fähigkeiten und Fertigkeiten einen adäquaten Platz in der Gesellschaft zu schaffen.

Um den Integrationsprozeß des Einzelnen zielgerichtet zu fördern und zu unterstützen, lernt er im Verlauf der Behandlung über Praktika ggf. unterschiedliche Arbeitsbereiche kennen, um „seine" Fähigkeiten und Fertigkeiten zu erfahren und zu erproben.

Bei der Arbeit kommt es oft zu verdienten Erfolgserlebnissen – die Klienten und Patienten erleben, daß Wachstum möglich ist, daß sie lernfähig sind und auch Aufgaben meistern können, die ihnen zuvor große Angst bereitet haben und Arbeit mehr ist als Pflichterfüllung. Der direkte Bezug zwischen Arbeit und Leben (Existenzsicherung) wird wieder prägnant und für den Einzelnen spürbar und nachvollziehbar.

Schaubild: Netzwerk Berufliche (Wieder-) Eingliederung

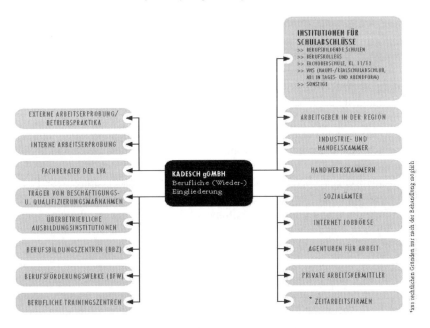

Neben dem sozialethischen Wert von Arbeit (eine Aufgabe haben, seinen Lebensunterhalt durch eigene Arbeit verdienen etc.) ist der Aufbau eines kollegialen Netzwerks durch Arbeitsbeziehungen eine wichtige Ressource für eine erfolgreiche Rehabilitation (*Hass, Petzold* 1999).

Ziele der beruflichen Wiedereingliederung sind,

- dem Einzelnen den beruflichen (Wieder-) Einstieg zu ermöglichen und ihn auf dem Hintergrund seiner Kenntnisse und Fähigkeiten in Arbeit zu vermitteln.
- die Verbesserung der beruflichen Qualifikation durch Ausbildung, Umschulung oder Fortbildungsmaßnahmen zu erreichen.
- auf dem Hintergrund der Fragestellungen „Wo liegen meine Fähigkeiten?" „Was will ich tun?" „Was ist realistisch?" und „Wie kann ich das erreichen?" zumindest eine persönliche Perspektive zu erarbeiten.

Um die vorgenannten Ziele zu erreichen, läßt sich der Prozeß der beruflichen Wiedereingliederung in folgende Schritte unterteilen:

Prüfung der Vorraussetzungen/Berufsanamnese

Ein wichtiger Bestandteil der Berufsanamnese ist die Frage der persönlichen Ziele und die Prüfung der Voraussetzungen: In welchem Arbeitsfeld möchte ich beruflich tätig werden? Welche Zeugnisse, Bewilligungsbescheide, Arbeitsnachweise sind vorhanden oder müssen angefordert werden?

Um die Klienten und Patienten bei der Erstellung einer Bewerbungsmappe (Bewerbungsschreiben, Formulierung des Lebenslaufes) unterstützen zu können, werden zunächst die kompletten Bewerbungsunterlagen, die i.d.R. unvollständig sind, zusammengestellt.

An einem entsprechenden EDV-Arbeitsplatz stehen Mustervorlagen für die Bewerbungsmappe zur Verfügung, die den aktuellen Standards entsprechen. Des weiteren findet eine gezielte Vorbereitung auf Bewerbungsgespräche statt.

Kontakt zu Agenturen für Arbeit

Alle Klienten und Patienten melden sich arbeitssuchend, um die Angebote der Agentur für Arbeit wahrnehmen zu können. Im Anschluß daran werden Termine bei der Berufsberatung bzw. den jeweiligen Arbeitsvermittlern/-beratern vereinbart, um die individuellen Anspruchsvoraussetzungen in bezug auf u.a. Qualifizierungs-/Umschulungsmaßnahmen, Lohnkostenzuschüsse für Arbeitgeber des sog. ersten Arbeitsmarktes zu klären.

Berufsorientierendes Praktikum

Alle Klienten und Patienten absolvieren ein externes, berufsorientierendes Praktikum, das dem Einzelnen zur Überprüfung eigener Fähigkeiten, Fertigkeiten aber auch Grenzen dient und um Berufswünsche und Berufsvorstellungen in der Berufsrealität zu überprüfen.

Die Akquirierung der Praktikumstellen basiert auf einer langjährigen engen Kooperation mit ortsansässigen Betrieben, den für Herne und den umliegenden Städten zuständigen Industrie- und Handelskammern, Handwerkskammern und Kreishandwerkerschaften.

Ist der Einzelne den Anforderungen des sog. ersten Arbeitsmarktes noch nicht gewachsen, wird er zunächst in ein Praktikum bei gemeinnützigen Trägern vermittelt, um an den Berufsalltag in Form eines „behutsamen" Belastungstrainings herangeführt zu werden und sich schrittweise an die Anforderungen des Berufsalltages zu gewöhnen, d.h. Zuverlässigkeit und Pünktlichkeit zu lernen, sowie Leistungsbereitschaft zu entwickeln.

Während der Praktika finden Reflexionsgespräche statt, in denen der Einzelne mit dem im Praktikumsbetrieb zuständigen Mitarbeiter und einem Mitarbeiter der Einrichtung die bisherige Entwicklung im Praktikum bespricht.

Die Laufzeit des Praktikums beträgt zunächst 4 - 6 Wochen. Im Anschluß daran werden mit dem Praktikumsgeber die Möglichkeiten der Weiterbeschäftigung erörtert. Hierbei sind die mit der Agentur für Arbeit besprochenen Möglichkeiten einer betrieblichen Einzelumschulung oder eines Lohnkostenzuschusses von zunehmend entscheidender Bedeutung, da kaum ein Betrieb bereit ist, ohne diese Form der Subventionierung eines Arbeitsplatzes noch Einstellungen vorzunehmen. Können mit dem Praktikumsgeber und dem Klienten/Patienten Perspektiven eines Beschäftigungsverhältnisses entwickelt werden, wird das Praktikum verlängert.

Vermittlung in Schulen

Wir vermitteln dem Einzelnen einen umfassenden Überblick über die unterschiedlichen Bildungsangebote und stellen den Kontakt zur Schule her.

Das Angebot an Schulen besteht aus:

– dem klassisch gegliederten Schulsystem (Haupt-, Real-, Gesamtschulen und Gymnasien),
– einer anthroposophischen Schule im Ortsteil Wanne mit angegliederter Sonderschule, Kindertagesstätte und -hort

- sonderpädagogischen Einrichtungen für Geistig-, Körper- und Sprachbehinderte,
- berufsbildenden Schulen und Fachschulen, an denen schulische Abschlüsse mit gleichzeitiger beruflicher Ausbildung erworben werden können (insbesondere in den Bereichen Technik, Ernährung und Hauswirtschaft, Sozial- und Gesundheitswesen) und
- Volkshochschulen, an denen in Tages- oder Abendform schulische Abschlüsse nachgeholt werden können.

6.   Fazit

Der Herner Therapieverbund bietet zahlreiche Möglichkeiten, den Bedürfnissen und Notwendigkeiten der einzelnen suchtkranken Person gerecht zu werden. Im Sinne einer Rehabilitation in unterschiedlichen Formen/Settings ist es möglich, Schritte in die eine oder auch andere Richtung vorzunehmen. Bei Rückfällen kann der Klient/Patient an jedem Punkt aufgefangen und adäquat der individuellen Situation unterstützt und gestützt werden. Das Verbundsystem bietet im Sinne eines Netzwerks dem Einzelnen differenzierte Betreuungs- und Behandlungsmöglichkeiten und dadurch ein hohes Maß an Sicherheit und Schutz.

Die verbindlichen Kooperationen der verschiedenen Institutionen ist regional definiert, um die für therapeutische Interventionen notwendige Lebensweltnähe zu gewährleisten.

Vorteile des (regionalen) Versorgungsnetzes:

Kontinuität: Der Klient/Patient hat auch bei verschiedenen Behandlungssegmenten einen verbindlichen Ansprechpartner.

Begleitung: Der Klient/Patient wird von einem Bezugstherapeuten in den verschiedenen Lebensabschnitten begleitet. Seiner Situation angemessene Betreuungs- und Behandlungsmöglichkeiten können hierüber gewährleistet werden.

Verbindlichkeit: Der Klient/Patient erlernt durch die Kontinuität der Behandlungsplanung ein hohes Maß an Verbindlichkeit und kann nicht nach „Lust und Laune" Therapieinstitutionen wechseln.

Wachstum: *kontinuierliche* Veränderungsprozesse werden besonders durch die aufeinander abgestimmte Behandlungsplanung der verschiedenen Behandlungsabschnitte gefördert.

Entwicklung:	Der Klient/Patient bewegt sich nicht im Kreis und muß nicht immer wieder von vorne anfangen, weil seine aktuellen und längerfristigen Problemkonstellationen bekannt sind.
Effizienz:	Beziehungs- und Behandlungsabbrüche werden reduziert und disziplinarische Entlassungen werden gemeinsam mit dem Klienten/Patienten aufgefangen.

„Mit seinen Diensten und Einrichtungen und den darin tätigen Mitarbeitern, aber auch in seinem klientenzentrierten, integrativ orientiertem theoriegeleiteten Handeln versteht sich der Verbund für die Klienten als ein „tragfähiges" soziales Netz, das als „*professioneller Konvoi von Helfern und Hilfsagenturen*" Sicherheit und Stabilität, Unterstützung und Begleitung, Behandlung und Förderung bietet durch

- instrumentelle Unterstützung (Bereitstellung von Dienstleistungen, finanzielle Hilfen und das Spektrum praktischer Hilfen im Alltag)
- Unterstützung durch Informationen (alle Formen der Kommunikation, die der Information, Beratung oder Vermittlung dienen)
- Unterstützung durch Anerkennung (Wertschätzung, Anerkennung und Bestätigung des Klienten)" (*Scheiblich, Petzold* 2005) u.v.m..

Die Kooperationsformen, die zwischen dem Therapieverbund und anderen Diensten, Einrichtungen, Ämtern, Firmen, Gruppen in der Region bestehen, unterstützen unsere Klienten/Patienten beim Aufbau eigener Stabilität, Zuversicht und Zukunftshoffnung zu entwickeln und sind damit ein ganz entscheidender protektiver Faktor.

Die sich ständig wandelnden sozialpolitischen Rahmenbedingungen, die die Integrationsmöglichkeiten unserer Klienten/Patienten dramatisch beeinflussen und verschlechtern, stellen für uns dabei immer wieder eine Herausforderung dar, die im Betreuungs- und Behandlungsrahmen unserer Einrichtungen berücksichtigt wird, um den Klienten/Patienten die notwendige Unterstützung und adäquate Hilfestellungen vermitteln zu können.

Damit wir diesen beständig zunehmenden Anforderungen an die Inhalte medizinischer Rehabilitation und den Bedürfnissen unserer Klienten/Patienten unter den veränderten Rahmenbedingungen effektiv gerecht werden können, haben wir die Angebote im Therapieverbund Herne kontinuierlich differenziert und spezialisiert, wobei wir der beruflichen und sozialen Integration der Klienten und Patienten höchsten Stellenwert einräumen.

Dies möchten wir abschließend durch eine statistische Übersicht zur beruflichen Situation der Patienten unserer Adaptionseinrichtung bei regulärer Entlassung verdeutlichen. Hierbei ist insbesondere zu berücksichtigen, daß

(1) die Zugangsmöglichkeiten zu Beschäftigungs-, Umschulungs- und Qualifizierungsmaßnahmen auf dem Hintergrund der „Hartz"-Gesetzgebung und den Umstrukturierungen innerhalb der aktivierenden Arbeitsmarktpolitik insbesondere für die Klientel „Drogenabhängige" schwieriger werden.

(2) die Klientel in immer stärkeren Maße nicht in der Lage ist, ihren Alltag eigenständig zu strukturieren.

(3) die schulischen bzw. beruflichen Voraussetzungen, mit denen die Klientel in die Behandlung kommen, sich kontinuierlich verschlechtern, d.h. ein immer größer werdender Anteil der Klientel verfügt über keinen qualifizierten Schulabschluß und/oder über keine abgeschlossene Berufsausbildung und spricht häufig nur schlecht Deutsch.

Berufliche Situation bei regulärer Entlassung

	2004	2005 (bis 30.06.)
	bei Auszug	bei Auszug
	N = 36	N = 21
reguläre Erwerbstätigkeit (Voll- oder Teilzeitbeschäftigung auf dem allgemeinen Arbeitsmarkt)	13 (36,22%)	01 (04,76%)
Maßnahmen nach SGB II oder SGB XII (Arbeitsbeschaffungsmaßnahmen, „Arbeit statt Sozialhilfe", Arbeitsgelegenheiten, sonstige Qualifizierungsmaßnahmen)	07 (19,40%)	09 (42,86%)
Umschulung oder Ausbildung (Qualifizierung der Klientel durch Umschulungs- sowie Ausbildungsmaßnahmen, auch Qualifizierungsmaßnahmen)	07 (19,40%)	04 (19,05%)
gelegentliche Erwerbstätigkeit (Aufnahme zumindest von gelegentlicher Arbeitstätigkeit bzw. Jobs, in dieser Spalte sind auch Praktika berücksichtigt)	03 (08,30%)	03 (14,29%)
Schule / Studium	02 (05,56%)	01 (04,76%)
Hausfrau/-mann	02 (05,56%)	0
arbeitslos	02 (05,56%)	02 (09,52%)
in andere Einrichtung verlegt	0	01 (04,76%)
arbeitslos vor Therapiebeginn	36 (100%)	21 (100%)

7. Zusammenfassung

Der Beitrag verdeutlicht, daß eine effektive Betreuung und Behandlung suchtmittelgefährdeter/-abhängiger Menschen in einem Verbundssystem von unterschiedlichen Hilfsagenturen eingebettet sein muß.

Der Therapieverbund Herne hat ein solches (konzeptuell) gut koordiniertes Netzwerk entwickelt und bietet zahlreiche Möglichkeiten, den Bedürfnissen und Notwendigkeiten der einzelnen suchtkranken Person gerecht zu werden. Das Verbundsystem bietet differenzierte Behandlungsmöglichkeiten und dadurch ein hohes Maß an Sicherheit und Schutz.

In den Einrichtungen sind sozialtherapeutische und klinisch-therapeutische Hilfe- und Leistungsangebote konzipiert worden, die psychosoziale und rehabilitative Arbeit als „Karrierebegleitung" realisieren und für den einzelnen Klienten Angebote durch ein differenziertes Verbundsystem mit spezifischen Hilfsagenturen vorhält.

Die Hilfe- und Leistungsangebote gehen von der Grundposition aus, daß Suchtarbeit/-therapie nur eine optimale, nachhaltige Qualität gewinnen kann, wenn sie im Rahmen vernetzter Strukturen als Hilfe, Unterstützung, Förderung und Entwicklungsarbeit über angemessene Zeitstrecken durchgeführt wird.

Der Therapieverbund versteht sich für die Klienten als ein „tragfähiges" soziales Netz, das als *„professioneller Konvoi von Helfern und Hilfsagenturen"* Sicherheit und Stabilität, Unterstützung und Begleitung, Behandlung und Förderung bietet.

Schlüsselwörter: Therapieverbund, Drogenhilfe, Suchtarbeit, Suchttherapie, psychosoziale und rehabilitative Hilfe- und Leistungsangebote

Summary

This article demonstrates that an effective treatment and care of persons addicted to drugs has to be embedded in a system of cooperation of different aid agencies. The therapy cooperation Herne has developed a (conceptionally) well coordinated network and offers numerous possibilites to do justice to the needs and necessities of the person addicted to drugs. The system of cooperation offers subtly differentiated possibilites of treatment and, therefore, safety and protection to a high degree.

Within the institutions, sociotherapeutic and clinical-therapeutic supplies of aids and benefits that realise psychosocial and rehabilitative work and comprise supplies of a differentiated system of cooperation with specific aid agencies for the clients have been conceived.

The supplies of aids and benefits are based on the assumption that addictive work will only have an optimal and lasting quality if it is carried out within the framework of a networking concept as aid, support and development over an appropriate period of time.

The therapy cooperation has to be understood as a workable and social network that offers safety and stability, support and company, treatment and support as a professional convoy of assistants and aid agencies.

keywords: therapy cooperation, drug aid, addictive work, addictive therapy, psychosocial and rehabilitative supplies of aids and benefits

> *„Hier ist mein Geheimnis.*
> *Es ist ganz einfach:*
> *Man sieht nur mit dem Herzen gut.*
> *Das Wesentliche ist für die Augen unsichtbar. "*
> *(A. de Saint-Exupery)*

THERAPIEVERBUND HERNE

Kontaktadresse: **Kadesch gGmbH**
Peter Schay
Hauptstraße 94, 44651 Herne (Wanne-Eickel)
Tel.: 02325 / 3892 - Fax 02325 / 932523
e-mail: jkd-kadesch@t-online.de
internet: www.therapieverbund-herne.de

Literatur

Antonovsky, A.: Salutogenese. Zur Entmystifizierung von Gesundheit. Tübingen, Deutsche Gesellschaft für Verhaltenstherapie, 1997

Brisch, K.-H.: Bindungsstörungen. Von der Bindungstheorie zur Therapie, Klett-Cotta, Stuttgart, 2003 (5. Aufl.)

Butollo, W., Hagl, M., Krüsmann, M.: Kreativität und Destruktion posttraumatischer Bewältigung. Stuttgart: Pfeiffer bei Klett-Cotta, 1999

Diez Grieser, M.T.: Psychoanalytische Psychotherapie in der Behandlung traumatischer Prozesse bei Kindern und Jugendlichen. in: *Psychotherapie Forum*, Vol. 12 No. 4, Springer, Wien 2004

Fachklinik Quellwasser: Therapiekonzeption, Wetter 1998

Fachverband Sucht e.V. u.a.: Dokumentation „Fachtag Dialog stationäre Drogentherapie", Bonn, 2002

Feuerlein, W., Küfner, H., Huber, M., Buschmann-Steinhage, R.: Münchener Evaluation der Alkoholismustherapie (MEAT): Eine katamnestische Studie vier Jahre nach der stationären Entwöhnungsbehandlung. *Dt. Rentenversicherung* 11, 1988

Feuerlein, W.: Langzeitverläufe des Alkoholismus. in: *Schwoon, D.R., Krausz, M.* (Hrsg): *Suchtkranke: die ungeliebten Kinder der Psychiatrie.* Stuttgart 1990

Fischer, G.: Neue Wege aus dem Trauma, Patmos, Düsseldorf/Zürich 2004

Fischer, G.: Psychologische Erste Hilfe für Gewalt- und Unfallopfer: Das Kölner Opferhilfemodell heute, Vortragsreihe Universität im Rathaus Köln am 8. November 2004, www.uni-koeln.de

Fischer, G., Riedesser, P.: Lehrbuch der Psychotraumatologie, 3. Auflage, Reinhard, München 2004

Flammer, A.: Das Erleben der eigenen Wirksamkeit. Bern: Huber, 1990

Fonagy, P.; Roth, A.: Ein Überblick über die Ergebnisforschung anhand nosologischer Indikationen, in: Psychotherapeutenjournal 3/2004, Heidelberg; R. v. Decker Verlag, 2004

Gastpar, M.; Mann, K.; Rommelspacher, H. (Hrsg.): Lehrbuch der Suchterkrankungen. Stuttgart, Georg Thieme Verlag, 1999

Grawe, K., Donati, R., Bernauer, F.: Psychotherapie im Wandel. Von der Konfession zur Profession. Hogrefe, Göttingen 1994

Green, B.L.: Identifying survivors at risk: trauma and stressors across events. in: Wilson & Raphael (1993), 1993

Hass, W, H. G. Petzold: Die Bedeutung sozialer Netzwerkforschung für die Psychotherapie. in: *Petzold, H. G., M. Märtens* (Hrsg.): Wege zu effektiver Psychotherapie. Leske + Budrich, Opladen 1999

Heigl-Evers, A., Heigl, F.: Das interaktionelle Prinzip in der Einzel- und Gruppenpsychotherapie. *Zeitschrift für Psychosomatische Medizin und Psychoanalyse*, 29: 1-14, 1983

Henkel, D.: Arbeitslosigkeit und Alkoholismus. in: *Schwoon, D.R., Krausz, M.* (Hrsg): Suchtkranke: die ungeliebten Kinder der Psychiatrie. Stuttgart 1990

Hüther, G., Gebauer, K.: Kinder brauchen Wurzeln. Neue Perspektiven für eine gelingende Entwicklung, Walter, Düsseldorf 2001

John, U.: Zum Stellenwert der Arbeit im Therapieerfolg bei Alkoholkranken. *Suchtgefahren*, 4, 1979

Knauf, Werner: Psycho- und Soziotherapie der Alkoholabhängigkeit. Integrative Therapie 1/1998

Küfner, H., Denis, A., Roch, I., Arzt, J., Rug, U.: Stationäre Krisenintervention bei Drogenabhängigen. Ergebnisse einer wissenschaftlichen Begleitung des Modellprogramms. Baden-Baden 1994

Maercker, A. (Hrsg.): Therapie der posttraumatischen Belastungsstörungen. Berlin: Springer, 1997

Marlovits, A.M.: Lauf-Psychologie – Dem Geheimnis des Laufens auf der Spur, LAS-Verlag, Regensburg 2004

Missel, P., Zemlin, U., Lysloff, G., Braukmann, W.: Individualisierung in der stationären Therapie Abhängigkeitskranker: Erste Ergebnisse einer Halbjahreskatamnese. *Suchtgefahren*, 33, 1987

Osten, P.: Die Anamnese in der Psychotherapie. Ein integratives Konzept. Reinhardt, München 1995, 2. Erw. Aufl. 2001

Osten, P.: Integrative Diagnostik bei Sucht- und Abhängigkeitserkrankungen, in: *Petzold, H.G., Schay, P. Ebert, W.*, Integrative Suchttherapie, VS Verlag für Sozialwissenschaften, Wiesbaden 2004

Petzold, H.G., Josiœ, Z., Ehrhardt, J.: Integrative Familientherapie als „Netzwerkintervention" bei Traumabelastungen und Suchtproblemen. in: Integrative Suchtarbeit, Wiesbaden 2005 (in Vorbereitung)

Petzold, H.G., Märtens, M. (Hrsg.): Wege zu effektiven Psychotherapien. Psychotherapieforschung und Praxis. Band 1: Modelle, Konzepte, Settings. Opladen: Leske + Budrich, 1999a

Petzold, H.G., Scheiblich, W., Thomas, G.: Drogentherapie – Entwicklung, Formen, Methoden, Wirkungen. in: Integrative Suchtarbeit, Wiesbaden 2005 (in Vorbereitung)

Petzold, H.; Die Rolle des Therapeuten und die therapeutische Beziehung in der Integrativen Therapie, Paderborn 1980

Petzold, H.G.: Integrative Bewegungs- und Leibtherapie. Ein ganzheitlicher Weg leibbezogener Psychotherapie. 2. Auflage, Bde. I und II, Paderborn, Junfermann, 1990

Petzold, H.G.: Integrative Therapie in der Lebensspanne, Junfermann, 1992

Petzold, H.G.: Integrative Therapie, Modelle, Theorien und Methoden für eine schulenübergreifende Psychotherapie. Bde. I, II, III. Paderborn, Junfermann, 1993

Petzold, H.G.: Integrative Therapie. Modelle, Theorien und Methoden für eine schulenübergreifende Psychotherapie, Bde. I, II, III. Paderborn: Junfermann, 1993a

Petzold, H. G.: Therapieforschung und die Praxis der Suchtkrankenarbeit – programmatische Überlegungen. *Drogalkohol* 3 (1994), 1994

Petzold, H. G.: Das Ressourcenkonzept in der sozial interventiven Praxeologie und Systemberatung. *Integrative Therapie* 4/1997

Petzold, H.G. (Hrsg.): Integrative Supervision, Meta-Consulting & Organisationsentwicklung. Modelle und Methoden reflexiver Praxis, Bd. 1. Junfermann, Paderborn 1998

Petzold, H.G.: Integrative Therapie. Das „biopsychosoziale" Modell kritischer Humantherapie und Kulturarbeit. Paderborn, Junfermann, 2001

Petzold, H.G.: Integrative Traumatherapie und Trostarbeit. in: Polyloge – Internetzeitschrift für „Integrative Therapie", Ausgabe 03/2004

Petzold, H.G., Goffin, J.J.M., Oudhof, J.: Protektive Faktoren und Prozesse – die „positive" Perspektive in der longitudinalen, „klinischen Entwicklungspsychologie" und ihre Umsetzung in der Praxis der Integrativen Therapie. in: *Petzold, H. G.*(Hrsg.): Psychotherapie und Babyforschung, Bd. I, Junfermann, Paderborn 1993

Petzold, H.G., Hentschel, U.: Integrative und differentielle Drogenarbeit und Suchtkrankenhilfe an FPI und EAG - Konzepte, Innovation, Intervention, Weiterbildung, Supervision. in: *Petzold, H. G., J. Sieper* (Hrsg.): Integration und Kreation, Bd. 2, Junfermann, Paderbom 1993

Petzold, H.G., Müller, L.: Integrative Kinder- und Jugendlichenpsychotherapie: Protektive Faktoren und Resilienzen in der diagnostischen und therapeutischen Praxis. in: *Psychotherapie Forum*, Vol. 12 No. 4, Springer, Wien 2004

Petzold, H.G., Orth, I.: Die neuen Kreativitätstherapien. Handbuch der Kunsttherapie. 3. Auflage, Bde. I, II., Paderborn, Junfermann 2001

Petzold, H.G., Schay, P., Ebert, W.: Integrative Suchttherapie, VS-Verlag für Sozialwissenschaften, Wiesbaden 2004

Petzold, H.G., Schay, P.; Hentschel, U.: Niedrigschwellige und karrierebegleitende Drogenarbeit als Elemente einer Gesamtstrategie der Drogenhilfe. in: *Petzold, H.G., Schay, P.; Ebert, W.* (Hrsg.): Integrative Suchttherapie, VS Verlag für Sozialwissenschaften, Wiesbaden 2004

Petzold, H.G., Schay, P., Scheiblich, W.: Integrative Suchtarbeit, VS Verlag für Sozialwissenschaften, Wiesbaden 2005 (in Vorbereitung)

Petzold, H.G.; Sieper, J.: Integration und Kreation. Bde. I, II. Paderborn, Junfermann 1996

Petzold, H.G., Thomas, G.: Integrative Suchttherapie und Supervision, Sonderausgabe von Gestalt und Integration. FPI-Publikationen, Düsseldorf 1994

Petzold, H.G., Wolf, U., Landgrebe, B., Josic, Z., Steffan, A.: Integrative Traumatherapie – Modelle und Konzepte für die Behandlung von Patienten mit „posttraumaitischer Belastungsstörung". in: van der Kolk, B., McFarlane, A., Weisaeth, L.: Traumatic Stress. Paderborn 2000

Rahm, D. u.a.: Einführung in die Integrative Therapie. Grundlagen und Praxis. 3. Auflage, Paderborn, Junfermann, 1995

Psychologie Heute: Posttraumatischer Streß – Pillen gegen die Panik, 10/2004, Seite 56-57, J. Beltz Verlag, Weinheim 2004

Psychologie Heute: Mit Bewegung gegen Traumen, 12/2004, Seite 39, J. Beltz Verlag, Weinheim 2004

Reddemann, L.: Imagination als heilsame Kraft. Stuttgart: Pfeiffer bei Klett-Cotta, 2001

Saß, H./Wittchen, H.-U./Zaudig, M.: Diagnostisches und statistisches Manual Psychischer Störungen DSM-IV, 2. verbesserte Auflage, Hogrefe-Verlag, Göttingen 1998

Schay, P.; Dreger, B.; Siegele, F.: Die Wirksamkeit von Supervision für den Klienten – Eine Evaluationsstudie zur Wirksamkeit von Supervision für das Klientensystem in Einrichtungen der medizinischen Rehabilitation Drogenabhängiger, in: *Schay, P.:* Innovationen der Drogenhilfe, VS Verlag für Sozialwissenschaften, Wiesbaden 2006 (in Vorbereitung)

Schay, P., *Schmidt-Gertz, A.* et al.: Therapeutische Weiterbildung / angewandte Verfahren in der ambulanten medizinischen Rehabilitation Suchtkranker. Eine Erhebung in der AGPF (Arbeitsgemeinschaft Psychotherapeutischer Fachverbände) zusammengeschlossen Verbände. www.agpf.de, 2002

Schay, P.: Inhalte und Ziele der Adaption, www.therapieverbund-herne.de, 2003

Schay, P.: Jahresberichte 2000-2004 „Kadesch gGmbH", www.therapieverbund-herne.de

Schay, P., Görgen, W., Bläsing, N.; Integrative Arbeit an der Schnittstelle von Drogenhilfe und Justiz, in: *Petzold, H.G., Schay, P., Ebert, W.;* Integrative Suchttherapie, VS Verlag für Sozialwissenschaften, Wiesbaden 2004

Schay, P. et al.: Laufen streichelt die Seele – Lauftherapie mit Drogenabhängigen, in: Integrative Therapie 1-2/2004 und in: *Petzold, H.G., Schay, P., Scheiblich, W.:* Integrative Suchtarbeit, VS Verlag für Sozialwissenschaften, Wiesbaden 2005 (in Vorbereitung)

Schay, P., Petzold, H.G.: Therapie-Konzeption der fokaltherapeutischen Entwöhnungsbehandlung für Drogenabhängige mit Behandlungsschwerpunkt „posttraumatische Belastungsstörungen", (unveröffentlicht), Hückeswagen 2004

Scheiblich, W., Petzold, H.G.: Probleme und Erfolge stationärer Behandlung drogenabhängiger Menschen im Verbundsystem – Förderung von „REGULATIONSKOMPETENZ" und „RESILIENZ" durch „komplexes Lernen" in der Karrierebegleitung, in: *Petzold, H.G., Schay, P., Scheiblich, W.:* Integrative Suchtarbeit, VS Verlag für Sozialwissenschaften, Wiesbaden 2005 (in Vorbereitung)

Schigl, B.: Evaluationsstudie zur Wirkung und Wirkfaktoren in der Integrativen Gestalttherapie, http://www.gestalttherapie.at/studie.htm., 2002

Schindler C., Körkel J.: Rückfallbezogene Attributionen, Emotionen und Kompetenzerwartungen. Eine empirische Prüfung sozial-kognitiver Theorieannahmen. In: *Körkel J., Lauer G., Scheller R. (Hrsg):* Sucht und Rückfall. Stuttgart: Enke, 1995

Schnyder, U.; Sauvant, J.-D.: Krisenintervention in der Psychiatrie. 3. Auflage, Verlag Hans Huber, Bern 2000

Schulte-Markwort, M., Marutt, K., Riedesser, P.: crosswalk ICD-10 - DSM IV, Klassifikation psychischer Störungen: eine Synopsis, Hans Huber, Bern 2002

Terhaar S., Tigges-Limmer K.: Zum Einfluß von Coping, irrationalem Denken und sozialer Unterstützung auf Rückfälle während einer stationären Entwöhnungsbehandlung. in: *de Jong-Meyer R., Heyden T. (Hrsg):* Rückfälle bei Alkoholabhängigen. München: Röttger, 1993

Thole M.: Rückfall und Verbesserung der Problemlösefähigkeit, unveröffentl. Diplomarbeit FB Psychologie. Uni Münster 1988

van der Mei, S.H.; Petzold, H.G.; Bosscher, R.J.: Runningtherapie, Streß, Depression – ein übungszentrierter Ansatz in der integrativen leib- und bewegungsorientierten Psychotherapie. in: Integrative Therapie 3/1997

Peter Schay, Bernd Dreger, Frank Siegele

Die Wirksamkeit von Supervision für den Patienten

Eine Evaluationsstudie zur Wirksamkeit von Supervision für das Patientensystem in Einrichtungen der medizinischen Rehabilitation Drogenabhängiger

1.   Die Einrichtungen

halten ambulante, teilstationäre und stationäre Leistungen zur medizinischen Rehabilitation Drogenabhängiger vor und arbeiten auf der Basis des Gesamtkonzep-
tes zur Rehabilitation von Abhängigkeitskranken vom 15.05.1985 bzw. der Vereinbarung „Abhängigkeitserkrankungen" vom 04.05.2001. Die Ziele der Rehabilitationsleistungen sind wie folgt zu definieren:

– Entwicklung / Stabilisierung / Erreichung der Abstinenz,

– (weitergehende Behebung von physischen und psychischen Störungen, d.h. Unterstützung bei der schrittweisen praktischen Erprobung der psychischen und

körperlichen Belastbarkeit unter „Alltags- und Arbeitsbedingungen" (= (Wie-der-) Eingliederung in Arbeit, Beruf und Gesellschaft) beim Umgang mit kritischen Situationen und bei der Entwicklung von Konfliktlösungsstrategien,

- Förderung der Eigeninitiative und Eigenverantwortlichkeit, der Verselbständigung und Loslösung, des Sinn- und Wertbezuges,
- Verbesserung und Erweiterung der persönlichen und sozialen Kompetenz sowie der Erlebnisfähigkeit und der Lebensqualität,
- therapeutische Hilfe bei der Bearbeitung latenter Probleme.

Supervision wird hier von den Leistungsträgern zur Erreichung der Ziele als verpflichtender Bestandteil der Arbeit und Maßnahme der Qualitätssicherung definiert.

In den Einrichtungen wird (überwiegend) nach dem Ansatz der *Integrativen Therapie* gearbeitet, einer schulenübergreifenden Therapiemethode, die methoden-integrativ humanistisch-therapeutische als auch tiefenpsychologische und verhaltenstherapeutische Ansätze kombiniert, sich im wesentlichen aber am Fundus der psychologischen und sozialwissenschaftlichen Forschung sowie an den Ergebnissen der Psychotherapieforschung orientiert.

Begriffsbestimmung

Hilarion G. Petzold hat bereits in den 60er Jahren Konzepte in der Arbeit mit Drogenabhängigen ausgearbeitet und dabei neben philosophischen (anthropologischen, erkenntnis- und ethik-theoretischen) Fragestellungen und gesellschaftlichen Perspektiven sowohl neurophysiologische und psychologische Untersuchungsergebnisse als auch sozialwissenschaftliche Forschungen berücksichtigt.

Mit Hilfe der mehrperspektivischen, ganzheitlichen und differentiellen Betrachtensweise, die durch die Konzepte des Korrespondenzmodells, der Intersubjektivität, der Leiblichkeit und Identität, der dynamischen Systeme, der Mehrperspektivität etc. gekennzeichnet ist, wird der Mensch mit seinen „Problemen, Ressourcen und Potentialen" in seinem Umfeld und seinem lebensgeschichtlichen Zusammenhang diagnostisch in den Blick genommen, um mit ihm **spezifische Behandlungsziele** zu erarbeiten (*Osten* 1995). Es geht darum,

- defiziente oder destruktive Netzwerke zu verbessern,
- beschädigte Gesundheit und Identität wiederherzustellen,
- die Entwicklung der Persönlichkeit zu fördern oder bei der Verarbeitung von irreversiblen Schädigungen Bewältigungshilfen zu geben.

Diese Strategien wurden bei der Arbeit mit Suchtkranken für eben diese Problem-
konstellation spezifisch entwickelt (*Petzold, Thomas* 1994). Dabei bilden die
Schwerpunkte der Arbeit:

– Entwicklung tragfähiger Beziehungsstrukturen in supportiven Netzwerken,
– Bearbeitung biographischer Defizite, Traumata, Konflikte und Störungen und
  ihrer Auswirkungen im gegenwärtigen Leben des Klienten/Patienten,
– Aktivierung von Ressourcen,
– Aufdeckung und Bearbeitung bewußter und unbewußter Problematiken,
– Eröffnung positiver Erwartungen und Zukunftsentwürfe.

Die Einrichtungen sind in einem regionalen „Drogenhilfesystem" vernetzt, das
optimale Voraussetzungen bietet, um differenzierte Behandlungsmöglichkeiten
umzusetzen (vgl. *Schay* dieses Buch).

Die Konzeptionen der Einrichtungen gehen „von der Grundposition aus, daß Such-
therapie nur eine optimale, nachhaltige Qualität gewinnen kann, wenn sie im Rahmen vernetzter Strukturen als Hilfen, Unterstützung, Förderung, Entwicklungsarbeit über angemessene Zeitstrecken durchgeführt wird, in Verbundsystemen, in
denen Maßnahmen der Hilfeleistungen als „Ketten supportiver und protektiver
Einflüsse" ... zum Tragen kommen (*Scheiblich, Petzold* 2005).

Die Konzeptionen der Einrichtungen knüpfen an die vorhandenen europäischen
Studien zum Therapieerfolg bei der Behandlung Drogenabhängiger an, aus denen
sich ergibt, daß der optimale Behandlungszeitraum auf 4 - 9 Monate (hier: für die
Phasen I + II der medizinischen Rehabilitation Drogenabhängiger) eingegrenzt
werden kann. Die entwickelten Konzeptionen bieten mit ihrer hohen Therapieintensität und den bestehenden Kooperationsverbünden einen optimalen und inno-
vativen Behandlungsansatz.

Insgesamt handelt es sich um ausgewogene Konzeptionen, die Problem- und
Ressourcenorientierung verbinden und auf das systematische Erschließen und
Nutzen von protektiven Faktoren sowie auf die bewußte Verminderung von Risi-
ko- und Belastungsfaktoren setzen, also strikt an den Ergebnissen der longitudinalen klinischen Entwicklungs- und Karriereforschung anschließen.

1.1   Anzahl der Plätze
(Therapieverbund Herne, Tagesklinik Hannover, Therapie auf dem
Bauernhof im Neckar-Odenwald-Kreis)

Die Zahl der Behandlungsplätze ist mit dem jeweils federführenden Leistungsträger vereinbart und orientiert sich insbesondere an der Wirtschaftlichkeit der Einrichtungen.

1. Ambulante medizinische Rehabilitation = nach Bedarf
2. Teilstationäre medizinische Rehabilitation (Tagesklinik) = 28
3. Stationäre medizinische Rehabilitation (Entwöhnung + Adaption) = 36

1.2   Regeltherapiedauer

Die Regeltherapiedauer ist im Gesamtkonzept zur medizinischen Rehabilitation vom VDR für die einzelnen Phasen der Behandlung festgelegt.

1. Ambulante medizinische Rehabilitation = 26 - 78 Wochen
2. Teilstationäre medizinische Rehabilitation (Tagesklinik) = 12 - 44 Wochen
3. Stationäre medizinische Rehabilitation (Entwöhnung + Adaption) = 17 - 52 Wochen

2.   Stand der Drogentherapieforschung: Was wirkt in der Behandlung Drogenabhängiger?

In der Auseinandersetzung mit der Frage, wie sich Supervision auf das Patientensystem in stationären Drogentherapieeinrichtungen auswirkt, begegnet man recht schnell der Frage, welche Wirkfaktoren generell in einer Therapie und dem damit verbundenen Therapieprozeß wirksam sind.

Ebenso gilt es herauszufinden, auf welche Wirkfaktoren auf Seiten des Patientensystems Supervision wirken kann.

Da sich die generelle Fragestellung nach der allgemeinen Wirksamkeit als zu grob und wenig ergiebig erwiesen hat, versuchen neuere Forschungsansätze mehr ins Detail zu gehen und herauszufinden, welche Faktoren im Einzelnen wirken. Dies beinhaltet verbales, aber auch nonverbales Geschehen und insbesondere die Interaktion zwischen Therapeut und Patient.

Da einzelne Studien immer nur Stückwerk bleiben und lediglich einzelne Aspekte beleuchten, erscheint es uns sinnvoll, den mittlerweile unüberschaubaren Fundus an Forschungsresultaten in zusammenfassender Weise in kurzen Besprechungen von drei bedeutenden Meta-Analysen darzustellen:

– **Die große Berner-MetaAnalyse „Psychotherapie im Wandel" (*Grawe, Donati* und *Bernauer* 1994)**
Diese (mittlerweile klassische) Studie umfaßt die Zusammenschau fast aller existierender Psychotherapieformen mittels standardisierter Meßverfahren (in erster Linie den Effektstärken). Dieses „Handbuch" zeigt in einheitlicher Art und Weise viele Ergebnisse zu vergleichenden Wirkungen in der Therapie. Leider wurden für die Integrative Therapie/Gestalttherapie (und andere experientielle Therapieformen) etliche Studien nicht berücksichtigt, weil deren Qualität als unzulänglich beurteilt wurde. Eine mögliche Wirksamkeit wurde diesen Verfahren jedoch zugeschrieben.
Die Studie hat die Psychotherapieformen auf den Ebenen a) Wirkfaktoren, b) Metatheorie, c) Strategien und Methoden und d) Interventionen untersucht.
Als Wirkprinzipien benennen die Autoren a) Problembewältigung (Aspekt des „Könnens" (bzw. nicht-Könnens) des Klienten), b) Klärung (Bedeutung, Sinn, Ziele und Befürchtungen, motivationale Aspekte des Wollens), c) Problemaktivierung (nochmaliges, unmittelbares Erleben der Probleme eines Klienten) und d) Ressourcenaktivierung (Aufgreifen bereits vorhandene Stärken und Fähigkeiten des Klienten).

– ***Gunzelmann, Schiepek* und *Reinecker* (1987): Laienhelfer in der psychosozialen Versorgung**
Die amerikanischen Psychotherapie-Forscher *Strupp* und *Hadley* (1979) haben herausgefunden, daß begabte Laien (z.B. Universitätsdozenten) ebenso gute Ergebnisse erzielen konnten, wie langjährig erprobte Psychotherapeuten. Da dieses Ergebnis ernüchternd ist, wurden auch auf diesem Gebiet Metaanalysen angestellt, welche wiederum differenziertere Aussagen zulassen. Es sind die Arbeit von *Durlak* (1979) und die Metaanalyse von *Gunzelmann, Schiepek* und *Reinecker* (1987).
In ungefähr 95% der Fälle psychischer Probleme werden erst gar keine Experten konsultiert, vielmehr kommt es zu einer Verbesserung der Symptomatik primär durch das Engagement naher Bezugspersonen, also von Laien; hierzu gehören auch die insbesondere für den Suchtbereich sehr verbreiteten Selbsthilfegruppen (z.B. Anonyme Alkoholiker).

Gunzelmann, Schiepek und *Reinecker* betrachteten 184 Studien zur Effektivität von Laienhelfern im Vergleich zu professionellen Therapeuten. Es ergaben sich differenzierte Resultate: Laien sind nur erfolgreicher, wenn der Outcome unmittelbar nach der Therapie gemessen wird. Sie erreichen sehr gute Resultate, wenn es sich a) um stark und gut strukturierte Interventionen und b) um ausgesprochen unspezifische Alltagsaktivitäten handelt.

> „Dies zeigt, daß unsere Ressourcen bezogen auf Empathie, Interesse, Zuwendung, Hintenanstellung eigener Interessen usw. erschöpfbar sind. ... Für den professionellen Helfer (entsteht) die Notwendigkeit, das Ausmaß der persönlichen Involvierung und Betroffenheit zugunsten einer Haltung der engagierten Distanz zu reduzieren" (*Czogalik* 1995).

– **Dilek Sonntag** und **Jutta Künzel**

haben 2000 eine Expertise erstellt *(Hat die Therapiedauer bei alkohol- und drogenabhängigen Patienten einen positiven Einfluß auf den Therapieerfolg?, Zeitschrift Sucht, 46. Jahrgang, Sonderheft 2, Dezember 2000)*, in der sie der Frage nachgehen, ob und wie sich die Therapiedauer als Wirkfaktor für eine erfolgreiche Therapie auswirkt. Dabei berücksichtigten sie in ihrer Meta-Analyse alle Publikationen von 1980 bis Dezember 1999, die in deutscher und englischer Sprache vorgestellt wurden. In ihrer Expertise beschäftigen sie sich ferner mit den Wirkfaktoren (vgl. *Grawe* et al.), die einen Beitrag zum Therapieerfolg leisten.

Die Autoren kommen zu dem Ergebnis, daß viele Aspekte in dem Wirkgefüge zwischen Therapiesetting, Therapiedauer, Patientencharakteristika und Therapieerfolg noch unklar sind und noch weiter erforscht werden müssen.

Auch weisen sie auf den (engen) Zusammenhang bzw. die Verknüpfung von Forschungsstand und Praxis hin, um das Therapieergebnis optimal zu gestalten.

> „Insgesamt zeigt sich, daß offenbar generelle, allgemein-menschliche Parameter sehr ausschlaggebend sind für eine psychotherapeutische Behandlung. Universale und unspezifische Wirkfaktoren sollten demnach also auch für professionelle Helfer herangezogen und angewandt werden. ... Somit sollten sowohl allgemeine wie auch spezifische Wirkfaktoren in einer Psychotherapie vorkommen." (*Frauchinger* 2005)

2.1 Die Dauer der Therapie

Gerade vor dem Hintergrund wachsender Kosteneinsparungen bei den Leistungsträgern und den dadurch verkürzten Therapiezeiten, kommt den Therapieinhalten und damit den verschiedenen Wirkfaktoren erhebliche Bedeutung zu.

Noch 1980 galten für Drogenabhängige Therapiezeiten von 12 - 24 Monaten, da in der Suchtkrankenhilfe von dem Grundsatz ausgegangen wurde, Drogenabhängige möglichst lange stationär zu behandeln. Erst seit etwa 1993 begannen die Leistungsträger die Therapiezeiten sukzessive zu verkürzen. Hierbei standen weniger fachliche Überlegungen im Mittelpunkt, als vielmehr ökonomische Gesichtspunkte. Der unverändert anhaltende Kostendruck auf das Gesundheitssystem führte auch bei den Krankenkassen und Rentenversicherungsträgern zu einschneidenden Sparmaßnahmen und damit verbunden zu einer Verkürzung der Rehabilitationszeiten bei Drogenabhängigen. Hierbei ist zu beobachten, daß in europäischen Staaten (Frankreich, Italien, Großbritannien, Niederlande und Schweden) gleichermaßen der Trend besteht die Therapiezeiten zu verkürzen. Von ursprünglich 12 - 24 Monaten für Drogenabhängige reduzierte sich die Therapiezeit auf 18, 15, 12 und zuletzt im Jahr 1997 auf 10 Monate, d.h. Drogenabhängige werden nunmehr in einer Regelzeit von 6 Monaten zzgl. einer Adaptionsphase von 4 Monaten behandelt.

Dabei ist grundsätzlich die Tendenz zu beobachten, die Therapiedauer nicht mehr für alle Patienten einheitlich, sondern je nach Einzelfall und Indikation individuell zu gestalten.

Dies hat dazu geführt, daß die Regeltherapiezeit für die Einrichtungen budgetiert wurde, was bei einem Überschreiten der pro Jahr bewilligten Solltage bedeutete, daß die Leistungsträger sich vorbehalten, die zuviel abgerechneten Pflegetage zurückzufordern. Andererseits konnten eingesparte Vergütungstage anderen Patienten „gut geschrieben" und so deren Behandlungszeit verlängert werden.

Die klassische Einjahresbehandlung bei Drogenabhängigen wird also immer mehr zu einer Ausnahme. Übereinstimmend kommen die Fachverbände (vgl. Stellungnahmen *Fachverband Sucht (FVS), Bundesverband stationärer Suchtkrankenhilfe (BUSS)*) zu dem Ergebnis, daß die durchschnittliche Länge der stationären Drogentherapie in Deutschland insgesamt nicht länger ist als in anderen europäischen Ländern. Abgemildert werden in Deutschland mögliche negative Auswirkungen durch die Einrichtung des beschriebenen „Zeitbudgets", das auch individuelle Therapiezeiten im Rahmen eines einrichtungsbezogenen Zeitvolumens erlaubt (*Schuhler* 1996).

Die Verkürzung der Therapiezeiten durch die Leistungsträger führte in eine bis heute kontrovers geführte Diskussion darüber, ob eine Verkürzung der Therapiedauer dem Therapieerfolg schadet oder nicht.

Die zahlreichen Forschungsergebnisse der letzten Jahre konnten zeigen, daß der Erfolg einer Therapie im Bereich der Abhängigkeitserkrankungen von einer ganzen Reihe von Faktoren abhängig ist, die zueinander in einem komplexen Zusammenhang stehen.

Sonntag und *Künzel* kommen in ihrer Expertise zu dem Ergebnis, daß die Therapiedauer als ein Faktor des Therapieerfolges angesehen werden muß. Allerdings konnte in den bisherigen Untersuchungen nicht geklärt werden, welche Gewichtung die Therapiedauer bei der Erreichung des Therapieerfolges im Blick auf andere Wirkfaktoren hat.

Als weitere wesentliche Einflußfaktoren haben sich eine ganze Reihe von Variablen z.b. auf Seiten der Einrichtung und der Patienten erwiesen. Hier besteht allerdings noch erheblicher Forschungsbedarf, um die Wichtigkeit der einzelnen Wirkfaktoren zu quantifizieren.

Zur Effektivität der Behandlung von Drogenabhängigen in den USA, hat die neue multizentrische DATOS-Studie (Drug Abuse Treatment Outcome Studies) nachweisen können, daß die Aufenthaltsdauer der Patienten in stationären Drogentherapieeinrichtungen einer der wichtigsten Faktoren für ein positives Therapieergebnis ist. Gleiche Ergebnisse erbrachten Studien in Deutschland und Großbritannien (*Herbst* 1992a,b; *Gossop* et al. 1999).

Neben der Therapiedauer sind sowohl Patienten- als auch Strukturmerkmale für den Therapieerfolg wichtig.

Die Therapiedauer muß als ein Indikator für viele andere Faktoren betrachtet werden. Längere Therapiezeiten können z.b. von motivierten Patienten deshalb erfolgreicher genutzt werden, weil sie länger in Therapie bleiben und sich auch mehr engagieren. Hinzu kommt, daß Patienten, die aktiv am Therapieprozeß teilnehmen, sowie kognitive und Verhaltensänderungen während der Therapie aufweisen, im Vergleich zu Patienten ähnlicher Zeiträume bessere Therapieergebnisse erzielen.

Zu dem gleichen Ergebnis kamen *Roch* et al. (1992) in ihrer Meta-Analyse. Sie bewerteten die Therapiedauer als einen wesentlichen Faktor für den langfristigen Therapieerfolg: Je länger die Therapiedauer, desto höher war die Wahrscheinlichkeit für einen langfristigen Therapieerfolg.

2.2   Strukturmerkmale

Als wichtige Strukturmerkmale in den DATOS-Studien, die die Therapieergebnisse positiv beeinflussen, nennen *Broome* et al. (2001), *Grella* et al. (2003), *Hubbard* et al. (2003):

– Intensität und Strukturiertheit der Therapie; Verhältnis von Behandlungsdauer und -resultaten

- Vielfalt der Therapieangebote
- Anpassung der Therapieangebote auf die Patientenbedürfnisse; genaue und kontinuierliche Analyse des Behandlungsprozesses
- Strategien zur Verbesserung der „Behandlungsverpflichtung" des Patienten
- Gute Therapeut-Patient Beziehung
- Art der Intervention des Therapeuten
- längerfristige Behandlungsperspektive für den Patienten, um chronische Substanzmittelabhängigkeit und die damit verbundenen Probleme im Behandlungskontext effektiv aufgreifen zu können
- Reguläre Teilnahme an Selbsthilfegruppen nach der stationären Therapie

2.3   Patientenmerkmale

Die DATOS-Studien (*Flynn* et al. (2001), *Broome* et al. (2001)) ergeben zusammen mit den Befunden von *Etheridge* et al. (1995, 1997), die die Effektivität der Behandlung von Drogenabhängigen untersuchten, einen Zusammenhang zwischen Therapieerfolg und Behandlungs- und Patientenmerkmalen. Allerdings scheinen die untersuchten Behandlungsmodelle bei Substanzmittelmißbrauch im Vergleich zu den Behandlungsmerkmalen einen geringeren Einfluß auf den Therapieerfolg zu haben. Positiven Einfluß auf den Behandlungserfolg haben die Selbst-Wirksamkeit des Patienten und gezielte pädagogische und psychotherapeutische Strategien; das Eingebundensein in ein soziales Netzwerk und eine berufliche Perspektive nach der Behandlung, sowie die damit verbundene finanzielle Sicherheit.

Simpson und Kollegen (*Simpson* et al. 1995, 1997c; *Joe* at al. 1998), *Miller* und *Rollnick* 1991 und andere weisen diesbezüglich auf zwei wichtige Elemente im Therapieprozeß und der Genesung hin: der Bildung einer therapeutischen Allianz und der aktiven Teilnahme am therapeutischen Prozeß.

Joe et al. (1999) fanden in der DATOS-Studie, einen unmittelbaren Zusammenhang zwischen der Beteiligung am therapeutischen Prozeß des Patienten, dem Vertrauen in die Therapie, dem Commitment und der Therapiedauer.

Grella et al. (1999) untersuchten in der DATOS Studie die Ergebnisse für jüngere und ältere Patienten und fanden heraus, daß jüngere in der Regel schlechtere Ergebnisse aufweisen. Die Autoren führten dies auf einen stärkeren negativen Peer-Einfluß zurück.

Broome et al. (1999) untersuchten ebenfalls Patienten- und Behandlungsmerkmale, die mit den Therapieprozessen im Zusammenhang standen. Sie fanden heraus, daß Patienten, die ein größeres Commitment zeigten, in der Regel mit einer höheren Motivation die Therapie anfingen, zum Therapeuten eine bessere Beziehung aufwiesen und mehr Sitzungen besuchten als die anderen Patienten. Die Ergebnisse deuten darauf hin, daß sowohl Behandlungs- als auch Patientenmerkmale eine wichtige Rolle spielen. Je besser sich die Patienten in den ersten Monaten in die Therapie eingebunden fühlen, desto länger war die Therapiedauer und in letzter Konsequenz erzielten sie auch bessere Therapieergebnisse.

Als wichtige Patientenmerkmale für eine erfolgreiche Therapie können allgemein eine geringe psychische Beeinträchtigung und eine erhöhte Motivation und Selbstwirksamkeitserwartung des Patienten genannt werden.

2.4   Therapieintensität

Als weitere wichtige Faktoren für einen positiven Therapieverlauf konnten *Howard* et al. (1986); *Simpson* et al. (1997d,e) in ihren Studien die Wichtigkeit der Behandlungsintensität bzw. -dosierung sowie die therapeutische Beziehung zeigen.

Auch andere Studien zeigen, daß eine erhöhte Teilnahme an Sitzungen die Therapieergebnisse positiv beeinflußten (*Fiorentine* und *Anglin* 1996).

2.5   Therapeut – Patient Interaktion

Hser et al. (1999), *Broome* et al. (1996) und *Simpson* et al. (1997d,e) berichten in ihren Untersuchungen, daß im Bereich der Langzeittherapie bei Drogenabhängigen sowie im ambulanten Therapiebereich die Therapeut-Patient-Beziehung und die Therapiezufriedenheit sehr wichtige prognostische Faktoren darstellen. Gemeinsam mit der Studie von *Joe* et al. (1999) wird deutlich, welch wichtige Rolle die Therapeut-Patient Interaktion und insbesondere die Rolle des Therapeuten bei der Genesung des Patienten spielt.

Wichtig scheint in diesem Zusammenhang die Frage nach der therapeutischen Arbeitsbeziehung zu sein. Nach *Strupp* (1989) sind zwei Kennzeichen einer therapeutischen Beziehung als prognostisch günstig zu werten:

1. die Bindung des Patienten an eine wohlwollende Person, die Sorge um das Wohlergehen des Betreffenden zeigt;
2. Lernprozesse, die durch eine solche spezifische menschliche Beziehung ermöglicht werden

Perrez (1991) nennt vier methodenübergreifende Therapeutenvariablen, welche die Eigenschaften eines Therapeuten beschreiben und sich positiv auf den Therapieprozeß auswirken:

1. die Fähigkeit (und nicht nur die Absicht!) zum Patienten eine warme, wertschätzende und angstfreie Beziehung aufzubauen,
2. der Therapeut sollte über folgende Persönlichkeitsmerkmale mit Modellcharakter verfügen: persönliche Sicherheit, Selbstakzeptanz, Angstfreiheit, Frustrations-toleranz etc.,
3. positive Erfahrung und Einstellung des Therapeuten zum Patienten und zum möglichen Behandlungsergebnis,
4. therapeutische Erfahrung, vor allem im Hinblick auf die Steuerung längerfristiger therapeutischer Prozesse.

In der großen Berner Meta-Analyse „Psychotherapie im Wandel" nennen *Grawe, Donati* und *Bernauer* 1994 drei basale Fertigkeitsbereiche, welche die qualitativen Aspekte eines Therapeuten in seinem Verhalten und seiner Arbeitsweise zum Erreichen einer möglichst hohen Erfolgswahrscheinlichkeit für den Patienten bewirken: „Es sind dies die Problembewältigungsperspektive, die Klärungsperspektive und die Beziehungsperspektive. Ein Therapeut sollte in der Lage sein, einen motivationalen Klärungsprozeß mit hilfreichen Interventionen zu unterstützen. Und er sollte in der Lage sein, einen auf den jeweiligen Patienten spezifisch zugeschnittenen zwischenmenschlichen Raum für die Therapie herzustellen und diesen mit seinem eigenen Beziehungsverhalten kontinuierlich zu gestalten."

Hinsichtlich der therapeutischen Beziehungsgestaltung gilt es in der Forschung als gesichert, „daß die Qualität der Therapiebeziehung bei allen Therapieformen eine wichtige Rolle für das Therapieergebnis spielt. Es leuchtet ein, daß eine gute Kompatibilität zwischen den Beziehungswünschen und -möglichkeiten eines Klienten und dem Beziehungsangebot des Therapeuten für das Entstehen einer guten Therapiebeziehung förderlich ist und daß umgekehrt eine geringere Kompatibilität eher ungünstige Voraussetzungen auf der Beziehungsebene schafft. Dies legt die Schlußfolgerung nahe, daß ein Therapeut in seinem Beziehungsangebot grundsätzlich flexibel sein und es auf die besonderen Voraussetzungen des Klienten abstimmen sollte" (*Grawe* 1992).

In einer neueren Studie konnte *Joe* et al. (1999) zeigen, daß sich die Bereitschaft für eine Therapie positiv auf die Aufenthaltsdauer auswirkt. Ebenso konnten *Hser* et al. (1999), *Broome* et al. (1996) und *Simpson* et al. (1997d,e) nachweisen, daß die Qualität der Therapeut-Patient-Beziehung im Langzeitbereich einen sehr wichtigen prognostischen Faktor darstellt.

2.6   Therapieerfolg

Die bisher in Europa durchgeführten Studien zum Therapieerfolg bei Alkohol- und Drogenabhängigkeit beschränken sich fast ausschließlich auf stationäre Entwöhnungsbehandlungen. Die Abstinenzquoten von Drogenabhängigen bewegen sich zwischen 14% und 37%, die von Alkoholabhängigen sind demnach etwa doppelt so hoch.

Die geplante Behandlungsdauer bei der stationären Entwöhnungsbehandlung von Drogenabhängigen variiert zwischen einer Dauer von 45 Tagen und 31 Monaten. Die Behandlungsprogramme weisen Haltequoten zwischen 25% und 60% auf. Betrachtet man die Dauer der einzelnen Behandlungen und die Haltequote, fällt keine Tendenz zu besseren oder schlechteren Ergebnissen bei kürzerer oder längerer Behandlungsdauer auf.

Hierbei ist zu berücksichtigen, daß erst Mitte der 90er Jahre eine Differenzierung der stationären medizinischen Rehabilitation Drogenabhängiger durch die Leistungsträger erfolgt ist und die Behandlung in Entwöhnung (Phase I der medizinischen Rehabilitation; Behandlungsdauer bis zu 26 Wochen) und Adaption (Phase II der medizinischen Rehabilitation; Behandlungsdauer bis zu 17 Wochen) „aufgeteilt" wurde. Ausschlaggebend hierfür war die „Erkenntnis", daß durch eine „reine" Entwöhnungsbehandlung die soziale und berufliche Rehabilitation der Klientel nicht ausreichend geleistet werden konnte und die Rückfallquote unmittelbar nach Entlassung aus dem stationären Setting sehr hoch war, weil die Patienten mit Übergang aus der „behüteten" Atmosphäre der therapeutischen Gemeinschaft in den Alltag überfordert waren und häufig unmittelbar rückfällig wurden.

Die Adaptionsphase setzt genau hier mit ihrem Behandlungskonzept an. Die psychotherapeutischen Behandlungselemente werden in dieser Phase der medizinischen Rehabilitation ergänzt durch die Arbeit zur Erreichung der beruflichen und sozialen (Wieder-) Eingliederung (vgl. *Schay* dieses Buch).

Ergebnisse der DATOS-Studie belegen, daß eine kritische Grenze der Therapiedauer bei drei sowie bei sechs Monaten für das Erreichen signifikanter Besserungen für den Bereich der Drogentherapie liegt. Patienten die länger als drei Monate in Therapie sind, haben bessere Ergebnisse als Personen, die kürzer als drei Monate eine Therapie durchlaufen. Noch bessere Ergebnisse erzielten Personen, deren Therapie länger als 6 Monate dauerte. Die kritische Grenze für eine signifikante Reduktion der kriminellen Aktivitäten sowie eine Vollzeitbeschäftigung bei langzeitstationären Programmen liegt bei 9 Monaten.

Sonntag und *Künzel* kommen in ihrer Expertise zu dem Ergebnis, daß die Therapiezeit eine wichtige Moderatorvariable für den Therapieprozeß ist. Ferner fanden sie heraus, daß ein Therapieerfolg bei gleicher Therapiezeit, stärker durch die Variation der Behandlungsmodalitäten als durch die Patientenmerkmale gekennzeichnet ist. Es konnte in der Untersuchung allerdings nicht geklärt werden, ob der Therapiedauer die höchste Gewichtung bei der Erreichung eines Therapieerfolges zufällt. Gemeinsam mit zahlreichen weiteren Untersuchungen, die die Effektivität der Behandlung von Drogenabhängigen in stationären Einrichtungen untersuchen, kommen *Sonntag* und *Künzel* zu dem Ergebnis, daß neben der Therapiedauer folgende weitere Wirkfaktoren den Therapieerfolg bestimmen: Patientenmerkmale, therapeutisches Setting, Therapieverfahren, Therapieintensität, Mitarbeitercharakteristika, Therapeut-Patient Interaktion.

Allerdings lassen die bisherigen Untersuchungen keine klaren Gewichtungen der einzelnen Faktoren zu, so daß hier vieles noch unklar ist und es weiterer Forschung bedarf.

Strupp und *Hadley* (1977) bewerten den Therapieerfolg nach dem „tripartite model" durch drei qualifizierte Bewertungskriterien,

– Erfolgseinschätzung des Patienten,

– Fremdeinschätzung durch das soziale Umfeld,

– Expertenurteil,

die zueinander in einem Spannungsverhältnis stehen und – um ein einheitliches Erfolgsmaß festzustellen – alle erfaßt werden müssen.

Miller und *Sanchez* (1994) haben sechs mögliche Faktoren herausgearbeitet, die sich positiv auf den Therapieprozeß auswirken, übergreifend auf Struktur-, Patientenmerkmale, Therapeut-Patient-Interaktion bezogen und für den Therapieerfolg mit entscheidend sind. Die zu dem Akronym FRAMES zusammengefaßten Faktoren lauten:

F – Feedback (Rückmeldung bezüglich negativer Folgen)
R – Responsibility (Betonung der Verantwortung für das eigene Verhalten)
A – Advise (Beratung hinsichtlich Ziele und Vorgehensweise)
M – Menue (Wahlmöglichkeit zwischen verschiedenen Therapieformen)
E – Empathy (einfühlendes Verstehen)
S – Self-efficacy (Förderung der Selbstwirksamkeitserwartung bezüglich Veränderung)

Die Veränderungsbereitschaft und Behandlungsmotivation soll durch diese Interventionen bereits in frühen Phasen der Abhängigkeitsentwicklung gefördert werden; aber auch in weit fortgeschrittenen Stadien der Abhängigkeit stellen sie eine sinnvolle Ergänzung herkömmlicher Behandlungsprogramme dar. Die Wirksamkeit ist durch zahlreiche empirische Untersuchungen belegt (zusammenfassend *Heather* 1998, *Zweben* und *Fleming* 1999).

3. Supervision

In den in die Studie einbezogenen Einrichtungen dient die *interne* Supervision der begleitenden Überprüfung der Einzel- und Gruppentherapie und bietet den Mitarbeitern den Rahmen zu einer arbeitsnahen Reflexion ihrer therapeutischen Arbeit. Die *externe* Supervision (nach dem Ansatz der Integrativen Supervision) dient den Mitarbeitern zur Unterstützung/Entlastung ihrer Alltagspraxis, der Hinterfragung von Behandlungsprozessen und zur beständigen Qualifizierung und Weiterentwicklung der Arbeit in den unterschiedlichen Tätigkeitsbereichen. Einzel- und Teamsupervision, finden in einem 6wöchigen Rhythmus von jeweils 2 Zeitstunden statt.

3.1 Wesentliche Inhalte und Zielsetzungen

Supervision stellt die systematische Reflexion persönlicher, fachlicher oder institutioneller Fragestellungen von Mitarbeitern medizinischer und psychosozialer Berufsgruppen dar, in bezug auf deren psychosozial-therapeutische Tätigkeit. Ziel ist die fachliche und persönliche Weiterentwicklung bzw. die Erhaltung der fachlichen und persönlichen Qualität der supervidierten Mitarbeiter sowie die Entwicklung qualitätsfördernder Strukturen psychosozialer und therapeutischer Abläufe im Sinne des Auftrages der Einrichtung.

Supervision bietet die Möglichkeit, die Vielfalt von Situationen in den einzelnen Arbeitsbereichen, Problemen aus der Behandlungspraxis und Krankheitsbilder vorzustellen, zu reflektieren und Verhaltensmodifikationen zu erarbeiten; unter Berücksichtigung der eigenen Haltung, des Handlungsprozesses, der methodischen Vorgehensweisen und Techniken.

Daneben werden theoretische Konzepte vermittelt, die in die Aufarbeitung der verschiedenen Problemstellungen und Prozesse integriert werden, zur Förderung personaler, sozialer und fachlicher Kompetenzen.

„... Supervision (kann) ... Versäumnisse, wie unzureichende Ausbildung, schlechte Personalausstattung, permanente Überforderung, schlechte oder gar nicht vorhandene Führungs- und Leitungskompetenz oder andere mißliche Organisations- und Institutionsbedingungen (nicht) beheben oder korrigieren. Die Gefahr ist groß, daß Supervision ... als „Nachbesserungsinstanz", „Beschwichtigungsinstrument" oder als „nivellierende und verdeckende Beratung" mißbraucht wird." (*Ebert* 2001)

3.2   Stellenwert in der Behandlung

Supervision findet entsprechend der Vorgaben der Leistungsträger in den Einrichtungen als Maßnahme der Qualitätssicherung statt (siehe auch Vorgaben des VDR). Ziel ist die kontinuierliche Verbesserung der bestehenden Arbeitsstrukturen, Arbeitsabläufe und Arbeitsergebnisse.

Die Mitarbeiter (Supervisanden) sind in den supervisorischen Prozessen zur Anonymisierung verpflichtet und an die gesetzlichen Vorgaben zur Schweigepflicht gebunden.

Das Bayerische Oberlandesgericht hat in seiner Entscheidung vom 08.11.94 (2'StRR 157/94) hierzu festgestellt, daß „die Offenbarung eines Geheimnisses gegenüber einem selbst Schweigepflichtigen den Tatbestand der Schweigepflichtsverletzung nach § 203 Abs. 1 Satz 2 des Strafgesetzbuches erfüllt".

In den Einrichtungen wird diesem Umstand damit Genüge getan, daß die Patienten bei der Aufnahme darauf hingewiesen werden, daß „ihr Therapieprozeß" auch in der Supervision besprochen wird und die Patienten schriftlich ihr Einverständnis erklären, daß der Mitarbeiter alle im Rahmen der Behandlung/Betreuung bekanntgewordenen Aspekte in der Supervision thematisieren darf.

Hier handelt es sich jedoch weniger um ein rechtliches Problem, sondern mehr um ein ethisches und supervisionsmethodisches. „Das Prinzip des „informed consent", der Einwilligung der Patienten aufgrund umfassender und sachangemessener Information, muß uneingeschränkt auch für alle Bereiche und auf allen Ebenen der Supervision gelten" (*Rodriguez-Petzold* in *Petzold* 1998).

Die Realität sieht i.d.R. anders aus und beschränkt sich auf die Praxis der Fallsupervision mit Patientenzustimmung und schließt jedoch den Patienten von der Möglichkeit aus, „über klinisch sinnvolle Methodologien wie Supervision ... nachdenken zu können, ihren Nutzen abschätzen zu können und zu solchen Maßnahmen wohlbegründete und differenzierte Zustimmung oder Ablehnung zu äußern" (*ebenda*).

Dabei wird von den Supervisanden offensichtlich unterschätzt, daß durch den Supervisor in die Beziehung zum Patienten, ein diesem nicht bekannter Dritter tritt, dessen Interventionen den Behandlungs-/Betreuungsprozeß mitunter entscheidend beeinflussen, ohne daß der Patient in der Lage ist, die teilweise wesentlichen Veränderungen im therapeutischen Vorgehen zu verstehen bzw. nachzuvollziehen.

In den an der Untersuchung beteiligten Institutionen wird in einer Einverständniserklärung zwischen Einrichtung und Patient „vereinbart", daß die Mitarbeiter im Rahmen der regelmäßig stattfindenden Supervision Informationen über die Person des Patienten weitergeben dürfen und in diesem Kontext ausdrücklich von der Schweigepflicht entbunden sind.

Die Reduzierung auf eine Einverständniserklärung des Patienten ist jedoch völlig unzureichend und wird der Verantwortung und Fürsorgepflicht des Therapeuten nicht gerecht, „weil durch Phänomene der Spiegelung, der Reproduktion von Strukturen, durch „psychische Ansteckung" Momente der Gefährdung gegeben sind und weil schwierige Probleme als solche die Gefahr bergen, daß supervisionsinduzierte (Entscheidungen) mit (möglicherweise) nachteiligen Folgen getroffen werden" (*ebenda*).

Zwar erklären sich die Mitarbeiter in der v.g. Einverständniserklärung ausdrücklich bereit, die Ergebnisse der Supervision mit dem Patient zu besprechen, ohne daß dies in der Praxis auch tatsächlich stattfindet.

Supervision kann aber nur sinnvoll wirken, wenn der Therapeut den Patienten an dem supervisorischen Prozeß teilhaben läßt, d.h. ihm nicht nur mitteilt, daß „sein Behandlungsverlauf" in der Supervision besprochen wird, sondern ihm auch den Prozeß und die Inhalte der Supervision in einer für ihn verständlichen und angemessenen Form darstellt.

3.3 Wirksamkeit von Supervision

Über eine Befragung des Supervisoren-, des Supervisanden- und des Patientensystems soll untersucht werden, ob Supervision dem professionellen Umgang mit schwierigen Patienten nützt und ihrem Anspruch der Wirksamkeit der Supervision für die Patienten gerecht wird.

> „Supervision ist eine Disziplin ... der Beeinflussung komplexer sozialer Wirklichkeiten (z.B. durch spezifische Beratung, Begleitung, Schulung etc.) – intrapersonaler, interpersonaler, gruppaler, organisatorischer, institutioneller ... Wirklichkeiten. ... Supervision ist als ein Instrument entstanden, Leistung und Qualität zu optimieren und zu maximieren und Belastungen zu puffern. ... In jedem Fall scheint der Bedarf für die Hilfen und Unterstützungsmöglichkeiten, die Supervision anzubieten hat ..., so groß zu sein, daß es – ungeachtet der noch fehlenden empirischen Belege – geradezu zu einem Boom für die Supervision oder supervisionsähnliche Sozialtechnologien (coaching, OE, ...) gekommen ist." (*Petzold* in *Ebert* 2001)

Um die Wirksamkeit von Supervision zu prüfen, können die für den Therapieerfolg maßgeblichen und vielfätig untersuchten *Wirksamkeitsfaktoren (Ressourcenaktivierung –> motivationale Bereitschaften und Fähigkeiten des Patienten, Problemaktualisierung –> Probleme für den Patienten erfahrbar machen, Problembewältigung –> Aktivierung problemspezifischer (Bewältigungs-) Maßnahmen, motivationale Klärung –> Förderung eines klareren Bewußtseins über die Bedingun-*

gen des problematischen Erlebens und Verhaltens, Therapiebeziehung –> Quali-
tät der Beziehung als Indikator für das Ergebnis) herangezogen werden (vgl. *Gra-*
we 2005).

> „Wirkungsoptimierte Psychotherapie im Sinne einer möglichst guten Verwirklichung der
> genannten Wirkfaktoren muß ... eine patientenspezifische Ausformung erhalten. Das Vor-
> gehen ist patientenorientiert und nicht methodenorientiert ...." (*ebenda*)

In den vorliegenden Studien zur Wirksamkeit von Supervision (vgl. u.a. *Möller*
2001, *Petzold* 1998, *Rappe-Giesecke* 1994, *Schreyögg* 2000) ist jedoch die pati-
enten-spezifische Ausformung, also die Wirksamkeit von Supervision für den Patienten, nicht untersucht worden.

Dabei hat Supervision zum Ziel, jeden Therapeuten dazu anzuleiten, „sich ein
Bild davon zu machen, welche Bedürfnisse, Wünsche, Ziele und Befürchtungen
das Erleben und Verhalten des Patienten annähernd und vermeidend, bewußt und
unbewußt bestimmen, welche Rolle sie für seine Probleme spielen, wie sie positiv
als Ressource für den Veränderungsprozeß genutzt werden können und ob und in
welcher Hinsicht sie selbst in die Therapieplanung einbezogen werden müssen"
(*ebenda*).

4.   Integrative Supervision

Begleitet wird die „(psycho)therapeutische Alltagspraxis" durch Supervision nach
dem Ansatz der Integrativen Therapie.

> „Supervision ist ein interaktionaler Prozeß, in dem die Beziehungen zwischen personalen
> und sozialen Systemen bewußt, transparent und damit veränderbar gemacht werden, mit
> dem Ziel, die personale, soziale und fachliche Kompetenz und Performanz der supervidier-
> ten Personen durch die Rückkoppelung und Integration von Theorie und Praxis zu erhö-
> hen." (*Petzold/FPI*, Curriculum „Integrative Supervision", 1995)

Supervision will die Qualität von Interventionen im psychosozialen Feld verbessern. Die (supervisorischen) Interventionen erstrecken sich auf

– Prophylaxe, d.h. Interventionen zur Vermeidung der Störung des Gesunden
– Erhaltung, d.h. Interventionen zur Stabilisierung des Bestandes
– Restitution, d.h. Interventionen zur Behebung/Verbesserung von Defiziten
– Entwicklung, d.h. Interventionen zur Förderung und Erweiterung des Bestandes
– Bewältigung, d.h. Interventionen zur Hilfe im Umgang mit irreversiblen Stö-
  rungen

– Repräsentation, d.h. Interventionen zur Sicherung von Ressourcen und zur Förderung kritischer Entwicklungen.

Daneben werden theoretische Konzepte vermittelt, die in die Aufarbeitung der verschiedenen Problemstellungen und Prozesse integriert werden, zur Förderung personaler, sozialer und fachlicher Kompetenzen.

Supervision bietet also in der kritischen Reflexion personaler und sozialer Alltagsphänomene verbunden mit der Vermittlung entsprechender theoretischer Kenntnisse für die supervidierte Person die Chance der Neuorientierung, d.h. die vorhandenen Ressourcen und die dahinterstehenden Wissens-, Erfahrungs- und Praxisbestände werden handhabbar gemacht und möglicherweise erweitert.

4.1   Charakteristik des Verfahrens

Integrative Supervision unterstützt Selbstregulations-, Interaktions- und Identitätsprozesse von Menschen, Gruppen und Organisationen, d.h. die Systeme selbst und die auf mehreren Ebenen verlaufenden Relationen der verschiedenen Systeme werden in den Fokus mehrperspektivischer Wahrnehmung und exzentrischer Reflexion genommen, um im Korrespondenzprozeß Systemrelationen zu klären, Systemressourcen und Systempotentiale zu nutzen – die Qualität von Systeminteraktionen und Systemleistungen wird optimiert (vgl. *Petzold, H./Ebert, W./Sieper, J.* 2000).

„Die Integrative Supervision befaßt sich unter theoretischer (*Petzold* 1994a), praxeologischer (*Orth, Petzold* 2004) und praktischer Perspektive (*Petzold, Schay, Ebert* 2004) mit der Verschiedenheit, Vielfalt, den Veränderungen menschlichen Lebens in komplexen Lebensituationen und z.T. „prekären Lebenslagen" (idem 2000h), mit von Menschen gestalteten, belebten, gelebten Beziehungen in Gruppen, Institutionen und Organisationen. Um diese Vielfalt *wahrnehmen, erfassen, verstehen* und *erklären* zu können (-> hermeneutische Spirale), bedarf es der **Mehrperspektivität**. Mehrperspektvität bedeutet, *gleichzeitig* unterschiedliche Phänomene auf bzw. von verschiedenen Ebenen zu betrachten. Damit ein solches Unterfangen nicht Gefahr läuft, sich in Beliebigkeit zu verlieren, braucht es Strukturen und regelhaftes Vorgehen, theoriegeleitete und handlungsweisende Modelle und Konzepte, Methoden und Techniken – das, was *Dilthey* möglicherweise „die breit angelegten logischen Fundamente" zur Überwindung des Gegensatzes von Natur- und Geisteswissenschaften nennen könnte oder *Ricœur* die „panoramaartige Verbindung" von Diskursen, damit zum Erfassen und Verstehen der Komplexität menschlichen Lebens, des „Lebens durch das Leben", in einer hinlänglich konsistenten Weise Beiträge geleistet werden können, die problemangemessen sind und vom *Respekt* (*Sennet* 2002) den Beteiligten und Betroffenen gegenüber getragen sind.

Supervision ist ein interaktionaler Prozeß, in dem die Beziehungen zwischen personalen und sozialen Systemen (z.b. Personen und Institutionen) bewußt, transparent und damit veränderbar gemacht werden, mit dem Ziel, die personale, soziale und fachliche Kompetenz und Performanz der supervidierten Personen durch die Rückkoppelung und Integration von Theorie und Praxis zu erhöhen und weiterhin eine Steigerung der Effizienz bei der supervidierten Institution im Sinne ihrer Aufgabenstellung zu erreichen. Diese Aufgaben selbst müssen reflektiert und gegebenenfalls den Erfordernissen der relevanten Umwelt entsprechend verändert werden.

Supervision erfolgt in dem gemeinsamen Bemühen von Supervisor und Supervisanden, vorgegebene Sachelemente, vorhandene Überlegungen und Emotionen in ihrer Ganzheit, ihrer Struktur, ihrem Zusammenwirken zu erleben, zu erkennen und zu handhaben, wobei der Supervisor auf Grund seiner personalen, sozialen und fachlichen Kompetenz als Feedback-Instanz, Katalysator, Berater in personaler Auseinandersetzung fungiert, ganz wie es Kontext und Situation erforderlich machen (*Petzold* 1977e, 1993m).

Darüber hinaus umfaßt das Verständnis der Integrativen Supervision drei Dimensionen (*Petzold* 1998a):

1. **Supervision** ist eine **kritische und anwendungsbezogene Sozialwissenschaft**, die sich mit Bedingungen und Formen professionellen Handelns und seiner Beeinflussung durch Theorienbildung, Forschung und Methodenentwicklung befaßt. Sie hat eine **engagierte psychosoziale Praxeologie** zur Verbesserung der Effektivität von **Praxis** (z.B. sozialer Arbeit und Hilfeleistung) entwickelt und eine **intersubjektive Grundhaltung** zur Optimierung von zwischenmenschlicher Interaktion und Kommunikation in beruflichen Feldern: durch Beratung, Begleitung, kollegiale Reflexion, Weiterbildung unter Verwendung vielfältiger Interventionsmethoden. Ziele sind Überschau, Klärung, Entlastung, Qualifizierung und Kreativierung (*Petzold* 1973).

2. **Supervision** ist eine **Metadisziplin** für die angewandten Human-, Organisations- und Sozialwissenschaften, wobei sie deren Wissensbestände als Referenztheorien benutzt, um **komplexe Systeme**, z.B. Organisationen und Institutionen, zu beraten und ... multitheoretisch und interdisziplinär mit allen ... Beteiligten zu beobachten und in **Ko-respondenzprozessen** zu reflektieren .... **Supervision** ist damit ein methodischer Ansatz zum metareflexiven, reflexiven, diskursiven und interventiven Umgang mit **Komplexität und Kontingenz**, zur

Strukturierung von Planung und Praxis in komplexen Kontexten, z.b. beruflichen Zusammenhängen, Organisationen und vielschichtigen Lebenswelten (und) ermöglicht ... differentielles, disziplinübergreifendes und innovatives Planen, professionelles Umsetzen und qualitätssichernde Evaluation bei personalen, gruppalen, organisationalen Systemen zu optimieren.

3. **Supervision** ist eine ... **Interventionsdisziplin zur Gestaltung persönlicher, zwischenmenschlicher und gesellschaftlicher Wirklichkeit.** Sie will zur Entwicklung von ... gemeinschaftlichen Freiräumen und persönlicher Souveränität, fundierter Intersubjektivität und solidarischer Sozialität beitragen und geht von der Einsicht aus, daß ... „Menschen die Fähigkeit haben, sich selbst zu erkennen und vernünftig zu denken" (*Heraklit* , Fr. 116) und ... **Sinn** zu erfassen im Ko-respondieren über das Wahrgenommene, im Durchdenken des Erfaßten, Sinn konsensuell zu verstehen und im Erklären des Verstandenen, **Bedeutungen** zu gewinnen, die wiederum Vernunft bekräftigen, neue Überschau (supervisio), Handlungsperspektiven (cooperatio) und Engagement für die Verbesserung des Gemeinwohls ermöglichen (*Demokrit*, Fr. 252). Supervision ist deshalb niemals die Sache eines Einzelnen. Sie ist ein gemeinsames Unterfangen (idem 1973)" (*Jakob-Krieger, Schay* et al. 2004).

Integrative Supervision fokussiert auf die verfügbaren Ressourcen und Potentiale, unterstützt eine Standortbestimmung zum Gewinn von Exzentrizität, um (un-) bewußte Konflikte erkennbar zu machen und Menschen, Gruppen und Organisationen „voranzubringen", z.B. in fortlaufenden professionellen Supervisionsgruppen, sog. Kompetenzgruppen (z.B. *Petzold, Lemke* 1979).

Aus der Methodenvielfalt der Integrativen Therapie wird das Konzept „Lebensgefährt" als kreative Möglichkeit beschrieben (siehe *Petzold* 1998), um oben genannte Inhalte, Aufgaben der Supervision zu bearbeiten. Zu diesem „Lebensgefährt" gehören:

a) Kräfte, die es anschieben: gemeint sind hier Lebens- und Berufserfahrung aus in der Vergangenheit bewältigten Aufgaben und Problemen, die zur Bewältigung neuer Aufgaben/Herausforderungen motivieren und die Basis für Volitionen bilden, die das Erreichen neuer Ziele ermöglichen.

b) Kräfte, die es in Gang halten: gemeint ist hier die Fähigkeit, mit den in der Vergangenheit erworbenen Kompetenzen (Ressourcen) performant zu sein, das heißt in der Gegenwart Mitarbeiter, Kräfte zu mobilisieren – mit vorhandenen Ressourcen neue zu generieren.

c) Kräfte, die es „voranbringen", weiterziehen: gemeint ist hier, mit dem Wissen und der Erkenntnis/Erfahrung der Vergangenheit, dem Überblick/Erfassen der Gegenwart, Möglichkeiten zu erkennen, Zukunftsvisionen, Ziele zu entwickeln. Von zentraler Bedeutung für den Erfolg ist, daß die beschriebenen Kräfte aufeinander bezogen und abgestimmt sind und in die gleiche Richtung arbeiten. Diese Form des kokreativen Lernens bündelt Kompetenzen, fördert die Handhabung des Wissens, Könnens und Engagements zur Lösung beruflicher Probleme, die Nutzung von Ressourcen und Entwicklung von Potentialen, so daß eine beständige „Zunahme" personaler, sozialer und professioneller Kompetenz möglich werden.

Supervision

– ist selbsterfahrungsbezogen
– betrachtet Interaktionen
– berücksichtigt biographische Aspekte
– berücksichtigt institutionelle und gesellschaftliche Bedingungen
– fördert Einsicht und Verhaltensänderung
– fördert die Erweiterung des Spektrums an Möglichkeiten im Erleben, Verhalten und Intervenieren.

Strategien in Supervisionsprozessen sind

– curing (Nutzung und Stärkung vorhandener Potentiale)
– coping (Hilfen zur Situationsbewältigung)
– support (Ressourcenmobilisierung aus dem sozialen Netzwerk)
– enlargement (Erweiterung des Handlungsspielraumes, der professionellen Kompetenz)
– enrichment (Erweiterung persönlicher Potentiale, Erschließung neuer Ressourcen)
– empowerment (Förderung von Selbstbestimmtheit und Wirkungsmacht)

4.1.1 Exkurs: Die 4 Wege der Heilung und Förderung der Integrativen Therapie, angewandt in der supervisorischen Arbeit

In der Supervisionspraxis der Integrativen Supervision sind die „vier Wege der Heilung und Förderung" (*Petzold* 1993a) von wesentlicher Bedeutung. Diese Zugänge werden in der IT gewählt, um den Menschen zu heilen, wobei heilen im kurativen, klinischen Sinn verstanden wird. Die Differenzierungen der Schädigungen, die im Rahmen der Krankheitslehre vollzogen werden, verlangen nach unterschiedlichen Wegen der Heilung, Strategien der Behandlung mit pragmatischer Ausrichtung, durch die anvisierten Ziele erreicht werden können.

Erster Weg der Heilung:
Bewußtseinsarbeit – Sinnfindung, Differenzierung – Komplexität, Dissens
– Herstellung von Kontakt
– Aufbau einer Vertrauensbasis
– Explorieren der Problemlage

Ziele sind die Förderung von Exzentrizität, Sinnerleben und Evidenzerfahrungen. Durch die kognitive Analyse von gegenwärtig vorhandenen Problemen aber auch Entwicklungsaufgaben und durch die Einsicht in ihre Nachwirkungen und Erkenntnisse auf das aktuelle Geschehen, werden diese aktiv umgestaltet.

Es geht um die Konstituierung von Sinn durch Bewußtseinsarbeit, d.h. durch mehrperspektivische Einsicht, durch Erfahrungen von vitaler Evidenz, durch intersubjektive Ko-respondenz. Dieser Weg zielt ab auf eine Weitung des Horizonts, auf eine Aufdeckung von verdrängten Störungen, Konflikten und – dosiert – Traumata und Defiziten. In dieser Bewußtseinsarbeit, die sich als Ko-respondenzprozeß vollzieht, werden durch wachsende Exzentrizität Freiheitsgrade zu den Determinierungen der Sozialisation gewonnen. Die mehrperspektivische Einsicht ermöglicht kognitive Um- und Neubewertungen lebensgeschichtlicher Zusammenhänge und aktueller Situationen aufgrund einer erweiterten Sinnerfassungskapazität. Im Ko-respondenzprozeß wird Unbewußtes oder noch nicht Bewußtes oder einstmals Bewußtes, aber Verdrängtes wahrgenommen, wird Wahrgenommenes erfaßt, wird als erlebter Sinn verstanden und damit dem Erklären zugänglicher Bedeutungssinn (z.B. durch Deutung). Dieser kann sich zu Erfahrungen von vitaler Evidenz vertiefen, indem körperliches Erleben, emotionale Erfahrung und rationale Einsicht im therapeutischen Geschehen zusammenwirken.

Zweiter Weg der Heilung:
Differenzierungsarbeit – Nachsozialisation – Grundvertrauen
Strukturierung – Prägnanz, Konsens
– Wiederholen alter Szenen / Durchagieren im Spiel
– Erfassen alter Strukturen
– rationales Verstehen

Ziele sind das Grundvertrauen zu bekräftigen, das Ausdrucks- und Mitteilungs-
spektrum zu erweitern und defizitäre Strukturen zu verändern. Durch das Erleben
korrigierender und alternativer Atmosphären und Szenen werden volitive Kräfte
und Prozesse unterstützt. Im Erleben der eigenen Möglichkeiten und Fähigkeiten
kann gelernt werden, eigene Ressourcen und Potentiale zu nutzen.

Es geht es um Nachsozialisation und die Wiederherstellung von Persönlichkeitsstrukturen, die durch Defizite (und Traumata) beschädigt bzw. mangelhaft ausgebildet wurden. Verbunden ist damit in der Regel ein Auffinden und Benennen
bislang nicht benennbarer Empfindungen, Gefühle und Atmosphären in regress-
ionsorientierter konflikt- und erlebniszentrierter Arbeit. Hier wirkt nicht nur die
Deutung, sondern die Deutung des Therapeuten im Übertragungskontext, die Präsenz des Therapeuten. Dabei vollzieht sich eine Neu- und Umbewertung von Defiziten und Traumen und ihren Folgeerscheinungen. Für die Behandlung von Defiziten werden benigne Szenen und Atmosphären im therapeutischen Setting herge-
stellt, und es können Beziehungsqualitäten aufkommen, die der Patient neu erfahren und verinnerlichen kann. Dabei wird an die basale Erfahrung des Grundver-
trauens angeknüpft.

Dieser zweite Weg ist immer auch mit dem ersten Weg verbunden und bezieht
Elemente des dritten Weges ein. Um im Rahmen des zweiten Weges bei frühge-
schädigten Patienten einen Neubeginn anzustoßen, das Vertrauen in die eigene
Leiblichkeit und die natürliche Hingewandtheit zum Leibe des Andern als Grundlage für erfüllte Beziehungen im Erwachsenenleben wieder zu ermöglichen, ist in
der Regel eine leibtherapeutische Elemente einzubeziehende längerfristige Einzeltherapie erforderlich.

Dritter Weg der Heilung:
Erlebnis- und Ressourcenaktivierung – Persönlichkeitsentfaltung
Integration – Stabilität, Konzepte

- *vertiefendes Verstehen*
- *Einordnung in den (Lebens-) Kontext*

Ziele sind das Ressourcenpotential zu vergrößern, die Ressourcennutzung zu verbessern sowie die Kompetenzen und Performanzen des Copings und Creatings zu
fördern. Der Einsatz von erlebnisaktivierenden Methoden, Techniken und Medien
(z.B. aus Gestalttherapie und Psychodrama) und übender behavioraler Ansätze
erschließen die Entwicklungspotentiale der Persönlichkeit, so daß Entwicklungsaufgaben erkannt, gemeistert und zukunftsbezogene Handlungsspielräume zugäng-
lich werden. In der Nutzung von Ressourcen und der lösungsorientierten Planung

und Gestaltung von Zukunftsentwürfen der intentionalen bzw. volitiven aktiv verfolgten Realisierung von Zielen wird Gesundheit, Wohlbefinden, Zufriedenheit mit der eigenen Leistung gewonnen, wobei unter Ressourcen die Mittel verstanden werden, mit denen Ziele erreicht werden.

Es geht es um die Entwicklung persönlicher und gemeinschaftlicher Potentiale wie Kreativität, Phantasie, Sensibilität usw. durch Bereitstellung einer „fördernden Umwelt" mit neuen und/oder alternativen Beziehungs- und Erlebnismöglichkeiten, in denen die Grundqualitäten der Wachheit, Wertschätzung, Würde und Wurzeln erfahrbar werden. Mittel hierzu sind Erlebnisaktivierung und multiple Stimulierung in der erlebnis- und übungszentrierten Modalität der kreativen Therapie und das gezielte Einbeziehen des Alltagslebens als Experimentierfeld. In der erlebnisaktivierenden Arbeit werden gute Quellen der Vergangenheit erschlossen und neu durchlebt. Es wird systematisch darauf hingearbeitet, das Alltagsleben als Lern-, Experimentier- und Übungsfeld zu benutzen.

Erfolge und Mißerfolge in der Therapie erweisen sich erst in der Veränderung von Verhalten und von Haltungen im Alltagsleben. Im Schutzraum des therapeutischen Settings können zunächst in spielerischer Improvisation alle Möglichkeiten des Ausdrucks erprobt und genutzt werden.

Es geschieht eine Wiederaneignung von Talenten, über die ursprünglich jeder Patient verfügte, bevor im Prozeß der Disziplinierung und Kolonialisierung des Leibes seine sensitiven und expressiven Vermögen beschränkt und beschnitten wurden.

Vierter Weg der Heilung:
Solidaritätserfahrung – Metaperspektive und Engagement
Kreation – Transgression, Kooperation
– aus dem Wahrgenommenen und Verstandenen sowie den rationalen Einsichten werden Konsequenzen gezogen, um den (Lebens-) Kontext zu verändern
– Überschreitung zu Neuem

Ziele sind die Förderung von **persönlicher Souveränität** und gesundheitsfördernder, persönlichkeitsentwickelnder Potentiale. Durch die Aktualisierung von Potentialen, auf die bislang wenig zurückgegriffen oder vorgegriffen werden konnte, der kreativen bzw. kokreativen Nutzung der Möglichkeiten des vielfältigen Selbst, seiner flexiblen und kokreativen Ich-Prozesse, seiner vielfacettigen Identität und seiner Fähigkeit, sich in verschiedenen Kontexten zu bewegen, kann Persönlichkeit entfaltet werden. Solidarität trägt dazu bei, sich zu engagieren und damit seine Potentiale und die seines sozialen Netzwerkes bzw. Kontextes zu entwickeln. Dabei verstehen wir unter **Potentialen** den Möglichkeitsraum einer komplexen Per-

sönlichkeit mit ihren vielstimmigen Narrativen und Diskursen, die die Chance bieten, zu einer „Lebenskunst" zu finden.

Das Wissen über Traumata, Konflikte, Störungen, zeitextendierte Überlastun-
gen, d.h. Erfahrungen von Formen psychophysischen Stresses, des „Copings" und
des „Creatings" in der gesamten Lebensspanne als das Zusammenwirken von kritischen bzw. belastenden Lebensereignissen mit ggf. abwesenden oder unzureichenden protektiven Faktoren/Prozessen und Resilienzen sind grundlegend für die
supervisorische Praxis. Dieses Wissen bestimmt die diagnostische Sicht auf Störungen und Beeinträchtigungen, aber auch für vorhandene oder aktualisierbare Ressourcen und Potentiale.

Das reiche methodische Instrumentarium der **Integrativen Supervision** ermöglicht eine breite Indikationsstellung im Hinblick auf Ziel- und Altersgruppen,
Netzwerk- bzw. Konvoisituationen und sozioökologische Konstellationen.

5.   Wirksamkeit von Supervision

„Supervision ist eine Institution, deren erste Funktion es ist, die Psychodynamik
von professionellen Beziehungen ... zu analysieren" (*Rappe-Giesecke* 1994). Supervision fokussiert nicht die Defizite des Patientensystems, sondern will blok-
kierte Ressourcen aktivieren.

> „Supervision kann ... Menschen nur verändern, wenn sie auf ihre Eigenverantwortlichkeit,
> ... und ihre Begabung zur Selbstreflexion setzt und sie als selbstregulative und ... autonome
> Individuen begreift." (*ebenda*)

Supervision bewirkt die Verbesserung der Beziehungen zwischen Teammitglie-
dern, die Erhöhung der professionellen Kompetenz der einzelnen Teammitglieder
bei der Patientenbetreuung, die bessere Koordination der Versorgungsleistungen
und eine höhere Qualität / Effizienz der zu erbringenden Versorgungsleistung.

> „Es besteht die Gefahr einer Therapeutisierung, wenn die Arbeit in der Supervision sich
> nur noch auf die Helfer-Klient-Beziehung konzentriert und damit die komplexen Zusam-
> menhänge der Institutionalisierung von Arbeit auf leichter durchschaubare individuelle
> Beziehungen reduziert wird" (*Möller* 2001).

> „Was an Supervision wie und wann und warum wirkt, ist zumeist noch auf Theorien ge-
> gründet, die oftmals nicht mehr als den Status von Ideologien haben, von wissenschaftlich
> fundierten Konzepten, von einer Absicherung durch Forschung einmal ganz zu schweigen"
> (*Petzold* in: *Möller* 2001).

> „Supervision ist immer ein aktives Eingreifen in intrapsychische, interaktionale und orga-
> nisatorische Prozesse" (*Möller* 2001).

5.1 Macht und Kontrolle

Supervision zielt immer auf Veränderung, mindestens jedoch auf den Erhalt des Erreichten. Supervision kann zum Ziel haben, Therapieprozesse zu analysieren und zu kontrollieren oder sie begleitet Team- und/oder Organisationsprozesse und untersucht z.b. die Interaktion eines Teams oder das Führungsverhalten von Vorgesetzten.

Im Suchtbereich wird Supervision aus unterschiedlichen Gründen angefordert. Zum Einen bestehen für den Einsatz von Supervision reale, äußere Zwänge wie beispielsweise die Forderungen der Leistungsträger im Rahmen ihrer Qualitätssicherung (*VDR-Rahmenrichtlinien* 1995), zum Anderen sind es Probleme, Notlagen, Sackgassen oder bestimmte fachliche Fragen, die mit dem bestehenden Knowhow der Praktiker vor Ort nicht oder nicht befriedigend bewältigt werden können. Vor allem in suchttherapeutischen Teams stößt man immer wieder auf das Phänomen, daß Supervision in langer Tradition zu einer Art „Rechtsgut" geworden ist, was häufig wenig reflektiert zur praktischen Arbeit dazugehört und per se hilft, ohne daß dabei Ziele eindeutig definiert und folglich auch die Ergebnisse nicht befriedigend evaluiert werden.

Supervision findet also entweder statt, weil Leistungsträger oder die Klinikleitung dies kategorisch fordern (äußerer Zwang) oder weil Einzelpersonen, ein Team oder eine Organisation auf Grund meist einer komplexeren Problemlage fachliche Beratung in der Regel durch einen externen Supervisor benötigen (innere Not, Hilflosigkeit). Meistens finden sich jedoch beide Aspekt in unterschiedlicher Gewichtung als Ausgangslage für Supervisionsprozesse wieder.

Ist der äußere Zwang sehr groß und die innere Bereitschaft, sich auf die Supervision einzulassen nicht vorhanden, weil beispielsweise die Notwendigkeit hierfür nicht gesehen wird oder weil die Angst vor Auseinandersetzung und Veränderung zu groß ist, wird die Supervision in erster Linie als verordnet erlebt, was mit großer Wahrscheinlichkeit bei den Supervisanden zu erheblichen Widerstandsphänomenen führen wird. In diesem Fall ist die notwendige „grundsätzliche Sympathie- und Akzeptanzbeziehung" (*Schreyögg* 1995) zwischen Supervisand und Supervisor nicht gegeben, was nur zum Scheitern des Supervisionsprozesses führen kann. *Schreyögg* (1995) verweist darauf, daß bei mangelnder Akzeptanz gegenüber Supervision im Allgemeinen oder gegenüber dem Supervisor (z.B. bei teaminterner Streitigkeit um die richtige Schule) die Macht vor allem bei den Supervisanden liegt, während der Supervisor sich in der Rolle des Ohnmächtigen wiederfindet.

Petzold (1998) spricht von Machtkomplexen, „weil Macht einerseits *subjektive Erlebnisrealität* ist, zum anderen eine *formal-strukturelle Realität*, die durch das Zusammenspiel gesellschaftlicher Kräfte konstituiert wird". Auf der persönlichen Erlebnisebene ist Macht immer konfigurativ und gleichermaßen immer als „Macht-Ohnmacht-Struktur" existent.

Das Macht-Ohnmacht-Phänomen spielt in jedem Fall eine herausragende Rolle, da es in allen zwischenmenschlichen Beziehungen, also auch in der Supervision, gegenwärtig ist und damit die Interaktionen wesentlich mit beeinflußt.

Macht-Ohnmacht muß also frühzeitig in der Supervision thematisiert werden und zwar auf den Ebenen Supervisand – Supervisor, Supervisand – Organisation und Organisation – Gesellschaft. Dabei müssen „die 3 Dimensionen der Macht, die *offene*, die *verdeckte* und die *untergründige* sehr sorgfältig in den Blick genommen werden, weil gerade auch in den klar und offen zu tage liegenden Machtkonstellationen, die durch *Status*, *Rolle* und *Funktion* vorgegeben sind, die Einflüsse anonymer Machtdiskurse dezentral, netzförmig verteilt wirksam werden" (ebenda). Die offene Thematisierung von Macht und Ohnmacht macht dann auch den Blick frei für die „Macht als Potential" (ebenda), die unerläßlich ist, um zu konstruktiven Entscheidungsprozessen zu gelangen – nicht zuletzt ist es in dieser positiven Konnotation ja die *Expertenmacht* (ebenda, *Flammer* 1990) von der sich der Supervisand Problemlösungsstrategien erhofft.

Der Macht-Ohnmacht-Komplex berührt immer die Themen *Selbstwirksamkeit* und *Kontrolle*, *Selbst-* und *Fremdattribution*. *Flammer* (1990) definiert „Macht als Kontrollvorteil gegenüber anderen". Als Experte besitzt der Supervisor in diesem Sinne Macht und damit Kontrolle über andere. Er hat den Überblick (*supervisio*) und einen relativ großen Einfluß auf die Steuerung des gemeinsamen Prozesses. Gleichwohl wird ein Supervisor gerade wegen seines Expertenwissens engagiert, was zwangsläufig mit einem freiwilligen Verzicht auf Kontrolle einhergeht, vorausgesetzt, daß eine Vertrauensbasis bereits existiert.

5.2 Mehrperspektivität

> „Supervision ist ein praxisgerichtetes Reflexions- und Handlungsmodell, um komplexe Wirklichkeit mehrperspektivisch zu beobachten, multitheoretisch zu integrieren und methodenplural zu beeinflussen. ... die Förderung personaler, sozialer und fachlicher Kompetenz und Performanz ... zu ermöglichen und Effizienz und ... professionelle Praxis zu sichern und zu entwickeln" (*Petzold* in: *Möller* 2001).

In der Supervision wird die „Wirklichkeit" von verschiedenen Standpunkten – abhängig von Kontext, Rolle, Status – beobachtet, um fachspezifische Handlungsmodelle für die Praxis zu entwickeln.

Für das Verständnis des Konzeptes der Mehrperspektivität sind grundlegend (vgl. *Petzold* 1998):

1. Phänomenwahrnehmung als Grundlage für Erkenntnis,
2. planmäßige Deutungsprozesse des gesellschaftlichen Kontextes, eingebunden in die Wirkmechanismen sozialer Dynamik,
3. Wirklichkeitswahrnehmung als interpretativer Prozeß.

Es geht also um das Wahrnehmen und Erfassen, um das Verstehen strukturell ähnlicher Situationen, um planmäßige Deutungs- und fachspezifische Handlungsmuster für die Interpretation oder das Erklären vergleichbarer Szenen (-> hermeneutische Spirale). Im Prozeß der Ko-respondenz werden dann Entwürfe und Konzepte entwickelt, d.h. geplantes Handeln zum Zwecke der Veränderung.

Supervision läßt sich demnach als gemeinschaftlicher, mehrperspektivischer Äquilibrierungsprozeß (situationsadäquater intersubjektiver Deutungs- und Strukturierungsprozeß als grundlegende Voraussetzung für menschliches Erkennen) charakterisieren (vgl. *Schreyögg* 2000).

Supervision in Einrichtungen der medizinischen Rehabilitation muß also die Transferleistung der Patienten in die Hilfeeinrichtungen berücksichtigen, die „social worlds" integrieren und die Vorgaben der Leistungsträger miteinbeziehen und die persönlichen Bewältigungsstrategien der Mitarbeiter aufgreifen, um effektiv wirken zu können.

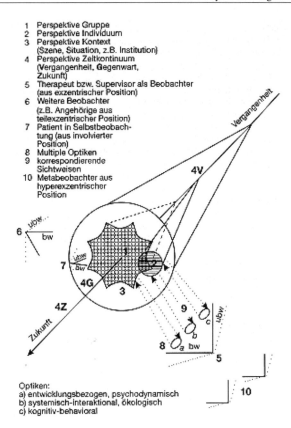

1 Perspektive Gruppe
2 Perspektive Individuum
3 Perspektive Kontext
   (Szene, Situation, z.B. Institution)
4 Perspektive Zeitkontinuum
   (Vergangenheit, Gegenwart,
   Zukunft)
5 Therapeut bzw. Supervisor als Beobachter
   (aus exzentrischer Position)
6 Weitere Beobachter
   (z.B. Angehörige aus
   teilexzentrischer Position)
7 Patient in Selbstbeobachtung (aus involvierter
   Position)
8 Multiple Optiken
9 korrespondierende
   Sichtweisen
10 Metabeobachter aus
   hyperexzentrischer
   Position

Optiken:
a) entwicklungsbezogen, psychodynamisch
b) systemisch-interaktional, ökologisch
c) kognitiv-behavioral

Abbildung: Modell mehrperspektivischer Supervision mit multiplen, iterativen theoretischen Prakti-
ken (Petzold 1998, nach dem MPG-Modell von Frühmann 1986)

5.3   Wirksamkeitskriterien

Die Vielzahl der Einflußkriterien – ökonomischer Kontext, Stellenbesetzung, Qualifikation der Mitarbeiter, Hierarchiestruktur der Organisation, Komplexität und
Störungsgrad der Klientel u.a. – zeigen das Effizienzkontrollen / Wirksamkeits-
messungen in der Praxis außerordentlich schwierig sind.

   Möller (2001) weist daraufhin, daß „Supervision als Qualitätssicherung der Psychotherapie weitestgehend anerkannt ist, obwohl ... Wirksamkeitskriterien fehlen".

6. Ziele und Design der Studie

6.1 Befragung der Supervisoren, der Supervisanden und des Klientensystems

Die vorliegende Studie „Die Wirksamkeit von Supervision für den Patienten in Einrichtungen der medizinischen Rehabilitation Drogenabhängiger" untersucht Inhalte und Wirksamkeit von Supervision aus Sicht der Klientel, der Supervisanden und der Supervisoren, um Aufschluß darüber zu erhalten, ob und wie Formen der Supervision im Kontext der Einrichtungen medizinischer Rehabilitation de facto wirken.

> „Betrachtet man die Vielzahl von Einflußfaktoren, ... wird ... deutlich, welch ein methodisches Problem die Effizienzkontrolle von Supervision darstellt. ... Versucht man, gemäß einer traditionellen psychologischen Forschung die Wirk- und Veränderungsstrategien von Supervision zu operationalisieren, d.h. Variablen zu bilden und den Supervisionsprozeß mit einem dichten Befragungs- und Beobachtungsnetz zu überziehen, sieht man sich einer schier unlösbaren Aufgabe gegenüber" (*Möller* 2001).

Die statistische Datenanalyse bietet eine gute Optik auf die Abläufe der Supervision und zeigt aus einer mehrperspektivischen Sicht in Theorie und Praxis die Rahmenbedingungen der Supervision auf und bezieht Förderung der Ressourcen, persönliches Wohlbefinden, persönliche Weiterentwicklung etc. ein. Durch die Ergebnisse der Studie soll aufgezeigt werden, daß Supervision in der medizinischen Rehabilitation Abhängigkeitskranker „ein praxisgerichtetes Reflexions- und Handlungsmodell (ist), um komplexe Wirklichkeit mehrperspektivisch zu beobachten, multitheoretisch zu integrieren und methodenplural zu beeinflussen" (*Möller* 2001).

Auf die Bereiche der Fach- und Handlungskompetenz wurde in der vorliegenden Studie mit dem Fragebogen zur Erfassung der Wirksamkeit von Supervision besonders eingegangen. Damit wird die Studie in ihrer Anlage einem integrativen Ansatz gerecht und berücksichtigt die prekäre Lebenslage der Klientel und die prekäre Situation der Supervisanden in den Einrichtungen.

Um eine mehrperspektivische Erfassung im vorliegenden Forschungsprojekt zu ermöglichen, wurden Fragen, die die v.g. Bereiche erfassen, aus drei Perspektiven formuliert, so daß sie von der Klientel, den Mitarbeitern (Supervisanden) und den Supervisoren beantwortet werden konnten.

Das Design der Studie orientiert sich an dem von *Möller* (2001) eingesetzten Verfahren in der Untersuchung „Was ist gute Supervision?". Danach lassen sich die wichtigsten Zielebenen von Supervision anhand des Schaubildes von *Hille* (1995, in: *Möller* 2001) verdeutlichen:

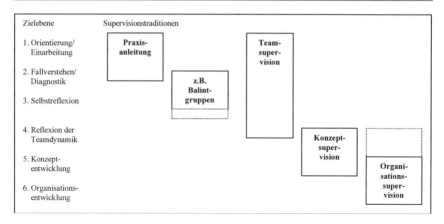

In der Übersicht sind nicht aufgeführt: Einzel-/Gruppensupervision (Zielebenen 1-3), Leitungssupervision und Coaching (Führungsverhalten und persönliche Schwierigkeiten im Umgang mit Leitungs- und Veränderungsprozessen).

> „… der Forschungsansatz (muß) einer sein, der dem Prozeß sozialer Interaktion Rechnung trägt, d.h. daß der Forscher mit seinem >Forschungsgegenstand< so in Kontakt tritt, daß er in ihm seine Fähigkeiten als >natürlicher Sozialforscher< hervorruft" (*Möller* 2001).

Auf die Einrichtungen der medizinischen Rehabilitation Drogenabhängiger übertragen heißt das: Im Kern geht es bei „guter" Supervision um die Integration des erlebten / vermittelten Wissens in das spezifische der psychotherapeutisch rehabilitativen Tätigkeit. Dabei berücksichtigt werden müssen die spezielle emotionale Belastung der Mitarbeiter und die Weiterentwicklung der institutionellen Strukturen entsprechend ihrer speziellen Arbeitsaufgabe (vgl. ebenda).

Auch wird zu betrachten sein, ob die Supervision sich auf die Beziehung Mitarbeiter – Patient reduziert und damit die komplexen Zusammenhänge der Institutionalisierung der Rehabilitationseinrichtungen vernachlässigt.

6.2   Beschreibung der Methodenauswahl

Die Effekte bzw. Wirksamkeit von Supervision zu erfassen ist außerordentlich schwierig. Die klassischen Standards werden in der Wissenschaft beschrieben mit (1) beobachten, (2) messen, (3) erklären, (4) vorhersagen (*Märtens, Möller* 1998):

„(1)   Beobachten: was findet überhaupt in Supervision statt?

(2)   Messen: was von diesen Prozessen und diesen Ergebnissen kann gemessen werden?

(3)   Erklären: mit welchen Theorien erkläre ich Beobachtetes und Gemessenes?

(4)   Vorhersagen: kann ich aufgrund der Ergebnisse systematischen Beobachtens und Messens bestimmte Phänomene vorhersagen?"

Schneider und *Müller* (1995) haben ein Supervisions-Evaluations-Inventar (SEI) entwickelt, das zu subjektiven Einschätzungen der Wirksamkeit von Supervision führt. *Beer* und *Gediga* (1998) haben das SEI weiterentwickelt mit den vier Dimensionen Person, Klientel, Kollegen und Institution.

Supervisor und Supervisand arbeiten in einer Beziehung von Offenheit, Vertrauen, wechselseitigem Verstehen, beiderseitiger Kommunikation zusammen und vereinbaren klare und meßbare Ziele, um Fortschritte / Wirksamkeit beurteilen zu können.

Die Dimensionen Person, Kollegen und Institution werden in der Forschung gut beschrieben, die Dimension Patient ist weitgehend unerforscht. Die Fragen, ob und wieviel es dem Patienten durch Supervision besser geht, ob der Patient in seiner Therapie von Supervision profitiert und ob mögliche Schäden mit Supervision in Zusammenhang stehen, sind wissenschaftlich praktisch unbeantwortet.

Nach *Märtens* und *Möller* (1998) sind hierfür mindestens vier Gründe maßgeblich:

(1) Supervision ist eine mikroskopische Veränderung des Gesamtprozesses, so daß deren Effekt im globalen Endergebnis des Therapieprozesses nicht erkennbar ist.

(2) Die Fähigkeit der Beziehungsgestaltung hat einen wesentlichen Einfluß auf das Ergebnis des Therapieprozesses. Es ist nicht zu erwarten, daß durch Supervision kurzfristige Veränderungen dieser Fähigkeit erfolgen, die sich dann auf der Patientenebene auswirken.

(3) Unterschiedliche therapeutische Vorgehensweisen führen zu vergleichbaren Ergebnissen, d.h. ein Training in einer spezifischen Vorgehensweise wird nicht zu verbesserten Ergebnissen auf der Patientenebene führen.

(4) Die wenigen in Supervision eingebrachten Fälle werden in der Gesamtstatistik keinen nennenswerten Unterschied ausmachen.

6.3   Wissenschaftlicher Hintergrund

Mit der vorliegenden Studie wird über standardisierte Fragebogen die Wirkung
und Wirksamkeit von Supervision in Einrichtungen der medizinischen Rehabilitation Drogenabhängiger auf das Patientensystem gemessen.

Um die Ergebnisse der Befragung abzusichern, sind auch die Supervisoren und
die Supervisanden befragt worden, um eine Vielzahl von Überblicks- und Detail-
ergebnissen zu erhalten.

Die Ergebnisse werden in bezug zu den Behandlungszielen der medizinischen
Rehabilitation Drogenabhängiger (hier: Gesamtkonzept zur Rehabilitation von
Abhängigkeitskranken vom 15.05.1985 bzw. Vereinbarung Abhängigkeitserkrankungen vom 04.05.2001) gesetzt, um zu überprüfen, inwieweit die Supervision
den Behandlungsansatz für diese Klientel „fördert".

Eine Untersuchung, die die von den Patienten subjektiv wahrgenommenen Wir-
kungen/Wirkfaktoren mißt, liegt bisher nicht vor.

Die Studie soll die Ergebnisqualität der Supervision im (psycho-) therapeutischen
Setting der medizinischen Rehabilitation aus Sicht der Patienten abbilden

- in bezug auf eine stabilisierende/unterstützende Funktion zur Erreichung der
  Ziele der medizinischen Rehabilitation,
- in bezug auf die Wiederherstellung der Erwerbsfähigkeit, berufliche und soziale Integration,
- in bezug auf die Verbesserung und Erweiterung der persönlichen und sozialen
  Kompetenz der Patienten.

7.   Auswertung der Evaluation

7.1   Ergebnisse

Insgesamt wurden im Rahmen der Untersuchung **26 Supervisanden (N=26)**, die
bei **7 Supervisoren (N=7)** in Supervision waren und insgesamt 110 Patienten befragt.

Von diesen 110 Patienten befanden sich 84 Patienten (N=84) in Einrichtungen,
in denen die Behandlungsverläufe regelhaft durch einen externen Supervisor supervidiert wurden.

26 Therapieverläufe wurden nicht supervidiert, weil es in dieser Einrichtung keine behandlungsprozeßbezogene Supervision gab. Die Supervision, die dort stattfand, war ausschließlich team- und systembezogen. Die Therapieverläufe wurden in dieser Einrichtung ausschließlich in den wöchentlich stattfindenden Behandlungsplankonferenzen besprochen. Da aber die o.g. Supervisionstermine regelmäßig stattfanden und zu diesem Zweck ein externer (System-) Supervisor regelmäßig in der Einrichtung zugegen war, wurden die Patienten „in dem Glauben gelassen", daß in dieser Supervision vor allem über ihre Behandlungsverläufe gesprochen wird. So konnte diese Patientengruppe als **Kontrollgruppe (N=26)** dienen.

Vorgestellt werden hier ausgewählte Ergebnisse, um den Rahmen dieses Beitrages nicht zu überdehnen, und auf die Fragestellung der Evaluation „die Wirksamkeit von Supervision für den Patienten" zu fokussieren.

7.2   Supervisandensystem (N=26)

7.2.1   Erwartungen an den Supervisor

Die Mitarbeiter erwarten vom Supervisor in den Bereichen

– Ratschläge und Lösungsmöglichkeiten für die eigene therapeutische Arbeit erwarteten vom Supervisor (immer/oft 42,3%),
– Aufdecken von „blinden Flecken" und Übertragungsphänomenen (immer/oft 76,9%),
– Erwerben von neuen Fertigkeiten, Verhaltensweisen, Einstellungen und emotionalen Reaktionen (immer/oft 61,5%),
– Offenheit für Diskussionen und therapeutische Entscheidungen, Interventionen und Ziele (immer/oft 73,1%),

deutliche Unterstützung/Hilfestellung. Dagegen ist auffällig, daß sie in den Bereichen

– Kontrolle der eigenen therapeutischen Arbeit durch den Supervisor (gelegentlich/nie 65,4%),
– Ermutigung, Lob und Unterstützung (gelegentlich/nie 76,9%),
– Vermittlung von feldspezifischem Wissen (gelegentlich/nie 53,9%),
– Burnout-Prophylaxe erwarten vom Supervisor (nie 65,4%),
– Förderung der eigenen kommunikativen Kompetenz und Performanz (gelegentlich/nie 69,2%),

überwiegend keine positive Erwartung an den Supervisor haben.

7.2.2 Auswirkungen der Supervision auf das eigene therapeutische Handeln und Verhalten

Bemerkenswert ist, daß sich die Mitarbeiter durch die Supervision in ihrer professionellen Kompetenz, hier:

- mehr Vertrauen in ihre diagnostischen und therapeutischen Fähigkeiten (gelegentlich 61,5%),
- empathischer für denPatienten (gelegentlich/nie 42,3%),
- neue Impulse im Hinblick auf therapeutische Strategien (gelegentlich/nie73,0%),
- Therapieziele klarer sehen (gelegentlich/nie61,5%),
- im professionellen Handeln bestärkt (gelegentlich 53,8%),

überwiegend nur gelegentlich gefördert fühlen. Auch in bezug auf ein

- besseres Verständnis für den Patienten in seinem Lebenskontext (gelegentlich 76,9%).

sind die Auswirkungen der Supervision eher gering.

7.2.3 Bedeutung der Supervision für die Patientenarbeit

Auch hier erleben die Mitarbeiter die Auswirkungen der Supervision, hier:

- Erweiterung der Perspektive (gelegentlich 65,4%),
- durch neue Impulse anderes Verhalten des Patienten (gelegentlich/nie 96,2%),
- bessere Beachtung der sozialen Schicht des Patienten (gelegentlich/nie 76,9%),
- bessere Beachtung des Netzwerkes des Patienten (gelegentlich/nie 84,6%),
- besseres Verstehen der Lebenssituation des Patienten (gelegentlich/nie 80,7%),
- bessere Erfassung der Probleme der Persönlichkeit des Patienten (gelegentlich 73,1%),

eher gering. Als markante Punkte sind hervorzuheben, daß das Netzwerk, die Lebenssituation des Patienten sowie seine gesamte Persönlichkeit sind im Supervisionsprozeß weniger bedeutend sind.

7.2.1 Erwartungen an den Supervisor

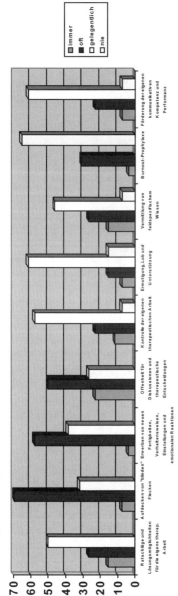

7.2.2 Auswirkungen der Supervision auf das eigene therapeutische Handeln und Verhalten

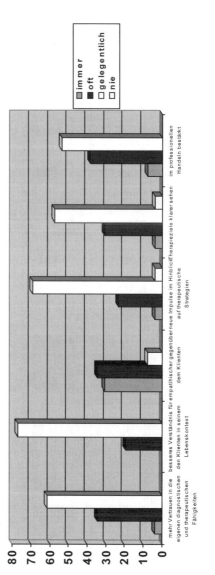

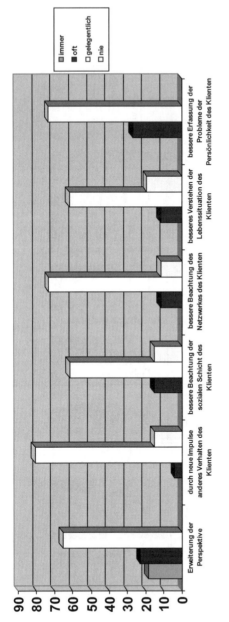

7.2.3   Bedeutung der Supervision für die Patientenarbeit

7.2.4   Hat sich der Patient nach der Supervision unterstützt gefühlt?

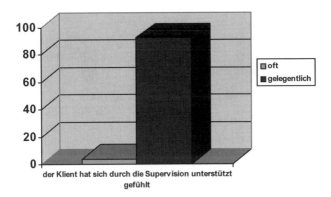

der Klient hat sich durch die Supervision unterstützt
gefühlt

Ein eindeutiges Ergebnis: Nur 3,8 % der Patienten fühlen sich nach Meinung der Mitarbeiter durch die Supervision unterstützt.

7.3   *Supervisorensystem (N=7)*

7.3.1   Rollenselbstattribution des Supervisors

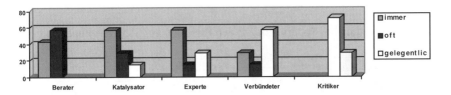

Die Selbstattributionen der Supervisoren sind überwiegend

- Berater (immer/oft 100%),
- Katalysator (immer/oft 85,7%),
- Experte (immer/oft 71,4%),
- Verbündeter (immer/oft 42,9%, aber 57,1% nur gelegentlich),
- Kritiker (in dieser Rolle sehen sich die Supervisoren nur gelegentlich (71,4%) und nie (28,6%).

7.3.2   Arbeitsschwerpunkte in der Supervision

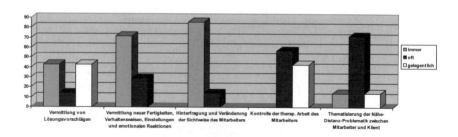

Die Arbeitsschwerpunkte in der Supervision liegen nach Einschätzung des Supervisors in der

- Vermittlung von Lösungsvorschlägen (immer/oft 57,2%, gelegentlich 42,9%),
- Vermittlung neuer Fertigkeiten, Verhaltensweisen, Einstellungen und emotionaler Reaktionen (immer/oft 100%),
- Hinterfragung und Veränderung von Sichtweisen des Mitarbeiters (immer/oft 100%),
- Thematisierung der Nähe- Distanz-Problematik zwischen Mitarbeiter und Patient (immer/oft 85,7%),
- Kontrolle der therapeutischen Arbeit des Mitarbeiters (hier ist die Einschätzung geteilt: immer 57,1%, gelegentlich 42,9%).

7.3.3   Bedeutung der Supervision für den Patienten aus Sicht des Supervisors

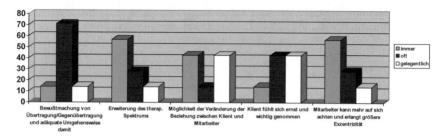

Bei der Bedeutung der Supervision für den Patienten aus Sicht des Supervisors werden insbesondere

- Bewußtmachung von Übertragung/Gegenübertragung und adäquate Umgehensweise damit (immer/oft 85,7%),
- Erweiterung des therapeutisches Spektrums (immer/oft 85,7%),
- Möglichkeit der Veränderung der Beziehung zwischen Patient und Therapeut (immer/oft 57,1%, gelegentlich 42,9%),
- Patient fühlt sich ernst und wichtig genommen (immer/oft 57,1%, gelegentlich 42,9%),
- Therapeut kann mehr auf sich achten und erlangt größere Exzentrizität (immer/ oft 85,7%).

genannt (Anmerkung: Hier sind deutliche Fragezeichen zu setzen, da Supervision für den Patienten „nur" eine unmittelbare Bedeutung hat, wenn er Kenntnis davon hat, daß „sein Fall" in der Supervision besprochen worden ist und der Therapeut ihm anschließend die Ergebnisse erklärt).

7.4 Patientensystem (N=84)
(Bei den Ergebnissen muß berücksichtigt werden, daß nicht alle Patienten alle Fragen beantwortet haben.)

Um die Wirksamkeit von Supervisionen für die Patienten zu untersuchen, wurden 84 Patienten aus verschiedenen Einrichtungen befragt (N84). Eine Gruppe gilt als Kontrollgruppe mit einem N von 26. Die in Klammern gesetzten Zahlenwerte sind jeweils die Ergebnisse der Kontrollgruppe.

7.4.1 Informiert Sie Ihr Therapeut, wenn er in der Supervision über Sie spricht? Informiert Sie Ihr Therapeut darüber, was Supervision ist?

Bereits hier zeigt sich, daß die Bedeutung von Supervision für den Patienten hinterfragt werden muß: Die Therapeuten informieren in der Regel die Patienten nicht darüber, daß „ihr Fall" (vgl. auch VII.3.3) in der Supervision besprochen wird: ja 29,8% (46,2%) und nein und 70,2% (53,8%).

Bemerkenswert ist dabei, daß die Therapeuten die Patienten darüber informieren, was Supervision ist: Auf diese Frage antworten 66,7% (69,2%) der Patienten mit ja und 33,3% (30,8%) mit nein.

7.4.2   Bringt Ihr Therapeut Ergebnisse aus seiner Supervision in den Therapieprozeß ein?

Unter VII.4.1 ist deutlich geworden, daß die Therapeuten die Patienten im Vorfeld überwiegend nicht darüber informieren, daß sie „ihren Fall" in der Supervision besprechen werden.

Dementsprechend werden auch die Ergebnisse der Supervision für den Patienten nicht erkennbar in den Therapieprozeß eingebracht (ja lediglich 27,4% (61,5%) und nein 72,6% (38,5%)).

7.4.3   Was vermuten Sie, geschieht in der Supervision?

Entsprechend der Ergebnisse unter VII.4.1/2 zeigt sich auch hier, daß die Patienten nur mutmaßen können was in der Supervision geschieht:

– Therapeut weiß mit dem Patienten nicht weiter und holt sich in der Supervision Hilfe (immer/oft 20,3% (42,3%), gelegentlich/nie 51,2% (45,1%)),
– Therapeut bespricht seine eigenen Probleme in der Supervision (immer/oft 20,3% (30,8%), gelegentlich/nie 47,6% (46,5%)),
– Therapeut versetzt sich in der Supervision in die Rolle bzw. in der Lage des Patienten, um ihn besser zu verstehen (immer/oft 39,3% (15,4%), gelegentlich/ nie 41,6% (30,8%)),
– Therapeut muß in der Supervision Rechenschaft über seine therapeutische Arbeit ablegen (immer/oft 32,1% (54,2%), gelegentlich/nie 44,1% (11,5%)).

7.4.4   Direkte Auswirkungen von Supervision auf die Patientenarbeit

Da die Patienten von ihren Therapeuten überwiegend darüber informiert sind, wann der Therapeut in Supervision ist (ja 63,1% (46,2%), nein 33,3% (30,8%)) wird durch diese Ergebnisse verdeutlicht, daß bei den Patienten nur vage Vorstellungen bestehen, was Gegenstand und Inhalt von Supervision ist. Dementsprechend kann der Patienten auch nur mutmaßen, welche direkten Auswirkungen die Supervision für ihn hat:

– Patient fühlt sich besser gesehen (oft 11,9% (11,5%), gelegentlich/nie 45,3% (23,1%)),

- Patient kommt mit seinen Problemen besser weiter (immer/oft 19,1% (11,5%), gelegentlich/nie 54,8% (19,2%)),
- Veränderung der emotionalen Beziehung zwischen Patient und Therapeut (immer/oft 3,8% (11,5%), gelegentlich/nie 58,3% (15,3%)),
- Patient fühlt sich nach der Supervision seines Therapeuten bloßgestellt (gelegentlich/nie 64,3% (7,6%)),
- Patient nimmt einen größeren Leistungsanspruch seines Therapeuten wahr (oft 7,1% (11,5%) oft, gelegentlich/nie 54,8% (7,7%)),
- keine Veränderungen (immer/oft 21,4% (23,0%), gelegentlich/nie 45,2% (11,5%)).

7.4.5 Bedeutung und Bewertung von Supervision

Die Patienten bewerten die Bedeutung von Supervision an „allgemeinen Rahmenbedingungen" wie

- Supervision ist wichtig, weil das im Behandlungskonzept vorgegeben ist (immer/oft 27,4% immer, gelegentlich/nie 36,9%),
- Supervision ist wichtig, weil der Therapeut dadurch fachlich unterstützt wird (immer/oft 56,0% (50,0%), gelegentlich/nie 13,1%),.
- Supervision ist wichtig, weil der Therapeut dadurch neue Impulse erhält (immer/oft 45,3% (30,8%), gelegentlich/nie 17,9%),
- Supervision ist wichtig, weil der Therapeut dadurch kontrolliert wird und Rechenschaft über seine Arbeit ablegen muß (immer/oft 15,5% (46,2%), gelegentlich/nie 28,6%).

Die Ergebnisse der Punkte VII.4.1-5 zeigen, daß für die Patienten „was ist Supervision" und welche „Inhalte/Auswirkungen/Bedeutung hat Supervision" offensichtlich weitgehend unklar bleibt. Das wird daran deutlich, daß bei den entsprechenden Fragen die Patienten überwiegend mit gelegentlich/nie geantwortet haben und der Anteil der Patienten, die hier keine Nennung vorgenommen haben, im Durchschnitt bei 30 % liegt.

In den Ergebnissen der Kontrollgruppe wird noch deutlicher, daß die Patienten keine Vorstellung davon haben „was Supervision ist" und „welche Wirksamkeit Supervision für sie hat": Der Anteil der Patienten ohne Nennung liegt hier im Durchschnitt bei 70,5 %.

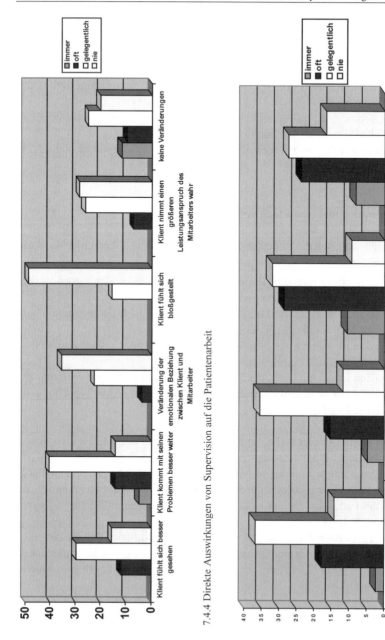

7.4.4 Direkte Auswirkungen von Supervision auf die Patientenarbeit

7.4.3 Was vermuten Sie, geschieht in der Supervision?

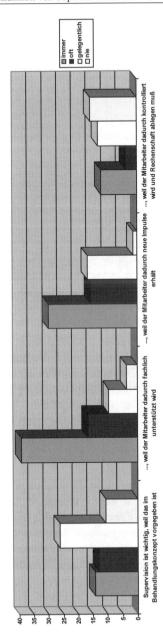

7.4.5 Bedeutung und Bewertung von Supervision

8. Diskussion der Ergebnisse

„Fachkliniken, die Süchtige behandeln, tragen trotz der Freiwilligkeit der Behandlung Aspekte einer totalen Institution. ... Totale Institutionen lassen ihre Bewohner oft noch schwerer gestört, hilfloser, unselbständiger und abhängiger erscheinen, als sie es tatsächlich sind. Die Klinikstruktur mit ihrer Abfolge von Behandlungsmaßnahmen fördert regressive Phänomene. Die Fürsorge, die Verwaltung des Lebens der Patienten und das strenge Reglement schaffen gleichsam eine Käseglockenatmosphäre, die die Patienten sich ausliefern und Kind sein läßt. Das multiprofessionelle Angebot läßt es für den Patienten unmöglich werden, sich zu verbergen. Die Allmacht der Klinik überwacht und bespricht alles" (*Möller* 2001).

„In einem von hohem Arbeitsdruck gekennzeichneten Arbeitsalltag entsteht oft eine Abhängigkeit zur Institution. ... Ausgleichend braucht es dringend zufriedenstellende Arbeitsbedingungen, die Visionen und Utopien beinhalten, um ein differenziertes, den Klienten zeitgemäßes Therapieangebot machen zu können" (*Möller* 2001).

Die Untersuchung der Wirksamkeit von Supervision für die Patienten in Einrichtungen der medizinischen Rehabilitation Drogenabhängiger zeigt, daß Supervision im Sinne von „Heilung und Förderung" keine Wirkung für die Patienten hat und mit Supervision nur sehr begrenzt positive Verhaltensveränderungen erreicht werden, da die Supervision i.d.R. nicht auf die Patienten zugeschnitten und diese weitgehend nicht in den Supervisionsprozeß eingebunden sind.

Die Patienten können also kein Gefühl dafür entwickeln, daß Supervision ein unterstützendes Instrument ist, d.h. die eigenen Ressourcen werden nur unzureichend gefördert: das Ergebnis der Studie zeigt, Supervision hat in bezug auf die Mitarbeiter in den Einrichtungen durchaus bedeutsame Aspekte, bezogen auf die Patienten sind positive Wirkungen nicht darstellbar. D.h., es sind klare Anzeichen gegeben, daß die Patienten mit der Supervision keine Form vermittelt bekommen, sich mit ihrer eigenen Person auseinanderzusetzen. Des weiteren werden Souveränität und Wohlbefinden über die Supervision nicht spürbar gefördert bzw. unterstützt.

Setzt man die Ergebnisse dieser Studie in Bezug zu den Behandlungszielen der medizinischen Rehabilitation Drogenabhängiger, so läßt sich daraus schließen, daß die Supervision – **so wie sie gegenwärtig in den Einrichtungen der Drogenhilfe praktiziert wird** – kein hochwirksames Instrument für diese Patienten ist. Zu den nach dem Gesamtkonzept zur Rehabilitation von Abhängigkeitskranken vom 15.05.1985 und der Vereinbarung Abhängigkeitserkrankungen vom 04.05.2001 gehörenden Zielen der Rehabilitationsbehandlung sagen die Untersuchungsergebnisse der Evaluationsstudie zur „Wirksamkeit von Supervision für die Patienten in Einrichtungen der Drogenhilfe" folgendes aus:

Ziel:

Supervision als Hilfsmittel zur Effektivierung des/der Behandlungsrahmens/-bedingungen für die persönliche Entwicklung/Stabilisierung der Patienten

Ergebnis:

Die Ergebnisse aller im Fragebogen vorkommenden Parameter belegen, daß dieses Ziel über die Supervision nicht erreicht wird.

Verdeutlicht wird dieses Ergebnis durch die Aussagen, daß die Beziehung Therapeut/Patient zumindest aus Sicht der Patienten durch Supervision emotional kaum verändert wird (96,2%). Daneben bringt zumindest der überwiegenden Anzahl der Therapeuten Supervision ein hohes Maß an Empathie und Akzeptanz für die Patienten (57,7%).

D.h. der Therapeut geht als Folge der Supervision von einer verbesserten emotionalen Beziehung zum Patienten aus, was bei diesem aber nicht ankommt. Das kann nur bedeuten, daß die Supervisionsergebnisse im Ko-respondenzprozeß zwischen Patient und Therapeut nicht gesichert bzw. nicht besprochen werden.

Der Vergleich der Ergebnisse der Gruppe mit Supervision (A) und der ohne Supervision (B) zeigt insgesamt keine signifikanten Unterschiede:

- Bei der Betrachtung von Punkt 7.4.2 zeigt sich allerdings ein kurioses Ergebnis: 61,5 % der Patienten der Gruppe B geben an, daß ihr Therapeut die Ergebnisse aus seiner Supervision in den Therapieprozeß einbringt!
- Die Patienten der Gruppe B empfinden positivere Veränderungen in Folge der Supervision (die als Fallsupervision nicht stattfindet) als die Patienten der Gruppe A (Pkt. VII.4.4).

Es muß also insgesamt vermutet werden, daß die Bedeutung und Wirksamkeit von Supervision für die Patienten erheblich überschätzt wird (Gruppe A). Die Wirksamkeit von Prozeßverlaufsgesprächen in einem erfahrenen multidisziplinären Fachteam (Gruppe B) scheint zumindest genauso effektiv zu sein.

Ziel:

Supervision hat für die Patienten eine stabilisierende/unterstützende Funktion zur Erreichung der Ziele der medizinischen Rehabilitation

Ergebnis:

Die Ergebnisse der Studie zeigen, daß die Kontrolle der eigenen therapeutischen Arbeit (65,4%) und die Erweiterung der Perspektive (65,4%) für die

Therapeuten eher nicht relevant ist. Auffallend ist, daß die Hinterfragung von Sichtweisen (100%) für die Therapeuten sehr bedeutend ist.

Im Vordergrund der Supervision steht also für die Therapeuten die eigene Persönlichkeit und die Erweiterung ihrer Perspektiven.

Die These, die daraus abgeleitet werden kann, „wenn es dem Therapeuten gut geht, geht es auch dem Patienten gut" ist jedoch zumindest in Frage zu stellen. Das heißt, Supervision wird häufig von Supervisor und Supervisand mißverstanden als ausschließliches Instrument zur Pflege der Psychohygiene des Therapeuten und nicht als (wesentliches) Hilfsmittel zur Unterstützung und Förderung des Rehabilitationsprozesses der Patienten definiert.

Ziel:
Berufliche und soziale Integration der Patienten

Ergebnis:
Die soziale Integration /das soziale Netzwerk der Patienten (76,9%/84,6%) beachten die Therapeuten überwiegend nur gelegentlich/nie. Die Lebenssituation der Patienten (80,7%) haben die Therapeuten auch nur gelegentlich/nie im Fokus. Daraus kann abgeleitet werden, daß die Therapeuten die berufliche/materielle und soziale Integration der Patienten im Behandlungskontext vernachlässigen bzw. hier kein ausreichender Behandlungsschwerpunkt gesetzt wird.

Die Bedeutung der Supervision ist somit im Kontext der wesentlichen Ziele medizinischer Rehabilitation zumindest fragwürdig: Das Netzwerk, die Lebenssituation des Patienten sowie seine gesamte Persönlichkeit werden im Supervisionsprozeß nur unzulänglich beachtet. Auch die Vermittlung von feldspezifischem Wissen (53,9%), Förderung der eigenen Kompetenz und Performanz (69,2%) werden in der Supervision nur gelegentlich/nie gefördert.

Das Aufdecken blinder Flecken (76,9%) und das Erwerben von neuen Fertigkeiten (61,5%) ist dagegen für die Therapeuten bedeutend.

Das die Bedeutung des sozialen Netzwerkes u.a. als wesentliche Aspekte für den Erfolg der (medizinischen) Rehabilitation von der Mehrzahl der Therapeuten nur unzulänglich beachtet werden, heißt natürlich auch, daß diese Aspekte von dem Supervisor nicht in ausreichendem Maße im Supervisionsprozeß thematisiert werden.

Von daher kann Supervision nicht effektiv sein, weil sie damit an den Grundzielen medizinischer Rehabilitation vorbeigeht.

Supervision hat sich zu einem festen Bestandteil in der psycho- und soziotherapeutischen Arbeit heraus kristallisiert und wird von den Leistungsträgern als Qua-
litätskriterium der Arbeit vorgegeben. Von besonderer Relevanz muß dabei die
Frage sein, inwieweit Supervision für die Patienten wirksam wird und die Inhalte
der Behandlung unterstützt und gefördert werden.

Die Untersuchung zeigt deutlich,
– daß Fallsupervision für die Patienten kein bedeutender Faktor ist, um ihre
  Rehabilitationsziele zu erreichen **und**
– was veränderungsbedürftig ist, um die Potentiale, die in supervisorischer Arbeit liegen, auch nutzen zu können.

Bei den hier untersuchten Gruppen zeigt sich, daß die Perspektive von Supervision
als Instrument zur Förderung des Behandlungserfolges erweitert werden muß, um
die Erreichung der Rehabilitationsziele (Abstinenz, Wiederherstellung der Erwerbsfähigkeit, berufliche und soziale Integration) (be)fördern zu können.

Die Ergebnisse der Untersuchung sind ein Wegweiser für die supervisorische Arbeit im Kontext der medizinischen Rehabilitation und belegen, daß in den Einrichtungen die Möglichkeiten von Supervision (und Coaching) zur Effektivitivierung
der Behandlungsverläufe noch viel zu wenig ausgeschöpft werden.
    Insbesondere die Chance, sich neue Theorien und Forschungsergebnisse für
die Patienten nutzbar zu machen, wird offensichtlich ungenutzt gelassen.

Die Evaluationsstudie „Wirksamkeit von Supervision für den Patienten" dargestellt am Beispiel von Einrichtungen der medizinischen Rehabilitation Drogenabhängiger belegt die Notwendigkeit eines Supervisionsansatzes, der die therapiewirksamen Faktoren situations- und problemangemessen integriert und in den Fokus des Geschehens stellt **und** die Patienten *aktiv* in den Supervisionsprozeß einbezieht, d.h. sie als gleichberechtigte Partner im Therapie- und Rehabilitationsprozeß versteht.
    Die Effektivität der Supervision für die Patienten ist weitgehend nicht gege-
ben; sie stärkt die persönliche Souveränität der Therapeuten, die die Ergebnisse
nicht den „behandelten" Patienten vermitteln (können).

Um es noch einmal deutlich zu sagen: „Supervision ist immer ein aktives Eingreifen in intrapsychische, interaktionale und organisatorische Prozesse" (*Möller* 2001).
Da für die Einrichtungen und die Leistungsträger Maßnahmen der Qualitätsssiche-

rung unverzichtbar sind, bedeutet dies für die Optimierung der Effizienz von Supervision für die Arbeit in Einrichtungen der medizinischen Rehabilitation,

1. die Bedingungen rehabilitativer Arbeit müssen in den Fokus der Supervision genommen werden, d.h. „die Integration des Gelernten in das spezifische des konkreten Berufsalltags und die Weiterentwicklung der institutionellen Strukturen entsprechend ihrer spezifischen Arbeitsaufgabe" (*Möller* 2001), um diese in der Interaktion Therapeut-Patient berücksichtigen zu können und so für den Patienten *und* den Therapeuten den/die Behandlungsrahmen/-bedingungen bewußt und nachvollziehbar werden zu lassen.

2. der Patient muß aktiv in den Supervisionsprozeß einbezogen werden, um
   a) seine Ressourcen/Potentiale für die Supervision nutzbar zu machen;
   b) ihn *jederzeit* an den Ergebnissen des Supervisionsprozesses teilhaben zu lassen;
   c) – ausgehend von dem Faktum, daß die Beziehung zwischen Therapeut und Patient in die Supervision transportiert wird und dort spürbar und erlebbar wird (vgl. *Möller* 2001) – die Therapeut-Patient-Beziehung für die Rehabilitation (Behandlung) des Patienten nutzbar zu machen und diese nicht durch für den Patienten nicht nachvollziehbare Interventionen zu be-/verhindern;
   d) die „Ergebnisse" der Supervision für den Patienten transparent zu machen und ihn so in die Lage zu versetzen, diese wahrzunehmen, zu verstehen, zu erfassen und für sich effektiv – mit Hilfe des Therapeuten – handhabbar zu machen.

Dabei ist das Prinzip der „selektiven Offenheit" (*Petzold* 1993a) handlungsleitendes Prinzip für den Therapeuten, d.h. er muß beständig darauf achten, einerseits den Patienten nicht zu überfordern und andererseits den Patienten über seine Emotionen, Gedanken, Interventionen, ... nicht im Unklaren zu lassen, um mit ihm gemeinsam an seinem Rehabilitationserfolg zu arbeiten, d.h. an seiner Heilung und beruflichen und sozialen Integration (als Ziele der medizinischen Rehabilitation im Sinne der Leistungsträger, hier: Krankenkassen (SGB V), Rentenversicherungsträger (SGB VI) und Träger der Sozialhilfe (SGB XII)).

9.   Zusammenfassung

Supervision hat sich zu einem festen Bestandteil in der psycho- und soziotherapeutischen Arbeit entwickelt. Von besonderer Relevanz ist dabei die Frage, inwieweit Supervision für die Patienten wirksam wird und die Inhalte der Behandlung unterstützt und fördert.

Die Ergebnisse der Untersuchung sind ein Wegweiser für die Arbeit im Kontext der medizinischen Rehabilitation. Sie belegen, daß die Einrichtungen die Möglichkeiten zur Effektivitivierung der Behandlungsverläufe noch viel zu wenig ausschöpfen.

Insbesondere die Chance, sich neue Theorien und Forschungsergebnisse für die Klientel nutzbar zu machen, wird häufig ungenutzt gelassen.

Die Evaluationsstudie „Wirksamkeit von Supervision für den Patienten" – dargestellt am Beispiel von Einrichtungen der medizinischen Rehabilitation Drogenabhängiger – belegt die Notwendigkeit eines Supervisionsansatzes, der die therapiewirksamen Faktoren situations- und problemangemessen integriert, **und** die Patienten *aktiv* in den Supervisionsprozeß einbezieht, d.h. sie als gleichberechtigte Partner im Therapie- und Rehabilitationsprozeß versteht.

Da für die Einrichtungen und die Leistungsträger Maßnahmen der Qualitätssicherung unverzichtbar sind, bedeutet dies für die Optimierung der Effizienz von Supervision für die Arbeit in Einrichtungen der medizinischen Rehabilitation, daß die Bedingungen rehabilitativer Arbeit in den Fokus der Supervision genommen werden müssen.

Schlüsselwörter: Integrative Supervision, Drogenhilfe, Wirksamkeit von Supervision, medizinische Rehabilitation

Summary

Supervision has developed into an essential part of psycho- and sociotherapeutic work. It is especially relevant, to what extent supervision is effective for the patients and supports the treatment.

The results of the investigation are pioneering for medical rehabilitation. They verify that the institutions hardly use the possibilities of effective treatments.

Especially, they do often not use the chance working with new theories and results of the latest researches.

The study „Effectiveness of Supervision for patients" verifies – with examples of institutions of medical rehabilitation of drug addicts – the necessity of a method of supervision which integrates the factors for an effective therapy into the appropriate situations and problems and includes the patients in the process of supervision in an active way, i.e. they must be understood as equal partners in the process of therapy and rehabilitation.

Since measures of quality security are indisputable for the institutions and sponsors, the efficiency of supervision has to be optimized for the work within the institutions of medical rehabilitation. Therefore, the conditions of rehabilitative work have to be taken into the focus of supervision.

keywords: Integrative Supervision, drug aid, effectiveness of Supervision, medical rehabilitation

Literatur

Aßfalg, R., Rothenbacher, H. (1990): Diagnose der Suchterkrankungen. Hamburg.

Anglin, M. D., Hser, Y.-I., Grella, C. E. (1997): Drug addiction and treatment careers among clients in the drug abuse treatment outcome study (DATOS). Psychology of Addictive Behaviors, 11, 308-323.

Baudis, R. (1995): Psychotherapie von Sucht und Drogenabhängigkeit.

Beer, T., Gediga, G. (1998): Evaluation von Supervision: Eine Untersuchung im Bereich der Sozialen Arbeit. in: Holling, H., Gediga, G. (Hrsg.): Evaluation in den Arbeitswissenschaften. Göttingen.

Betriebs- und finanzwirtschaftlicher Service GmbH (1995): Qualitätssicherung und Qualitätsmanagement der sozialen Dienstleistungen.

Broome, K.M., Simpson, D.D., Joe, G.W. (1999): Patient and program attributes related to treatment process indicators in DATOS. *Drug and Alcohol Dependence*, 57, 127-135.

Broome, K.M., Joe, G.W., Simpson, D.D., (2001): Engagement models for adolescents in DATOS. *Journal of Adolescents Research*, 16(6), 608-623.

Bundesarbeitsgemeinschaft für Rehabilitation (1996): Arbeitshilfe für die Rehabilitation von Suchtkranken. Frankfurt.

Cremerius (1983): Sandor Ferenczis Bedeutung für Theorie und Therapie der Psychoanalyse. *Psyche* 11 , Jg. 37, 11/83.

Czogalik, D. (1995): Supervision am Fachbereich Musiktherapie der Fachhochschule Heidelberg. Heidelberg.

DGSD e.V. (1996): Standards suchtmedizinischer Qualifizierung.

Diepgen, R. (1993): Muenchhausen-Statistik. Eine Randbemerkung zu einer Argumentationsfigur von Grawe (1992). Psychol Rundschau 44: 176-177.

Durlak, J. A. (1979): Comparative effectiveness of paraprofessional and professional helpers, Psychol. Bull. 86 (80-92).

Dychtwald, K. (1977): Körperbewußtsein. Essen.

Ebert, W. (2001): Systemtheorien in der Supervision – Bestandsaufnahme und Perspektiven. Opladen.

Etheridge, R. M., Craddock, S. G., Dunteman, G. H. & Hubbard, R. L. (1995): Treatment services in two national studies of community-based drug abuse treatment programs. in: Journal of Substance Abuse 7, 9-26.

Etheridge, R. M., Craddock, S. G., Hubbard, R. L. und Rounds-Bryant, J. L. (1999): The relationship of treatment and self-help participation to patient outcomes in DATOS. Drug and Alcohol Dependence 57,99-112.

Etheridge, R. M., Hubbard, R. L., Anderson, J., Craddock,S. G. und Flynn, P. M. (1997): Treatment structure and program services in the drug abuse treatment outcome study (DATOS). Psychology of Addictive Behaviors, 11, 244-260.

Fachverband Sucht e. V. (1994): Therapieziele im Wandel. Bonn.

Fachverband Sucht e. V. (1995): Qualitätssicherung in der Rehabilitation Abhängigkeitskranker. Bonn.

Fachverband Sucht e.V. (1999): 12. Heidelberger Kongreß des Fachverbandes Sucht e.V.. Heidelberg.

Fachklinik Quellwasser (1998): Konzeption. Wetter.

Fengler, J. (1994): Süchtige und Tüchtige. München.

Ferenczi, S. (1988): Ohne Sympathie keine Heilung. Frankfurt/M.

Finzen, A. (1989): Suizidprophylaxe bei psychischen Störungen. Bonn.

Fiorentine, R. und Anglin, M. D. (1996): More is better:counseling participation and the effectiveness of outpatient drug treatment. Journal of Substance Abuse Treatment, 13, 341-348.

Flammer, A. (1990): Erfahrungen der eigenen Wirksamkeit – Einführung in die Psychologie der Kontrollmeinung. Bern.

Flynn, P.M., Joe, G.W., Broome, K.M., Simpson, D.D., Brown, B.S. (2003): Recovery from opioid addiction in DATOS. *Journal of Substance Abuse Treatment,* 25(3), 177-186.

FOGS, Gesellschaft für Forschung und Beratung im Gesundheits- und Sozialbereich mbH (1996): Entwurf des Landessuchtprpgramms Nordrhein-Westfalen. Köln.

Frauchinger, M. (2005): Psychotherapeutische Modelle und ihre Wirkfaktoren – Interventionen von 6 psychotherapeutischen Verfahren im Vergleich. www.markus-frauchinger.ch/wirkfaktoren.htm.

Freie Hansestadt Hamburg (Behörde für Arbeit, Gesundheit und Soziales) (1996): Modernisierung als Prozeß.

Gestalt und Integration; Suchttherapie und Supervision, Zeitschrift für ganzheitliche und kreative Therapie 1/91, Deutsche Gesellschaft für Gestalttherapie und Kreativität.

Gossop, M., Marsden, J., Stewart, D., Lehmann, P., Edwards, C., Wilson, A. et al. (1997): NTORS in the UK: 6 month follow-up outcomes. Psychology of Addtictive Behavior, 11 (4), 324-337.

Gossop, M. et al. (1999): Treatment retention and 1 year outcomes for residential programmes in England. In: Drug and Alcohol Dependence 1999, Dec. 1; 57(2):89-98.

Gottschick, H., Giese, D. (1981): Das Bundessozialhilfegestz. Köln.

Grawe, K. (1992): Komplementäre Beziehungsgestaltung als Mittel zur Herstellung einer guten Therapiebeziehung. in J. Margraf & J. Brengelmann (Hrsg.), Die Therapeut-Patient-Beziehung in der Verhaltenstherapie, 215-244. München: Gerhard Röttger.

Grawe, K. (1995): Abschied von den psychotherapeutischen Schulen, *Integrative Therapie,* 1/1995, 84-89.

Grawe, K. (2005): (Wie) kann Psychotherapie durch empirische Validierung wirksamer werden?, *Psychotherapeutenjournal* 1/2005, 4-11.

Grawe, K., Caspar, F., Ambuehl, H. (1990): Die Berner Therapievergleichsstudie. Z. klin. Psychol. 19: 294-376.

Grawe, K., Donati, R., Bernauer, F. (1994): Psychotherapie im Wandel – Von der Konfession zur Profession. Hogrefe-Verlag, Göttingen 1994 (2. Auflage).

Grella, C.E., Hser, Y., Joshi, V., Anglin, M.D. (1999): Patient histories, retention and outcome models for younger and older adults in DATOS. *Ameican Journal of Drug and Alcohol Abuse,* 25(3), 385-406.

Grella, C.E., Hser, Y., Hsieh, S. (2003): Predictors of drug treatment re-entry following relapse to cocaine use in DATOS. *Journal of Substance Abuse Treatment,* 25(3), 145-154.

Grella, C.E., Joshi, V. (2003): Treatment processes and outcomes among adolescents with a history of abuse who are in drug treatment. *Child Maltreatment: Journal of the American Professional Society on the Abuse of Children,* 8(1), 7-18.

Gunzelmann, T., Schiepek, G. & Reinecker, H. (1987): Laienhelfer in der psychosozialen Versorgung: Meta-Analysen zur differentiellen Effektivität von Laien und professionellen Helfern. Gruppendynamik, 18(4), 361-384.

Haeberlin U., Niklaus E. (1978): Identitätskrisen. Bern und Stuttgart.

Hamburgische Landesstelle gegen die Suchtgefahren e. V. (1996): Qualitätssicherung in der ambulanten Suchtkrankenhilfe.

Hartkamp, N. (1997) – aus: *Tschuschke, V., Heckrath, C., Tress, W.* (Hrsg.): Zwischen Konfusion und Makulatur. Zum Wert der Berner Psychotherapie-Studie von *Grawe, Donati und Bernauer*. Vandenhoeck & Ruprecht, Goettingen (1997).

Hass, W., Petzold, H. (1999): Die Bedeutung sozialer Netzwerke und sozialer Unterstützung für die Psychotherapie – diagnostische und therapeutische Verfahren, in: Petzold, H./Märtens, M.; Wege zu effektiven Psychotherapien. Opladen.

Heinl, H., Petzold, H. (1980): Gestalttherapeutische Fokaldiagnose und Fokalintervention bei Störungen aus der Arbeitswelt. *Integrative Therapie*, 1/1980, 20-57.

Herbst, K. (1992): Verlaufanalyse bei Drogenabhängigen nach stationärer Behandlung. Sucht – Zeitschrift für Wissenschaft und Praxis, 3. Geesthacht: *Neuland Verlag.*

Hille, J. (1995): Technik und Praxis der Integrativen Supervision: Integrative Supervision als Problemlösungsprozeß und Prozeßsteuerung. unveröffentl. Manuskript.

Howard, KI., Kopta, S. M., Krause, M. S., Orlinsky, D. E. (1986): The dose-effect relationship in psychotherapy. Amer Psychol 41:159-164.

Hser, Y.-I., Anglin, M. D., Grella, C. E., Longshore, D. und Prendergast, M. L. (1997): Drug treatment careers: a conceptual framework and existing research findings.Journal of Substance Abuse Treatment, 14, 543-558.

Hser, Y.-I., Grella, C. E., Hsieh, S.-C., Anglin, M. D. und Brown, B. S. (1999): Treatment history process and outcomes among patients in DATOS. Drug and Alcohol Dependence, 57, 137-150.

Hubbard, R. L., Craddock, S. G., Flynn, P. M., Anderson, J. und Etheridge, R. M. (1997): Overview of 1-year follow-up outcomes in the drug abuse treatment outcome study (DATOS). Psychology of Addictive Behaviors,11, 261-278.

Hubbard, R. L., Craddock, S. G., Anderson, J. (2003): Overview of 5-year follow-up outcomes in the drug abuse treatment outcome study (DATOS). *Journal of Substance Abuse Treatment*, 25(3), 125-134.

Hubbard, R. L., Marsden, M. E., Rachal, J. V., Harwood, H. J., Cavanaugh, E. R. und Ginzburg, H. M. (1989): Drug Abuse Treatment: A National Study of Effectiveness. Chapel Hill, NC.: University of North Carolina Press.

Jakob-Krieger, C., Schay, P., Dreger, B., Petzold, H.G. (2004): Mehrperspektivität – ein Metakonzept der Integrativen Supervision – Zur „Grammatik" – dem Regelwerk – der mehrperspektivischen, integrativen Hermeneutik für die Praxis. Bei *www.FPI-Publikationen.de/materialien.htm – POLYLOGE: Materialien aus der Europäische Akademie für Psychosziale Gesundheit, Düsseldorf/Hükkeswagen*

Jaquenaud R., Rauber, A. (1981): Intersubjektivität und Beziehungserfahrung als Grundlage der therapeutischen Arbeit in der Gestalttherapie. Paderborn.

JKD, KADESCH. Jahresberichte 1984 - 2004.

JKD, Therapieverbund Herne (1996): Drogenhilfe und Prävention in Herne.

Joe, G.W. et al.: Retention and patient engagement for different treatment models in DATOS. In: Drug and Alcohol Dependence 1999 Dec 1;57(2):113-25.

Joe, G.W., Simpson, D. D. and Broome, K. M. (1999): 'Retention and patient engagement models for different treatment modalities in DATOS', Drug and Alcohol Dependence, 57, pp. 113-125.

Kernberg, O.F. (1978): Borderline-Störungen und pathologischer Narzißmus. Frankfurt/M.

Krisor, M., Pfannkuch, H. (1994): Stationäre Behandlung Drogenabhängiger. In: Verhaltenstherapie und psychosoziale Praxis 1/94.

Körkel, J. u.a. (1995): Sucht und Rückfall. Stuttgart.

Krozynski, P. (1992): Rehabilitationsrecht. München.

KV, RV (2001): Entwurf der Empfehlungsvereinbarung „Abhängigkeitserkrankungen".

Lamnek, S. (1979): Theorien abweichenden Verhaltens. München.

Langner, R. u. Mitarbeiter (1988): DSM-III-X, Experten- u. Lehrsystem zur psychiatrischen Diagnostik auf der Grundlage des DSMIII-R. Beltz Test Software 2.0.

Levita de, David J. (1976): Der Begriff der Identität. (Theorie). Frankfurt/M.

LVA Westfalen (1992): Das Rentereformgesetz 1992 – Die Leistungen zur Rehabilitation. Münster.

LVA Westfalen (1993): Rahmenkonzept für Rehabilitationseinrichtungen zur Adaption Abhängigkeitskranker. Münster.

LWL (1996): Qualitätsmanagement in der ambulanten und stationären Suchtkrankenhilfe. Münster.

Lutzau, H. von (1988): Das Ermessen des Rentenversicherungsträgers bei medizinischen Maßnahmen zur Rehabilitation für Abhängigkeitskranke und die Folgerungen aus dem York-Urteil des Bundessozialgerichts vom 12.8.82, Amtl. Mitt. LVA Rheinpr. (12/88). Düsseldorf.

Märtens, M., Möller, H. (1998): Zur Problematik der Supervisionsforschung: Forschung ohne Zukunft? In: *Organisationsberatung – Supervision – Clinical Management*, Heft 3/1998.

Ministerium für Arbeit, Gesundheit und Soziales (MAGS) (1994): „Therapie sofort", Zwischenbericht zum Modellprogramm. Düsseldorf.

Ministerium für Arbeit, Gesundheit und Soziales (MAGS) (1997): Nachsorgekonzept der Landesregierung NRW. Düsseldorf.

Mentzos, S. (1996): Neurotische Konfliktverarbeitung. Einführung in die psychoanalytische Neurosenlehre unter Berücksichtigung neuer Perspektiven. Frankfurt/M.

Michels, I. (1999): Medizinalisierung: Die Einbeziehung der Ärzte und ihre Dominanz? In: Stöver, H. (Hrsg.): Akzeptierende Drogenarbeit. Freiburg.

Miller, W., Brown, J., Simpson, T., Handmaker, N., Bien, T.,Luckie, L., Montgomery, H., Hester, R. und Tonigan, J. (1995): What works? A methodological analysis of the alcohol treatment outcome literature. In R. K. Hester und W. R. Miller, Handbook of alcoholism treatment approaches (pp. 12-44). Boston: Allyn and Bacon.

Miller, W. R., Rollnick, S. (1991): Motivational Interviewing: Preparing People to Change Addictive Behavior.New York: Guilford.

Miller, W.R., Sanchez, V.C. (1994): Motivating young adults for treatment and lifestyle change. in: Howard, G.S., Nathan, P.E. (Eds.): Alcohol abuse and missue by young adults (55-82). Notre Dame, in: University of Notre Dame Press.

Möller, H. (2001): Was ist gute Supervision? Grundlagen – Merkmale – Methoden. Stuttgart.

Orlinsky, D. E., & Howard, K. J. (1986): The relation of process to outcome in psychotherapy. in: *S.L. Garfield & A.E. Bergin* (Eds.), Handbook of Psychotherapy and behavior change. New York: Wiley.

Orth, I., Petzold, H.G. (1990): Metamorphosen – Prozesse der Wandlung in der intermedialen Arbeit der Integrativen Therapie. *Integrative Therapie 1-2.*

Orth, I. Petzold, H.G. (2004): Theoriearbeit, Praxeologie und „Therapeutische Grundregel" Zum transversalen Theoriegebrauch, kreativen Medien und methodischer und „sinnlicher Reflexivität" in der Integrativen Therapie mit suchtkranken Menschen. in: *Petzold, Schay, Ebe*rt (2004), Integrative Suchttherapie, VS-Verlag, Wiesbaden.

Osten, P. (1995/2000): Die Anamnese in der Psychotherapie. München. 2. Auflage.

Perls, F. (1981): Gestalt-Wahrnehmung. Frankfurt/Main.

Perls, F. (1985): Grundlagen der Gestalttherapie. München.

Perrez, M. (1991): Behandlung und Therapie (Psychotherapie): Systematik und allgemeine Aspekte. in: Meinrad Perrez & Baumann (Hrsg.) Klinische Psychologie. Band 2: Intervention. (S. 99-116). Bern: Huber.

Petzold, H., Ebert, W. (2000): Supervision: Konzeptionen, Begriffe, Qualität. Probleme in der supervisorischen „Feldentwicklung" – transdisziplinäre, parrhesiastische und integrative Perspektiven. www.integrative-therapie.de.

Petzold, H.G., Ebert, W., Sieper, J. (2000): Kritische Diskurse und supervisorische Kultur, Arbeitspapier aus dem Postgradualen Studiengang Supervision. Düsseldorf/Hückeswagen: Freie Universität Amsterdam, Faculty of Human Sciences und der Europäischen Akademie für psychosoziale Gesundheit (EAG).

Petzold, H.G., Goffin, J.J.M., Oudhof, J. (1996): Protektive Faktoren und Prozesse – die „positive" Perspektive in der longitudinalen, „klinischen Entwicklungspsychologie" und ihre Umsetzung in die Praxis der Integrativen Therapie. in: *Petzold, H., Sieper, J.* Integration und Kreation. Paderborn.

Petzold, H.G., Hentschel, U. (1993): Drogenarbeit und Suchtkrankenhilfe an FPI und EAG / Konzepte, Innovation, Interventionen, Weiterbildung, Supervisin. in: *Petzold, H., Sieper, J.* Integration und Kreation. Paderborn.

Petzold, H.G., Lemke, J. (1979): Gestaltsupervision als Kompetenzgruppe, *Gestalt-Bulletin* 3, 88-94.

Petzold, H.G., Orth, I. (1985): Poesie und Therapie. Paderborn.

Petzold, H.G., Orth, I. (1990): Die neuen Kreativitätstherapien, Teil I + II. Paderborn.

Petzold, H.G., Orth, I. (1999 a): Die Mythen der Psychotherapie. Ideologien, Machtstrukturen und Wege kritischer Praxis. Paderborn.

Petzold, H.G., Osten, P. (1998): Diagnostik und mehrperspektivische Prozeßanalyse in der Integrativen Therapie, in: Identität und Genderfragen in der Psychotherapie. Sonderausgabe *Gestalt und Integration* Bd. 1 + 2. Düsseldorf.

Petzold, H.G., Schay, P., Ebert, W. (2004): Integrative Suchttherapie, VS-Verlag, Wiesbaden.

Petzold, H.G., Schay, P., Scheiblich, W. (2005): Integrative Suchtarbeit, VS-Verlag, Wiesbaden.

Petzold, H.G., Schuch, H. W. (1992): Grundzüge des Krankheitsbegriffes im Entwurf der Integrativen Therapie. Paderborn.

Petzold, H.G., Sieper, J. (1996): Integration und Kreation, Bd. I + II. 2. Auflage. Paderborn.

Petzold, H.G., Steffan, A. (2000): Gesundheit, Krankheit, Therapieverständnis und Ziele in der „Integrativen Therapie" und „Integrativen Leib- und Bewegungstherapie", Stellungnahme zum 1. Kolloquium am 25.03.2000 für die Schweizer Psychotherapie-Charta.

Petzold, H.G., Steffan, A. (2000): Wirkprozesse und Wirkfaktoren: Möglichkeiten und Grenzen im Rahmen der therapeutischen Beziehung und vor dem Hintergrund des Menschen- und Weltbildes in der „Integrativen Therapie", der „Integrativen Leib- und Bewegungstherapie" und der „Integrativen Kinder- und Jugendpsychotherapie", Stellungnahme zum 2. Kolloquium am 24.06.2000 für die Schweizer Psychotherapie-Charta.

Petzold, H.G., Thomas, G. (1994): Integrative Suchttherapie und Supervision. Sonderausgabe *Gestalt und Integration.* Düsseldorf.

Petzold, H.G., Scheiblich, W., Thomas, G. (1998): Psychotherapeutische Maßnahmen bei Drogenabhängigkeit. In: *Uchtenhagen, A., Zieglgänsberger, W.* Drogenmedizin. München.

Petzold, H.G., Wolf H.U. et al. (2000): Integrative Traumatherapie – Modelle und Konzepte für die Behandlung von Patienten mit „posttraumatischer Belastungsstörung. in: *Kolk, van der, B.A., Mc Farlane, A.C., Weisaeth, L.* (2000): Traumatischer Streß. Paderborn.

Petzold, H.G. (1973): Supervision in der Drogentherapie, Supervisionsbericht für die Therapiekette Hannover, Hannover.

Petzold, H.G. (1991): Drogenabhängigkeit als Krankheit. Zeitschrift *Gestalt und Integration,* Nr. 1/91.

Petzold, H.G. (1993): Frühe Schädigungen – späte Folgen. Paderborn.

Petzold, H.G. (1993): Integrative Therapie, Bd. I-III. Paderborn.

Petzold, H.G. (1993m): Kontrollanalyse und Supervisionsgruppe – zwei unverzichtbare, aber unterschiedliche Methoden in der Weiterbildung von Psychotherapeuten, erw. von 1991n in: Petzold/ Frühmann (1994), Junfermann.

Petzold, H.G. (1994a): Mehrperspektivität – ein Metakonzept für die Modellpluralität, konnektivierende Theorien-bildung für sozialinterventives Handeln in der Integrativen Supervision, *Gestalt und Integration* 2, 225-297 und in: *Petzold* (1998a) 97-174.

Petzold, H.G. (1995): Curriculum „Integrative Supervision". Fritz Perls Institut.

Petzold, H.G. (1996): Krankheitsursachen im Erwachsenenleben. Perspektiven für Diagnostik, Therapie und Lebenshilfe aus integrativtherapeutischer Sicht. in: *Integrative Therapie,* Zeitschreift für vergleichende Psychotherapie und Methodenintegration, 2-3/1996.

Petzold, H.G. (1997): Das Ressourcenkonzept in der sozial-interventiven Praxeologie und Systembe-ratung. in: *Integrative Therapie*, Zeitschreift für vergleichende Psychotherapie und Methodeninte-gration, 4/1997.

Petzold, H.G. (1998): Integrative Supervision, Meta-Consulting, Organisationsentwicklung. Pader-born.

Petzold,H.G. (1999): Psychotherapie der Zukunft – Reflexionen zur Zukunft und Kultur einer korre-spondierenden und evidenzbasierten Humantherapie. in: *Integrative Therapie* 4/1999.

Petzold, H.G. (2000h): Wissenschaftsbegriff, Erkenntnistheorie und Theorienbildung der „Integrati-ven Therapie" und ihrer biopsychosozialen Praxis für „komplexe Lebenslagen" (Chartacolloquium III). Düsseldorf/ Hückeswagen: Europäische Akademie für Psychosziale Gesundheit. Überarbeitet 2002 in: Düsseldorf/ Hückeswagen. Bei *www. FPI-Publikationen.de/materialien.htm – POLYLO-GE: Materialien aus der Europäische Akademie für Psychosziale Gesundheit – 01/2002.*

Pritz, A., Petzold, H.G. (1992): Der Krankheitsbegriff in der modernen Psychotherapie. Paderborn.

Rappe-Giesecke, K. (1994): Supervision. Berlin, Heidelberg.

Rhode-Dachser, C. (1980): Das Borderline-Syndrom. Bern.

Ricœur, P. (1965): De l'interprétation. Essai sur Freud. Paris: Seuil [dt.: (1969) Die Interpretation. Ein Versuch über Freud. Frankfurt/M.: Suhrkamp.

Ricœur, P. (1975) La métaphore vive. Paris: Seuil [dt.: (1986) Die lebendige Metaper. München: Wilhelm Fink].

Ricœur, P. (1983): Temps et récit. Vol. I; (1984) Vol. II: La configuration dans le récit de fiction; (1985) Vol. III: Le temps raconté. Paris, Gallimard [dt.: (1988) Zeit und Erzählung. Band I: Zeit und historische Erzählung; (1989): Zeit und Erzählung. Band II: Zeit und literarische Erzählung; (1991): Zeit und Erzählung. Band III: Die erzählte Zeit. München-Freiburg, Wilhelm Fink].

Ricœur, P. (1985): Irrationality and the plurality of philosophical systems. Dialectica 39(4): 297-319.

Ricœur, P. (1990a/1996): Soi-même comme un autre. Paris, Seuil [dt.: (1996) Das Selbst als ein Anderer. München-Freiburg, Wihelm Fink].

Ricœur, P. (1991): Reflection and imagination. A Ricœur reader (ed. by M.J. Valdés). Toronto: Uni-versity of Toronto Press.

Ricœur, P. (2000): La mémoire, l'histoire, l'oubli. Paris: Seuil.

Roch, I., Küfner, H., Arzt, J., Böhmer, M. & Denis, A. (1992): Empirische Ergebnisse zum Therapie-abbruch bei Drogenabhängigen: Ein Literaturüberblick. Sucht, 38, 304-322.

Rodriguez-Petzold, F. (1998): Anonymisierung und Schweigepflicht in supervisorischen Prozessen – ein methodisches, ethisches, klinisches und juristisches Problem. in: *Petzold, H., Integrative Super-vision, Meta-Consulting, Organisationsentwicklung.* Paderborn.

Schaltenbrand, J. (1992): Familienorientierte Drogenarbeit: Berichte aus der Praxis. Heidelberg: Asanger.

Schay, P., Bambynek, M. (1993): Kreative Medien in der Arbeit mit süchtigen Inzestbetroffenen. in: *Ramin, G.* (Hrsg.) (1993), Inzest und sexueller Mißbrauch – Beratung und Therapie, Paderborn.

Schay, P. (1986): Zur Situation der Abhängigen von illegalen Drogen, Alkohol und Medikamenten. Landschaftsverband Westfalen-Lippe. Münster.

Schay, P. (1995): Therapeutisch-pädagogisches Bedingungsgefüge in stationären Nachsorge-Wohn-gemeinschaften in NRW – konzeptionelle Bedingungen. *Gestalt und Integration* 1/95.

Schay, P. (1996): Adaption als Bestandteil medizinischer Reha, Arbeitsgemeinschaft Drogenarbeit und Drogenpolitik NRW e.V., Fachtagung „Nachsorge/Adaption" in Köln.

Schay, P. (1997): Zur ethischen Dimension der psychosozialen Vernetzung am Beispiel der PSAG Herne. S. Roderer Verlag.

Schay, P. (1997): Arbeitsgemeinschaft Adaption und Nachsorge in der Westfälischen Arbeitsgemein-schaft gegen die Suchtgefahren (WAS); Stellungnahme zum Nachsorgekonzept der Landesregie-rung NRW. Münster.

Schay, P. (1998): Suchtbehandlung im Verbundsystem der Suchtkrankenhilfe – NotWendigkeit zur Effizienz rehabilitativer Behandlung und Betreuung !? –, Schriftenreihe des Fachverbandes Sucht e. V., GCAA – German Council on Alcohol and Addiction 22, Neuland, Geesthacht.

Scheiblich, W., Petzold, H.G. (2005): Probleme und Erfolge stationärer Behandlung drogenabhängiger Menschen im Verbundsystem – Förderung von „REGULATIONSKOMPETENZ" und „RESILIENZ" durch „komplexes Lernen" in der Karrierebegleitung –, in: *Petzold, H.G., Schay, P., Scheiblich, W.* (2005): Integrative Suchttarbeit, VS-Verlag, Wiesbaden.

Scheiblich, W. (1994): Sucht aus der Sicht psychotherapeutischer Schulen. Köln.

Schmieder, A. (1992): Sucht: Normalität der Abwehr. Freiburg im Breisgau: Lambertus.

Schneider, K., Müller, A. (1995): Evaluation von Supervision. Supervision (27), 86-98.

Schneider, W. (1998): Quo Vadis Drogenhilfe? 1. Medizinalisierung-Standardisierung: Konsequenzen für drogengebrauchende Mitbürger. in: *Neue Praxis*, 2/98, Neuwied.

Schreyögg, A. (2000): Supervision – Ein Integratives Modell. Paderborn.

Schreyögg, A. (2000): Supervision – Didaktik & Evaluation. Paderborn.

Schuhler, P. und Wagner, A. (1996): Suchtrehabilitation im Frühstadium: Evaluation der stationären Behandlung und Katamnese. in: Fachverband Sucht (Ed.), Wie erfüllen Rehabilitationseinrichtungen ihren Auftrag? Beiträge des 8. Heidelberger Kongresses 1995 (pp. 203-217). Geesthacht: Neuland.

Sennettt, R. (2002): Respekt im Zeitalter der Ungleichheit. Berlin: Berlin Verlag.

Sickinger, R. et al. (1992): Wege aus der Drogenabhängigkeit. Gelungene und gescheiterte Ausstiegsversuche. Freiburg.

Simpson, D. D., Joe, G. W., Fletcher, B. W., Hubbard, R. L.und Anglin, M. D. (1999): Anational evaluation of treatment outcomes for cocaine dependence. Archives of General Psychiatry, 56, 507-514.

Simpson, D. D., Joe, G. W. und Brown, B. S. (1997): Treatment retention and follow-up outcomes in the Drug Abuse Treatment Outcome Study (DATOS). Psychology of Addictive Behaviors, 11 (4), 294-307.

Simpson, D. D., Joe, G. W., Broome, K. M., Hiller, M. L.,Knight, I. L. und Rowan-Szal, G. (1997a): Program diversity and treatment retention rates in the drug abuse treatment outcome study (DATOS). Psychololgy of Addictive Behaviors, 11, 279-293.

Sonntag, D., Künzel, J. (Hrsg.) (2000): Hat die Therapiedauer bei alkohol- und drogenabhängigen Patienten einen positiven Einfluß auf den Therapieerfolg? Sonderheft 2/2000 der Zeitschrift SUCHT. Neuland Verlag, Geesthacht.

Sozialgesetzbuch V und VI, München 1990/92.

Stevens, J.O. (1975): Die Kunst der Wahrnehmung. München.

Stroebe, W., Hewstone, M., Stephenson, G.M. (1988): Sozialpsychologie – Eine Einführung. Springer.

Strupp, H.H., Hadley, S.W. (1979): Specific versus non-specific factors in psychotherapy: A controlled study of outcome. Archives of General Psychiatry, 36, 1125-1136.

Strupp, H.H., Hadley, S.W. et al. (1977): Psychotherapy for a better worse. Aronson: New York.

Strupp, H.H. (1989): Psychotherapy. Can the practitioner learn from the researcher. American Psychologist, 44, 717-724.

Uchtenhagen, A. (1999): Therapeutische Intervention bei Drogenabhängigkeit aus psychiatrisch-psychotherapeutischer Sicht. in: *Michels, I.*: Medizinalisierung: Die Einbeziehung der Ärzte und ihre Dominanz? In: *Stöver, H.* (Hrsg.) (1999): akzeptierende Drogenarbeit. Freiburg.

van Soer,J., Stratenwerth, I. (1991): Süchtig geboren. Hamburg.

Verband Deutscher Rentenversicherungsträger (VDR) (1992): Erläuterungen zu den Auswahlkriterien für Einzel- und Gruppentherapeuten (Tätigkeitsfeld Sucht). Frankfurt a.M..

VDR (1994): Kriterien zur Bestimmung der Adaptionsphase, Rundschreiben der LVA Westfalen. Frankfurt a.M..

VDR (1994): Leitlinien zur Bestimmung einer ambulanten und/oder stationären Entwöhnungsbehandlung. Frankfurt a.M..

VDR (1995): Richtlinien, Empfehlungen und Vereinbarungen zur Rehabilitation in der gesetzlichen Rentenversicherung. Frankfurt a.M..

VDR (1999): Weiterbildungen im Suchtbereich. Frankfurt a.M..

Weber, G., Schneider, W. (1992): Herauswachsen aus der Sucht illegaler Drogen. Düsseldorf.

Wienberg, G. (Hrsg.) (1992): Die vergessene Mehrheit, Zur Realität der Versorgung alkohol- und medikamentenabhängiger Menschen. Psychiatrie Verlag.

Zinker, J. (1982): Gestalttherapie als kreativer Prozess. Paderborn.

Autoren

Schay, Peter, Recklinghausen, Dipl. Sozialarbeiter, Dipl. Supervisor (FU Amsterdam), Approbation als KuJ-Psychotherapeut, Psychotherapeut (HPG), European Certificate of Psychotherapy (ECP) des Europäischen Verbandes für Psychotherapie (EAP), Ausbildungen in Integrativer Psychotherapie, Soziotherapie, Kunst- und Kreativitätstherapie und Poesie- und Bibliotherapie am Fritz Perls Institut, Lehrtherapeut am FPI/EAG, Fachberater für Psychotraumatologie (DIPT e.V. Köln), Lauftherapeut (DLZ), Gesamtleiter der ambulanten und (teil-)stationären (Drogenhilfe-)Einrichtungen der Kadesch gGmbH und Jugend-, Konflikt- und Drogenberatung (JKD) e.V. im Therapieverbund Herne.

Dreger, Bernd, Mosbach/Baden, Theologe, Sozialtherapeut, langjährige Tätigkeit in der ambulanten und stationären Drogen- und Suchttherapie, Erfahrungen in Supervision und Teambildung, Leitung einer stationären Drogentherapieeinrichtung, Entwicklung und Programmierung einzelner Internet-Auftritte für öffentliche und private Auftraggeber.

Liefke, Ingrid, Essen, Dipl. Pädagogin, Approbation als KuJ-Psychotherapeutin, Psychotherapeutin (HPG), Ausbildung in Integrativer Sozialtherapie – Schwerpunkt Suchtkrankenhilfe am FPI, Bezugstherapeutin in der ambulanten und teilstationären medizinischen Rehabilitation der Kadesch gGmbH in Herne, Fachkraft für Suchtprävention.

Pultke, Ulrich, Dortmund, Dipl. Sozialpädagoge, Ausbildung in Integrativer Sozialtherapie – Schwerpunkt Suchtkrankenhilfe am FPI, mehrjährige Tätigkeit in ambulanten und stationären Einrichtungen der Drogenhilfe, Bezugstherapeut in der Adaptionseinrichtung der Kadesch gGmbH in Herne.

Siegele, Frank, Langenhagen, Dipl.-Sozialpädagoge, Approbation als KuJ-Psychotherapeut, Supervisor, Psychotherapie (HPG), langjährige Tätigkeit in der ambulanten und stationären Sucht- und Drogentherapie, Leiter einer Tagesklinik für Abhängigkeitserkrankungen in Hannover, Fachbereichsleiter Sozialtherapie/Sucht und Lehrtherapeut am Fritz Perls Institut.